일본군 위안소
관리인의 일기

일본군 위안소
관리인의 일기

안병직 번역·해제

이숲

出刊辭

2012년 5월 낙성대경제연구소는 경기도 파주시의 사설박물관 타임캡슐의 자료를 조사하였다. 동 박물관에 일본군 위안소 관리인의 일기가 있다는 정보가 한국학중앙연구원의 고문서 전문가를 통해 연구소에 전달되었던 것이다. 오채현 관장은 선뜻 그 일기 26책을 빌려주었다. 오랫동안 박물관 속에서 잠자던 일본군 위안소의 맨 얼굴이 햇빛을 받는 순간이었다.

연구소는 같은 해 8월까지 일기 주인공 박 씨의 경력과 일기 26책의 내용을 대강 파악하였다. 그 결과, 그 가운데 1943년과 1944년의 일기가 필자 박 씨가 버마와 싱가포르에서 일본군 위안소의 쵸우바(帳場)로 근무할 때의 것이라는 사실이 확인되었다. 연구소는 우선 이 2년치의 일기를 연구하기로 했다.

그리하여 이 일기를 독해·정서하고, 현대어로 번역하는 연구회가 연구소 내에 조직되었다. 이 연구회는 동년 9월부터 12월까지 매주 1회 윤독회를 열었다. 나는, 1990년대 초에 이 문제에 관하여 조사·연구를 행하고 정부의 보상정책에도 관여한 일이 있는 사람으로서, 이 연구회에 동참할 수 있는 기회를 얻게 되어 매우 기뻤다.

연구회는 이영훈 교수, 이우연 박사 및 김성남 군과 이름을 밝히고자 하지 않는 몇 사람의 연구자가 주도했다. 그들의 노고로 작업은 2012년 12월에 1차 완료되었다.

    그런데, 위의 작업을 하면서 아쉬웠던 점은 위안부의 모집 과정이 기록되었을 1942년의 일기가 결락되었다는 점이었다. 이 점을 보충하기 위하여, 일기의 필자와 같이 제4차위안단으로 버마에 가 있다가 포로가 된 일본인 관리자 2명과 조선인 위안부 20명에 대한 심문기록인 미국전시정보국심리작전반의 『일본인포로심문보고』 제49호 및 연합국최고사령부연합번역통역국조사보고, 『일본군위안시설』 제2절위안시설 9위안소 b버마(1)을 번역하여 부록으로 싣는다.

    이 자료의 공간(公刊)에 있어서는 타임캡슐 오채현 관장의 동의를 받았다. 내가 해제를 쓰는 데 있어서는 일본 측의 공동연구를 지도하고 있는 오랜 연구 동료 경도대학 경제학부 호리 카즈오(堀 和生) 교수로부터도 큰 도움을 받았다. 그리고 출판사 이숲의 임왕준 사장은 출판 사정이 어려운 속에서도 이 자료의 출간을 기꺼이 맡아주었다. 연구자 일동과 더불어 모든 분들에게 마음속 깊은 감사의 말씀을 드린다.

2013년 8월 5일

安秉直

서울대학교 명예교수

랑군 시내

제4차위안단

머리말

1990년대 초 일본군 위안부 문제는 한일 간은 물론 세계적으로 클로즈업된 이후, 지금까지 20여 년간 그에 관한 자료의 발굴, 위안부 경험자들의 증언 및 연구의 축적이 지속적으로 이루어져 왔으나, 아직도 이 문제는 그 실태조차 제대로 파악되지 못한 점이 너무 많아 보인다. 그 원인은, 첫째로는 이 위안소 정책을 주도했던 일본군부가 문제의 성격상 사실을 은폐(隱蔽)하기 위하여 처음부터 자료의 생산과 공개를 극단적으로 억제할 수밖에 없었던 점과 둘째로는 이 업종에 종사한 수많은 사람들도 자기들의 영업에 관한 기록을 남길 수 없었던 사정에 기인하는 것이라 생각된다. 위에서 보는 바와 같이 일본군 위안부 문제에 관해서는 본래 그 자료가 지극히 부족한 데 더하여, 더구나 일본정부가 조사·발표한 『종군위안부관계자료집성①~⑤』(1997.8)에서도 조선총독부의 자료는 통째로 빠져 있다. 그렇기 때문에 한국에서의 일본군 위안부 문제에 관한 연구는 신문 및 잡지 등에 게재된 2차자료, 위안부 경험자의 증언 및 다른 나라의 자료에 포함된 조선인 위안부에 관한 자료에 의존할 수밖에 없었다.

이러한 상황하에서 이번에 버마와 싱가포르에서 약 2년 반 동안 일본군 위안소의 쵸우바(帳場)로 근무했던 사람의 일기가 발견된 것은 커다란 의미를 가진다 할 것이다. 일기의 필자는 식민지하의 지식인으로서 사물에 대한 관찰력을 어느 정도 구비하고 있었다. 그리고 일기는, 일기 필자의 개인적 생활상의 일기로서 위안소 경영이나 위안부 문제를 체계적으로 이해하려는 노력을 보이고 있지는 않지만, 위안부 문제에 관한 다방면적 정보를 제공하고 있다. 또 일기의 위안부에 관한 기사는 1943년과 1944년의 두 해분뿐이라는 한계는 있지만, 다른 자료를 가지고 일기에서 부족한 점을 보충하면, 이 일기에서 읽어낼 수 있는 위안부 문제의 실체를 복원할 수 있을 것으로 보인다. 여기서 말하는 위안부 문제의 실체란 제4차위안단의 존재이다. 구 일본군부가 조직한 위안단의 존재는 위안부들이 단순히 위안소업자들의 영업 수단으로서 개별적으로 모집된 것이 아니라 일본군부에 의하여 계획적으로 동원되었다는 사실을 의미한다.

이러한 관점에서 보면, 구 일본군부가 위안부 문제에 대하여 '관여(關與)'했다는 현 일본정부의 인식에는 문제가 있는 것으로 보인다. 만약 구 일본군부가 조선총독부 및 조선군사령부의 협력을 받아서 위안소업자들로 하여금 위안부들을 모집하게 하고 당시의 풍문(風聞)으로 나돌던 바와 같이 '제1·2·3·4차위안단' 등을 조직하여 순차적으로 동원해갔다면,[1] 그 것은 구 일본군부의 단순한 '관여'가 아니라 징용, 징병 및 정신대와 같은 일본정부의 전시동원으로 이해할 수밖에 없기 때문이다. 만약 그렇다면, 구 일본군부가 위안소업자와 위안부들을 군속적(軍屬的) 지위에 두고 이들을 일본군의 주보(酒保)의 하부조직으로 편성하여 자유로이 전선(戰線)으로 끌고 다닌 사실을 쉽게 이해할 수 있게 된다. 이번에 발견된 이 자료는

---

1) 풍문에 관한 연구로서는 藤永 壯,「전시체제기 조선에서의 '위안부'동원에 관한 '풍문'을 둘러싸고」, 낙성대경제연구소 국제학술대회 자료집『일제의 전시체제와 조선인 동원』, 2006. 3이 있다.

위안소업자들이 영업을 위하여 위안부들을 데리고 일본군부대를 쫓아다 닌 것이 아니라 일본군부대들이 군의 하부조직으로 편성된 위안소와 위안 부들을 전선으로 끌고 다녔다는 사실을 잘 보여주고 있다.[2]

1. 필자와 일기의 소개

1) 필자(1905-1979)

일기의 필자는 1905년에 경상남도 김해군에서 태어나 1979년에 사망 했다. 그는 1922년에 김해공립보통학교(5년제)를 졸업하고 그 이듬해부터 현 김해시 소재의 모 등기소의 고원(雇員)으로 근무했다. 등기소에 근무하 던 중 어떤 토지 소유권 분쟁 사건에 휘말려 들어가 거기에서 더 이상 근무 하지 못하고, 1929년부터는 현 김해군 진영읍에 있던 어떤 대서소에서 근 무했는데, 언제부터인지는 알 수 없으나 진영읍에서 자기의 대서소를 개 설했다고 한다. 필자는, 대서소 경영이 잘 되었던지 일본제의 야마자키(山 崎) 자동차를 굴릴 정도로 생활이 넉넉했으며, 진영에서는 여관에서 장기 투숙하는 한편, 대구에서는 소실(小室)을 두고 여관을 경영하기도 했다. 이 상의 여러 가지 사실로 미루어볼 때, 일기의 필자는 식민지의 지식인으로 서 부(富)의 축적에도 어느 정도 성공한 것으로 보인다.

그러나, 1940년대의 통제경제 시대에 들어서면서 필자의 대서소 사업 은 불황을 맞이한 듯하다. 그래서 1941년에는 대구에 있는 소실의 집에서

---

2) 위안소와 위안부가 일본군의 최하부 조직이라는 사실에 관해서는 京都大學文學研究科教授 永井 和, 『日本軍 の慰安婦政策について』라는 논문이 있다. http://nagaikazu.la.coocan.jp/works/guniansyo.html.

거주하게 되었는데, 그때에 마침 경상남도 합천에서 작부(酌婦) 9명을 모집하여 만주에서 요리점을 경영할 계획을 가지고 있다는 히로카와[3]라는 사람에게 4,000엔(圓)을 빌려주었다가 사기를 당함으로써 경제적으로 궁지에 몰리게 되었다. 당시의 4,000엔이라는 금액은 하급 노동자의 10년분 월급보다 많은 재산이다. 저자가 대구에서 위안부들을 모집하여 남방으로 떠나는 처남에게 합류하게 되는 동기는 위와 같은 그의 경제적 사정과 여관업을 통하여 작부들의 인신매매 사정을 알고 있었던 가족적 배경이 아니었을까 추측된다. 일기 필자의 처남인 위안소 경영자 야마모토 ○택(山本○宅)은 위안부 19명(나카이[仲居] 1명을 포함)을 모집하여 일본군에 의해 조직된 제4차위안단에 동참했다.

일기의 필자가 버마와 싱가포르에 체류했던 기간은 1942년 8월 20일부터 1944년 말까지의 2년 5개월이다. 그는 1943년 10월 20일부터 1944년 1월 말까지 잠시 싱가포르에서 구 일본 육군장교의 친목·공제단체인 해행사(偕行社) 택시부에서 근무하기도 했으나, 남방에 있는 동안 줄곧 일본군 위안소의 쵸우바로 근무했다고 할 수 있다. 1942년 8월부터 1943년 1월 16일까지는 칸파치(勘八) 클럽, 1943년 5월 1일부터 9월 초까지는 이치후지루(一富士樓) 및 1944년 2월 1일부터 12월 중순까지는 키쿠수이(菊水) 클럽에서 각각 쵸우바로 일했다. 쵸우바는 상점, 여관 및 요리점 등에서 장부를 기입하고 회계를 보는 곳, 즉 오늘날의 카운터와 같은 곳이다. 그가 키쿠수이 클럽의 쵸우바로 근무하는 동안, 위안소의 실무는 주로 그가 담당했다. 그러므로 그의 일기에는 자연히 군위안소의 중요한 경영 내용이 담겨 있을 수밖에 없다.

---

3) 廣川: 일제 말의 창씨개명에 따른 어떤 조선인의 성이다. 아래의 모든 조선인의 일본식 성의 표기도 이와 같다.

2) 일기

필자는 보통학교를 졸업하게 되는 1922년부터 1957년에 이르기까지의 36년간에 걸쳐서 거의 거르는 날이 없이 일기를 기록해왔다. 일기책은 제1호로부터 제36호까지 있는데, 제1~3호가 1책이었던 것을 예외로 한다면, 1년에 1호·1책씩이다. 현재 남아 있는 일기는 1928년, 1942년 및 1945년~1950년의 8개년 치(値)가 결락된 26책이다. 각 책의 머리에는 일본의 기원(紀元)과 연호(年號)가 기록되어 있어 연도의 표시는 확실하다. 또 표지에는 일기의 호수, 간지(干支), 단기, 서기 및 일본의 연호가 기록된 띠지가 첨부된 것도 있는데, 이것들은 이후의 재정리 과정에서 추가된 것으로 보인다. 현재 이 일기는 경기도 파주시에 있는 박물관 타임캡슐에 소장되어 있다. 박물관 타임캡슐은 10년 전에 경주의 어느 고서점에서 이 일기를 입수했다고 전한다.

일기는 대개 그 이튿날 아침에 기록된 것으로 보인다. 일기에 등장하는 사실들은 그때 그때의 기록이므로 사실 그대로일 것이다. 그리고 일기 작성에 동원된 문자는 주로 한글과 한자이나 가끔은 일본어의 카나(假名)도 섞여 있다. 문장은 기본적으로 한국어체(韓國語體)이지만, 많은 곳에서는 한문체(漢文體)로 읽어야 뜻이 통하는 곳이 많다. 따라서 문장이 문법에 맞지 않는 곳이 많다. 그러므로 일기를 정확히 읽기 위해서는 문장을 문법적으로 바로 잡아야 한다. 필체(筆體)는 기본적으로 행서(行書)나 가끔 초서(草書)가 섞여 있다. 한국어의 문체가 그다지 발달하지 못한 당시의 사정을 감안할 때, 원문은 그 자체로서 매우 훌륭한 한국어 문체이지만, 오늘날의 일반 독자들이 읽기에는 여러 가지의 어려움이 있기 때문에 현대문으로 번역했다.

일기 중에서 일본군 위안부에 관한 조사·연구에 유익한 정보를 제공해주는 것은 1942년~1944년의 일기일 것이다. 왜냐하면 이 기간에 저자는 어떠한 형태로든 군위안부의 모집과 위안소의 경영에 관여했기 때문이다. 그러나 매우 유감스럽게도 현재 1942년 치의 일기가 결락되어 있다. 1942년의 일기에는 조선에서의 위안부의 모집과 버마에서의 위안부의 위안소로의 배치과정에 관한 정보가 기록되어 있을 개연성이 높다. 그러나, 현재 남아 있는 1943년과 1944년의 일기만으로도 일본군 위안소와 일본군 위안부들에 관한 다방면의 정보가 포함되어 있다. 다만 앞에서도 지적한 바와 같이, 이 일기는 필자의 개인적 생활에 관한 기록이지 위안소의 경영에 관한 일지(日誌)가 아니라는 점에서 위안소의 경영에 관한 체계적인 정보를 제공하고 있지 못한 한계가 있다.

따라서 이 일기를 토대로 위안부와 위안소에 관한 사실관계를 정리하기 위해서는 일기의 중심내용이 되는 제4차위안단에 관한 다른 자료와 조사·연구들을 참고해야만 한다. 제4차위안단에 관한 다른 자료로서는 미국전시정보국심리작전반의 『일본인포로심문보고』 제49호, 연합국최고사령부연합번역통역국조사보고, 『일본군위안시설』 제2절위안시설 9위안소 b 버마(1)과 『버마전선 일본군 '위안부' 문옥주』(모리카와 마치코 저·김정성 역, 아름다운사람들, 2005)[4]가 중요하다. 앞의 두 자료는, 그 분량은 많지 않으나 일기 자료에서 결락되어 있는 많은 정보를 알려주는 결정적인 자료이기 때문에, 번역하여 이 책의 부록으로 실었다.

---

4) 森川万知子, 『ビルマ戦線楯師団の「慰安婦」だった私』, 梨の木舎, 1996.

2. 위안부의 동원과 출진(出陣)

1) 동원

제4차위안단의 동원은 1942년 5월초에 일본군이 위안부의 모집을 위한 의뢰인(依賴人)을 경성(京城)에 파견함으로써 시작되었다고 한다.[5] 원래 일본이나 식민지에서의 위안부 동원과정은 기본적으로 각지의 파견군 사령부에 의한 동원지(動員地)에의 의뢰인 파견 → 동원지의 정부(혹은 영사관)나 군사령부에의 협조요청 → 주선인(周旋人, 즉 위안소업자)에의 위안부 모집 의뢰 → 주선인의 위안부 모집이라는 절차를 밟아서 이루어지고 있었다. 5월 초 일본군에 의하여 경성에 파견된 의뢰인은 조선총독부가 아니라 조선군사령부에 협조를 요청하고 있는데, 그 이유는 태평양전쟁 이후 위안부 동원에 관한 업무를 육군성이 장악하게 되었기 때문이다.[6] 경성에서 22명의 위안부를 모집하여 제4차위안단의 일환으로 버마에 진출하여 미트키나(Myitkyina)에서 위안소를 경영한 일본인 전쟁포로는 조선군사령부의 제의에 응모하여 위안부 모집의 허가를 받았다고 진술하고 있다.[7] 다시 말하면, 그는 조선군사령부에 의하여 위안소업자로 선정되었다는 것이다.

이러한 조선군사령부의 제의는 비슷한 처지에 있는 일본인 업자들에게도 전달되었다고 한다. 그러나, 이러한 제의는 경성의 일본인 업자들뿐만이 아니라 조선 각지의 위안소업자들에게 널리 전달되었던 것으로 보인다. 일기 자료에 등장하는 제4차위안단의 위안소 경영자를 조사해보면, 거

---

5) 「부록1 동원」 참조.
6) 吉見義明, 「第2章 '從軍慰安婦'政策における日本国家の指揮命令系統」 第Ⅱ節参照, 『'慰安婦'·戦時暴力の実態Ⅰ』 日本·台湾·朝鮮編 2000年女性国際戦犯法廷の記録/Vol.3)
7) 「부록2」 참조.

기에는 일본인뿐만이 아니라 조선 각지의 조선인들이 많이 포함되어 있다. 이들 업자들이 어떠한 사람들을 어떠한 방법으로 위안부로 모집했는지에 관해서는 약간의 자료가 있다. 우선 어떠한 사람들이 동원되었는지를 보면, 「부록1 동원」에서는 "이들 여성 중의 몇몇은 이전부터 '지상에서 가장 오래된 직업'에 관계하고 있었지만, 대부분은 무지하고 교육도 받지 못했다"고 지적하고 있다. 그러니까 포로심문 대상이 된 20명의 일본군 위안부들은 군위안부가 되기 이전에 위안부의 경험이 있었던 자와 교육도 받지 못한 가난한 자들이 섞여 있었다는 것이다.

제4차위안단의 위안부로 모집된 사람들에 관해서는 거기에 동행했던 위안부의 증언도 있다. 한국의 대표적인 일본군 위안부 경험자 중의 한 사람으로 알려진 문옥주(文玉珠)는 자기와 같이 위안부로 동원된 사람들에 대하여 다음과 같이 증언하고 있다. "'일본군 식당에 가서 일하자. 거기 가면 돈을 벌 수 있어요'라며 나에게 권유한 사람은 히토미와 기화 자매였다. 동안성[8]의 군폴[9]에서 일할 때의 친구들인데, 그때에는 가까이에 살고 있었다."[10] 위의 인용문에 의하면, 문옥주는 만주 동안성의 일본군 위안소에서 군위안부로 같이 종사한 일이 있고 서로 가까이에 살고 있던 히토미와 기화 자매와 더불어 남방의 일본군 식당에서 돈을 벌기 위하여 모집에 응했다는 것이다. 또 "(부산에서)[11]지정된 갑을(甲乙)여관이라는 이름의 여관에 들어갔을 때 나는 놀라지 않을 수 없었다. 아키미가, 히후미가 있었다. 동안성에서 같이 있던 친구들이 거기에 와 있었다"[12]고도 했다.

---

8) 東安省: 滿洲 북부 소련과의 접경에 있었던 지명. 해제자.
9) 군위안소. 해제자.
10) 森川万智子, 앞의 책, 45페이지.
11) 해제자.
12) 위의 책, 46페이지.

위의 말들을 종합하면, 제4차위안단의 위안부로 동원된 사람들은 위안부 경험이 있는 약간의 사람들도 있었지만 대부분은 교육도 받지 못하고 가난한 사람들이었다는 것이다. 이러한 사실은 위안소업자들이 위안부들을 동원하는 방법에 의해서도 어느 정도 뒷받침되는 것이 아닌가 한다. 위의 『포로심문보고』에서는 위안부의 동원 방법을 다음과 같이 말하고 있다. "'서비스'의 성격은 명시되지 않았지만, 그것은 병원에 있는 부상병을 위문하고 붕대를 감는 일이나 일반적으로 말하자면 장병을 즐겁게 해주는 것에 관련된 일이라고 생각되었다. 이들 의뢰인들이 사용한 미끼는 다액의 수입, 가족의 부채를 변제할 수 있는 좋은 기회, 고되지 않은 노동과 신천지 싱가포르에서의 신생활에 대한 전망이었다. 이와 같은 허위 설명을 믿고 많은 여성이 해외근무에 응모하고, 2, 3백 엔의 전차금(前借金)을 받았다."[13]

제4차위안단의 위안부 동원 방법은 헌병이나 경찰이 직접 위안부들을 동원하는 것이 아니고 위안소업자들이 위안부들을 모집하는 방법이었던 것 같다. 그렇기 때문에 그들은 위안부들을 모집할 미끼가 필요했는데, 그 중요한 수단이 전차금과 많은 돈을 벌 수 있다는 감언이설(甘言利說)이 아니었던가 한다. 『포로심문보고』에 의하면 전차금은 200~300엔이라고도 하고 300~1,000엔이라고도 한다. 이러한 전차금을 모든 위안부들이 받았는지 어쨌는지는 알 수 없으나, 포로가 된 20명의 위안부의 계약기간이 통상의 2년이 아니라 6개월~1년이라고 하는 점으로 미루어보아, 전차금을 받았다고 하더라도 그 액수는 많지 않았던 것 같다. 위안소업자들이 위안부를 모집할 때 사용한 중요한 수단이 인신매매나 다름없는 전차금의 지

---

13) 「부록1 동원」 참조.

불이라고 하더라도, 위안부 모집에 있어서는 이러한 전차금에 의한 인신 매매와 더불어 '유괴(誘拐)나 다름없는' 사기(詐欺)의 수법이 동원되었을 가능성이 높다. 그것은 교육을 받지 못하고 가난한 사람들을 위안부로 모집할 때에는 인용문에서 보는 바와 같이 모집의 목적을 얼버무리거나 속였을 것이기 때문이다.

일기 자료에서도 위안부의 모집에 관한 약간의 정보가 있다. "지난 7월 초에 랑군에서 위안소를 경영하는 카네다(金田) 씨는 위안부를 모집하러 조선에 나갔다가, 이번에 위안부 25명을 데리고 버마로 가는 길에 싱가포르에 도착하였다"(43.12.3)[14]라든지, "니시하라 군의 처소에 가서 놀다가 카네다, 토쿠야마(德山) 등 버마에서 위안업을 경영하다가, 위안부를 모집하여 다시 버마로 가는 양씨를 만나 고향의 소식을 들었다"(43.12.5)라든지, "위안부 모집차로 조선에 돌아간 타이요우(大洋) 클럽의 주인 니시하라 무시(武市)는 오는 7월 경성에서 출발할 예정이라고 니시하라 국차(菊次) 군에게 전보가 왔다"(44.4.15)라는 기사가 바로 그것이다. 이러한 기사는 1943년의 12월과 1944년의 7월경에도 위안단이 조선에서 싱가포르로 향해 출발했을 가능성을 시사하는 동시에 위안단은 군에서 조직한다고 하더라도 위안부의 모집은 업자가 담당했다는 것을 말해주고 있다.

2) 출진

제4차위안단은 1942년 7월 10일에 부산항을 출발했다. 부산항 출항일자에 대해서는 일기와 『포로심문보고』가 한결같이 기록하고 있으므로 의심의 여지가 없다. 다만 '제4차위안단'이라는 용어는 일기에서 1번밖에 등

---

14) 일기의 연월일. 아래도 같다.

장하지 않으나(일기에서 '위안대'라는 말은 3번 나온다), 다음에서 보는 바와 같이 일기 중에 등장하는 많은 위안소의 경영자가 같은 날 부산항에서 출발한 것으로 보아, 제4차위안단의 존재는 거의 의심할 여지가 없는 것으로 보인다. 그런데, 이 제4차위안단이라는 용어는 위안부 동원에 있어서 작지 않은 의미를 가진다. 왜냐하면, 제4차위안단의 존재가 사실이라면, 일본군부가 조선군사령부와 협력하여 조선에서 차례 차례로 위안단을 조직하여 위안부들을 해외로 출진시켰을 것이기 때문이다. 앞의 위안부 동원 기사에서 나오는 1943년 12월과 1944년 7월도 제○차위안단이 부산항을 출발한 연월을 가리키는 것으로 보아도 좋을 것이다. 일기에 의하면, 제4차위안단의 단장은 조선인으로 추측되는 츠무라(津村)였다고 한다.(1944.4.6)

그러면, 제4차위안단의 규모는 얼마나 되었을까. 그 규모에 관해서는 문옥주의 증언과 연합국최고사령부연합번역통역국조사보고의 기록이 있다. 우선 문옥주의 증언을 들어본다. "마츠모토(松本)에 이끌리어 군전용의 부두로 갔다. 거기에는 백오십 명에서 이백 명 정도의 젊은 여자들이 모여 있었다. 각각 열다섯 명에서 스무 명 정도씩에 한두 사람의 마츠모토 같은 중년남자들이 붙어 있었다."[15] 문옥주의 증언에 의하면, 위안단의 규모는 150~200명이었고, 위안부들은 15~20명씩 그룹을 형성하고 있었는데, 그룹마다 위안소의 경영자와 종업원이 1~2명씩 딸려 있었다는 것이다. 다른 한편 연합국최고사령부연합번역통역국조사보고, 『일본군위안시설』은 "포로와 그의 아내는 22명의 여자들을 데리고 1942년 7월 10일에 부산항을 출항하였는데, 일행은 조선인 여자 703명과 약 90명의 그와 같이 천한 인품의 일본인 남녀들이었다"(「부록2」)고 했다. 『일본군위안시설』은 그 당

15) 森川万智子, 앞의 책, 46페이지.

시의 현지조사기록이므로 문옥주의 증언보다 사실에 가깝다고 보아야 할 것이다.

일기에 의하면, 칸파치 클럽(勘八俱樂部)의 경영자 야마모토 ○택(山本○宅)(43.1.1)을 비롯하여, 봉래정(蓬萊亭)의 경영자 노자와(野澤)(43.1.29), 분라쿠관(文樂館)의 경영자 아라이 청차(新井 淸次, 43.2.28) 및 오토메테이(乙女亭)의 경영자 마츠모토 항(松本 恒, 43.4.11)과 그 외의 위안소 경영자인 카나와 주도(金和 柱道, 43.2.8), 미츠야마 관치(光山 寬治, 43.2.10), 오오이시(大石, 43.4.3) 및 우치조노(內薗, 43.4.20) 등이 제4차위안단으로 같이 부산항을 떠났다고 한다. 이들은 모두 조선인이었다. 그러니까 위의 인용문 중의 "약 90명의 그와 같이 천한 인품의 일본인 남녀들" 중에는 일본인뿐만이 아니라 조선인들이 많이 포함되어 있었다. 만약 703명의 위안부들이 전부 조선인이었다면, 90명 중에는 일본인보다 조선인이 더 많았을 가능성도 있어 보인다.

제4차위안단은 일본군부에 의하여 조직되었기 때문에 위안소업자들과 위안부들은 군속적(軍屬的) 대우를 받았다. 그렇기 때문에 그들은 외국으로 출국하면서도 여권을 가지고 출국했던 것이 아니라 군이 발행하는 여행증명서를 가지고 출국했다. 그리고 그들은 출국할 때 여객선이 아니라 군용선을 이용하였으며, 이동할 때에는 주로 군용 교통수단을 이용했기 때문에 요금은 무료였다. 위안부 동원에 있어서 가장 중요한 문제 중의 하나가 전차금이 어디에서 지출되었는가 하는 것이다. 전차금을 스스로 부담했다는 몇몇 위안소 경영자의 증언이 있기도 하지만, 이 문제는 그렇게 간단히 해소될 수 있는 문제가 아닌 것 같다. 1938년 1월 상해 파견군사령부가 오오우치(大內)에게 일본에서의 위안부 모집을 의뢰했는데, 그때 오오우치가 위안소업자들에게 제시한 모집조건은 "작부는 16세로부터 30세까지, 전차금은 500엔으로부터 1,000엔까지, 가업년한(稼業年限)은 2개년, 소개수수료는 전차금의 1할을 군부에서 지급하는 것으로 한다"[16]는 것이었다고 한다. 위의 인용문을 어떻게 읽느냐 하는 문제와 위의 모집조건의 실시여부는 별도로 해명되어야 할 문제로 남아 있지만, 일본군 위안부 문제에 관한 조사·연구를 주도해온 요시미 요시아키 교수도 어떠한 형태로든 전차금이 군으로부터 지출되었을 것이라 추측했다.[17]

3. 위안소의 분포와 유형

1) 분포

군용선을 타고 1942년 7월 10일 부산항을 출발한 제4차위안단이, 대만에 들러 새로이 22명의 위안부를 태우고 싱가포르를 거쳐서, 랑군에 도착한 것은 8월 20일이었다. 랑군에 도착한 이들은 군의 요청에 따라 일본군이 주둔하는 버마의 각지로 배치되었는데,『포로심문보고』는 그 배치 상황을 다음과 같이 전해주고 있다. 「부록1 동원」에서는 "그녀들은 8명에서 22명으로 구성된 그룹으로 나누어졌다. 그녀들은 여기에서 버마의 여러 지방으로 배속되었는데, 그 지방은 통상 일본군의 주둔지 근처에 있는 상당한 규모의 도시였다"고 했고, 「부록2」는 "랑군에서 그들은 각각 20~30명의 그룹으로 나누어져서 버마의 여러 지역으로 흩어졌는데, 각 그룹은 여러 가지의 연대, 부대 혹은 대형(隊形)에 부속되었기 때문에, 각 부대는 자

16) 永井 和, 앞의 논문 주32.
17) 吉見義明著,『從軍慰安婦』, 岩波書店. 1996, 100페이지.

신의 위안소(들)을 가지고 있었다"고 했다. 위의 기술을 종합해보면, 랑군에 도착한 위안부들은 대체로 20명 전후의 그룹으로 나누어져 일본군의 요청에 따라 일본군이 주둔하는 지역이나 상당한 규모의 도시로 배치되었는데, 각 위안소는 각 부대에 전속되어 있었다는 것이다.

물론 버마에서의 일본군 위안소의 전체적 분포상황은 알 수 없다. 일본 육군성의 은상과장(恩賞課長) 쿠라모토 케이지로우(倉本敬次郎)가 1942년 9월 3일의 국과장(局課長)회의에서 "장교 이하의 위안시설을 다음과 같이 만든다. 화북 100, 화중 140, 화남 40, 남방 100, 남해 10, 화태 10, 합계 400개소"[18]라고 보고하고 있는 것을 보면, 남방에 속하는 버마에도 육군성의 자금으로 상당히 많은 위안소가 설치되었을 것이라 추측할 수 있다(요시미 요시아키 교수는 위의 숫자가 위안소의 숫자가 아니라 위안소가 설치된 지역이 아닌가 추측했다). 매우 단편적인 자료이기는 하지만, 버마 중부의 큰 도시인 만달레이(Mandaley)에는 9개의 위안소가 있었는데, 군지정 위안소로서는 일본인 위안소 1개소, 중국인 위안소 1개소 및 조선인 위안소 3개소가 있었고, 군준지정 위안소로서는 버마인 위안소 4개소가 있었다고 한다. 『포로심문보고』에 의하면, 만달레이 인근의 메이묘(Maymyo, 현재명 Pyin Oo Lwin)에서는 8개 위안소(그중 2개소는 일본인 위안소, 현지인 위안소는 포함되지 않은 듯하다)가 있었고, 버마 북부의 미트키나(Myitkyina)에서도 쿄우에이(共榮), 킨수이(錦水), 바쿠신로 및 모모야(桃家)의 4개 위안소가 있었는데, 앞의 3개 위안소에는 조선인 위안부 63명이 있었고, 모모야에는 중국인 위안부 21명이 있었다고 한다.

---

18) 秦 郁彦 著, 『慰安婦と戦場の性』, 1999, 105페이지.

만달레이 위안소(1945년 1월)				
군지정별	위안소명	위안부 국적별	정기휴일	적요
군지정(軍指定)	우메노야(梅乃家)	일본인	8, 23	장교 위안소
동	만래가(萬來家)	광동인	11, 26	
동	동아 클럽	조선인	3, 18	
동	아사히(朝日) 클럽	동	5, 20	
동	국원(菊園)	동	9, 24	
군준(準)지정	낙천지(樂天地)	버마인	5, 20	
동	버마관	동	13, 28	
동	희락장(喜樂莊)	동	1, 16	
동	신면관(新緬館)	동	8, 23	버마병(兵補) 전용

資料:「マンダレ－駐屯地勤務規定」(マ류駐庶 第五十四號)(女性のためのアジア国民基金 編 『従軍慰安婦関係資料集成 ④』, 龍溪書舍, 333페이지

　일기에 등장하는 일본군 위안소는 버마의 27개소와 싱가포르의 10개소를 합하여 모두 37개소이다. 여기에서는 같은 위안소라도 지역을 이동하면 별도의 위안소로 계산했으므로 중복계산이 있다. 물론 여기에 등장하는 위안소들은 일기의 필자가 일상생활 과정에서 알게 된 위안소들을 일기에 기록해놓은 것에 불과하다. 그러므로 일기에 등장하는 위안소들에는 조선인이 경영한 위안소들이 많을 수밖에 없다. 앞에서 보는 바와 같이 버마에는 조선인 위안소뿐만 아니라 일본인 위안소, 중국인 위안소 및 버마인 위안소 등이 있었다. 현지인인 버마인 위안부를 둔 위안소가 많다는 것은 당연하다고도 할 수 있겠으나, 일기에 등장하는 위안소 자료의 한계를 감안한다고 하더라도 조선인 위안부를 둔 위안소가 많은 점은 특기할 만하다. 아래의「일기에 나타나는 버마와 싱가포르의 위안소 분포」에서 보는 바와 같이, 조선인 위안소들은 남쪽의 랑군으로부터 시작하여 서북쪽으로 모울멘, 페구, 프롬, 바톤, 안판, 만달레이, 라시오 및 아캬브 등에 이르

기까지 버마 전국에 분포되어 있었다.

일기에 나타나는 버마와 싱가포르의 위안소 분포

위안소	직책	경영자명	출신지	적요
랑군(8개소)				
랑군회관	경영자	오오야마 호일(大山 虎一)	경성인	
시라미주관(白水館)	쵸우바	오오하라(大原)	대구인	
우치조노(內薗) 위안소	경영자	우치조노(內薗)	조선인	제4차위안단
이치후지루(一富士樓)	경영자	무라야마(村山)	조선인	
쇼우게츠관(松月館)				
쿄우라쿠관(共樂館)	쵸우바	키무라(木村)		
김천관(金泉館)				
장교클럽 수이코엔 (翠香園)				
모울멘(1개소)				
우치조노(內薗) 위안소	경영자	우치조노(內薗)	조선인	제4차위안단
페구(5개소)				
카나와 위안소	경영자	카나와 주도(金和 柱道)	조선인	
분라쿠관(文樂館)	경영자	아라이 청차(新井 淸次)	충청인	제4차위안단
사쿠라(櫻) 클럽	경영자	카나가와 장평(金川 長平)	대구인	
일복정(一福亭)	경영자	야마모토(山本)		
장교클럽				
프롬(6개소)				
칸파치(勘八) 클럽	경영자	야마모토 ○택(山本 ○宅)	대구인	제4차위안단
봉래정(蓬萊亭)	경영자	노자와(野澤)	조선인	제4차위안단
오토메테이(乙女亭)	경영자	마츠모토 항(松本 恒)	대구인	제4차위안단
동아관(東亞館)				
키라쿠관(喜樂館)				
키노시타(木下) 위안소	경영자	키노시타(木下)		
바톤(1개소)				
미츠야마(光山) 위안소	경영자	미츠야마 관치(光山 寬治)	조선인	
안판(1개소)				
카나이(金井) 위안소	경영자	카나이(金井)		
만달레이(1개소)				
오토메테이(乙女亭)	경영자	마츠모토 항(松本 恒)	대구인	제4차위안단
라시오(1개소)				
오오이시(大石) 위안소	경영자	오오이시(大石)	조선인	제4차위안단

아캬브(3개소)				
칸파치(勘八) 클럽	경영자	야마모토 ○택(山本○宅)	대구인	제4차위안단
오토메테이(乙女亭)	경영자	마츠모토 항(松本恒)	대구인	제4차위안단
아야노(文野) 위안소	경영자	文野. 奉化郡人, 新井久治가 경영하던 위안소를 인수한 것		
싱가포르(10개소)				
키쿠수이(菊水) 클럽	경영자	니시하라 주복(西原 周復)	조선인	
타이요우관(大洋館)	경영자	니시하라 무시(西原 武市)	조선인	
흥남 클럽				
나고야(名古屋) 클럽	경영자	타키 미츠지로우(瀧光 次郎)		
쿄우에이(共榮) 클럽	경영자	타카지마(高島)		
도남(圖南) 클럽	경영자			
후지(富士) 클럽	경영자	카야마 형락(佳山 亨洛. 후에 니시카와[西河]에게 양도)		
하나조노(花園) 클럽	경영자	토쿠야마(德山) 내외		
다이이치시로이보탄 (第一白牧丹)				
카치도키(勝鬨) 클럽	경영자	타키 미츠지로우(瀧光 次郎)		

위의 표에서 경영자의 출신지를 보면, 조선인이 많은 점이 눈에 띈다. 비록 조선인이라고 밝혀지지는 않았다고 하더라도 경영자의 이름이 밝혀진 위안소는 대개 조선인 위안소일 것으로 판단된다. 그리고 그들 중에는 제4차위안단으로 버마에 온 사람들이 많다. 싱가포르의 위안소 경영자 중에는 제4차위안단으로 온 사람이 전혀 없는 것으로 보아, 제4차위안단은 전부 버마에 배치되었을 가능성이 높다. 만약 제4차위안단이 모두 버마에 배치되었다고 한다면, 703명의 위안부는, 한 위안소의 위안부 수가 20명 전후라고 볼 때, 35개소의 위안소에 배치될 만한 인원이다. 버마의 조선인 위안소가 전부 제4차위안단으로 버마에 온 것도 아니므로, 이렇게 생각하면 버마에 얼마나 많은 조선인 위안소가 있었는지 상상조차 하기 어렵다. 버마나 싱가포르에 진출한 조선인의 직업은, 식당경영자, 사진사, 제과업

자, 무역업자, 건축하청업자 및 양복점경영자 등으로 다양했으나, 이들은 각 업종별로 2~3명에 불과하고, 대부분은 군위안소의 경영자들이다. 이러한 사실은 버마와 싱가포르에 조선인의 군인과 군속이 많았던 점과 더불어 일본정부의 조직적 동원이 없었더라면 상상도 할 수 없는 일이다.

2) 유형

기존의 연구에 의하면, 군위안소의 유형으로서는 군직영위안소, 군전용위안소 및 일반위안소 중 군도 이용하는 위안소의 세 가지가 있었다고 이해되어왔는데, 요시미 교수는 위안소의 유형을 다음과 같이 정의하였다. "위안소는 경영 형태로 보면, 세 가지 타입이 있었다. 첫째는 군직영의 군인·군속전용의 위안소, 둘째는 형식상 민간업자가 경영하나 군이 관리·통제하는 군인·군속전용의 위안소, 셋째는 군이 지정한 위안소로, 일반인도 이용하나, 군이 특별한 편의를 요구하는 위안소이다."[19] 이 요시미 교수의 정의는 아주 적절한 것으로 보인다. 군위안소 중에서는 군전용 위안소가 가장 보편적인 형태인데, 많은 경우 이 유형을 민간이 경영하는 위안소로 이해하고 있으나, 요시미 교수는 그 유형을 '형식상 민간업자가 경영하나 군이 관리·통제하는 군인·군속전용의 위안소'로 규정했다. 일기에서는 위안소의 유형을 가리키는 낱말이 네 가지가 나오는데, 그것은 '항공대 소속 위안소', '병참 관리 위안소', '군전용 위안소' 및 '지방인 위안소'이다. '항공대 소속 위안소'와 '병참 소속 위안소'도 군전용 위안소인데, "(랑군의) 인센에 있는 다카(高)부대, 즉 항공대 소속의 위안소 2개소가 병참 관리로 이양되었다"(43.7.19)라든지, "무라야마 씨가 경영하는 위안소 이치후지

---

19) 吉見義明著, 앞의 책, 74페이지.

루가 병참 관리로 되어 무라야마 씨와 아라이씨는 병참사령부에 갔다 왔다"(43.7.20)는 기사가 보인다. 또 "군전용 클럽은 매월 공휴일이 3회였는데, 이달부터 2회로 결정되어 8일과 19일이 공휴일이다"(44.3.19)라는 기사도 보인다.

위에서 보는 바와 같이, 다 같은 군전용 위안소라고 하더라도 군과 위안소의 관계는 경우에 따라서 매우 달랐던 것 같다. '항공대 소속 위안소'의 경우는 "수입보고서를 연대본부에 제출"(43.1.12)하고(소속부대에 보고서를 제출하기 때문에 위와 같이 추측했다), '병참 관리 위안소'의 경우는 "영업일보(營業日報)를 병참사령부에 가서 제출하고"(43.8.12), '군전용 위안소'의 경우는 각종의 보고서를 싱가포르의 경무부 보안과에 제출했다고 한다. 전2자는 전투가 진행중인 버마의 경우이고, 후자는 후방인 싱가포르의 경우이다. 버마에서는 위안소가 군의 명령에 따라 수시로 이동하고 있었다. "조선에서 함께 온 노자와(野澤) 씨를 만났는데, 만달레이 방면에서 위안소를 경영하다가 이번에 우리가 먼저 있던 프롬시로 부대를 따라와서 영업하고 있다더라"(43.1.29)라는 기사를 보면, 위안소업자들이 영업을 위해 부대를 따라다닌 것처럼 표현되어 있지만, 실제로는 군의 명령에 따라서 위안소가 이동한 것으로 보인다. 흔히 있는 기사는 아니지만, "55사단에서 카나가와 씨의 위안소를 만달레이 근처의 이에우(Ye-U)라는 곳으로 이전하라고 명령이 있어"(43.3.10)라는 기사가 있는데, 이 기사를 '항공대 소속 위안소'라든가 '병참 관리 위안소'라는 점과 관련해서 보면, 전지에서의 위안소의 이동은 군의 명령에 따랐다고 보는 것이 옳을 것 같다. 앞의 『포로심문보고』에서 "랑군에서 그들은 각각 20~30명의 그룹으로 나뉘어서 버마의 여러 지역으로 흩어졌는데, 각 그룹은 여러 가지의 연대, 부대 혹은 대형

(隊形)에 부속되었기 때문에, 각 부대는 자신의 위안소(들)를 가지고 있었다"고 하는데, 이것이 전선(戰線)에 있는 군전용 위안소의 모습이 아니었을까 한다.

4. 위안소의 경영과 위안부들

1) 위안소의 경영

군위안소의 경영은 대개 경영자(夫婦), 쵸우바 1명, 나카이(仲居) 1명, 심부름꾼 1~2명 및 위안부 20명 전후로써 이루어졌던 것으로 보인다. 위안부는, 랑군회관과 같은 곳은 30명이었다고 하나, 이치후지루는 16명, 오토메테이는 17명 그리고 칸파치 클럽은 18명이었다. 물론 각 위안소의 위안부 수는 시기에 따라서 변동이 있었을 것이다. 위안소의 경영에 있어서는 위안부를 모집하는 등 경영자의 역할이 매우 중요했을 것이나, 경영자의 경영권이 어느 정도로 중요시되었던가는 확실하지 않다. 「부록2」에서는 '그 여자들은 포로의 배타적 재산'이라고 하였으며, 경영권이 매각될 때에는 양도계약서가 체결되고(44.9.1, 43.9.9) 당국의 허가를 받는 등 일정한 절차가 필요했지만(43.8.8, 43.8.28), 일기에서는 경영권이 빈번하게 교체되는 것을 볼 수 있다. 그리고 처남 야마모토 ○택의 사고사(事故死)로 칸파치 클럽이 해체의 위기에 처했을 때, 군이 위안소의 재건을 일기의 필자에게 요청했지만, 필자는 그 연고권을 주장하지도 않았다. 위와 같은 사실로 미루어 볼 때, 위안소는 여러 가지 면에서 군의 강력한 통제하에 있었기 때문에 업자의 경영권이 매우 취약했던 것으로 보인다.

군위안소의 경영에 있어서 쵸우바의 역할은 매우 중요했던 것으로 보인다. 그러므로 일기에 나타나 있는 쵸우바의 활동을 정리하면, 위안소의 경영 내용도 드러나지 않을까 생각한다. 쵸우바의 기본업무는 물론 위안소를 방문하는 장병들을 맞이하여 그들을 원하는 위안부에게 안내하고 회계장부를 정리하는 일일 것이다. 이에 더하여, 일기의 필자는, 시장에서 위안소의 식자재를 구입해 들이는 한편, 위안소의 대외업무도 담당했다. 위안소의 대외업무는 매우 번잡했다. 위안부들에 관련되는 일로서는 취업 및 폐업의 허가 신청, 성병검사(檢黴)에의 안내, 저금 및 송금의 업무와 귀국절차의 업무 등이 있었으며, 소속기관과의 관련업무로서는 연대사령부, 병참사령부 혹은 경무부에 대한 영업일보, 영업월보 및 월별 수지계산서의 제출 등의 업무가 있었다. 위안소가 소속기관에 내는 각종 보고서들을 보면, 위안소 경영의 독립성이 매우 취약했을 것으로 보인다. 그 이유는 본래 위안부의 모집으로부터 위안소의 경영에 이르기까지의 모든 과정이 군의 주도하에서 이루어질 수밖에 없었다는 일본군 위안부 제도의 본질에 있었을 것이다.

　위안소의 정기휴일은 대개 1개월에 2회였다. 싱가포르에서도 "군전용 클럽은 매월 공휴일이 3회였는데, 이달부터 2회로 결정되어 8일과 19일이 공휴일이다"(44.3.19)라는 기사가 보인다. 위안소의 영업 형편은 여러 가지의 사정에 따라서 매우 달랐던 것 같다. 유행병이 돌 때에는 물론 영업이 정지되었다. 그리고 군의 외출이 적을 때에는 위안소의 영업도 한산했다. "오늘은 근래에 제일 손님이 적었다. 병정권(兵丁券)이 14매밖에 팔리지 않았다"(43.1.7)는 기사가 보이는데, 이러한 경우가 위안소업이 한산한 경우다. "오늘은 일요일이라 그런지 클럽 수입이 1,600여 엔이나 되었다. 클럽을 시작한 이후 가장 많은 수입이라 한다"(44.3.26)거나, "오늘은 천장절(天長節)의 경축일이라 군인의 외출이 많아 클럽의 수입이 2,450여 엔으로 개업 이래 최고 기록이었다"(44.4.29)거나, "오늘도 군인의 외출이 많아 어제의 최고 수입을 훨씬 초과하여 2,590여 엔의 최신 기록이다"(44.4.30)라고 하는데, 이 경우는 위안소의 영업이 성업이었다.

이 자료는 싱가포르에 있었던 키쿠수이 클럽의 사례인데, 하루에 2,590엔의 수입이 있고 위안부 수를 20명으로 가정한다면, 위안부 1명당 120여엔의 수입이 있었다는 것이다. 화대(花代)는 병사가 20~30분에 1.50엔, 하사관이 30~40분에 3엔, 장교가 30~40분에 5엔이었기 때문에 120엔의 수입을 올리려면, 위안부 1명이 하루에 병사 80명, 하사관 40명, 장교 24명을 각각 상대해야 한다는 것이다. 위안소의 총수입 2,590엔 중에는 술이나 기타 물품의 판매 수입이 약간 포함되어 있다고 하더라도, 그 액수는 그다지 많지 않았을 것이기 때문에, 위와 같은 일은 도저히 있을 수 없다. 위안부 수를 무리하게 40명으로 잡을 경우에도, 위와 같은 일은 상상하기 어렵다. 한 가지 있을 법한 일은 화대가 위의 정규의 화대보다 몇 배로 상승하는 것이다. 어느 지역의 경우인지는 확인되지 않으나, 1944년의 도우야마대(遠山隊)의 경우 1시간에 병은 8엔, 하사관은 10엔, 영외자[20]는 15엔, 숙박(영외자만)은 40엔이었다.[21] 다음의 위안부 수입에서 다시 검토하겠지만, 싱가포르는 전시하이퍼인플레에 말려들어 가 있었기 때문에, 위의 수입은 하이퍼인플레와의 관계하에서 재검토되어야 할 것이다.

---

20) 營外者: 장교일 것이다. 해제자.
21) (財)女性のためのアジア平和国民基金編, 『從軍慰安婦関係資料集成③』, 280페이지.

2) 위안부들

일반적으로 군위안부들은 일본정부의 문서에서도 위안부, 가업부(稼業婦), 종업부(從業婦), 또는 작부(酌婦) 등으로 불리었다. 일기에서는 그러한 호칭에 더하여 위안가업부(慰安稼業婦), 취업부(就業婦), 영가부(營稼婦) 또는 가안부(稼安婦)라고도 불리었다. 이러한 호칭들은 군위안부들도 대가(代價)를 받고 성적 서비스를 제공한다는 점에서는 일반풍속업의 위안부들과 그 성격이 기본적으로 다르지 않다는 인식에서 나온 것이다. 일기에서는 버마에서의 군위안부들의 취업과정에 관한 자료를 찾을 수가 없다. 그러나, 저자가 쵸우바로 근무했던 싱가포르의 키쿠수이 클럽에의 취업과정에 대해서는 상세한 기록을 남기고 있다. 위안소가 새로운 위안부를 맞아들이기 위해서는 우선 싱가포르의 경무부 보안과에 위안부의 재류신고서, 취업허가원 및 건강진단서를 제출해야만 했다. 새로이 맞아들이는 위안부라고 하더라도 조선에서 바로 건너온 위안부들뿐만이 아니라 남방에서 이미 군위안부의 경험이 있는 사람들도 있었다. "이번에 키쿠수이 클럽이 수마트라 팔렘방으로부터 싱가포르에 온 김○순과 최○옥(崔○玉) 2명에 대한 취업허가원을 특별시 경무과에 제출하였다"(44.4.22)는 기록이 그 한 사례가 될 것이다. 다만 성병환자와 임산부에게는 위안부로서 활동할 수 있는 장애요인이 제거될 때까지 취업이 허가되지 않았다.

취업허가를 받은 위안부들의 폐업에 관한 사례는 많으나 그 폐업조건에 관한 자료는 거의 찾아볼 수 없다. 만약 위안부들이 전차금을 받았다면, 전차금을 받을 때의 계약조건이 폐업조건의 하나가 되었을 것이다. 전차금을 받은 경우, 일반적으로 그 의무취업연한은 2년이었다. 「부록1 동원」에서는 1944년 8월 10일 와잉마우(Waingmaw) 근처에서 포로가 된 조선인 위안부의 계약조건은 6개월에서 1년이었다고 한다. 1944년 3월 이후가 되면, 저자가 쵸우바로 근무하던 키쿠수이 클럽에서는 폐업하고 귀국하는 위안부가 속출했다. 쥰코(順子)와 오소메(お染)(44.3.3), 마츠모도 종옥(松本 鍾玉)과 곽○순(郭○順)(44.3.14)(쥰코 및 오소메와 同一人일지도 모르겠다), 카나가와 광옥(金川光玉)과 시마다 한옥(島田 漢玉)(44.4.12), 마유미(眞弓)(44.4.13), 카나모토 은애(金本 恩愛)와 순애(順愛) 자매(44.7.9), 키누요(絹代)와 히데비(秀美)(44.11.5), 김○선(金○先)과 김○애(金○愛)(44.11.16) 및 김○수(金○守)(44.11.22) 등이다. 키쿠수이 클럽 위안부의 절반을 넘는 숫자이다. 물론 결원은 새로운 위안부로 보충되었다. 위안부들은 경무부 보안과에 작부(酌婦)인가서를 반납하고 여행허가서를 받아서 남방운항회사의 기선 편으로 귀국했다.

그러나, 전지인 버마에서는 싱가포르와 사정이 매우 달랐던 것 같다. 결혼하기 위하여 폐업을 한 위안부가 강제로 재취업되는 사례가 있었다. "이전에 무라야마 씨 위안소에 위안부로 있다가 이번에 부부생활을 하려고 나간 하루요(春代)와 히로코(弘子)는 병참의 명령으로 다시 위안부로서 김천관에 있게 되었다"(43.7.29)는 것이다. 그리고 다 같은 버마라고 하더라도 전투지에서는 폐업이 더욱 어려웠던 것으로 보인다. 왜냐하면, 외국에서 일본군의 보호를 받지 못하면 위안부들에게는 위안소의 밖이 바로 지옥이기 때문이다. "어느 여자든 이자를 합하여 그녀의 가족에게 지불한 돈을 갚을 수 있을 때, 그녀는 조선까지의 무료귀환교통권을 받고 자유로운 것으로 간주되었다. 그러나 전쟁상황 때문에 포로가 데리고 있는 그룹의 어느 누구도 지금까지 위안소를 떠나는 것이 허용되지 않았다. 1943년 6월에 제15군사령부가 빚으로부터 자유로운 그녀들을 고향으로 돌아가도록 주선했지만, 이런 조건을 충족하고 귀환하기를 원하는 여자도 머물러 있도록 쉽게 설득되었다."(「부록2」)

　군위안부들의 수입은 얼마나 되었을까. 군위안업에도 영업 사정이 좋지 못할 때와 좋을 때가 있었음은 물론이었을 것이다. 그런데, 일기에 의하면 군위안부들은 일반적으로 저금도 하고[22] 고향으로의 송금도 했던 것으로 보인다. 키쿠수이 클럽의 쵸우바로 근무하는 기간의 저자의 일기에는 위안부들을 위한 저금과 송금 업무에 관한 기록이 아주 많다. "아침을 먹고 요코하마 정금은행에 가서 위안부 저금을 하고 돌아오는 길에 이발하였다"(44.3.25)라거나 "니시하라 군과 요코하마 정금은행 지점에 가서 이번에 귀향한 이○옥과 곽○순 2명에 대한 송금을 하였다"(44.4.14)라는 기사가 그 대표적인 것일 것이다. 그러나, 군위안부들이 얼마나 저금하고 송금했는지는 그 액수가 밝혀져 있지 않다. 일본군 위안부에 관한 지금까지의 연구에 있어서 대표적으로 송금과 저금을 많이 한 사람은 문옥주로 알려져 있다. 그녀에게는 아직도 '군사우편저금원부'가 남아 있는데, 거기에는 일본의 패전 이전의 시점에서 26,000엔의 예금잔고가 있다. 그녀는 이와는 별도로 5,000엔을 고향으로 송금했다고도 한다. 일기에도 "정금은행에 가서 허가된 김○수(金○守)의 송금 1만 1,000엔을 부쳤다"(44.12.4)는 기술이 있다. 위안부의 송금액수로서는 많은 편이기 때문에 특기(特記)해 둔 것이 아닌가 한다.

　그러나, 위안부와 업자들의 화폐수입이 가지는 가치에 대해서는 검토되어야 할 사항이 아주 많다. 첫째는 일본군 점령지에서의 전시하이퍼인플레를 어떻게 감안할 것인가 하는 문제이다. 번잡을 피하기 위하여 문옥

---

22) 강제저금의 경우가 많았다. 해제자.

주의 예금통장에 대한 고바야시 히데오(小林英夫) 교수의 시산(試算) 결과만 소개하면 다음과 같다. 문옥주의 통장에 기입된 예금을 가지고 인플레를 감안하여 일본의 엔 기준으로 그녀의 실질수입을 계산하면, 1941년 12월의 일본물가를 100으로 하고 버마에서의 월 인플레율을 11~14%로 보았을 때, 1943년 4월~9월의 2,150엔은 264~405엔, 1943년 10월~44년 3월의 2,641엔은 148~266엔, 1944년 4월~9월의 900엔은 23~48엔, 1945년 4월~9월의 20,860엔은 110~321엔으로서 합계 527~1,040엔으로 계산된다는 것이다. 그러나, 이러한 화폐수입도 송금하는 데 엄청난 제약이 있었을 뿐만이 아니라, 송금이 허락되었다고 하더라도 조선에서 그것을 현금으로 인출하는 데 있어서도 큰 제약이 있었다. 위안부의 수입이 장군의 그것보다도 많았다는 일부의 주장은 사실의 왜곡이다.

맺음말

일본군 위안부 문제에 있어서 가장 큰 문제점으로 되고 있는 것은, 첫째 위안부의 동원에 있어서 강제연행이 있었는지 어땠는지, 둘째 위안소에서의 위안부생활이 성노예적 상태였는지 어땠는지로 집약될 수 있지 않을까 한다. 기존의 연구에 의하면, 남경(南京)사건 이후의 화중 지역 및 인도네시아 자바섬 중부의 주도(州都) 스마란 등 전투 지역에서 일본군 위안소를 설치할 때, 현지의 여성들을 일본군 헌병이 납치나 다름없는 방법으로 강제연행한 일이 있었다고 한다. 특히 서양인 억류소(西洋人抑留所)의 네덜란드 여성들을 강제로 징집(徵集)하여 스마란 위안소에 억류하고 강간이나 다름 없는 위안행위를 강요한 사건은 강제연행의 대표적인 사례로서 유명하다. 그러면, 비전투 지역인 일본이나 일본의 식민지에서 위안부를 동원할 때에는 어떠했을까. 기존 연구에 의하면, 그러한 곳에서는 사회가 잘 조직되어 있어서 위안부의 동원이 용이했기 때문에 납치나 다름없는 강제동원은 기본적으로 할 필요가 없었다는 것이다. 그러므로 그러한 곳에서는 기존의 위안부들을 동원하든지 '유괴나 다름없는' 인신매매나 사기의 방법으로 가난한 계층의 여자들을 동원했다는 것이다. 연구자에 따라서는 전자를 '협의의 강제동원', 후자를 '광의의 강제동원'이라고도 한다.

제4차위안단의 경우에 있어서는, 앞에서도 살펴본 바와 같이, 남방군사령부가 조선에 의뢰인을 파견하여 조선군사령부의 협력을 받아 위안소업자를 모집하고, 위안소업자들이 위안부들을 모집하였다. 위안부로 모집된 사람들 중에는 이미 위안부의 경험이 있는 사람들도 있었지만, 대부분은 가난한 계층의 여성들이었다고 한다. 그들은 그들이 해야 할 일의 성격도 모른 채 전차금과 높은 수입이라는 미끼에 끌려들어 '유괴나 다름없는' 인신매매나 사기를 당했을 가능성이 높다. 이러한 위안부의 동원 방법을 '광의의 강제동원'이라고 불러도 무방할 것이다. 그러나 제4차위안단의 경우 보다 중요한 문제는 그것이 징용, 징병 및 정신대와 같은 전시동원이라는 점에 있지 않을까 생각된다. 중일전쟁 이후 태평양전쟁에 이르기까지 조선인 여성이 일본군 위안부로 얼마나 동원되었는지는 정확히 알 수 없지만, 그들이 일본의 국가정책에 의하여 계획적으로 동원되었다면, 그러한 사실이 가지는 역사적 의미는 결코 가볍다고 할 수 없다. 이번의 일기자료가 밝혀주는 조선에서의 일본군 위안부 문제의 실체는 일본군 위안부의 동원이 전시동원체제의 일환으로 이루어졌다는 사실에 있는 것이 아닌가 생각된다.

둘째 문제는 동원된 위안부들이 전지에서 '성적 노예상태'하에 있었는지 아닌지 하는 점이다. 후방의 싱가포르에 있었던 위안소의 사례이기는 하지만, 일기에서는 위안부들이 위안소에 종사할 때에 당국으로부터 취업과 폐업의 허가를 받았다. 여러 가지 정황으로 보아 취업허가는 위안부가 위안부로서 종사할 수 있는 장애요인이 없는 한 문제될 것이 없었다. 문제는 폐업허가에 있었다. 폐업허가에 있어서는 가장 중요했던 것이 위안부로 동원될 때의 계약조건이었는데, 그것은 주로 전차금의 문제였을 것이다. 『포로심문보고』도 이 점을 매우 강조했다. 문제는 전차금을 변제했을 경우에도 폐업이 어려웠다는 점이다. 사례의 성격이 매우 애매하기는 하지만, 랑군에서는 병참사령부가 '부부생활을 하려고 나간' 이치후지루의 위안부를 김천관의 위안부로 재취업하도록 명령을 내리고 있으며, 앞에서 본 바와 같이 전투지의 버마에서는 군에서 폐업의 허가를 받았다고 하더라도 간단히 재취업하도록 설득되었다고 한다. 이와 같이 폐업이 어려웠던 이유는 여러 가지가 있었겠지만, 위안소가 군편제의 말단조직으로 편입되어 군부대와 같이 이동할 수밖에 없었기 때문이 아닐까. 그럼에도 불구하고 위안부들은 항상 추업부(醜業婦)로 천시되었다. 군위안부들이 놓인 위와 같은 처지를 '성적 노예상태'라고 해도 무방하지 않을까.

1부. 飜譯文

| 일러두기 |

1. 원문은 한글, 한자 및 일본의 카나(假名)로 표기되어 있으나 한글 표기로 통일했다.

2. 원문 중에는 한문식으로 읽어야 뜻이 통하는 곳이 많으나, 전부 한국어체로 바꾸었다.

3. 문장이 문법적으로 맞지 않는 곳은 문법에 맞게 수정했다.

4. 번역은 직역을 원칙으로 했다.

5. 위안소, 상점, 여관, 회사 및 기관 등의 명칭의 경우, 한국어 발음으로 읽어도 그 뜻이 통하는 것은 한국어 발음으로 표기하되, 한국어 발음으로 뜻이 통하지 않는 것은 일본어 발음로 표기했다.

6. 일본식 인명은 일본어로 표기하되, 가장 흔한 표기 방법에 따랐다.

7. 한국에 없는 일본 고유의 조직이나 제도를 나타내는 단어는 일본어 발음으로 표기했다.

8. 연도는 모두 서기로 고치고, 원문의 음력 표기는 삭제했다.

9. 저자, 저자의 가족 및 위안부의 한국식 성명은 한 자 혹은 두 자를 복자(伏字)로 처리했다.

1장

칸파치 클럽에서
(1943. 1. 1~5. 31)

대동아성전 2주년인 1943년 신춘을 맞이하여 1억 민초는 엎드려 삼가 폐하의 만수무강하심과 황실의 더욱 번영하심을 봉축하는 바이다. 나는 멀리 고향을 떠나 버마 아캬브(Akyab, 현재명 Sittwe[2]) 시 위안소 칸파치 클럽(勘八俱樂部)에서 일어나 동쪽으로 궁성을 향하여 절을 하여 고향의 부모, 형제 및 처자를 생각하고 행복을 빌었다. 동쪽 하늘의 햇빛도 유심한 듯 황군의 무운장구(武運長久)와 국가의 융창(隆昌)을 축복하여 준다. 오직 금년 한 해도 무사히 행운 속에서 보내게 하여주옵소서. 처남과 ○환(○桓) 군은 위안부를 데리고 연대 본부와 기타 서너 곳에 신년 인사차 갔다 왔다. 일선 진중에서 맞은 새해 첫날도 다 가고 밤이 되어 금년의 행운을 꿈꾸며 여러 날 잠을 못 자서 괴롭던 차에 깊이 잠들었다.

1월 2일 토요일. 맑음 19, 22

버마 아캬브 시 위안소 칸파치 클럽에서 일어나 아침을 먹다. 어제는 새해 첫날로 휴업하고 오늘부터 위안업을 시작하다. 새해도 벌써 이틀째를 맞이하였다. 조선은 지금이 가장 추울 때인데, 이곳은 가을 날씨밖에 안 된다.

1월 3일 일요일. 맑음 19, 21

버마 아캬브 시 위안소 칸파치 클럽에서 일어나 아침을 먹고 종일 쵸우바[3] 일을 보다가 밤 2시경에 자다. 오늘은 별 이상 없이 잘 지냈다.

1월 4일 월요일. 맑음 19, 21

버마 아캬브 시 위안소 칸파치 클럽에서 일어나 아침을 먹다. 종일 쵸우바 일을 보다가 밤 2시경에 자다.

---

1) 기온의 표시
2) 이하 모든 지명은 원칙적으로 처음 나올 때에 알파벳으로 표기하고, 지명이 달라졌을 경우 현재의 지명을 밝혔다.
3) 帳場: 상점, 여관 및 요리점 등에서 장부를 기입하고 회계를 보는 곳. 오늘날의 카운터 같은 곳 혹은 그 일을 보는 사람.

1월 5일 화요일. 맑음 19, 21

버마 아캬브 시 위안소 칸파치 클럽에서 일어나 아침을 먹고 종일 쵸우바 일을 보았다. 밤 2시 남짓에 자다.

1월 6일 맑음 수요일. 20, 22

버마 아캬브 시 위안소 칸파치 클럽에서 일어나 아침을 먹고 종일 일을 보다가 밤 1시 남짓에 자다.

1월 7일 목요일. 맑음 20.70, 22.00

버마 아캬브 시 위안소 칸파치 클럽에서 일어나 아침을 먹고 ○환 군과 쵸우바 일을 보다가 ○환 군과 같이 자다. 오늘은 근래에 제일 손님이 적었다. 병정권(兵丁券)이 14매밖에 팔리지 않았다.

1월 8일 금요일. 맑음 20.70, 22.00

버마 아캬브 시 위안소 칸파치 클럽에서 일어나 아침을 먹고 ○환 군과 쵸우바 일을 보다가 밤 1시 남짓에 자다.

1월 9일 토요일. 맑음 20.70, 22.00

버마 아캬브 시 위안소 칸파치 클럽에서 일어나 아침을 먹고 종일 쵸우바 일을 보다가 밤 2시 남짓에 자다. 오늘 검사 결과 병중인 미치요(三千代)와 히데코(秀子) 2명이 불합격이고 그 외 16명은 모두 합격되었다. 합격은 많이 되어도 손님은 적다.

1월 10일 일요일. 맑음 20.70, 23.00

버마 아캬브 시 위안소 칸파치 클럽에서 일어나 아침을 먹고 종일 쵸우바 일을 보다가 자다. 9중대 앞 바다 멀리 적 포함(砲艦) 4, 5척이 보인다고 밤 1시경에 각 부대는 비상경비를 위하여 모두 무장 출동하였다.

1월 11일 월요일. 맑음 20.70, 23.00

버마 아캬브 시 위안소 칸파치 클럽에서 일어나 아침을 먹다. 저녁을 먹고 하도 시끄럽기에 사원에 가서 조금 누워 자고 있으니, 밤 2시경에 ○ 환 군이 와서 부르기에 일어나 집에 와서 자다.

1월 12일 화요일. 맑음 19.5, 23.0

버마 아캬브 시 위안소 칸파치 클럽에서 일어나 아침을 먹다. 의무실에 갔다가 연대 본부 사무실에 가서 위안부 수입보고서를 제출하고 랑군으로 가는 교통편이 있으면 출장증명서를 발급해달라고 부탁하였다. 아캬브 해안으로 흐르는 강에는 고기도 많이 있어, 그물만 던지면 한꺼번에 수십 마리가 잡힐 때도 있다.

1월 13일 수요일. 맑음 20.0, 23.0

버마 아캬브 시 위안소 칸파치 클럽에서 일어나 아침을 먹다. 연대 본부 의무실에 가서 위생 콘돔 1,000개를 가져 왔다. 밤 1시 반경에 자다. 어젯밤에는 적기(敵機) 소리가 나지 않았다.

1월 14일 목요일. 맑음 20.5, 23.0

버마 아캬브 시 위안소 칸파치 클럽에서 일어나 아침을 먹고 쵸우바 일을 보았다. ○환 군과 사찰에 가서 자다.

1월 15일 금요일. 맑음 21.0, 23.0

버마 아캬브 시 위안소 칸파치 클럽에서 일어나 아침을 먹고 종일 쵸우바 일을 보았다.

1월 16일 토요일. 맑음 21.0

버마 아캬브 시 위안소 칸파치 클럽에서 일어나 아침을 먹고 쵸우바 일을 보았다. 오후 6시 남짓에 연대 본부 사무실에서 일전에 부탁한 랑군 출장증명서를 받아 보니, 오늘 밤 20시에 출발하라는 것이더라. 처남에게 사정을 이야기하니, 가라면서 돈 3만 2,000엔을 주며 송금하라더라. 탄갓푸(Taungup)까지 가는 배는 밤 9시 40분경에 출범하다. 도중에 풍랑이 심하여 뱃멀미에 기분이 좋지 못하여 토하기까지 하였다. 아캬브에 온 지 2개월 5일 만에 떠났다.

1월 17일 일요일. 맑음

아침 9시 남짓에 대발선[4]은 탄갓푸와의 중간 지점에 정박하였다. 낮에는 상륙하여 식사 등을 하고 있다가 밤 9시경에 다시 출발하였다. 오늘 밤은 온전히 강으로만 배를 모는지라 배는 조금도 요동 없이 잘 간다.

1월 18일 월요일. 맑음

아침 8시 반경 내가 타고 온 대발선은 탄갓푸 선창에 도착하였다. 곧 상륙하여 동행의 벗이 된 나카무라(中村) 상등병과 병참에 찾아가서 아침을 먹고 모 소위의 안내로 자기 부대에 가서 침식을 하기로 하다. 프롬(Prome, 현재명 Pyay)행 자동차는 2, 3일 후라야 있겠다면서 모 소위도 동행하여 랑군까지 가겠다더라.

1월 19일 화요일. 맑음

버마 탄갓푸에서 일어나 아침을 먹고, 종일 나카무라 마사노수케(中村正之助) 상등병과 자동차가 몇 시에 출발하나 하며 기다리며 놀았다. 소위의 말이 내일모레는 출발할 것이라 하더라. 출발 후 아캬브의 우리 위안소 일동은 무사히 영업을 잘 하고 있는지 모르겠다. 오직 건강과 행복을 빌어 마지아니한다.

---

4) 大發船: 일본 육군이 개발·사용한 상륙용 주정(舟艇)으로 태평양전쟁에서는 해양 수송에도 이용되었다.

1월 20일 수요일. 맑음

버마 탄갓푸에서 일어나 부대에서 아침을 먹고 종일 놀다. 내일의 출발을 즐기며 밤 12시 남짓에 자다.

1월 21일 목요일. 맑음

버마 탄갓푸 히무라(火村) 소대에서 일어나 아침을 먹고 동 부대 자동차로 히무라 소대장 소위와 그 외 운전병까지 5인, 거기에 나카무라 상등병과 나까지 모두 7인이 타고, 오전 11시 탄갓푸를 출발하여 아라칸(Arakan)이라는 해발 수천여 척의 산악 지대, 즉 180여 킬로미터를 무사히 넘어 프롬의 건너편에 도착, 강을 건너 프롬 시의 이전 우리 위안소의 옆집 친론 가에 들어가 숙식을 신세 지다. 아라칸 험한 산길을 설계하여 개척한 것에 감탄하였다. 천고에 인적이 들지 않은 산이더라.

1월 22일 금요일. 맑음

버마 프롬 시 친론 가에서 일어나 아침을 먹다. 프롬 시를 공습한 적기가 프롬 시외 30여 리에 황군의 반격을 받아 추락되었다더라. 친론 가에서 저녁을 먹고 놀다가 자다. 위생부장(버마인) 자동차에 편승하여 동인의 별장에 가서 놀았다.

1월 23일 토요일. 맑음

버마 프롬 시 친론 가에서 일어나 아침을 먹고 프롬 역 오전 10시 28분발 열차를 타고 랑군에 밤 10시 50분경에 도착하였다. 사이카를 타고 아오토리(青鳥) 식당의 오오하라(大原)를 찾으니 없다기에 숙사의 곤란으로 걱정하면서 이러저리 하는 중에 사이카 주인 버마인이 자기 집에 가서 자자기에, 그리하자 하고 따라가서 저녁까지 먹고 자다.

버마 랑군 시 버마인 몬단의 집에서 일어나 야전우편국에 송금하러 갔더니, 병참사령부의 허가가 필요하다기에 동 사령부에 가서 부관에게 말하니, 하루에 500엔 이상은 송금이 되지 않는다더라. 아오토리 식당에 가서 주인 오오야마(大山) 씨를 만나 보았다. 은행 송금은 다액이라도 되는데, 군정감부[5]의 허가가 필요하다기에 동 감부에 가서 이야기해보았다. 은행에서 허가용지를 얻어 신청한다더라. 몬단의 집으로 가서 트렁크를 가지고 오오야마 씨가 경영하는 위안소 랑군회관을 찾아와 숙식의 신세를 지자고 하였다. 오오하라 군도 시라미주(白水) 위안소의 쵸우바로 있는데 만나 보았다.

랑군 시 오오야마 씨의 처소에서 일어나 요코하마 정금은행(橫濱正金銀行) 랑군 지점에서 3만 2,000엔을 저금하였다. 전신국에 가서 조선의 본가에 전보를 쳤다. 답전하라 하였는데 반가운 소식이 올는지. 시라미주관(白水館)에서 주인을 보고 인사하였다. 또 저녁까지 먹었다. 오오야마 씨 처소에서 자다.

버마 랑군 시 곳드윈 로(Godwin Road)의 랑군회관에서 일어나 아침을 먹다. 온종일 아무 하는 일 없이 이리저리 다니며 랑군회관에서 저녁을 먹고 자다.

버마 랑군 시 랑군회관에서 일어나 아침을 먹다. 랑군회관 주인이 경

---

5) 軍政監部: 일본군의 군정기구. 태평양전쟁기 일본군은 동남아시아, 뉴기니아, 중부 태평양 방면의 점령지에서 군정을 실시하였다. 점령군의 참모장이 군정감부의 책임자가 되었다.

영하는 아오토리 식당에 갔다가 곧 랑군회관으로 돌아왔다. 랑군회관에서 저녁을 먹고 있으니, 동 회관의 이와시타(岩下) 씨가 놀러 가자기에 같이 시내 버마인 유곽에 갔는데, 이와시타가 권함에도 불구하고 그냥 놀지 않고 돌아와서 자다.

1월 28일 목요일. 맑음

버마 랑군 시의 랑군회관에서 일어나 아침을 먹고 동 회관의 이와시타 씨와 화물공창(貨物公廠)에서 경영하는 목장과 농원을 구경하고 왔다. 목장은 면적이 수백만 평인데, 바야흐로 정글 지대를 정비하는 중이더라. 동 회관에서 저녁을 먹고 놀다가 자다.

1월 29일 금요일. 맑음

버마 랑군 시 랑군회관에서 일어나 아침을 먹다. 시내에 가서 일본인회 사무소를 찾다가 못 찾고 돌아오는 길에 면도를 하였다. 랑군회관에서 자다. 조선에서 함께 온 노자와(野澤) 씨를 만났는데, 만달레이(Mandalay) 방면에서 위안소를 경영하다가, 이번에 부대를 따라 우리가 먼저 있던 프롬 시로 와서 영업하고 있다더라.

1월 30일 토요일. 맑음

버마 랑군 시 곳드윈 로의 랑군회관에서 일어났다. 미츠이(三井)물산회사 3층에 있는 일본인회에 가서 입국허가 용지와 일본인회 입회신청 용지를 얻어 왔다. 시라미주관에서 저녁을 먹고 랑군회관에서 자다. 시내의 성무당(成武堂)서점에 가서 「버마신문」 구독을 신청하고 창간호부터 오늘 분까지 받았다. 「버마신문」은 금년 1월 1일부터 발행하게 되었다.

1월 31일 일요일. 맑음

버마 랑군 시 랑군회관에서 일어나 아침을 먹다. 시라미주관의 오오하라 처소에서 놀다가 랑군회관으로 돌아와 저녁을 먹고 자다.

2월 1일 월요일. 맑음

버마 랑군 시 곳드윈 로의 랑군회관에서 일어나 미츠이물산회사 3층에 있는 일본인회 사무소에 가서 입국허가서를 제출하니, 그냥 군정감부에 제출하라기에, 돌아오는 길에 오오야마 씨가 경영하는 아오토리 식당에서 아침을 먹고 랑군회관에 돌아오다. 랑군회관에서 저녁을 먹고 자다. 아캬브를 떠난지 벌써 반 개월이 넘었다. 아무 하는 일 없이 천금 같은 세월만 허송하고 있었다. 장차의 사업 경영을 오오야마 씨와 논의하고 있다.

2월 2일 화요일. 맑음

버마 랑군 시 곳드윈 로의 랑군회관에서 일어나 아침을 먹기 전에 시라미주관의 오오하라 처소에 갔더니, 시라미주관의 오오하라 군이 아침을 같이 먹자기에 아침을 먹다. 숙식을 이 집 저 집에서 하고 있으니, 참 면목이 없어 견딜 수 없다. 속히 숙소가 결정되어야 식사도 하고 목적한 일도 진행하며 안심할 터인데. 랑군회관에서 저녁을 먹고 자다.

2월 3일 수요일. 맑음

버마 랑군 시 곳드윈 로의 랑군회관에서 일어나 아침을 먹다. 간밤에 고향 꿈을 꾸었더니, 오후 3시경에 전보가 왔다. 처남에게도 전보가 왔다. 모두 무사한데 딸아이가 아직 병이 그대로라고 하니 걱정이다. 여기서 전보를 친 후 10일 만에 답이 왔다. 시라미주관에서 저녁을 먹고 두부가게의 정(鄭) 씨 처소에 가서 놀다가 랑군회관으로 돌아와 자다.

2월 4일 목요일. 맑음

버마 랑군 시 곳드윈 로의 랑군회관에서 일어나 아침을 먹다. 오후 5시경에 군정감부의 경무과(警務課)에 가서 입국허가서를 제출하였다. 랑군회관에서 저녁을 먹고 밤 10시 반 남짓에 자다.

2월 5일 금요일. 맑음

버마 랑군 시 굿드윈 로의 랑군회관에서 일어나 아침을 먹다. 구정이라 또 고향이 생각나서 동쪽 하늘을 향하여 아침에 절을 하였다. 랑군회관에서 저녁을 먹고 잤다.

2월 6일 토요일. 맑음

버마 랑군 시 굿드윈 로의 랑군회관에서 일어나 아침을 먹다. 오후 5시경에 오오야마 씨와 동인의 식당 아오토리관에 가서 놀다가 돌아와서 저녁을 먹고 놀다가 자다. 우치조노(內薗) 위안소의 쵸우바 이(李) 씨가 왔는데, 지금 모울멘(Moulmein, 현재명 Mawlamyine)에 있다더라.

2월 7일 일요일. 맑음

버마 랑군 시 굿드윈 로의 랑군회관에서 일어나 아침을 먹다. 동물원을 구경하였다. 동물원의 설비는 광대한데 내용은 별로 없더라. 시라미주관에서 저녁을 먹었다. 밤 1시 남짓에 랑군회관에서 잤다.

2월 8일 월요일. 맑음

버마 랑군 시 굿드윈 로의 랑군회관에서 일어나 아침을 먹다. 위안소 시라미주관에서 저녁을 먹다. 조선에서 작년에 위안소 경영자로 함께 온 카나와 주도(金和 柱道) 씨를 만나 같이 자러 가자기에 같이 가서 잤다.

2월 9일 화요일. 맑음

카나와의 처소에서 일어나 카나와 씨와 동거하기로 약속하고 거주할 가옥을 구하였는데, 버마 사찰 뒤 도로변 버마인 가설 건물의 방 하나를 매월 집세 25엔에 정하여 있기로 하였다. 오후 오오야마 씨가 마침 지나기에 불러서 같이 있다가 군정감부에 가서 일을 보고, 오오야마 씨의 처소로 가서 저녁을 먹고 돌아와서 카나와 씨와 같이 자다.

2월 10일 수요일. 맑음

아침에 일어나 카나와 씨와 같이 시장에 나가 아침을 사 먹다. 군정감부에 입국허가서를 찾으러 갔더니, 아직 아니 되었다고 다음에 오라더라. 막 군정감부 문을 나서니, 조선서 위안소 경영자로 버마에 함께 온 미츠야마 관치(光山 寬治) 씨가 아는 체하기에 반가이 인사한 후 여러 가지 이야기를 하고 놀다가 시내 정금은행에 가서 미츠야마 씨가 송금하는 데 있다가 같이 우리 숙사로 와서 놀다가 자다.

2월 11일 목요일. 맑음

임시 숙사에서 일어나 버마인 반점에서 아침을 사 먹다. 오후에 랑군 회관에 가서 트렁크를 숙사로 가져 왔다. 카나와 씨와 같이 저녁을 사 먹고 같이 자다. 미츠야마 씨는 자고 나서 프롬으로 갔다.

2월 12일 금요일. 맑음

숙사에서 일어나 카나와 씨와 같이 가서 아침을 사 먹다. 종일 아무 하는 일 없이 놀다가 저녁을 먹고 놀다가 밤 1시경에 잤다.

2월 13일 토요일. 맑음

랑군 시의 임시 숙사에서 일어나 카나와 씨와 아침을 사 먹고 자동차 중고를 매도할 것이 있다고 버마인이 가보자기에 카나와 씨와 같이 가서 보고 2대를 2,000엔에 매수하겠다 하였다. 군정감부에 가서 입국허가증을 찾아왔다.

2월 14일 일요일. 맑음

버마 랑군 시의 임시 숙사에서 일어났다. 카나와 씨와 버마인이 중고 자동차가 있다고 가보자기에 가보았으나 좋지 못하여 사지 않겠다 하고 돌아왔다.

2월 15일 월요일. 맑음

버마 랑군 시의 임시 숙사에서 일어나 아침을 사 먹었다. 프롬에 있던 내지(內地)로 귀환하는 군인 오오타카(大高)와 토리이(鳥居) 두 군을 만났다. 프롬을 떠나 로야라는 곳에 있다가 이번에 내지로 가게 되어 12일 랑군으로 나왔다더라.

2월 16일 화요일. 맑음

버마 랑군 시의 임시 숙사에서 일어나 아침을 사 먹다. 종일 놀다가 저녁을 먹고 자다.

2월 17일 수요일. 맑음

버마 랑군 시의 임시 숙사에서 일어나 아침을 사 먹다. 내지로 귀환하는 상등병 타카노(高野) 군이 와서 놀다가 갔다.

2월 18일 목요일. 맑음

버마 랑군 시의 임시 숙사에서 일어나 아침을 사 먹다. 종일 놀다가 오오야마 씨가 자기 집에 가자기에 같이 가서 저녁을 먹고 숙사에 함께 돌아와 잤다.

2월 19일 금요일. 맑음

버마 랑군 시의 임시 숙사에서 일어나 아침을 사 먹다. 인도인 이발 행상을 불러 이발하였다. 음력 정월 15일 달맞이하는 날이라 고향의 부모·형제·처자는 달을 보고 또 수만 리 타국에 있는 나를 생각하리라. 동쪽 하늘에 솟아 있는 달을 보고 사향(思鄕)의 절을 하였다. 이곳의 이때는 한 점의 구름도 없는 맑게 갠 하늘에 달이 밝기도 하다.

2월 20일 토요일. 맑음

버마 랑군 시의 임시 숙사에서 일어나 아침을 사 먹다. 오오야마 씨와 군정감부 적산과 수전계(水田係)의 미야자키(宮崎) 씨에게 정미공장 경영을 교섭하였다. 과장에게까지 가서 면회하여 이야기하였더니, 산업부에 문의한 후 어떻게든 처분하겠다더라.

2월 21일 일요일. 맑음

버마 랑군 시의 임시 숙사에서 일어나 아침을 사 먹다. 석양에 센다(千田)상회 주택의 구보(久保) 씨를 찾아 갔으나 주택을 찾지 못하여 돌아다니다가 돌아와서 저녁을 사 먹고 놀다가 자다.

2월 22일 월요일. 맑음

버마 랑군 시의 임시 숙사에서 일어나 아침을 사 먹다. 종일 놀다가 저녁을 사 먹고 자다.

2월 23일 화요일. 맑음

버마 랑군 시의 임시 숙사에서 일어나 아침을 사 먹다. 정금은행 지점에 가서 예금한 것 중에서 100엔을 찾았다. 오오야마 씨와 자동차로 랑군의 큰 사찰을 구경하였다. 저녁을 사 먹고 자다.

2월 24일 수요일. 맑음

버마 랑군의 임시 숙사에서 일어나 아침을 사 먹다. 오오야마 씨와 같이 이발소에 가서 면도를 하였다. 또 오오야마 씨와 어제 새벽에 격추된 영국기의 잔해를 구경하였다. 이 영국기는 랑군 시외 10킬로미터 지점의 논들에 격돌하여 폭파된 중폭격기(重爆擊機)로 아주 큰 것이더라. 터지지 않은 폭탄도 5, 6개 떨어져 있더라.

2월 25일 목요일. 맑음

버마 랑군 시의 임시 숙사에서 일어나 아침을 사 먹었다. 임시 숙사에서 숙박하고 있는 오카다(岡田), 카나와, 오오야마 등 3명과 기념 촬영을 하였다. 오오야마 씨와 타보이(Tavoy, 현재명 Dawei)까지 여행하기로 약속하고 버마인 승합자동차로 페구(Pegu, 현재명 Bago)에 도착하였다. 위안소 분라쿠관(文樂館) 아라이(新井) 씨 댁에서 조금 쉰 다음 위안소를 경영하는 고향사람 카나가와(金川) 씨를 찾아 갔다. 반갑게 만나 이야기하고 놀다가 저녁을 먹고 동씨 댁에서 잤다.

2월 26일 금요일. 맑음

버마 페구 시 사쿠라(櫻) 클럽의 카나가와 씨 댁에서 일어나 아침을 먹었다. 카나가와 씨의 안내로 버마 제일인 석가침상(釋迦寢像)을 구경하고 돌아와 저녁을 먹고 자다. 이 와불상(臥佛像)은 길이 180여 척(呎), 높이 50여 척이라는데 참으로 놀랄 만한 것이더라.

2월 27일 토요일. 맑음

버마 페구 시의 카나가와 씨 처소에서 일어나 아침을 먹고 모울멘으로 가려고 오오야마 씨와 정거장에 나와 승차한 후 모울멘, 타보이 방면으로 가는 길의 연락이 잘 되지 않아 도중에 곤란이 많다기에 도로 내려 카나가와 씨 댁으로 왔다. 타보이행을 중지하고 나는 당분간 카나가와 씨에게 신세를 지게 되었다. 저녁을 먹고 놀다가 자다.

2월 28일 일요일. 맑음

버마 페구 시 사쿠라 클럽의 카나가와 씨 댁에서 일어나 아침을 먹다. 위안소 분라쿠관에 가서 놀다가 저녁을 먹고 분라쿠관의 오오하라 태국(大 原 泰國) 씨 처소에서 잤다. 이 분라쿠 위안소는 나와 함께 온 조선 충주 사 람 아라이 청차(新井 淸次) 씨가 경영하는 곳이다.

3월 1일 월요일. 맑음

버마 페구 시의 분라쿠관에서 일어나 아침을 먹고 놀다. 오오야마 씨는 후쿠모토(福本)의 자가용 차로 랑군에 갔다. 오후에 카나가와 씨와 곽(郭) 모와 엽총을 가지고 야외에 나가 놀다가 돌아와서 저녁을 먹고 자다.

3월 2일 화요일. 맑음

버마 페구 시 위안소 사쿠라 클럽의 카나가와 씨 댁에서 일어나 아침을 먹고 놀다. 카나가와 씨와 시장에 가서 양복감 9마(嗎)를 70엔에 사 왔다. 카나가와 씨 집에서 저녁을 먹고 놀다가 자다.

3월 3일 수요일. 맑음

버마 페구 시 위안소 사쿠라 클럽의 카나가와 씨 처소에서 일어나 아침 을 먹다. 종일 놀다가 동씨 댁에서 저녁을 먹고 자다.

3월 4일 목요일. 맑음

버마 페구 시 위안소 사쿠라 클럽의 카나가와 씨 처소에서 일어나 아침 을 먹다. 대구 사람 오오하라 씨는 귀국 절차를 마치고 귀향하러 랑군까지 갔다가 아직 아니 가고 그냥 페구로 왔다더라. 종일 놀다가 카나가와 씨의 처소에서 저녁을 먹고 자다.

버마 페구 시의 카나가와 씨 처소에서 일어나 아침을 먹다. 랑군에서 오오야마 씨가 왔다. 일전에 산 복지를 가지고 양복점에 가서 양복을 지어 달라고 부탁하였다. 오오야마 씨는 분라쿠관에서 숙식하는 모양이다.

버마 페구 시 위안소의 카나가와 씨 처소에서 일어났다. 오오야마 씨가 분라쿠관에서 오늘 랑군으로 가자고 오라기에 분라쿠관에 가서 오오야마 씨를 만나 열흘 뒤에 가자 하고 분라쿠관에서 아침을 먹고 놀다. 랑군에 있는 사진사 토요카와(豊川) 씨가 카라우(Kalaw)에 간다기에 그편에 우카와 히로코(烏川 弘子)에게 편지를 부쳤다. 사쿠라 클럽에서 저녁을 먹고 놀다가 자다.

버마 페구 시의 카나가와 씨 처소에서 일어나 아침을 먹다. 고향의 실인(室人)과 친구 허○(許○), 소실(小室) 이○○에게 엽서를 띄웠다. 종일 놀다가 카나가와 씨의 처소에서 저녁을 먹고 잤다.

버마 페구 시의 카나가와 씨 댁에서 일어나 아침을 먹다. 오늘은 랑군 함락 1주년 기념일이다. 종일 놀다가 저녁을 먹고 잤다.

버마 페구 시의 카나가와 씨 댁에서 일어나 아침을 먹다. 종일 놀다가 저녁을 먹고 잤다. 카나가와 씨가 닭을 삶아 술 한잔 먹자기에 밤에 자기 전에 먹었다.

버마 페구 시의 카나가와 씨 댁에서 일어나 아침을 먹다. 랑군의 카나자와(金澤) 군이 만달레에 갔다 오는 길에 페구에 들러 내가 있는 줄 알고 찾아왔더라. 종일 놀다가 저녁을 먹고 자다. 카나가와 씨의 위안소를 55사단(師團)에서 만달레 근처의 이에우(Ye-U)라는 곳으로 이전하라는 명령이 있어 오늘 모처 부대장이 와서 가자 하는데, 위안부 일동은 절대 반대하며 못 가겠다더라.

버마 페구 시의 카나가와 씨 댁에서 일어나 아침을 먹다. 랑군에서 제과업을 하는 후쿠모토(福本) 군이 와서 같이 놀았다. 종일 놀다가 저녁을 먹고 자다.

버마 페구 시의 카나가와 씨 댁에서 일어나 아침을 먹고 종일 놀다가 저녁을 먹고 잤다. 카나가와 씨는 오늘 사단 연락소에 불려갔다 와서 하는 말이 16일경은 이동지인 이에우를 향하여 출발하겠다더라.

버마 페구 시의 카나가와 씨 댁에서 일어나 아침을 먹고 종일 놀다가 저녁을 먹고 자다. 이곳 기후가 새벽 아침은 대단히 서늘한데 낮에는 매우 더워 조금만 걸어도 땀이 좔좔 흐른다. 조선도 지금쯤 큰 추위는 다 갔을 것이다. 불과 20일 남짓에 벚꽃이 만발하는 좋은 시절이 닥칠 것이다. 이 좋은 조선의 봄철도 만리이역에서 생각만 하고 보내게 된다.

버마 페구 시의 카나가와 씨 처소에서 일어나 아침을 먹다. 카나가와 씨는 사령부의 명령을 이기지 못하여 위안소를 이에우로 옮겨 가게 되어 오는 18일에는 출발하겠다더라. 종일 놀다가 저녁을 먹고 자다.

3월 15일 월요일. 맑음

버마 페구 시의 카나가와 씨 처소에서 일어나 아침을 먹다. 후쿠모토 군이 버마 영화를 보러 가자기에 자기 제과점에 갔다가 같이 영화관에 가서 구경하였다. 버마식 영화로 의미는 잘 알 수 없으나 사진은 잘 제작된 것 같더라. 후쿠모토 군의 대접으로 저녁을 먹고 분라쿠관에 가서 카라우에서 온 토요카와 씨를 만나 일전의 편지 전달 사정을 묻고 놀다가 카나가와 씨의 처소로 돌아와 잤다.

3월 16일 화요일. 맑음

버마 페구 시의 카나가와 씨 댁에서 일어나 아침을 먹고 종일 놀다가 저녁을 먹고 자다. 카나가와 씨는 사단 연락소에서 이번에 이에우 방면으로의 이동을 당분간 중지하고 페구에 그냥 있게 하란다더라. 작년 3월 5일에 부산에서 수술한 복부의 상처가 점점 곪는 것 같이 단단하고 아리어 재수술을 요할 염려가 있다.

3월 17일 수요일. 맑음

버마 페구 시의 카나가와 씨 처소에서 일어나 아침을 먹다. 아캬브의 처남에게 엽서를 냈다. 종일 놀다가 저녁을 먹고 잤다.

3월 18일 목요일. 맑음

버마 페구 시의 카나가와 씨 댁에서 일어나 아침을 먹고 종일 놀다가 저녁을 먹고 잤다.

버마 페구 시의 카나가와 씨 처소에서 일어나 아침을 먹고 종일 놀다가 저녁을 먹고 잤다. 아캬브의 처남과 아라이 군 두 사람이 위안소의 일로 바빠서 큰 곤란을 치를 것을 생각하니 하루빨리 가야겠는데, 워낙 험로에 원거리라 도중에 고생할 일을 어찌할까 하여 또 생각하는 중이다. 의리를 생각하면 꼭 가야겠다.

버마 페구 시의 카나가와 씨 처소에서 일어나 아침을 먹었다. 위안소 분라쿠관에 가서 주인 아라이 씨와 잡담하며 놀다가 동씨 댁에서 저녁을 대접받고 밤 12시경까지 놀다가 카나가와 씨의 처소로 돌아와 잤다.

버마 페구 시의 카나가와 씨 처소에서 일어나 아침을 먹고 종일 놀다가 저녁을 먹고 잤다. 오늘 밤은 버마의 맑게 갠 하늘에 둥글고 둥근 달이 유난히 밝아서 고향 생각이 더욱 간절하도다.

버마 페구 시의 카나가와 씨 처소에서 일어나 아침을 먹고 종일 놀다가 저녁을 먹고 잤다. 카로우 근처 안판(Aungban)으로 가는 군인에게 카나이(金井) 위안소의 우카와 히로코에게 편지를 부쳤다. 페구 시장 내에서 페스트 전염병 환자가 발견되었다더라.

버마 페구 시의 카나가와 씨 처소에서 일어나 아침을 먹었다. 랑군으로 가려고 하였더니, 카나가와 씨가 며칠 뒤에 가라 하며 못 가게 말리기에 중지하였다. 위안소 분라쿠관에서 놀다가 저녁을 먹었다. 저녁에 랑군에서 카나와 주도 씨가 왔기에 내가 출발한 후의 랑군의 형편을 묻고, 분라쿠관에서 놀다가 나는 카나가와 씨 댁으로 돌아와 취침하니, 때는 밤 12시 반 남짓이더라.

버마 페구 시의 카나가와 씨 처소에서 일어나 아침을 먹었다. 카나와 씨와 페구 동남쪽에 있는 사찰에 참배하고 구경하였다. 분라쿠관에서 가서 놀다가 동관에서 저녁을 먹고 조금 논 후 카나가와 씨의 처소로 돌아와 잤다.

버마 페구 시의 카나가와 씨 처소에서 일어나 아침을 먹고 종일 놀았다. 저녁에 오토메테이(乙女亭)의 주인 마츠모토(松本) 씨와 버마 묘지를 구경하였다. 묘는 시멘트 석곽을 만들고 그 안에 시체 곽을 넣었는데 참 잘 만들었더라.

버마 페구 시의 카나가와 씨 처소에서 일어나 아침을 먹다. 카나가와 씨의 위안소 일동과 기념 촬영을 하였다. 또 내 독사진과 카나가와 씨와 카나가와 영주(榮周) 군과 세 사람이 촬영하였다. 석양에 분라쿠관에 가서 놀다가 그곳에서 저녁을 먹고 카나가와 씨 집으로 돌아와 잤다. 다음 달 초에는 페구 시의 두셋 위안소가 다른 곳으로 이동되겠더라.

버마 페구 시의 카나가와 씨 처소에서 일어나 아침을 먹고 랑군에 갔다 오려고 분라쿠관으로 나오니 동관의 주인 아라이 씨가 내일 같이 가자고 하며 못 가게 하기에 종일 놀다가 저녁을 먹고 카나가와 씨의 처소로 돌아와 잤다.

3월 28일 일요일. 맑음

버마 페구 시의 카나가와 씨 처소에서 일어나 위안소 분라쿠관에 가서 아침을 먹었다. 분라쿠관의 주인 아라이 씨와 일복정(一福亭)의 주인 야마모토(山本) 씨와 세 사람이 10시 반경에 버마인 승합자동차를 타고 랑군으로 왔다. 귀국하려고 랑군 시 카마요(Kamayut)에 임시 체재하는 아라이 씨 내외와 대구 사람 오오하라 태국 씨를 방문하고 동씨의 처소에서 저녁을 먹고 잤다. 분라쿠관 주인 아라이 씨와 일복정 주인 야마모토 씨는 밤차로 페구로 돌아갔다.

3월 29일 월요일. 맑음

랑군 시 카마요의 오오하라 태국 씨 처소에서 일어나 시내의 시라미주관에서 아침을 먹고 랑군회관에 가서 오오야마 호일(大山 虎一) 씨를 만났다. 오오야마 씨와 군정감부 앞에 설치되었으나 현재 휴업 중인 식유제조공장(중국인 진서신[陳瑞信] 소유)을 인수 경영하기로 감정(鑑定)하고, 오오야마 씨 집으로 돌아와 저녁을 먹고 오오야마 씨와 숙사로 와서 잤다.

3월 30일 화요일. 맑음

랑군 시 고텐바리(Golden Valley, 현재명 Shwetaunggya)의 숙사에서 일어나 프롬로드(Prome Road) 503에 있는 진서신의 처소에 가서 식유제조공장 대차 건에 대하여 협의한 후, 오오야마 씨와 랑군회관으로 와서 아침을 먹다. 오오야마 씨 댁에서 저녁을 먹고 오오야마 씨와 숙사로 돌아와서 잤다.

3월 31일 수요일. 맑음

랑군 시 고텐바리의 숙사에서 일어나 아침을 먹었다. 오오야마 씨와 프롬로드의 진서진 집에 갔다가, 카마요의 오오하라 태국의 처소에서 조금 논 후, 진서신 집으로 와서 공장과 가옥의 임차 건에 대하여 계약하려다가 내일로 미루고, 오오야마 씨 집으로 돌아와 저녁을 먹고 숙사로 돌아와 잤다.

4월 1일 목요일. 맑음

랑군 시 고텐바리의 숙사에서 일어나 아침을 먹었다. 프롬로드의 진서신 집에 가서 공장 가옥을 매월 500엔에 임대차 계약을 체결하고 보증금으로 1,000엔을 지급하였다. 오오야마 씨와 키쿠수이(菊水) 요리점이 어디 있나 찾아보고, 오오야마 씨 집으로 돌아와서 저녁 먹고 숙사로 돌아와 잤다. 오늘부터 오오야마 씨와 식당과 제유공장을 동업으로 경영하기로 약속하고 사업 준비를 진행하기로 결정하였다.

4월 2일 금요일. 맑음

랑군 시 고텐바리의 숙사에서 일어나 프롬로드 503의 제유공장에 갔다. 증기기관사와 화부가 와서 증기기관에 불을 붙이고 운전하여 우물물을 탱크에 올렸다. 오오야마 씨와 같이 그의 집으로 와서 아침을 먹었다. 아캬브에서 온 군인이 편지를 가져 와서 자기 숙소에 두었다기에 공장에 갔다 오는 길에 갔더니, 군인이 돌아오지 아니하여 못 찾고 오오야마 씨 집으로 돌아와 저녁을 먹고 다시 가서 편지를 찾았는데, 아캬브에서 ○환 군이 보낸 편지더라. 일동이 무사하다는데 안심하였다. 오오야마 씨와 숙사로 돌아와서 잤다.

4월 3일 토요일. 맑음

고텐바리의 숙사에서 일어나 일본서비스에 임시로 숙박하고 있는, 작년에 조선에서 같이 온 일단(一團) 중의 오오이시(大石) 씨와 토요카와를 만나, 오오야마 씨와 같이 중국인 거리에 가서 이치마루장(一丸莊) 식당에서 아침을 먹다. 아캬브의 ○환 군에게 편지 회답 부탁도 하고 물품도 살 겸 부치기 위해 아캬브에서 온 군인이 온다기에 랑군회관에서 기다리고 있었는데, 끝내 아니 오기에 군인 히로자와(廣澤) 씨의 숙사로 가서 그것들을 부치고, 랑군회관으로 돌아와서 저녁을 먹고 숙사로 돌아와서 놀았다. 제유공장을 오오야마, 토요카와, 오오이시와 나, 네 사람이 공동 경영하기로 오늘 다시 약속하고 진행 중이다.

4월 4일 일요일. 맑음

버마 랑군 시 고텐바리의 숙사에서 일어나 오오야마 씨와 중국인 거리
와 수레파고다(Sule Pagoda) 가를 지났다. 오오야마 씨가 경영하던 아오토리
식당도 대수리를 하여야 하겠더라. 랑군회관에서 아침을 먹었다. 오후 3시
에 메니곤(May Ni Gone)에서 버마인 버스를 타고 페구에 도착하여 사쿠라
클럽의 카나가와 씨 처소에 와서 저녁을 먹고 잤다.

4월 5일 월요일. 맑음

버마 페구 시 사쿠라 클럽의 카나가와 씨 처소에서 일어나 아침을 먹었
다. 사쿠라 클럽의 위안부 후미코(文子)는 복부가 크게 아파 오후에 해부 수
술을 한다더라. 후미코는 작년에 만달레에 있을 때에도 맹복염(盲腹炎)으
로 수술하였는데, 이번에 또 수술하는 불행한 몸의 주인공이다. 저녁을 먹
고 분라쿠관에 놀러 가니 랑군에서 오오하라 씨가 와 있기에 같이 밤 12시
남짓까지 놀다가 사쿠라 클럽으로 돌아와서 잤다.

4월 6일 화요일. 맑음

버마 페구 시 사쿠라 클럽의 카나가와 씨 처소에서 일어나 아침을 먹었
다. 분라쿠관에 가서 놀다가 저녁을 먹고 사쿠라 클럽의 카나가와 씨 처소
로 돌아와 잤다. 일전에 랑군에서 버마신문을 보니 토우쿄우 시(東京市)를
토우쿄우 도(東京都)로 명칭을 개정하였더라.

4월 7일 수요일. 맑음

버마 페구 시의 사쿠라 클럽에서 일어나 아침을 먹고 12시에 버마 승합
자동차를 타고 랑군으로 돌아왔다. 프롬로드 공장에는 토요카와 및 오오
이시 양씨가 이사 와서 머물고 있는데, 저녁을 먹고 오오야마 씨와 고텐바

1부. 翻唐筆文 _ 1장. 칸파치 클럽에서   67

리 숙사로 돌아와서 잤다.

4월 8일 목요일. 맑음

랑군 시의 고텐바리 숙사에서 일어나 오오야마 씨 처소에서 아침을 먹고, 프롬로드 공장으로 돌아와서 저녁을 먹고, 고텐바리 숙사에서 잤다.

4월 9일 금요일. 맑음

랑군 시 고텐바리의 숙사에서 일어나 프롬로드 공장에 가서 아침을 먹고, 오오야마 씨와 랑군회관으로 돌아왔다. 오오야마 씨가 경영하던 아오토리 식당의 가옥주 인도인의 처소에 가서 가옥을 재수리해달라고 부탁하였다. 공장에 가서 저녁을 먹고, 오오야마 씨와 고텐바리 숙사에서 잤다.

4월 10일 토요일. 흐린 후 맑음

랑군 시 고텐바리의 숙사에서 일어나 오오야마 씨와 프롬로드 공장에 가서 아침을 먹고 놀았다. 공장에서 저녁을 먹고 숙사로 돌아와서 잤다. 어젯밤에도 비가 조금 오더니 오늘도 가는 비가 내리며 흐렸다. 아마 지금부터 버마의 독특한 우계(雨季)로 접어드는 모양 같다.

4월 11일 일요일. 흐린 후 맑음 저녁에 폭우

랑군 시 고텐바리의 숙사에서 일어나 프롬로드 공장에 가서 아침을 먹다. 카마요의 오오하라 태국 씨의 처소에 갔는데, 작년에 위안대로 함께 온 마츠모토 항(松本 恒), 야마타(山田) 씨가 이번에 귀국하려고 랑군에 와서 절차를 밟는 중이라더라. 야마타 씨와 그간의 경과를 이야기하고 놀다가 공장으로 돌아와 저녁을 먹었다. 작년 12월부터 5개월 남짓에 걸쳐서 비 한번 아니 오고 내리쪼이더니, 이제부터는 우계가 가까워 오는지 오늘 오후 6시 50분경부터 약 1시간 폭우가 쏟아져 그간의 한독(旱毒)을 쓸어버렸다. 오오야마 씨와 고텐바리 숙사로 돌아와서 잤다.

랑군 시 고텐바리의 숙사에서 일어나 오오야마 씨 댁으로 갔다가 시내에 있는 그의 식당에 가서 목수를 청하여 수리하기로 하고 내일부터 일하게 하였다. 식당에서 오오야마 씨 집으로 가서 아침을 먹고, 그와 같이 군정부에 가서 전기공업 허가원을 제출하였다. 오오야마 씨 댁에서 저녁을 먹고 히라누마(平沼) 양복점에 가서 양복을 고친 후 공장에 잠깐 갔다가 숙사로 돌아와서 잤다.

랑군 시 고텐바리의 숙사에서 일어나 오오야마 씨와 아오토리 식당에 갔다가, 랑군회관으로 돌아와 아침을 먹고 놀았으며, 저녁을 먹고 숙사로 돌아와 잤다. 버마인은 오늘부터 16일까지 수제[6]를 올리는데, 거리에서 행인에게 물을 뿌리는 관습이 있다. 아무에게나 물을 뿌려도 항의 없이 웃고 지나간다.

고텐바리의 숙사에서 일어나 오오야마 씨 댁에 가서 아침을 먹었다. 수리 중인 아오토리 식당에 갔다가 중국인 거리에서 이발을 하였다. 오오야마 씨와 고텐바리 숙사로 돌아와서 저녁을 먹고 놀다가 잤다.

고텐바리의 숙사에서 일어나 오오야마 씨와 아오토리 식당 수리하는 곳에 가서 사용인 버마인 소린을 데리고 전기상 인도인의 처소에 갔다가 랑군회관으로 돌아와 아침을 먹다. 오오야마 씨와 또 전기기구 상인 거리에 갔다. 랑군회관에서 놀다가 저녁을 먹고 숙사로 돌아와서 잤다. 폐구의 위안

---

6) 水祭: 버마의 신년을 축하하는 의식으로 4월 13일~16일 간에 거행된다. 영어 표기로는 Burmese Water Festival.

소 오토메테이, 분라쿠관, 장교 클럽 등 서너 위안소는 이번에 아캬브 지방으로 이동하였는데, 오늘 오토메테이의 마츠모토 씨가 랑군에 왔다가는 도중에 만났다. 사쿠라 클럽의 카나가와 씨는 페구에 있기로 되었다더라.

4월 16일 금요일 맑음

고텐바리의 숙사에서 일어나 토요카와의 처소에 가서 아침을 먹다. 카마요 전기기구상을 찾다가 못 찾고 돌아오는 도중에 미마수(三益) 식당에서 페구의 분라쿠관 주인 내외를 만났다. 아캬브로 이동되어 가는 도중이라더라. 오오야마 씨 댁에서 저녁을 먹고 숙사로 와서 잤다. 랑군 시내의 각처에 페스트 병이 발생하여 병정은 한 사람도 외출 못 한다.

4월 17일 토요일. 맑음

고텐바리의 숙사에서 일어나 오오야마 씨와 랑군회관에 와서 아침을 먹었다. 석양에 수리 중인 아오토리 식당에 갔다가 랑군회관으로 돌아와서 저녁을 먹고, 고텐바리로 돌아와서 잤다. 오늘이 버마의 정월 초하루라 한다. 바 모[7] 장관 이하 4인의 일행은 일본 방문 임무를 마치시고 엊그저께 14일 랑군으로 돌아왔다.

4월 18일 일요일. 맑음

고텐바리의 숙사에서 일어나 오오야마 씨는 일 보러 나가고, 나는 보이를 시켜 아침을 만들어달라고 하여 먹고 아무 데도 아니 나가고 종일 숙사에서 놀았다. 숙사에서 저녁을 먹고 오오야마 씨와 같이 자다.

4월 19일 월요일. 맑음

고텐바리의 숙사에서 일어나 오오야마 씨와 아오토리 식당에 가서 조

---

7) Ba Maw(1893~1977): 미얀마의 독립운동가이자 정치가. 일본군의 버마 점령에 협조하여 영국군과 싸웠다. 1943년 8월 일본의 지원으로 버마가 독립한 후 국가원수에 취임하였다.

금 있다가 랑군회관으로 와서 아침을 먹었다. 오오야마 씨는 카마요에서
전에 계약한 제유공장의 해약차 그곳에 갔다가 저녁에 돌아왔는데, 1개월
의 집세 500엔을 주고 해약하고 계약금 중 500엔을 받았다더라. 저녁을 먹
고 오오야마 씨와 숙사에서 잤다.

4월 20일 화요일. 맑음

랑군 시 고텐바리의 숙사에서 일어나 오오야마 씨와 랑군회관에서 아
침을 먹었다. 조선에서 같이 온 위안소 경영자 우치조노 씨가 랑군회관에
왔었다. 우치조노 씨의 안내로 동양 한식당에서 저녁을 대접받고, 우치조
노 씨와 고텐바리 숙사로 와서 잤다. 우치조노 씨는 랑군에서 모울멘으로
이동하여 영업 중이라더라.

4월 21일 수요일. 맑음

랑군 시 고텐바리의 숙사에서 일어나 랑군회관에 와서 아침을 먹었다.
수리 중인 아오토리 식당에 갔다가 종일 랑군회관에서 놀다가 저녁을 먹
고 고텐바리 숙사로 돌아와서 잤다.

4월 22일 목요일. 맑음

고텐바리의 숙사에서 일어나 오오야마 씨와 랑군회관에서 아침을 먹었
다. 오오야마 씨와 토요카와 성삼(豊川 誠三)의 처소에 가서 오오야마 씨가
경영 중인 아오토리 식당의 경영권과 기구 일체를 대금 6,500엔에 토요카
와 씨에게 매도하였다. 군정감부 경찰과에 가서 귀국허가 건에 대하여 문
의하였다. 오오이시, 토요카와, 미타(三田), 오오야마 등과 키쿠수이 요리점
에 저녁을 먹으러 갔으나, 군인·군속 외에는 출입금지라기에 중국인 거리
에 가서 저녁을 겸하여 요리를 먹었다.

4월 23일 금요일. 맑음

랑군 시 고텐바리의 숙사에서 일어나 오오야마 씨와 랑군회관으로 와서 아침을 먹었다. 우치조노 씨도 어젯밤에 같이 자고 랑군회관에서 아침도 같이 먹었다. 풍토병이 심하여 낫지 않아 이번에 귀향하기로 결정하고, 일본인회에서 귀국 용지를 얻어 왔다. 랑군회관에서 저녁을 먹고 고텐바리 숙사에서 잤다.

4월 24일 토요일. 맑음

랑군 시 고텐바리 숙사에서 일어나 오오야마 씨와 랑군회관에 와서 아침을 먹었다. 이번에 프롬 방면으로 갔다 온 아야노(文野)와 히로타(廣田) 양씨가 전하는 말에 의하면, 아캬브 방면에서 위안소 주인이 여자 두 명을 데리고 나오다가 조난당하여 주인과 여자 한 명은 죽고 한 명은 중상을 당하였다더라. 혹 처남 야마모토 씨가 아닌가 하여 걱정이다. 병참병원 의무실 군의에게 진단을 받았는데, 진단서는 다음에 발행하겠다더라. 카로우-안판에 있는 카나이 씨가 이번에 용무로 랑군에 와서 찾아왔기에 랑군회관에서 같이 저녁을 먹고 숙사에 와서 같이 잤다.

4월 25일 일요일. 맑음 석양에 천둥이 치고 비가 내리다

랑군 시 고텐바리의 숙사에서 일어나 오오야마 씨 및 카나이 씨와 랑군회관에 와서 아침을 먹었다. 어제의 의문에 대하여 아무래도 마음이 놓이지 않아 오늘 밤 8시 랑군발 열차로 프롬으로 향하였다.

4월 26일 월요일. 맑음

역에 도착하여 기관차 고장으로 30분 남짓을 지체하고, 그러다가 결국 프롬에 전화하여 다른 기관차가 와서 운전하여 갔는데, 아침 10시경 프롬역에 도착할 것이 오후 6시 남짓에 도착하였다. 위안소 동아관(東亞館)과 봉래정(蓬萊亭)에 찾아가 처남 소식을 대략 묻고, 봉래관 주인 노자와 씨와 병원에 가서 처남과 같이 온 상이군인에게 물어 확실한 사실을 알았다. 더구나 ○환 군과 여자 두 명, 모두 4인이다. 가슴이 막혀 어찌해야 할 줄 모를 지경이다. 오후 9시 10분발 열차로 프롬을 출발.

4월 27일 화요일. 맑음

오늘도 아침 10시경에 도착할 열차가 도중의 고장으로 오후 1시 남짓에 도착하였다. 마음이 쓰라리고 가슴이 터져나갈 것 같은 데다가 차까지 늦어지니 더 죽을 지경이다. 이 일을 어찌 하면 좋을까. 고향의 가족을 무슨 면목으로 대면할까. 같이 아니 죽고 살아 있는 것이 잘못이다. 이 불행한 소식을 부모·처자가 들으면 죽으려고 할 것이다. 더구나 ○환 군은 24세의 전도양양한 청년이다.

4월 28일 수요일. 맑음

랑군 시 고텐바리의 숙사에서 일어나 보이에게 시켜 아침을 지어 먹고, 종일 아무 데도 나가지 않고 처남의 불행한 운명을 생각하며 한숨만 쉬었다. 수만 리 타국에서 격랑과 싸워 버마에까지 와서 무사히 지내다가 귀국하려는 도중에 당하는 불행이 참으로 가슴 아프다. 나 혼자 고향 갈 일을 생각하니 참으로 기막힌다.

| 천장절[8] |

4월 29일 목요일. 맑음

랑군 시 고텐바리의 숙사에서 일어나 아침을 먹었다. 오후 5시 남짓에 버마인 모소인 씨와 주택을 둘러보았는데, 오오야마 씨와 상의하여 숙사를 옮기도록 하겠다. 저녁을 먹고 오오야마 씨와 숙사에서 잤다. 미타 행임(幸稔) 씨도 오오야마 씨와 같이 와서 자다.

---

8) 天長節: 일본 천황의 탄생일로서 1868년에 제정되고 1873년에 국경일이 되었다.

4월 30일 금요일. 맑은 후 저녁에 흐림

랑군 시 고텐바리의 숙사에서 일어나 오오야마 씨와 어제 버마인 모소인 씨와 본 주택을 둘러보고, 다시 좋은 주택이 있나 하여 빅토리아 호반에서 병참 관리의 가옥 하나를 보고, 히라누마 양복점에 들러 랑군회관에 와서 아침을 먹었다. 고텐바리의 숙사로 와서 저녁을 먹고 잤다.

5월 1일 토요일. 맑은 후 조금 천둥 치고 비 옴

랑군 시 고텐바리의 숙사에서 일어나 군사령부 야노(矢野) 소좌 부관에게 면회하여 처남 일행의 조난 건을 이야기하니, 야마조에(山添) 준위 부관에게 상의하라기에 야마조에 부관에게 이야기하니, 탄갓푸까지 가서 상황을 상세히 조사하여 오라더라. 갔다 오기로 결정하고, 랑군역 20시발 열차로 출발하였다.

5월 2일 일요일. 맑음

오전 12시경 프롬 역에 도착하여 봉래정의 노자와 씨 처소에 들어가 아침 겸 점심을 먹었다. 도하점(渡河點)에까지 나와서 탄갓푸행 군부 자동차에 편승할 수 있도록 말하고, 강을 건너 20시 남짓에 바톤(Padung)을 출발하여 천회만곡(千回萬曲)의 아라칸 험로를 야간 운행으로 넘어간다. 1월에 한 번 넘은 후 다시 넘지 않겠다고 생각하였는데, 이번의 불행사로 다시 넘는다.

5월 3일 월요일. 맑음

자동차 고장으로 밤 5시경부터 동틀 때까지 차 안에서 누워 자고 다시 운행하였다. 12시경 탄갓푸에 무사히 도착하여 우선 환자 요양소를 찾아 장○악(張○岳)을 만나 슬픔을 금치 못함을 이야기하였다. 조난하게 된 사정도 잘 알았다. 처남과 ○환 군, 어린 여자아이 봉순(奉順), 김○매(金○梅) 4명은 불귀의 객이 되었다더라. 아캬브 사령부에서 아캬브 방면으로 부임하여 가는 야마구치(山口) 중위가 처남의 조난 사정을 조사하여 오라는 전보가 자기에게 왔더라 하고 요양소에 찾아왔기에 조난 사정을 이야기하고, 서러운 원정과 유골 기타 처리의 건을 눈물로 탄원하였다. 하루라도 일찍 떠나게 준비하고, 자동차 수송부에 편승 허가를 얻어 장○악을 데리고 또 아라칸 산길을 넘어 한 구비 두 구비 바톤을 향하여 지났다. 이 걸음이 얼마나 서러운지 가슴에 가득 찬 비애가 아라칸 산 웅대한 모습과 더불어 천추에 사라지지 아니하겠다.

5월 4일 화요일. 맑음

밤새도록 달린 부대의 자동차는 화물차이나마 산길을 잘도 달리어 무사히 바톤에 도착하였다. 이라와디(Irawaddy) 강을 건너 프롬에 있는 봉래정의 노자와 씨 댁에 들렀다. 부상자를 프롬에서 군의에게 부탁하여 입원 치료하도록 버마 여자 간호부 한 명을 붙여두고, 봉래정에서 저녁을 먹고 21시발 차로 랑군으로 향하였다. 아라칸 산길을 걱정하였는데, 신의 도움인지 무사히 왕복하였다.

5월 5일 수요일. 맑음

열차에서 밤을 지내고 12시경 랑군에 도착하였다. 랑군회관에서 아침을 먹고 4일간 잠을 못 자서 괴롭기에 조금 누워 잤다. 랑군회관에서 저녁을 먹고 고텐바리의 숙사에 와서 잤다.

5월 6일 목요일. 맑음

고텐바리의 숙사에서 일어나 군사령부 부관실 야마조에 준위에게 가서 이번의 처남 외 네 명의 불행사로 탄갓푸까지 갔다 온 사실을 고하였다. 랑군회관에서 아침을 먹고 종일 지내다가 저녁을 먹고 고텐바리의 숙사로 돌아와 잤다.

5월 7일 금요일. 맑음

랑군 시 고텐바리의 숙사에서 일어나 아침을 먹었다. 메니콘에서 현지인 자동차를 타고 12시에 페구를 향하여 출발하였다. 페구 도착은 14시 40분경이다. 위안소 카나가와 씨 댁으로 가서 이번의 처남 일행에 대한 불행사를 이야기하고 지내다가 저녁을 먹고 잤다.

5월 8일 토요일. 비

페구 시 카나가와 씨 처소에서 일어나 아침을 먹었다. 카나가와 씨와 전 분라쿠 회관 주인 아라이 씨와 일복정 주인 야마모토 씨 두 사람이 있는데 가서 종일 지냈다. 아라이, 야마모토 양씨의 처소에서 저녁을 먹고 밤 1시 남짓까지 있다가 카나가와 씨의 처소로 돌아와 잤다.

5월 9일 일요일. 맑음

버마 페구 시의 카나가와 씨 댁에서 일어나 아침을 먹었다. 아라이, 야마모토 양씨의 처소에 가서 지내다가 저녁을 먹고 밤 1시경까지 있었다. 카나가와 씨 처소로 돌아와 잤다.

5월 10일 월요일. 맑음

버마 페구 시의 카나가와 씨 댁에서 일어나 아침을 먹고 야마모토, 아라이 양씨의 처소에 가서 지냈다. 위 양씨 댁에서 저녁을 먹고 놀다가 밤 1시경에 카나가와 씨 댁으로 돌아와 잤다.

5월 11일 화요일. 맑음

버마 페구 시의 카나가와 씨 처소에서 일어나 아침을 먹고 아라이, 야마모토 양씨 의 처소에 가서 놀다가 저녁을 먹고 조금 놀다가 카나가와 씨 댁으로 돌아와 잤다. 프롬에서 치료하고 있는 장○악(수미코[澄子])의 간단복(簡單服)을 아라이, 야마모토 양씨 부인에게 부탁하여 만들어달라 하였다.

5월 12일 수요일. 맑음

버마 페구 시의 카나가와 씨 댁에서 일어나 아침을 먹고 종일 지냈다. 아라이, 야마모토 양씨는 랑군에 간다더라. 카나가와 씨 댁에서 저녁을 먹고 잤다.

5월 13일 목요일. 맑음

버마 페구 시의 카나가와 씨 처소에서 일어나 아침을 먹고 종일 놀았다. 페구 현지사(縣知事, 버마인)는 이번에 일본 방문의 장도에 오르게 되어 오늘 석양에 송별연회를 개최하였더라. 카나가와 씨 처소에서 저녁을 먹고 잤다.

5월 14일 금요일. 맑음

버마 페구 시의 카나가와 씨 댁에서 일어나 아침을 먹었다. 아라이, 야마모토, 나카무네(中宗) 3씨는 그저께 랑군에 갔다가 오늘 돌아왔다. 야마모토, 아라이 양씨의 처소에 가서 놀다가 나카무네 씨와 페구 교외에서 산책하고 돌아와 저녁을 먹었다. 밤 12시경까지 놀다가 카나가와 씨 처소로 돌아와서 잤다. 장○악의 간단복을 야마모토 씨 부인으로부터 받아두었다. 또 여자 내의 4벌을 거저 주기에 받았다.

5월 15일 토요일. 맑음

버마 페구 시의 카나가와 씨 처소에서 일어나 아침을 먹었다. 프롬에서 치료 중인 장○악을 데려오기 위해 오늘 페구로 출발하였다. 아라이, 나카무네 양씨와 인셴(Insein) 무라야마 씨의 위안소에서 저녁을 먹고 나서 랑군 회관의 오오야마 씨 처소에 가보니 오오야마 씨 가족은 전부 어제 다른 집으로 이사하였다더라. 오오야마 씨 매제는 4, 5일 전에 남아를 순산하였다더라. 나는 미마수상회에 가서 아라이, 나카무네 양씨와 함께 잤다.

5월 16일 일요일. 맑음

버마 랑군 시의 미마수상회에서 일어나 아침을 먹었다. 아라이, 나카무네 양씨와 고우렌빌의 오오야마 씨 처소에 갔다. 양씨는 조금 놀다가 가고, 나는 오오야마 씨 처소에서 저녁을 먹고 잤다. 오오야마 씨 매제의 산아를 보았는데, 건강한 유아이며, 산모도 건강하더라. 오오야마 씨는 귀국 절차를 완료하여 내일 검역 후에 곧 출발하겠다더라.

5월 17일 월요일. 맑음

버마 랑군 시의 고텐바리의 숙사에서 일어나 아침을 먹었다. 정금은행에 가서 페구의 카나가와 씨가 부탁한 예금과 내 명의의 예금을 하고 숙사로 돌아와 놀았다. 오후에 히라누마 양복점에서 양복을 고쳐 입고, 미마수상회에 가서 아라이, 나카무네 양씨를 만나고 카마요 역에서 프롬행 열차를 타고 프롬으로 향하였다.

5월 18일 화요일. 맑음

프롬행 열차에서 밤을 지새우고 10시 남짓에 프롬에 도착하였다. 봉래정의 노자와 씨 처소에 가서 치료를 부탁하였던 장○악을 만났다. 그간에 치료가 잘 되어 많이 나았더라. 치료해준 군의에게 고맙다고 인사하고, 식사와 기타의 신세를 진 것에 대해 노자와 씨에게 감사의 예를 드렸다. 노자와 씨 처소에서 저녁을 먹고 장○악을 데리고 프롬 역발 21시 반 열차로 랑군으로 향하였다.

5월 19일 수요일. 맑음

잘 닦지 않은 열차 내에서 밤을 새우고, 오후 1시경 랑군 교외의 인센 역에서 하차하여 장○악과 카마요의 미마수상회에 도착하였다. 프롬의 강 건너 바톤에서 위안소를 하는 미츠야마 씨가 랑군에 와 있기에 만났다. 아라이, 나카무네 양씨와 인센의 무라야마 씨 댁에 와서 저녁을 먹고 잤다. 일정한 숙식처가 없어서 그저 아는 집을 다니며 신세만 지니, 체면 없기 짝이 없다.

5월 20일 목요일. 맑은 후 조금 비

인센 이치후지루(一富士樓)의 무라야마 씨 처소에서 일어나 아침을 먹었다. 군사령부 부관부 야마조에 준위의 처소에 갔다. 아직 아캬브에서 사령부에 처남의 조난사에 대한 보고가 없다더라. 미마수상회의 고야마(小山) 처소에서 아라이, 나카무네, 미츠야마 씨와 놀았다. 고야마 집에서 저녁을 먹고 놀다가 갔다.

5월 21일 금요일. 맑은 후 흐리고 천둥과 비

랑군 시 프롬로 가(街) 미마수상회의 고야마 씨 집에서 일어나 아침을 먹었다. 인센의 이치후지루의 무라야마 씨 댁으로 와서 놀다가 랑군발 오후 6시 버마인 자동차를 타고 아라이, 나카무네, 장○악과 같이 페구로 향하였다. 도중에 자동차 고장으로 다섯 시간이나 지체하였다가 근근이 수리하여 왔는데, 페구 도착이 밤 1시 반경이더라. 아라이, 야마모토 씨 댁에서 밥을 지어 먹고 잤다.

5월 22일 토요일. 흐린 후 밤에 비

버마 페구 시 사쿠라 클럽의 카나가와 씨 처소에서 일어나 아침을 먹었다. 종일 놀다가 카나가와 씨 댁에서 저녁을 먹고 잤다. 장○악도 동씨 집에서 숙식한다.

5월 23일 일요일. 흐린 후 비

버마 페구 시의 카나가와 씨 댁에서 일어나 아침을 먹었다. 어제부터 우기가 농후하여 비가 오기 시작하는데, 아마 버마의 유명한 4개월간 계속하는 우기에 드는 모양이다. 4개월간이나 계속해서 매일 비가 온다니 참으로 긴 장마이다. 카나가와 씨 댁에서 저녁을 먹고 잤다.

5월 24일 월요일. 비

버마 페구 시의 카나가와 씨 처소에서 일어나 조반을 먹었다. 아라이, 야마모토 양씨는 내일 전 가족이 랑군으로 이사한다더라. 카나가와 씨 처소에서 저녁을 먹고 잤다.

5월 25일 화요일. 흐림

카나가와 씨 처소에서 일어나 아침을 먹었다. 아라이 씨 처소에 가서 놀다. 아라이 씨는 랑군으로 오늘 이사하려다가 형편에 따라 내일 하기로 하다. 카나가와 씨 처소에서 저녁을 먹고 잤다.

5월 26일 수요일. 흐리고 조금 비

버마 페구 시의 카나가와 씨 처소에서 일어나 아침을 먹었다. 아라이, 야마모토 양씨 내외와 장○악을 데리고 랑군 시외 인센으로 향하여 이치 후지루의 무라야마 씨 처소에서 저녁을 먹고 잤다.

5월 27일 목요일. 흐리고 조금 비

버마 랑군 시외 인센의 무라야마 씨 댁에서 일어나 세면 후 시내 프롬 로 가의 미마수상회의 고야마 무남(小山 武男) 씨 댁에 와서 아라이와 동씨 댁에서 어젯밤 숙박한 야마모토 내외와 아침을 먹었다. 아라이, 야마모토 양씨와 히라누마 양복점에 갔다가 정금은행에 가서 카나가와 씨가 부탁한 저금을 하였다. 오오야마 씨 매부의 처소에 가니, 오오야마 씨는 2, 3일 전에 싱가포르를 향하여 육로로 출발하였다더라. 트렁크를 가지고 고야마 씨 댁으로 왔다가 시내 시라미주관의 오오하라 군의 처소에 와서 저녁을 먹고 잤다.

버마 랑군 시내 시라미주관의 오오하라 군 처소에서 일어나 아침을 먹었다. 오오하라 내외와 인센으로 왔는데, 오오하라 군은 장○악에게 위문 인사를 하고 조금 있다가 랑군으로 갔다. 인센의 무라야마 댁에서 저녁을 먹고 놀다가 자다.

버마 랑군 시외 인센 이치후지루의 무라야마 씨 댁에서 일어나 아침을 먹었다. 장○악과 시내 시라미주관의 오오하라 군 처소에 가서 놀았다. 오오하라 군의 처소에서 저녁을 먹고 랑군회관의 이와시타 씨의 처소에서 놀다가 오오하라 군의 처소에 돌아와 잤다. 이와시타 씨에게 신문 대금 5월분 2엔 50전을 지급하였다.

버마 랑군 시 시라미즈의 오오하라 군 처소에서 일어나 아침을 먹는 둥 마는 둥 하고 장○악을 데리고 인센의 무라야마 씨 댁으로 왔다. 오후 4시경 장○악은 페구를 향하여 혼자 출발하였다. 당분간 ○악은 페구의 카나가와 씨 댁에 체재하도록 하였다. 무라야마 씨 댁에서 저녁을 먹고 잤다.

버마 랑군 시외 인센의 무라야마 씨 댁에서 일어나 아침을 먹었다. 종일 무라야마 씨 위안소의 쵸우바 일을 보았다. 무라야마 씨 댁에서 저녁을 먹고 놀다가 잤다.

2장

이치후지루에서

(1943. 6. 1~9. 30)

6월 1일 화요일. 비 흐림

버마 랑군 시외 인센의 무라야마 씨 댁에서 일어나 아침을 먹었다. 종일 무라야마 씨 위안소의 쵸우바 일을 보았다. 오늘부터 무라야마 씨가 빌린 동씨 댁 앞에 있는 빈집을 치우고 아라이 씨 내외와 같이 숙사로 쓰게 해주어서 무라야마 씨 댁에서 저녁을 먹고 쵸우바 일을 보고 잤다.

6월 2일 수요일. 비 흐림

인센의 숙사에서 일어나 무라야마 씨 집에서 아침을 먹었다. 정금은행에 가서 무라야마 씨 위안소 위안부 2명의 저금을 하고, 히라누마 양복점에서 일전에 주문한 바지를 찾아 고야마 씨 댁으로 오다. 성무당(成武堂)에 가서 「버마신문」을 받아 보려고 인센으로 배달하게 하고, 고야마 씨 댁으로 가서 트렁크를 가지고 인센으로 돌아왔다. 일전에 싱가포르에 간 오오야마 씨가 전보를 쳤는데, 곧 부르겠다더라.

6월 3일 목요일. 맑고 흐린 후 조금 비

인센의 숙사에서 일어나 무라야마 씨 댁에서 아침을 먹었다. 랑군 시 코덴빌 오오야마 씨 매부가 거처하는 곳에 가니 벌써 출발하고 없더라. 인센으로 돌아와서 싱가포르의 오오야마 씨에게 회답 전보를 쳤다. 무라야마 씨 댁에서 저녁을 먹고 쵸우바 일을 보다가 밤 1시 남짓에 숙사에서 자다.

6월 4일 금요일. 맑고 흐림 저녁에 비

인센의 숙사에서 일어나 무라야마 씨 댁에서 아침을 먹었다. 무라야마 씨 댁에서 종일 놀다가 저녁을 먹고 숙사에서 잤다. 페구에 간 장○악이 와서 무라야마 씨 댁에서 저녁을 먹고 잤다.

6월 5일 토요일. 맑고 흐림

인센의 숙사에서 일어나 무라야마 씨 댁에서 아침을 먹었다. 장○악은 오후 2시경 자동차로 페구의 카나가와 씨 처소로 가다. 오늘은 야마모토[9] 원수의 국장일이라 종일 경건한 마음으로 지냈다.

6월 6일 일요일. 비

인센의 숙사에서 일어나 아침을 먹고 종일 무라야마 씨 위안소의 쵸우바 일을 보았다. 저녁을 먹고 밤 1시경까지 쵸우바에 있다가 숙사에서 잤다.

6월 7일 월요일. 비 흐림

랑군 시외 인센의 숙사에서 일어나 무라야마 씨 댁에서 아침을 먹다. 페구에 있는 나카무네 씨가 아라이 씨 짐을 전부 가지고 오늘 아침에 왔다. 어제 출발하였는데, 인센 부근에서 자동차 고장으로 못 오고 차 안에서 자고 아침에 온 것이라더라. 종일 무라야마 씨 위안소의 일을 보다가 저녁을 먹고 밤 1시 남짓까지 있다가 숙사에서 자다.

6월 8일 화요일. 흐리고 맑은 뒤 비

랑군 시외 인센의 숙사에서 일어나 무라야마 씨 댁에서 아침을 먹었다. 무라야마 씨의 장남 무라야마 호이(浩二) 군과 야전우편국에 갔다가 정금은행에 가서 무라야마 씨의 저금을 하다. 항공사령부에 가서 송금에 필요한 증명서를 얻어 오후 7시경에 미마츠(美松) 식당에 가서 저녁을 먹고 인센으로 돌아왔다. 밤 1시경까지 무라야마 씨 위안소 일을 보다가 숙사에서 잤다. 싱가포르의 오오야마 씨에게서 전보가 오다.

6월 9일 수요일. 맑고 흐리다 비

랑군 시외 인센의 숙사에서 일어나 무라야마 씨 댁에서 아침을 먹었다. 무라야마 씨 장남인 호이 군과 랑군 시내를 나가 군사령부 부관실의 야마

---

9) 야마모토 이소로쿠(山本五十六, 1884~1943): 일본군 연합함대사령관으로서 진주만 공격, 미드웨이 해전 등을 입안·실행했으나 1943년 4월 18일 솔로몬 제도 부겐빌 섬 상공에서 탑승기가 미국 공군기에 격추당해 전사하였다.

조에 준위가 있는 곳에 갔다가 야전우편대에 가서 무라야마 씨의 송금을 하고 나는 저금을 하였다. 중국인 거리를 둘러 하라다(原田) 치과에서 치료하고 인센으로 돌아오다. 싱가포르의 오오야마 씨에게 회답 전보를 쳤다.

6월 10일 목요일. 맑고 흐린 뒤 조금 비

랑군 시외 인센의 숙사에서 일어나 무라야마 씨 댁에서 아침을 먹었다. 종일 무라야마 씨 위안소의 쵸우바 일을 보다가 밤 1시에 숙사에서 잤다.

6월 11일 금요일. 맑고 흐린 뒤 비

버마 랑군 시외 인센의 숙사에서 일어나 아침을 먹다. 페구에 간 장○악이 와서 카나가와 씨의 편지를 전하기에 보니, 곧 오든지 ○악이 돌아오는 편에 회답을 하든지 하라는 장○악 위탁에 관한 사연이더라. 아캬브에서 온 헌병이 왔기에 처남의 조난 건과 우리 위안소에 대한 사실을 말하고, 사요코(小夜子)에게 보내는 편지를 탁송하였다. 장○악과 페구로 가려다가 시간이 늦어 못 가고 내일 오전 중으로 가기로 하였다.

6월 12일 토요일. 맑고 흐림 밤에 비

랑군 시외 인센의 숙사에서 일어나 무라야마 씨 댁에서 아침을 먹었다. 아라이 구치(久治) 씨와 장○악과 자동차로 페구의 카나가와 씨 댁에 갔다. 야마모토 씨와 나카무네 씨는 대복(大福) 떡집을 개시하였더라. 카나가와 씨 댁에서 저녁을 먹고 잤다.

6월 13일 일요일. 맑고 흐린 뒤 비

페구 시의 카나가와 씨 댁에서 일어나 아침을 먹었다. 아라이 씨와 장○악과 12시 반에 페구를 출발하여 자동차로 인센의 무라야마 씨 댁으로 돌아왔다. 동씨 댁에서 저녁을 먹고 숙사에서 자다.

6월 14일 월요일. 맑고 흐린 뒤 비

랑군 시 인센의 숙사에서 일어나 무라야마 씨 댁에서 아침을 먹었다. 밤 1시경까지 무라야마 씨 위안소의 쵸우바 일을 보다가 숙사에서 잤다.

6월 15일 화요일. 맑고 비

인센의 숙사에서 일어나 무라야마 씨 댁에서 아침을 먹었다. 무라야마 호이 군과 같이 랑군 시내에 가기로 하였다. 군사령부에 가니 위안소 경영자 회의가 있더라. 야마조에 준위를 만나 잠깐 이야기하고, 무라야마 호이 군과 시내 각처에 들러 인센으로 돌아왔다. 저녁을 먹고 밤 1시경까지 놀다가 숙사에서 잤다.

6월 16일 수요일. 맑고 흐리다가 조금 비

인센의 숙사에서 일어나 무라야마 씨 댁에서 아침을 먹었다. 오오하라 정길(正吉) 군이 와서 야마모토 대웅(山本 代雄) 씨를 보았다고 하면서 작년에 대부한 돈을 받으러 가자기에, 야마모토 씨의 처소에 가서 그간의 사정 이야기를 하고 400엔을 받아 인센으로 돌아왔다. 야마모토 씨는 이번에 귀국한다더라. 무라야마 씨 댁에서 저녁을 먹고 밤 1시 반경에 숙사에서 잤다.

6월 17일 목요일. 흐리고 비

랑군 시외 인센의 숙사에서 일어나 아침을 먹었다. 무라야마 씨 위안소 이치후지루에는 이번에 쇼우게츠관(松月館)의 위안부 3명이 와서 영업하게 되었다. 무라야마 호이 군과 마츠모토 씨가 폐구의 야마모토에게 갔다 왔는데, 야마모토 떡집의 옆집에서 페스트병이 발생하여 통행금지를 당하여 영업도 못하고 있다더라. 무라야마 씨 댁에서 저녁을 먹고 밤 1시 반경에 잤다.

6월 18일 금요일. 흐리고 비

인센의 숙사에서 일어나 아침을 먹었다. 장○악과 이번에 귀국하는 야마모토 대웅의 처소에 가서 놀다가 저녁에 인센으로 돌아왔다. 무라야마 씨 댁에서 저녁을 먹고 밤 1시경까지 있다가 숙사에서 잤다.

6월 19일 토요일. 흐리고 비

랑군 시외 인센의 숙사에서 일어나 무라야마 씨 댁에서 아침을 먹었다. 이번에 타보이에서 랑군으로 와서 지방인 위안소[10)를 경영하는 미타 씨가 인센의 내가 있는 곳에 왔기에, 놀다가 자고 가게 하다. 무라야마 씨 댁에서 저녁을 먹고 밤 1시 남짓에 숙사에서 잤다.

6월 20일 일요일. 흐리고 조금 비

랑군 시외 인센의 숙사에서 일어나 무라야마 씨 댁에서 아침을 먹고 종일 무라야마 씨 위안소의 쵸우바 일을 보았다. 무라야마 씨 댁에서 저녁을 먹고 밤 2시경에 잤다. 미츠야마 관치 씨는 이번에 위안부를 재편성하는 경우, 부인을 데리고 귀국한다더라.

6월 21일 월요일. 흐리고 조금 비

인센의 숙사에서 일어나 무라야마 씨 댁에서 아침을 먹었다. 랑군 시내에 들어가서 미타 씨의 지방인 위안소를 설비하는 데 갔다가 잠깐 놀다. 군정감부 적산과의 미야자키(宮崎) 씨를 만나러 가니, 출타하여 부재라서 못 만나고 인센의 무라야마 씨 댁으로 돌아왔다. 무라야마 씨 댁에서 저녁을 먹고 밤 12시경 숙사에서 자다.

---

10) 현지의 버마 여인을 위안부로 고용하는 위안소를 말한다.

6월 22일 화요일. 흐림

인센의 숙사에서 일어나 무라야마 씨 댁에서 아침을 먹다. 종일 무라야마 씨 위안소에서 쵸우바 일을 보다가 숙사에서 자다.

6월 23일 수요일. 흐리고 비

인센의 숙사에서 일어나 무라야마 씨 댁에서 아침을 먹었다. 종일 무라야마 씨 위안소의 쵸우바 일을 보다가 밤 1시경에 숙사에서 잤다.

6월 24일 목요일. 맑고 저녁에 비

인센의 숙사에서 일어나 무라야마 씨 댁에서 아침을 먹었다. 무라야마 씨 댁에서 종일 위안소 쵸우바 일을 보다가 저녁을 먹고 밤 1시경 숙사에서 잤다.

6월 25일 금요일. 맑고 흐림

랑군 시외 인센의 숙사에서 일어나 무라야마 씨 댁에서 아침을 먹었다. 무라야마 씨 위안소에서 종일 쵸우바 일을 보았다. 저녁에 라시오(Lashio)에서 위안소를 경영하는 오오이시 씨가 고야마 씨와 같이 와서 놀다가 고야마 씨는 가고 오오이시 씨는 자다. 오오이시 씨도 이번에 위안부 모집을 위하여 귀국한다더라.

6월 26일 토요일. 맑고 비

랑군 시외 인센의 숙사에서 일어나 아침을 먹었다. 무라야마 씨 위안소에서 종일 쵸우바 일을 보았다. 무라야마 씨 댁에서 저녁을 먹고 밤 1시경까지 쵸우바 일을 보고 숙사에서 잤다.

6월 27일 일요일. 맑고 흐림

랑군 시외 인센의 숙사에서 일어나 무라야마 씨 댁에서 아침을 먹었다.

무라야마 씨 댁에서 종일 쵸우바 일을 보았다. 밤 1시 반 남짓에 숙사에서 잤다.

6월 28일 월요일. 맑고 흐림 밤에 비

랑군 시외 인센의 숙사에서 일어나 무라야마 씨 댁에서 아침을 먹었다. 폐구 사쿠라 클럽의 카나가와 씨가 와서 이야기하고 놀다가 숙사에서 같이 잤다. 아캬브 우리 위안소의 위안부 테루코(照子)가 야카브에서 식당을 경영하고 있는 아시하라(葦原) 씨와 같이 왔다. 연대 이동과 동시에 아시하라도 이동하여 타운기(Taunggyi)에서 경영한다더라. 아캬브에 대한 소식을 아시하라 편에 상세히 들었다. 위안소의 여자들도 부대와 같이 1, 2개월 뒤이면 나올 것 같다.

6월 29일 화요일. 맑고 흐림 밤에 비

랑군 시외 인센의 숙사에서 일어나 무라야마 씨 댁에서 아침을 먹었다. 카나가와 씨와 군사령부 부관실의 야마조에 준위가 있는 곳에 갔다. 정금은행에 들르고 시내를 거쳐 인센으로 왔다. 무라야마 씨 댁에서 저녁을 먹고 카나가와 씨와 숙사에서 잤다.

6월 30일 수요일. 맑고 흐림

랑군 시외 인센의 숙사에서 일어나 무라야마 씨 댁에서 아침을 먹었다. 아캬브에서 온 아시하라 씨와 군사령부의 야마조에 준위가 있는 곳에 갔는데, 미마수상회에서 무라야마 씨, 카나가와 씨, 아라이 씨 등을 만나 시내 각처를 다니며 놀다가 인센의 무라야마 씨 댁으로 돌아왔다. 아캬브에서 온 테루코는 사령부에서 군의의 진찰을 받고 당분간 랑군에 있도록 하라더라.

7월 1일 목요일. 맑고 흐림 밤에 조금 비

랑군 시외 인센의 숙사에서 일어나 무라야마 씨 댁에서 아침을 먹고 종일 놀다. 페구의 카나가와 씨는 오후 6시 자동차로 페구로 갔다. 무라야마 씨 댁에서 저녁을 먹고 놀다가 밤 1시경 숙사에서 잤다.

7월 2일 금요일. 흐린 뒤 비

랑군 시외 인센의 숙사에서 일어나 무라야마 씨 댁에서 아침을 먹고 랑군 군사령부에 가서 부관부의 야마조에 준위에게 테루코에 대한 진단서를 받았다. 카마요의 고야마 씨와 시내 아오토리 식당에 가서 귀국하려고 기다리고 있는 미츠야마 씨를 만나려고 하였으나 출타 부재로 못 만나고, 또 야마모토 씨를 찾았으나 역시 부재로 못 만났다. 인센의 무라야마 씨 댁으로 돌아와 저녁을 먹고 놀다가 숙사에서 잤다. 싱가포르의 오오야마 씨에게 답신 전보를 치고, 처남의 조난 사건에 대하여 본가에 전보를 쳤다.

7월 3일 토요일. 흐리고 비

랑군 시외 인센의 숙사에서 일어나 무라야마 씨 댁에서 아침을 먹었다. 테루코를 데리고 병참사령부에 가서 부관의 소개로 군의에게 진단을 받았다. 인센으로 돌아와 무라야마 씨 댁에서 저녁을 먹고 놀다가 숙사에서 자다.

7월 4일 일요일. 흐리고 폭우

랑군 시외 인센의 숙사에서 일어나 아침을 먹었다. 페구의 야마모토 내외와 나카무네 씨가 와서 나카무네 씨는 무라야마 씨 댁에 있고, 야마모토 내외는 고야마 씨 댁으로 갔다. 무라야마 씨 댁에서 저녁을 먹고 잤다.

7월 5일 월요일. 흐리고 조금 비

랑군 시외 인센의 숙사에서 일어나 아침을 먹었다. 종일 무라야마 씨 댁에서 놀다. 부산의 처가에서 2일에 친 전보에 대한 답전이 왔더라. 전보를 보고 얼마나 놀랐으며 비통해하는지 아니 보아도 보는 것 같다.

7월 6일 화요일. 맑고 흐림

랑군 시외 인센의 숙사에서 일어나 무라야마 씨 댁에서 아침을 먹었다. 부산의 처수(妻嫂) 씨에게 또 전보를 쳐서 처남 외 3명의 불행을 조금 상세히 알려주었다. 종일 무라야마 씨 댁에서 놀다가 저녁을 먹고 밤 1시경 숙사에서 잤다.

7월 7일 수요일. 흐린 뒤 폭우

인센의 숙사에서 일어나 무라야마 씨 댁에서 아침을 먹었다. 페구의 카나가와 씨가 부탁하는 정금은행 건을 은행에 가서 물어보았다. 군교통차(軍交通車)를 타려고 기다리다가 졸지에 오는 폭우를 맞아 옷을 전부 적셨다. 무라야마 씨 댁에서 저녁을 먹고 놀다가 숙사에서 잤다.

7월 8일 목요일. 흐린 뒤 비

랑군 시외 인센의 숙사에서 일어나 무라야마 씨 댁에서 아침을 먹었다. 페구의 나카무네 씨는 오늘 오후 6시 자동차로 돌아갔다. 무라야마 씨 댁에서 종일 놀다가 저녁을 먹고 밤 1시 남짓에 숙사에서 잤다.

7월 9일 금요일. 흐린 뒤 비

랑군 시외 인센의 숙사에서 일어나 무라야마 씨 댁에서 아침을 먹다. 무라야마 씨 댁에서 종일 놀다가 저녁을 먹고 밤 1시 남짓에 숙사에서 잤다. 부산의 처가에서 전보가 왔다. 대구의 딸아이 유우코(裕子)[11]에게 「버마신문」을 우송하였다.

7월 10일 토요일. 흐리고 비

랑군 시외 인센의 숙사에서 일어나 무라야마 씨 댁에서 아침을 먹었다.

---

11) 본명이 아니라 일본식 개명이다.

작년 오늘은 부산 부두에서 승선하여 남방행의 제1보를 딛고 출발한 날이다. 벌써 만 1년이 되었다. 회고컨대 참으로 다난한 중의 1년이었다. 페구의 카나가와 영주(金川 榮周)가 왔다. 무라야마 씨 댁에서 저녁을 먹고 숙사에서 잤다.

랑군 시외 인센의 숙사에서 일어나 무라야마 씨 댁에서 아침을 먹었다. 페구의 사쿠라 클럽의 쵸우바 카나가와 영주 군과 시내에 가서 카나가와 군의 물건 사는 데 같이 다녔다. 스즈키(鈴木) 병원에 가서 고약을 사고 인센의 무라야마 씨 댁으로 돌아왔다. 아라이 씨 댁에서 저녁을 먹고 놀다가 숙사에서 자다. 아라이 씨 내외는 옆집의 수리를 마치고 들어올 때 식사를 같이 하기로 하였다.

인센현(縣)의 숙사에서 일어나 무라야마 씨 댁에서 아침을 먹었다. 페구의 카나가와 영주 군은 랑군 시내에 갔다 와서 오후 5시 자동차로 페구로 갔다. 무라야마 씨 댁에서 저녁을 먹고 놀다가 밤 1시 남짓에 숙사에서 잤다.

랑군 시외 인센의 숙사에서 일어나 아침을 무라야마 씨 댁에서 먹다. 종일 무라야마 씨 댁에서 놀다가 저녁을 먹고 밤 1시 남짓에 숙사에서 잤다. 페구의 나카무네 씨가 왔다가 즉시 갔다.

랑군 시외 인센의 숙사에서 일어나 무라야마 씨 댁에서 아침을 먹고 종일 놀았다. 무라야마 씨 댁에서 저녁을 먹고 놀다가 밤 1시 남짓에 숙사에서 잤다. 만달레 방면, 곧 북버마 지방에는 비가 오지 않는다더라. 북버마는 우기가 짧은데, 아직 대우기(大雨期)는 아닌 모양이다.

7월 15일 목요일. 흐리고 비

랑군 시외 인센의 숙사에서 일어나 무라야마 씨 댁에서 아침을 먹고 종일 놀았다. 무라야마 씨 댁에서 저녁을 먹고 놀다가 밤 1시경 숙사에서 잤다.

7월 16일 금요일. 흐리고 비

랑군 시외 인센의 숙사에서 일어나 무라야마 씨 댁에서 아침을 먹고 종일 놀았다. 전에 무라야마 씨 위안소의 위안부로 있던 모모코(桃子)는 임신 7개월인데, 근일에 태아가 움직여 오늘 스즈키 병원에 입원하였는데, 유산되었다. 무라야마 씨 댁에서 저녁을 먹고 놀다가 무라야마 호이 군과 모모코의 옆에서 잤다.

7월 17일 토요일. 흐리고 맑음

어젯밤에 폭우가 내리더니 오늘 아침부터는 맑고 흐려 종일 비가 오지 않았다. 버마의 우기에 온종일 한 번도 비가 오지 않음은 이상하다 할 것이다. 무라야마 씨의 장남 호이 군이 조종하는 자동차로 랑군 시내에 나갔다가 오후에 인센으로 돌아오다. 무라야마 씨 댁에서 저녁을 먹고 놀다가 밤 1시 남짓에 숙사에서 잤다.

7월 18일 일요일. 맑고 조금 흐림

인센의 숙사에서 일어나 무라야마 씨 댁에서 아침을 먹고 종일 놀다. 아캬브에서 온 아사하라(葦原) 씨는 이번에 부대가 이동하여 온 타운기에 갔다 왔는데, 선발대장 치바(千葉) 대위의 편지를 전하더라. 열어보니, 위안소를 타운기에서 경영하도록 아캬브에서 여자들이 오거든 같이 오라는 것이더라. 오늘 밤부터 무라야마 씨 위안소 내의 일실에서 호이 군과 같이 자기로 하였다.

랑군 시외 인센의 숙사에서 일어나 무라야마 씨 댁에서 아침을 먹고 종일 놀았다. 인센에 있는 다카(高) 부대, 즉 항공대 소속의 위안소 2곳이 병참 관리로 이양되었다더라. 무라야마 씨 댁에서 저녁을 먹고 밤 12시 남짓에 잤다.

인센의 무라야마 씨 댁에서 일어나 아침을 먹었다. 종일 놀다가 저녁을 먹고 밤 2시 반경에 잤다. 무라야마 씨가 경영하는 위안소 이치후지루가 병참 관리로 되어 무라야마 씨와 아라이 씨는 병참사령부에 갔다 왔다.

인센의 무라야마 씨 댁에서 일어나 아침을 먹었다. 무라야마 호이 군과 자동차로 군사령부에 가서 부관부 야마조에 준위와 면회하고, 시내에 가서 쿄우라쿠관(共樂館)과 기타 몇 곳에 들러 돌아오다. 무라야마 씨 댁에서 저녁을 먹고 놀다가 밤 1시 남짓에 자다. 랑군회관에서 아캬브의 ○화(○花)가 부친 편지를 받다.

인센의 무라야마 씨 댁에서 일어나 아침을 먹었다. 아라이 구치 씨가 가는 편에 버마 일본인회에 입회하였다. 종일 놀다가 무라야마 씨 댁에서 저녁을 먹고 밤 1시 반경에 잤다.

랑군 시외 인센의 무라야마 씨 댁에서 일어나 아침을 먹었다. 종일 무라야마 씨 댁에서 놀다가 저녁을 먹고 밤 1시 남짓에 자다. 아캬브 방면에는 작년 우리 위안소 외에는 위안소가 들어오지 아니하였는데, 이번에 6, 70명의 위안부가 들어갔다더라.

7월 24일 토요일. 흐리고 비

인센의 무라야마 씨 댁에서 일어나 아침을 먹고 종일 놀다. 무라야마 씨 댁에서 저녁을 먹고 밤 1시 남짓에 자다.

7월 25일 일요일. 비 오고 흐림

인센의 무라야마 씨 댁에서 일어나 아침을 먹고 종일 놀다. 무라야마 씨 장남 호이 군은 오늘 메쿠데라(Meiktila)의 자기 식당을 처분할 계획으로 출발하다. 무라야마 씨 댁에서 저녁을 먹고 놀다가 밤 1시 남짓에 잤다.

7월 26일 월요일. 흐리고 비

인센의 위안소 2곳이 병참 관리로 넘어간 뒤, 위안부 검미(檢黴)[12]도 병참의 군의가 하기로 되어 일요일마다 김천관(金泉館)에서 수검하게 되었다. 아침 일찍 일어나 이치후지루의 위안부를 데리고 김천관에 가서 신체검사와 예방접종을 하고, 검미한 후 돌아왔다. 인센에서 마야곤(Mayangon)의 김천관까지 가서 검사 받기는 여간 어렵지 않다. 무라야마 씨 댁에서 저녁을 먹고 밤 1시 남짓에 잤다.

7월 27일 화요일. 맑고 흐리고 비

인센의 무라야마 씨 댁에서 일어나 아침을 먹고 종일 놀다. 아라이, 무라야마 양씨가 병참사령부에 가서 위안부 검미를 인센에서 하도록 청원하니, 8월 15일 위안소 회의에서 상의하여 결정하도록 하자고 한다더라. 저

---

12) 매독 및 기타 성병검사

녁을 먹고 밤 1시까지 놀다가 자다.

인셴의 무라야마 씨 댁에서 일어나 아침을 먹었다. 무라야마 씨 제과소의 물자지정조달상 인도인 키리시나가 급성 폐렴으로 어젯밤 사망하였다. 이 인도인은 대동아전쟁의 전화에 처자를 잃고 18세의 후처를 맞이하여 상업을 경영하고 있는 지극히 온순한 당년 44세의 활동적 인물로서 그의 급사는 참으로 애석하기 짝이 없다. 무라야마 씨는 문상하고 부의까지 하였다. 재산도 상당히 있는 편이다.

인셴 요마(Yoma) 거리의 무라야마 씨 댁에서 일어나 아침을 먹었다. 아라이 씨와 병참에 가서 콘돔을 배급받았다. 위안부 진료소에 가서 등록되지 않은 2, 3인의 위안부에게도 진찰을 받게 했다. 이전에 무라야마 씨 위안소에 위안부로 있다가 부부 생활하려 나간 하루요(春代)와 히로코(弘子)는 이번에 병참의 명령으로 다시 위안부로서 김천관에 있게 되었다더라. 중국인 거리에 들러 저녁에 인셴으로 돌아와 저녁을 먹고 밤 1시경에 자다.

인셴의 무라야마 씨 댁에서 일어나 아침을 먹었다. 종일 놀다가 저녁을 먹고 밤 1시 반경에 잤다. 무라야마 씨는 8월 중으로 귀향할 생각인데, 나에게 떡집과 위안소를 맡아 하라더라. 나도 여러 가지 사정으로 싱가포르에 가려다가 다시 버마에 1년 더 있기로 하고 무라야마 씨의 영업을 인수한다고 승낙하였다.

인셴의 무라야마 씨 댁에서 일어나 아침을 먹다. 엊그저께 28일 사망한 키리시나 인도인은 페스트 병에 걸렸던 것이며 현재 발병한 환자도 3, 4명이다. 부대에서는 외출이 금지되고 또 무라야마 씨가 인도인 사망 후 갔다온 관계로, 헌병이 와서 금후 1주간 영업을 중지하고 외출도 못 하게 하였다. 인도인 이발소에 가서 이발하고 구두를 수선하였다. 오늘 밤은 10시 전에 취침하였다.

8월 1일 일요일. 흐리고 폭우

인센의 무라야마 씨 댁에서 일어나 아침을 먹고 종일 놀다. 오늘은 영업을 폐지하고 일절 외출까지 금지하고 모두 집안에만 있었다. 오늘 버마가 당당히 독립을 선언하여 장엄광고(莊嚴曠古)의 건국성의(建國盛儀)를 거행하였다. 국가 대표에 바 모 씨를 추대하다. 일본-버마동맹조약을 체결하고 영미에 선전포고를 하였다. 금후 영원히 우리나라를 맹주로 버마국의 융성함을 축하한다.

8월 2일 월요일. 흐리고 비

인센의 무라야마 씨 댁에서 일어나 아침을 먹다. 무라야마 씨 위안소의 위안부는 휴업 관계로 검미를 하지 않고, 아라이 씨 몫 위안부 7명만 검미를 받았다. 종일 놀다가 저녁을 먹고 밤 10시 남짓에 취침하다.

8월 3일 화요일. 흐리고 조금 비

인센의 무라야마 씨 댁에서 일어나 아침을 먹었다. 종일 놀다가 저녁을 먹고 밤 10시 남짓에 자다.

8월 4일 수요일. 흐림

인센의 무라야마 씨 댁에서 일어나 아침을 먹고 종일 놀다. 영업을 못 하고 노니 위안부들도 심심해서 못 견디고, 주인 측도 외출도 못 하니 몸부림이 난다. 페구에 가 있던 카나와 주도 씨가 왔다가 가다.

8월 5일 목요일. 흐리고 조금 비

인센의 무라야마 씨 댁에서 일어나 아침을 먹고 종일 놀다. 병참에서 통지가 왔는데, 격리가 해제되더라도 오는 9일 검미 후에 영업을 하라더라. 저녁을 먹고 밤 10시 남짓에 자다. 옆집 아라이 구치 씨는 오른발의 통증으로 매일 병원에 다니며 치료하는데, 대단히 욕을 보고 있다.

8월 6일 금요일. 흐리고 조금 비

인센의 무라야마 씨 댁에서 일어나 아침을 먹다. 페구의 사쿠라 클럽 주인 카나가와 씨가 왔다. 카나가와 씨는 위안소 이동설이 있다고 군사령부에서 알아보겠다더라. 카나가와 씨는 아라이 씨 댁에서 저녁을 먹고 나와 같이 잤다.

8월 7일 토요일. 흐리고 비

인센의 무라야마 씨 댁에서 일어나 아침을 먹다. 병참사령부에 갔다가 버마 중앙우편국에 가서 버마 독립 우표를 사고 또 기념 스탬프를 찍었다. 중국인 거리를 둘러 인센으로 돌아왔다. 페구의 카나가와 씨는 오늘 정금은행 일을 보고 나와 같이 자다.

8월 8일 일요일. 흐리고 조금 비

인센의 무라야마 씨 댁에서 일어나 아침을 먹었다. 페구의 카나가와 씨는 무라야마 씨 댁에서 아침을 먹고 군사령부에 갔다 와서 17시 50분경 페구행 자동차로 가다. 카나가와 씨도 위안소를 다른 사람에게 양도하고 귀국하려고 하더라. 무라야마 씨 댁에서 저녁을 먹고 밤 10시 남짓에 자다.

8월 9일 월요일. 흐리고 조금 맑고 조금 비

인센의 무라야마 씨 댁에서 일어나 아침을 일찍 먹고 위안부 전부를 데리고 김천관의 검미장에 가서 검사를 마치고 돌아오다. 무라야마 씨 장남 호이 군이 메쿠데라 방면으로 간 후 돌아오기를 기대하고 있었는데, 오늘 밤 자동차 1대를 사서 타고 왔더라. 저녁을 먹고 밤 2시경에 자다.

8월 10일 화요일. 흐리고 맑음

인센의 무라야마 씨 댁에서 일어나 아침을 먹지 않고 랑군 수이코엔[13]에 가서 위안소 조합회의에 참석하였다. 조합비로 경영자 30엔, 위안부 한 사람당 2엔, 합 62엔을 지급하다. 14시 남짓에 회의를 마치고 돌아왔다. 무라야마 씨 댁에서 저녁을 먹고 밤 1시 남짓에 자다.

8월 11일 수요일. 맑고 흐리고 조금 비

인센의 무라야마 씨 댁에서 일어나 아침을 먹고 종일 놀다. 페구에 가 있던 야마모토 씨가 왔다가 아라이 씨와 이야기하고 갔다. 요사이는 위안소 손님이 적어 수입도 많이 감소한다. 무라야마 씨 댁에서 저녁을 먹고 1시경에 자다.

8월 12일 목요일. 흐리고 가는 비

인센의 무라야마 씨 댁에서 일어나 아침을 먹었다. 병참사령부에 가서 영업일보(營業日報)를 제출하고 콘돔 400개를 받다. 정금은행에 가서 무라야마 씨가 부탁한 예금을 하고, 아라이 구치 씨가 부탁한 배급전표(配給傳票)을 받으러 우메가키(梅垣) 상점에 갔는데, 주인이 출타 부재로 기다리다 못 하고 돌아왔다. 아라이 씨의 말이 배급조합이 우메가키 상점이 아니고 도요켄(東洋軒) 옆에 있다더라. 배급조합을 잘못 알았다.

8월 13일 금요일. 흐림

인센의 무라야마 씨 댁에서 일어나 아침을 먹고 종일 놀다. 치통으로

---

13) 翠香園: 랑군에 설치된 일본군 장교 클럽. 건물이 현존한다.

목까지 뻗치고 아파 음식도 잘 못 먹겠다. 저녁을 먹고 밤 12시 남짓까지 놀다가 치통으로 일찍 누워 잤다. 철도 부대에서 영화 상영이 있어서 위안부들이 구경하고 왔다.

8월 14일 토요일. 흐리고 가는 비

인센의 무라야마 씨 댁에서 일어나 아침을 먹다. 치통으로 음식을 잘 못 먹겠다. 싱가포르로 갈까, 이곳에서 1년 더 있을까 결정을 못 하여 번민이다. 객지에 있으니 몸 아플 때가 제일 걱정이며 고향 생각이 났다.

8월 15일 일요일. 흐리고 조금 비

인센의 부라야마 씨 댁에서 일어나 아침을 먹다. 치통이 조금 나으니 참으로 살 것 같다. 종일 쵸우바 일을 보았다. 페구의 나카무네 씨가 아라이 씨 댁에 오다. 오늘 밤 아라이 씨와 무라야마 씨 양씨 내외분이 그간 생각하고 있던 귀국 건에 대하여 이야기하고 나의 의향을 물어, 나도 싱가포르로 갈까 싶다고 하니, 무라야마 씨 내외가 그렇게 하면 안 된다고 하며 꼭 위안소를 인수하여 경영하여달라기에, 단연 그리하기로 결정하였다.

8월 16일 월요일. 맑고 조금 흐림

인센의 무라야마 씨 댁에서 일어나 손님 자동차에 위안부를 전부 태우고 김천관에 가서 검사를 받게 했다. 검미를 마치고 인센의 무라야마 씨 댁으로 돌아와서 아침을 먹다. 종일 놀다가 밤 11시경에 자다. 밤 3시경에 무라야마 씨 부인이 테루코(松原分任)가 음독하였다기에 가보니, 과망간산카리를 마시고 괴로워하는데, 물을 마셔 토하게 하여 생명에는 지장이 없었다. 원인은 동무 수미코와의 싸움 끝이라더라.

8월 17일 화요일. 흐리고 비

어젯밤 2시 반경부터 5시 남짓까지 월식이었다는데, 유감스럽게도 월식을 보지 못하였다. 인셴의 무라야마 씨 댁에서 일어나 아침을 먹었다. 저녁을 먹고 밤 12시 남짓에 자다. 요사이 전염병 발생 관계로 군인의 외출이 없다.

8월 18일 수요일. 흐리고 비

인셴의 무라야마 씨 댁에서 일어나 아침을 먹다. 페구의 나카무네 씨는 아라이 씨 댁에서 아침을 먹고 페구로 갔다. 나카무네 씨가 막 떠나고, 한 시간쯤 되어 페구에서 동거하던 야마모토 씨가 오다. 종일 쵸우바 일을 보다가 저녁을 먹고 밤 12시 남짓에 자다.

8월 19일 목요일. 흐린 후 비

인셴 이치후지루의 무라야마 씨 댁에서 일어나 아침을 먹다. 병참사령부에 가서 콘돔 600개를 받아 오다. 인셴의 헌병대에서 내일 방공(防空)에 대한 지시가 있다고 모이라는 통기가 있다. 저녁을 먹고 놀다가 밤 12시 반 남짓에 자다.

8월 20일 금요일. 흐린 후 비

인셴의 이치후지루에서 일어나 아침을 먹다. 헌병대에 갔는데, 공습 때에 게양하라는 붉은 깃발을 세 개 내어주더라. 페구의 카나가와 씨가 왔다. 카나가와 씨의 귀국 절차는 오는 9월 하순경에 하겠다더라. 싱가포르의 오오야마 씨에게 전보를 쳤다. 종일 쵸우바 일을 보다가 밤 1시 남짓에 자다.

8월 21일 토요일. 비

인셴의 이치후지루에서 일어나 아침을 먹고 종일 쵸우바 일을 보았다. 페구에서 경영하던 아라이 구치 씨의 위안소를 인수하여 아캬브에 들어가 있던 아야노 씨가 오늘 인셴의 아라이 씨 댁으로 여자들을 전부 데리고 왔다. 아야노 씨의 말이 우리 위안소의 여자 15명도 아캬브에서 나와 단캇푸

에 있는데, 2, 3일 내로 프롬에 도착한다더라. 저녁을 먹고 유골과 여자를
맞으려 인센발 열차로 프롬으로 향하였다.

프롬행 열차 안에서 밤을 새웠다. 석탄을 안 피우고 목탄을 사용하는
차라 그런지 정거 시간이 많이 걸리어 9시경에 도착할 차가 16시에 겨우
도착하였다. 밤을 차에서 앉아 새우고, 발이 아파 그런지 신열과 두통이 나
서 죽을 지경이다. 위안소 키라쿠관(喜樂館)에 들러 인사한 후 유미(弓) 부
대[14] 연락소장 츠카모토(塚本) 소위를 찾아 아캬브에서 나오는 여자들의
주선을 의뢰하고 키라쿠관에서 저녁을 먹고 자다.

프롬의 위안소의 키노시타(木下) 씨 댁에서 일어나 아침을 먹다. 기차
를 타기가 싫어서 일본통운의 자동차를 14시 8분에 타고 출발하여 레바탄
(Letpadan)에서 동 회사 차를 갈아타고 인센에 도착하니 밤 12시더라. 농촌
은 버마도 한가지라 이앙하는 데도 있고 또 벌써 이앙을 마쳐 벼가 시커먼
곳도 있더라. 남녀가 들에서 일하는 그 정경이 참으로 풍취가 있어 보이더
라. 농촌의 생활이 부럽다. 무라야마 씨 댁에서 자다.

인센의 이치후지루의 무라야마 씨 댁에서 일어나 아침을 먹다. 종일 쵸
우바 일을 보았다. 무라야마 씨의 말이 일전에 약속한 이치후지루 위안소
를 9월 1일 인도하지 않고 9월까지 자기가 경영하다가 10월 초 인도하겠다
기에 그렇게는 아니 되겠다고 하니, 다른 사람에게 처분하겠다기에 그리
하라고 승낙하였다.

---

14) 버마를 점령한 일본군 제15군 제33사단의 통칭호(通稱號, 일종의 암호명).

인센의 위안소 이치후지루에서 일어나 아침을 먹고 종일 쵸우바 일을 보았다. 어젯밤 이치후지루의 주인 무라야마 씨 내외가 9월까지 영업하겠다고 했을 때 내가 동의하지 아니한 데 대하여 오늘 기분이 퍽 불쾌한 것 같아 미안하기 짝이 없다. 무라야마 씨 댁에서 저녁을 먹고 밤 1시 남짓에 자다.

인센의 위안소의 무라야마 씨 댁에서 일어나 아침을 먹다. 병참사령부에 가서 5일간의 일보를 제출하고 콘돔 800개를 받아 왔다. 유골에 대한 절차 건을 병참에 물어보니 일시적으로 예치하는 것은 가능하지만, 본가로의 송부는 소속 부대에서 절차를 밟아야 한다더라. 랑군 남방항공 운수부에 근무하는 군속 가나야마 신웅(金山 信雄) 씨는 이번에 싱가포르로 전근되어 간다더라.

인센의 위안소 이치후지루의 무라야마 씨 댁에서 일어나 아침을 먹다. 무라야마 씨 위안소의 쵸우바 일을 보다가 19시경 군사령부 부관부 야마조에 준위의 숙사에 찾아가서 싱가포르로 이주하겠다는 말을 하고 돌아오다. 야마조에의 말이 병참사령부에 이야기하여 절차를 밟으라고 하였다.

인센의 위안소 이치후지루에서 일어나 아침을 먹었다. 병참사령부에 가서 나카자토(中里) 중위를 만나 싱가포르로 가려고 병참에서 증명서를 얻도록 이야기하다가 중단하고, 점심 후에 가니 공무로 인센에 갔다더라. 이치후지루는 오늘부터 본적이 경남 통영군인 야마구치 수길(山口 秀吉) 씨에게 양도되어 양도허가원을 제출하였다.

인셴의 위안소 이치후지루의 무라야마 씨 댁에서 일어나 아침을 먹었다. 병참사령부에 갔다 왔다. 아캬브에서 나온 사요코(小夜子)와 란코(蘭子), ○요시코(○美子)[15] 3명이 처남 외 3인의 유골을 가져왔다. 유골을 받은 나는 참으로 무어라고 말할 수 없이 비창한 마음이 든다. 유골을 모셔 놓고 향을 피우고 재배하였다. 사요코가 인솔한 위안부 일행은 오늘 밤 3시 차로 타운기를 향하여 출발한다더라.

인셴의 이치후지루의 무라야마 씨 댁에서 일어나 아침을 먹다. 랑군 병참사령부에 가서 증명원을 제출하였다. 유골 봉안소의 계원 군인에게 처남 이외 3명의 유골을 맡기도록 말하였다. 인셴의 무라야마 씨 댁으로 돌아와서 저녁을 먹고 놀다가 자다.

인셴의 이치후지루의 무라야마 씨 댁에서 일어나 아침을 먹고 마츠바라 분임(松原 分任)과 처남 고 야마모토 씨 외 3인의 유골을 가지고 랑군 병참사령부에 가서 유골계에 맡겨 봉안하게 하였다. 이번에 위안소 이치후지루를 매수한 야마구치 씨가 안판까지 간다기에 안판의 아사하라에게 편지를 탁송하였다. 무라야마 씨 댁에서 저녁을 먹고 잤다.

인셴의 위안소 이치후지루의 무라야마 씨 댁에서 일어나 아침을 먹었다. 랑군 병참사령부에 가서 일전에 제출한 증명서를 받아 왔다. 이발하였다. 프롬 키라쿠관의 주인이 인셴의 무라야마 씨 댁에 와서 저녁을 먹고 프

---

15) ○는 판독 불가.

룸으로 갔다.

9월 2일 목요일. 맑고 조금 흐림

인센의 위안소 이치후지루의 무라야마 씨 댁에서 일어나 아침을 먹었다. 랑군 병참사령부에 가서 콘돔을 받다. 일본인회에 가서 여행허가 절차에 필요한 서류를 받아 인센으로 돌아왔다. 무라야마 씨 댁에서 저녁을 먹고 밤 1시 남짓에 자다.

9월 3일 금요일. 맑음

인센의 위안소 이치후지루의 무라야마 씨 댁에서 일어나 아침을 먹었다. 군사령부에 가서 싱가포르에 갈 여행허가원을 제출하니 다음 주 화요일에 와보라더라. 무라야마 씨와 아라이 구치 씨의 귀국허가서도 제출하였다. 페구의 카나가와 장평(金川 長平) 씨의 쵸우바 카나가와 영주 군이 왔다. 무라야마 씨 댁에서 저녁을 먹고 밤 1시 남짓에 잤다.

9월 4일 토요일. 맑고 조금 흐림

인센의 위안소 이치후지루의 무라야마 씨 댁에서 일어나 아침을 먹다. 종일 쵸우바 일을 보았다. 페구의 카나가와 영주 군은 식전에 랑군을 거쳐 페구로 가기 위해 출발하였다. 무라야마 씨 댁에서 저녁을 먹고 쵸우바 일을 보다가 밤 11시경에 자다.

9월 5일 일요일. 맑고 조금 흐리고 비

인센의 위안소 이치후지루의 무라야마 씨 댁에서 일어나 아침을 먹었다. 마츠바라 분임을 카로 방면에 있는 안판의 아사하라의 처소로 보내려고 오늘 17시경 마차를 구하여 타고 랑군 역으로 나갔다. 4, 5일간은 일반 열차는 없고 군용 임시열차 밖에 없다기에 정거사령부에서 편승권을 얻어 타고 가게 하다. 분임이 탄 열차가 떠나는 것을 보고 인센으로 돌아왔다.

106   일본군 위안소 관리인의 일기

9월 6일 월요일. 맑고 조금 흐리고 비

인센의 위안소 이치후지루의 무라야마 씨 댁에서 일어났다. 아침도 먹지 아니하고 군사령부 야마조에 준위가 있는 곳에 가서 여행증명서를 받았다. 남방개발은행에 가서 송금허가신청 서류를 제출하고, 검역소에 가서 검역에 대한 방독, 예방 접종을 마친 후 세균연구소에 가서 검역을 하고, 인센의 이치후지루의 무라야마 씨 댁으로 돌아와서 저녁을 먹었다. 무라야마 씨와 아라이 씨 가족은 시간이 없어 검역을 못 하였다.

9월 7일 화요일. 맑고 저녁에 조금 비

인센의 위안소 이치후지루의 무라야마 씨 댁에서 일어났다. 아침도 먹지 않고 랑군 남방개발은행에 가서 송금 절차를 마치고, 정금은행에서 부산의 처수 씨인 야마모토 ○련(山本 ○連) 씨에게 조위금으로 영수한 돈 500엔을 부쳤다. 세균연구소에 가서 검역증명을 받아 검역소에서 전부의 검역 증명을 받았다. 그 후 쉐다곤(Shwedagon) 파고다에 참배하였다. 이 파고다는 버마 제일이라 할 만한 참으로 대단한 사찰이다.

9월 8일 수요일. 비

인센의 위안소 이치후지루의 무라야마 씨 댁에서 일어나 아침을 먹었다. 야전우편국에 가서 일본 지폐를 버마 군표로 교환하여달라고 하였더니 교환하여 줄 수 없다기에, 히라누마 양복점에 가서 히라누마에게 교환하였다. 인센의 무라야마 씨 댁으로 돌아오니 페구의 카나가와 씨가 와 있더라. 저녁을 먹고 아라이 씨, 무라야마 씨 및 카나가와 씨와 더불어 군사령부 부관부 야마소에 준위의 숙사에 가서 야마조에 씨를 데리고 인센의 이치후지루로 와서 놀았다.

9월 9일 목요일. 비 오고 흐림

인센의 위안소의 무라야마 씨 댁에서 일어나 아침을 먹다. 페구의 카나가와 씨도 오늘 위안소를 다른 사람에게 양도하는 계약을 체결하였다. 육로로 페구의 후지오카(藤岡) 가족과 싱가포르로 가기 위해 오늘 오후 4시 인센에서 페구행 자동차를 타고 페구에 도착하였다. 사쿠라 클럽의 카나가와 씨 댁에서 저녁을 먹고 자다. 카나가와 씨도 저녁에 인센에서 돌아왔다. 무라야마 씨 댁에서 3, 4개월 같이 있던 정이 있고, 내가 조선에서 데려와서 같이 있던 수미코가 석별의 눈물을 흘리는 것을 보니, 차마 못할 이별이다.

9월 10일 금요일. 맑고 조금 흐리고 비

페구의 사쿠라 클럽의 카나가와 씨 댁에서 일어나 아침을 먹었다. 후지오카 씨에게 가니, 오늘 밤 3시경에 차가 출발하므로 밤 2시경 역으로 같이 나가자기에 카나가와 씨 댁에서 저녁을 먹고, 아침에 맡긴 세탁물을 찾아가지고 카나가와 씨 댁을 작별하고, 후지오카 씨와 같이 있다가 역으로 나와 4시 남짓에 승차하다.

9월 11일 토요일. 흐리고 비

3시 남짓에 출발한다던 차가 8시경에 출발하였다. 싯탄(Sittaung)까지 와서 도선(渡船)으로 싯탄 강을 건넜다. 모바린(Mokpalin)에서 15시 50분발 임시 군용열차에 편승하여 마루타반(Martaban, 현재명 Mottama)으로 향하였다. 마루타반 도착은 밤 2시경이라 한다.

9월 12일 일요일. 아침에 비 흐리고 맑음

마루타반에 차가 도착하였는데, 비가 내리는 데다 어두운 밤이라 어찌할 줄을 몰라 날이 밝을 때까지 차 안에서 누워 잤다. 날이 밝기에 일어나 후지오카 씨 일행과 부두에 나가 현지인의 목선으로 강을 건너 모울멘에 도착하여 역으로 나와 12시 30분발 이에(Ye)행 열차를 타고 이에로 향하였다. 이에 도착은 밤 21시경이다. 경비대 병참부를 찾아가서 일행이 모두 짐을 내려놓고 식사를 마치고 동 숙사에서 자다.

9월 13일 월요일. 흐리고 가는 비

이른 아침에 이에의 병참 숙사에서 일어나 아침을 먹고 타보이행 일본 통운 자동차부까지 나가 타보이행 자동차를 탔다. 100킬로미터나 포장하지 않은 도로를 무사히 달려 9시 반경 출발한 자동차가 18시경 타보이에 도착하였다. 경비대에 갔다가 병참으로 돌아와 사정을 고하고 숙사의 허락을 받았다. 목욕 설비가 좋아서 여진을 씻고 저녁을 먹고 잘 자다.

9월 14일 화요일. 흐리고 비

타보이의 병참 숙사에서 일어나 아침을 먹고, 병참의 자동차로 일본통운 자동차부까지 와서 마구이(Mergui, 현재명 Myeik)행 자동차를 타다. 마구이행은 도중의 바라오(Palaw)에서 숙박하기로 되어 있다. 6곳을 자동차가 도선으로 건너 밤 9시경 바라오에 도착하였다. 병참에 찾아가서 저녁을 먹고 잤다.

9월 15일 수요일. 흐리고 비

바라오의 병참 숙사에서 일어나 아침을 먹었다. 10시 남짓에 바라오를 출발하여 도중의 2곳에서 큰 강을 건너 8시경 마구이에 도착하였다. 마구이 병참에 찾아가서 숙박을 요청하여 저녁을 먹고 목욕 후에 잤다. 병참은 어디를 물론하고 친절히 하여주는데, 참으로 감사했다.

9월 16일 목요일. 흐리고 폭우

메르구이의 병참 숙사에서 일어나 아침을 먹었다. 후지오카 씨와 부두에 나가 빅토리아 포인트(Victoria Point, 현재명 Kawthaung)행 선편을 알아보니, 어제 출발한 것이 있었는데, 금후는 언제 가게 될는지 알 수 없다더라. 경비대에 또 알아보니, 한 1주일 후면 선편이 있을 듯하니 기다리라고 하더라.

병참에서 저녁을 먹고 자다. 이 지방은 우량이 상당히 많은 강우가 있다. 아직 우기인 모양이다.

9월 17일 금요일. 비

메르구이(버마)의 병참 숙사에서 일어나 아침을 먹다. 오늘도 온종일 비가 오다. 병참 숙사에서 종일 놀다가 저녁을 먹고 자다.

9월 18일 토요일. 흐리고 조금 비

버마 메르구이의 병참 숙사에서 일어나 아침을 먹다. 메르구이 시가에 나가 이발하고 셔츠 1벌과 바지 2벌을 샀다. 메르구이 병참에서 저녁을 먹고 잤다.

9월 19일 일요일. 흐리고 밤에 비

버마국 메르구이의 병참 숙사에서 일어나 아침을 먹었다. 후지오카 씨와 정박장사령부에 가서 편승 청구를 하였다. 이번에 승선은 오늘 밤 중이라기에 병참으로 돌아와서 일행을 데리고 부두로 나왔다. 경비대에 맡겨 두었던 짐을 가져와서 밤 10시경 승선하였다. 출범은 내일 아침이라 한다. 200톤 내외의 작은 기선이다.

9월 20일 월요일. 흐림

어젯밤 승선한 ○○마루(丸)[16]는 오늘 아침 일찍 출범하였는데, 불과 1시간도 항해하지 못하고 기관부 고장으로 해상에 정박하여 수리하였다. 수리해본 결과 부분품을 가공할 것이 있어서 다시 메르구이로 와서 잔교(棧橋)에 대어 내일 수리하게 하는 모양이더라. 하루라도 빨리 가려고 한 것이 자꾸만 늦어진다. 식사는 선내에서 하다.

---

16) 일기의 저자가 '0'표시로 배의 이름을 감추었다.

9월 21일 화요일. 맑고 흐리고 비

00마루에서 일어나 아침을 먹다. 종일 수리하였는데 엔진은 그냥 좋은 모양이더라. 내일은 출범한다더라. 00마루 선내에서 저녁을 먹고 잤다.

9월 22일 수요일. 흐리고 조금 비

00마루에서 일어나 아침을 먹었다. 오늘도 출범하지 않고 종일 수리하였다. 후지오카 씨와 상륙하여 면도를 하였다. 18시경 시운전 결과 성적이 양호하여 20시경 출범하여 1시간가량 항해하다가 정박하였는데, 밤을 새우고 내일 아침에 출발하겠다더라. 선내에서 저녁을 먹고 자다. 20일 출범 후 고장이 없었다면 벌써 도착이다.

9월 23일 목요일. 흐리고 맑고 조금 비

00마루의 승객은 후지오카 씨 가족과 군인 1명, 합 7명이다. 좌석은 얼마라도 넓게 차지할 수 있다. 배는 오른쪽에 멀리 대륙을 끼고 작고 큰 무수한 섬 사이를 지나고 있다. 참으로 비할 데 없는 좋은 경치이다. 17시경에 기관부 고장으로 잠시 걱정하였더니, 30분 내에 수리되어 다시 섬과 섬 사이의 푸른 파도를 헤치며 달렸다. 선원이 놓은 낚시에 길이 2척 가량의 대어가 낚여 올라와 모두 즐겁게 나누어 먹었다. 이 고기로 회를 쳐 먹었는데, 참으로 그 진미는 비할 데 없더라.

9월 24일 금요일. 맑음

00마루에서 일어나 아침을 먹다. 오늘도 어제와 같은 섬과 섬 속으로 항해하였다. 19시경 어제와 같은 기관부 고장이 있었으나, 한 40분 후 수리되었다. 밤 12시 남짓에 어떤 섬 근처에 정박하여 밤을 새우게 하다.

9월 25일 토요일. 맑은 후 비

00마루에서 일어나 아침을 먹다. 정박한 본선은 7시경 다시 항해를 시작하여 버마 태국 국경의 이름 모를 강을 달리고 있다. 오른쪽은 태국, 왼쪽은 버마국, 그 가운데 한 개의 강으로 국경을 삼고 있다. 배는 16시 남짓에 카오파지(Khao Fachi, 현재명 Bang Kaeo)에 도착하였다. 병참으로 찾아가서 저녁을 먹고 잤다. 버마는 벌써 지나고 태국령에 들어섰다.

9월 26일 일요일. 맑음

카오푸아지의 병참 숙사에서 일어나 아침을 먹고 정박사령부에 가서 타고 온 배의 식비를 지급하였다. 후지오카 씨 일행은 다른 사정이 있어 오늘 출발하지 못하겠다기에 나 혼자 군 교통차를 타고 15시 남짓에 카오푸아지를 출발하여 19시 반경 지순폰(Chumphon) 역전에 도착하였다. 정거사령부에 가서 편승권을 얻어 22시 40분발 군용열차를 타고 지순폰을 출발하여 싱가포르로 향하였다. 이제 난코스는 다 지난 모양이다. 차는 객차가 아니라 하차(荷車) 한 대에 혼자 탔다.

9월 27일 월요일. 맑은 후 천둥과 비

열차 안에서 일어났다. 오늘도 종일 차내에서 지냈다. 도중에 식사의 급양을 받아 먹었다. 차창에서 종일 태국의 풍경을 보았다. 여자는 거의 전부가 단발식으로 파마네트를 하고 있더라. 남자는 복장을 단정히 하였으며 여자들도 의복은 보기 좋게 정복을 입고 있더라.

9월 28일 화요일. 맑고 조금 흐리고 비

밤 3시경 파탄벳사(Padang Besar) 역, 즉 태국과 말레이의 국경 지대에 도착하였다. 이 역에서 싱가포르행 말레이 열차로 갈아탔다. 역 대합실에서 밤을 새우고 말레이에 30여 년 있었다는 일본 노파 음식점에서 아침과 점심을 먹었다. 싱가포르행 급행열차는 15시 15분발이다. 정각에 출발한 열차가 푸라이(Perai) 역에 도착하여 차창을 내다보니, 무라야마 씨 가족 일행이 어제 기선으로 도착하였다면서 승차하더라. 아라이 구치 씨는 카나가와 씨와 육로로 후일 온다더라. 싱가포르 도착은 내일 20시 반경이다.

종일 열차 안에서 지냈다. 차는 급행이라 빨리 달리나, 여러 날 승차라서 지루하여 못 견디겠다. 그간 그리워하며 보고 싶어 하던 싱가포르에는 20시 40분경에 도착하였다. 오오야마 씨에게 통지를 못 하였더니 역에 나오지 않았더라. 무라야마 씨 일행과 신아(新亞)라는 중국인 여점에 들어 숙박하여 그간의 여진을 털고 잘 쉬었다.

싱가포르의 신아여점에서 일어나 전신국에 가서 페구의 카나가와 씨와 인센의 야마구치 씨에게 전보를 쳤다. 다루비에스티(Darby St.) 해행사[17] 자동차부 출장소에 찾아가서 오오야마 씨의 매부 최 군을 만났다. 오오야마 씨는 6월 말경 귀국하였다더라. 최 군과 위안소 키쿠수이 클럽을 경영하는 친구 니시하라(西原) 군을 찾아가서 점심을 대접받고 놀다가 시가를 구경할 겸 니시하라 군을 따라다니다가 술과 안주 대접을 많이 받고 밤 12시 남짓에 최 군의 처소로 돌아와 자다.

----

17) 偕行社: 구 일본육군 장교의 친목·공제 단체. 토우쿄우에 본부를 두고 관혼상제 부조, 숙박 사업, 생활필수품 판매, 주택 건설, 금융 대부, 도서 간행, 소학교 직영 등의 사업을 하였다. 태평양전쟁 후 해산되었으나 1952년 친목단체로 부활하였다.

3장

....

해행사에서
(1943. 10. 1~1944. 1. 31)

싱가포르 다루비에스티에 있는 오오야마 승(大山 昇)의 처소에서 일어나 아침을 먹었다. 요코하마 정금은행에 가서 랑군에서 송금 절차를 밟은 랑군 정금은행 저금의 지출을 청구하였다. 오오야마 군과 저녁을 먹고 공영 (共榮)극장에서 영화를 구경하고 와서 자다. 랑군에서 작별하고 그간 소식을 모르고 있던 오카다 씨를 만났는데, 지금 싱가포르에 체재 중이라더라.

싱가포르 다루비에스티 2번지 해행사 자동차부 출장소의 오오야마 처소에서 일어났다. 오오야마 군과 같이 특별시청에 재류방인(在留邦人) 신고서를 제출하고 신분증명을 받다. 식량과 사탕, 소금의 배급까지 청구하여 배급표를 받았다. 신아여점의 무라야마 씨 처소에서 저녁을 먹고, 그 가족과 밤의 싱가포르 시가 및 대세계(大世界)라는 놀이공원을 구경하고, 신아여점에 돌아와 잤다. 단화 1켤레를 69엔에 샀다.

신아여점에서 일어났다. 오오야마 씨가 데리러 왔기에 같이 가서 아침을 먹다. 니시하라 군에게 전화하니, 놀러 오라기에 키쿠수이 클럽의 니시하라 군의 처소로 가서 동 군과 키요카와(淸川)라는 사람의 댁에 가서 3, 4인의 방인(邦人)에게 인사하였다. 축구하는 데 놀러 가자기에 같이 가서 놀다가 다시 키요카와 씨 댁으로 와서 밤 11시경까지 놀다가 오오야마 씨 댁으로 돌아와 자다.

싱가포르 시 다루비에스티의 오오야마 처소에서 일어나 아침을 먹다. 저녁을 먹고 키쿠수이 클럽의 니시하라 군이 전화로 활동사진 구경을 가자고 오라면서 자동차를 보냈기에 오오야마 군과 같이 가서 니시하라 군 가족과 공영극장에 가서 구경하고 밤 12시에 돌아와 자다.

오오야마의 처소에서 일어나 아침을 먹다. 헌병대에 가서 여행증명에 비자[査證]를 받았다. 오오야마 군과 가옥을 차용하려고 두세 곳 다니다가 돌아왔다. 저녁을 먹고 시내의 모 외국인이 경영하는 식당에 가서 조금 놀다가 돌아와 자다.

오오야마 군의 처소에서 일어나 아침을 먹다. 저녁을 먹은 후 키쿠수이 클럽의 니시하라 주복(西原 周復) 군이 왔기에 오오야마 군과 같이 시내에 나가 놀다가 밤 12시경에 돌아와 잤다.

오오야마의 처소에서 일어나 아침을 먹다. 종일 놀다가 저녁을 먹고 밤 12시 남짓에 자다.

아침 8시에 기상하여 오오야마 군과 싱가포르 신사[18]에 참배하였다. 흥남(興南)여관에 가서 오카다 씨를 만나 이야기하고 놀다가 돌아왔다. 헌병대에 재류방인의 신상신고를 하였다. 저녁을 먹고 오오야마 군과 키쿠수이 클럽에 가니 니시하라 도영(西原 道榮) 군이 신열로 누워 있기에 주복 군과 다이요관(大洋館) 주인 니시하라 씨에게 인사하고 같이 대세계에 가서 놀다가 돌아와 자다.

---

18) 昭南神社: 1943년 11월에 영국군, 호주군 포로를 사역하여 마크리치 수원지 내의 정글 가운데에 창건했으며, 경내에는 소남충령탑(昭南忠靈塔)도 건립했다.

10월 9일 토요일. 밤에 비 온 후 맑음

다루비에스티의 오오야마 군 처소에서 일어나 아침을 먹다. 오챠로드 (Orchard Road)의 해행사 택시부에 가서 다카하시 사카에(高橋 榮) 씨를 만나 인사하였다. 신아여점에 가서 무라야마 씨를 만나 이야기하다가 다루비에 스티로 돌아왔다. 저녁을 먹은 후 오오야마 군과 키쿠수이 클럽의 니시하라 군의 처소에 가서 놀다가 밤 11시경에 돌아와 자다.

10월 10일 일요일. 흐린 후 맑고 비

다루비에스티의 오오야마 처소에서 일어나 아침을 먹다. 오오야마 군이 싱가포르 섬 부근의 어장에 구경 가자기에 한 20여 리나 되는 해안 어장까지 가서 구경하고 돌아오다. 어장 지구에는 곳곳에 어장 설비가 되어 있어 어획 성적이 좋은 것 같더라. 저녁을 먹고 자다.

10월 11일 월요일. 흐리고 조금 비 오고 맑음

다루비에스티의 오오야마 처소에서 일어나 아침을 먹다. 석양에 키쿠수이 클럽의 니시하라 주복 군이 놀러 왔다. 같이 놀다가 저녁에 키쿠수이 클럽으로 가자기에 따라가서 저녁을 먹고 밤 깊도록 놀다가 돌아와서 자다. 니시하라 도영 군의 소개로 헌병 준위 다케우치(竹內) 씨와 인사하고 그 사람 숙사까지 가서 잠깐 놀았다.

10월 12일 화요일. 흐리고 비

다루비에스티의 오오야마 처소에서 일어나 아침을 먹다. 키쿠수이 클럽의 니시하라 주복 군이 와서 놀다가 시내에 놀러 가자기에 같이 가서 식당에서 점심을 먹고 키쿠수이 클럽에서 놀다. 니시하라 군의 처소에서 저녁을 먹고 밤 12시 남짓까지 놀다가 오오야마 처소로 돌아와 자다.

다루비에스티의 오오야마 처소에서 일어나 아침을 먹고 아무 데도 아
니 나가고 종일 놀다. 히가시쿠니노미야(東久邇宮) 모리히로(盛厚王) 전하와
금상 폐하의 제1황녀 테루노미야시게코(照宮成子) 내친왕(內親王) 전하와
의 경사스러운 혼례를 거행하였다.

다루비에스티 2번지 해행사 택시부 주차장의 숙사에서 일어나 아침을
먹다. 흥남여관에 숙박 중인 오카다 씨가 키쿠수이 클럽에서 전화를 걸었
기에 오라고 하였더니 와서 놀다. 니시하라 주복 군이 왔기에 같이 키쿠수
이클럽의 니시하라 처소에 가서 놀다. 키쿠수이 클럽에서 저녁을 먹고 밤
1시경까지 놀다가 오오야마 군이 자동차를 운전하여 왔기에 타고 돌아와
자다. 필리핀은 오늘 독립을 선언하여 라우렐[19] 씨가 대통령에 취임하다.

다루비에스티의 오오야마 처소에서 일어나 아침을 먹다. 오오야마 군
과 싱가포르 충령탑(昭南忠靈塔)에 참배하였다. 저녁을 먹고 키쿠수이 클럽
에 가서 주인 니시하라 군 및 동 부인과 공영극장에 가서 사진 구경을 하고
돌아와 자다. 오오야마 군도 같이 구경하고 돌아오다.

다루비에스티 2번지의 숙사에서 일어나 아침을 먹다. 니시하라 주복
군의 청에 의하여 전쟁 전 싱가포르 제일 부자라는 중국인 호문호(胡文虎),
호문표(胡文豹) 형제의 별장을 구경하였다. 신아여점의 무라야마 씨가 전
화로 오라기에 갔더니, 막 찾아 나갔다더라. 곧 돌아오는 길에 만나 모 중국

---

19) José Paciano Laurel(1891~1959): 일본 군정 하에서 필리핀 공화국 제3대 대통령(1943.10~1945.8)을 지냈다. 일
본의 패전 기색이 농후해지자 1945년 3월에 필리핀을 탈출하였다. 이후 체포되어 수감 생활을 하다가 1948년 로하스
대통령에 의해 사면되었다.

인 이발관에서 이발하고 잠깐 이야기하는데, 내일 일본 내지로 가는 기선 표를 사려고 하는데 여비가 부족하니 좀 융통하여달라더라. 저녁을 먹고 키쿠수이 클럽에 가서 무라야마 씨의 금전 융통 건을 이야기하니, 내일 오라기에 돌아와 자다.

10월 17일 일요일. 비 오고 흐림

다루비에스티 해행사 택시부 출장소의 숙사에서 일어나 아침을 먹었다. 오오야마 군과 키쿠수이 클럽에 들러 니시하라 군과 신아여점에 가서 무라야마 씨를 만났더니, 니시하라 군이 500엔을 융통하여 주었다. 아라이구치 씨와 카나가와 장평 씨가 가족을 데리고 버마에서 육로로 어젯밤 도착하여 여관에 있다고 전화하였으므로, 무라야마 씨가 여관에서 오는 길에 흥남여관에서 동 일행을 만나 같이 다루비에스티의 내가 있는 곳까지 왔다가 갔다.

10월 18일 월요일. 흐리고 맑음

다루비에스티 해행사 택시부 출장소의 숙사에서 일어나 아침을 먹다. 오오야마 군과 정박사령부에 가서 오늘 일본을 향하여 출발하는 무라야마 씨 가족 일행을 전송하였다. 일본으로 가는 사람은 그리운 고향에 가서 고향 부모·형제·친척 등을 반가이 만나겠다. 오오야마 군의 처소에서 저녁을 먹고 자다.

10월 19일 화요일. 흐리고 맑음

다루비에스티의 숙사에서 일어났다. 키쿠수이 클럽의 니시하라 주복 군이 와서 놀다가 가다. 오오야마 군은 오후 5시경 흥남봉공회[20]의 청년훈련에 갔다 왔다. 오늘은 아무 데도 나가지 않고 종일 집 안에 있었다.

---

20) 興南奉公會: 태평양전쟁기 동남아 점령지인 말레이·수마트라·싱가포르에 군정 봉사 기관으로서 설치된 일본인의 전시동원 단체.

다루비에스티 해행사 택시부 출장소의 숙사 오오야마 군의 처소에서 일어나 아침을 먹다. 싱가포르에도 와서 보니, 먼저 와 있는 사람이 사업은 다 시작하여 아무 할 것이 없다. 해행사 택시부에서 취직하라라고 권하기에 승낙하였다. 오늘 중국 여자 하녀 한 사람을 고용하였다.

다루비에스티 해행사 택시부 출장소의 숙사에서 일어나 아침을 먹다. 저녁을 먹은 후 오오야마 군과 키쿠수이 클럽의 니시하라에게 가서 놀다 가 밤 11시 반경에 돌아와 자다.

다루비에스티 해행사 택시부의 오오야마 군의 처소에서 일어나 아침을 먹다. 오오야마 군이 키쿠수이 클럽 니시하라 군의 부탁을 받아 자가용 자동차 타이어 4개를 사서 주었다. 인도 가정부(假政府)가 성립되어 정부는 버마에 두게 하다. 본 정부의 주석은 수바스 챤드라 보즈[21] 씨다.

야스쿠니 신사의 예대제일[22]이다. 다루비에스티 해행사 택시부 출장소 의 오오야마 군의 처소에서 일어나 아침을 먹다. 종일 택시부 일을 보다가 저녁을 먹고 오오야마 군과 대동아극장에 강연 들으러 가다가 코사카(小坂) 씨 댁에 들러 조금 놀았더니 시간이 늦어 못 가고 그냥 돌아와 자다.

---

21) Shubhas Chandra Bose(1897~1945): 인도의 독립운동가. 1943년 일본군의 지원을 받아 싱가포르에서 인도 국민 군의 지도자가 되었다.
22) 例大祭日: 야스쿠니 신사의 가장 중요한 제사로 춘추 2회의 예대제(例大祭)를 지내는 날.

다루비에스티 해행사 택시부 숙사의 오오야마 군의 처소에서 일어나 아침을 먹다. 키쿠수이 클럽의 니시하라 주복 군이 놀다 가다. 해행사 택시부에 근무하기 위해 이력서를 제출하였다. 이번에 조선에 돌아가기 위해 버마에서 나온 카나가와 일행은 흥남여관에서 신아여점으로 옮겼다고 전화가 왔더라.

다루비에스티 해행사 택시부 출장소 숙사의 오오야마 군의 처소에서 일어나 아침을 먹다. 어젯밤 오오야마 군의 유아(5월생)가 감기로 신열이 나며 호흡이 몹시 급하여 무척이나 고통스러워했다. 나도 과거에 유아의 병 체험이 있는지라 마음을 졸이며 많이 걱정되어 두 차례나 일어나 보고 속히 낫기를 기도하였다. 다행히 오늘 아침부터 조금 나아 안심하다. 저녁을 먹고 오오야마 군과 키쿠수이 클럽 니시하라 군의 처소에서 놀다가 돌아오다.

다루비에스티 해행사 택시부 출장소의 숙사에서 일어났다. 정금은행에서 랑군은행에 저금을 청구한 것이 도착하였다고 전화하였기에 곧 가서 수취하여 다시 저금하여 두었다. 부산의 처가와 대구의 본가에 전보를 치다. 신아여관의 카나가와, 아라이 양씨의 처소에 가서 놀다가 돌아왔다. 저녁을 먹고 오오야마 군과 신세계에 가서 구경하고 돌아와 자다. 흥남봉공회에 입회하였다.

다루비에스티 해행사 택시부 출장소의 오오야마 군의 처소에서 일어나 아침을 먹다. 시내에 나가 이번에 귀향하는 카나가와, 아라이 양씨에게 선사품으로 주려고 안전면도칼과 라이타, 지갑 등을 샀다. 신아여관의 아라이 씨 처소에 가서 놀다가 저녁을 먹었다. 밤 11시경에 오오야마 군이 왔기에 같이 이리저리 다니며 놀다가 돌아와 자다.

10월 28일 목요일. 흐리고 맑고 밤에 비

다루비에스티 해행사 택시부의 오오야마 군의 처소에서 일어나 아침을 먹다. 오늘부터 내일까지 방공훈련이 있다. 오후 4시경 오챠로드에 나가 카나가와 씨를 만나 의복을 주문하려고 양복점에 갔는데, 작년보다 10배 내지 20배의 고가이다.

10월 29일 금요일. 아침에 비 온 후 흐림

다루비에스티 해행사 택시부 숙사의 오오야마 군 처소에서 일어나 아침을 먹다. 오오야마 군의 유아가 어제는 조금 낫더니 오늘부터 또 더하여 오후에는 몹시 고통스러워 보이더라. 니시하라 주복 군이 놀다 가다. 오오야마 군이 저녁을 먹고 밖에 놀러 나간 뒤, 밤 21시 남짓에 오오야마 군의 유아가 드디어 사망하였다. 공영극장에 가서 오오야마 군을 불러왔다. 과거에 내가 유아를 둘이나 죽인 관계로 이런 슬프고 비참한 일을 보려고 하지 않았는데, 또 보게 되었다.

10월 30일 토요일. 맑음

다루비에스티 해행사 택시부 숙사의 오오야마 군 처소에서 일어나 아침을 먹다. 해행사 택시부의 다카하시 씨와 중앙(中央)병원에 가서 오오야마 군의 유아의 사망진단서를 받아 특별시청에서 화장 인허증을 받다. 그 후 해행사 택시부의 다카하시 형제와 코사카 씨와 더불어 죽은 유아의 시신을 자동차에 싣고 일본인 묘지에 가서 화장을 부탁하고 돌아왔다. 저녁에 두 니시하라 군이 와서 놀다.

아침 8시경 오오아먀 군 부부와 오챠로드 택시부 다카하시 씨와 더불
어 화장장에 가서 오오야마 군 유아의 유골을 주워 담았다. 타고 나자 한
움큼이 될락말락한, 적은 유골이다. 인생의 최후는 모두 이리되는 것이다.
혼간지(本願寺)에 유골을 맡기고 돌아오는 길에 나는 양복 4벌(상하) 가량
을 대금 355엔에 주문하였다. 작년만 하더라도 4, 50엔에 불과할 것이 7~8
배나 고가이다. 그것도 암매라니 참으로 기막힐 일이다. 면포 등은 전부 배
급제다. 교환선[23] 데이아마루(帝亞丸)가 입항하다.

다루비에스티 해행사 택시부의 숙사에서 일어나 아침을 먹다. 저녁을
먹고 신아여점의 아라이 씨 처소에 가서 같이 제국(帝國)극장에서 영화를
구경하였다. 구경을 마친 후, 식당에서 간단한 식사를 하고 돌아와 자다.

다루비에스티 해행사 자동차부의 숙사에서 일어나 아침을 먹다. 니시
하라 국차(菊次) 군이 놀러 오라고 재삼 전화로 독촉하기에 밤 20시 남짓에
미나미 요리점에 가서 술을 마시고 놀다. 10여 인이 모여 연회를 하더라.
같이 인사하고 놀았는데, 마지막에 대취(大醉)하여 어찌된 줄을 몰랐다.

날이 밝기에 눈을 떠보니 침대에 토했더라. 어젯밤 요리점에서 어떻게
나왔는지도 모르며, 숙사에 와서 어떻게 잤는지도 전연 알지 못하였다. 오
늘 종일 토하여 음식도 못 먹었다. 출생 후로 이렇게 취하여 정신없기는 처
음이다. 니시하라 주복 군이 놀러 왔는데, 어찌도 괴로운지 이야기하고 놀

---

23) 交換船: 시교환선(時交換船) 또는 억류자교환선(抑留者交換船)으로도 불린다. 원래 제2차 세계대전 당시 추축국,
연합국 쌍방의 교전국이나 단교국에 남은 외교관, 주재원, 유학생 등을 귀국시키기 위해 운항된 선박을 말한다.

지도 못하고 조금 있다 갔다.

11월 4일 목요일. 흐린 후 흐리고 맑음 밤에 천둥과 비

다루비에스티 해행사 택시부의 숙사에서 일어나 아침을 먹다. 오후 신아여점의 아라이 구치 씨로부터 전화가 왔는데 내일 출발한다더라. 저녁을 먹고 오오야마 군과 같이 가서 아라이, 카나가와 양씨에게 인사하다. 다루비에스티 해행사 택시부의 숙사는 이번에 가옥 정리 관계로 없어지고, 카톤(Katong)으로 오오야마 군이 가게 되어 근일 중으로 이사 예정이다.

11월 5일 금요일. 아침에 비 온 후 흐림

밤중 잠결의 우레 소리에 눈을 떠 보니, 바람이 일며 천둥소리와 함께 비가 쏟아지더라. 싱가포르는 꼭 밤 3경에 비가 온다. 오오야마 군과 같이 아침을 먹은 후 신아여점에 가서 카나가와, 아라이 양씨 일행에게 이번에 무사 귀향의 전별 인사를 드리고 요코하마 정금은행에 들러 다루비에스티로 돌아오다. 본가와 부산에 전보를 친 지 10여 일인데 답전이 없으니 어찌 된 일인지 답답하다. 아라이 씨 편에 대구의 실인에게 소식을 전하게 부탁하다. 저녁을 먹은 후 오오야마와 공영극장에 구경하다.

11월 6일 토요일. 아침에 비 온 후 흐림

아침 8시 남짓에 다루비에스티 해행사 택시부의 숙사에서 일어났다. 오후에 해행사 택시부의 다카하시 씨가 와서 내지인을 싱가포르 여행사 택시부의 사무원으로 불러들이려고 하는데, 군정감부에 제출할 증명원을 써달라기에 9인 분의 9건을 써 주었다. 저녁을 먹고 오오야마 군과 니시하라 정복(西原 定復) 군의 전화를 받고 놀러 갔다. 밤 12시 남짓에 돌아오다.

11월 7일 일요일. 흐린 후 비 오고 흐림

다루비에스티 해행사 택시부의 숙사에서 일어났다. 오후에 오챠로드

흥아(興亞) 이발관에 가서 이발하였다. 저녁을 먹고 키쿠수이 클럽의 니시하라 군의 처소에 가서 오오야마 군과 6, 7인이 대세계 놀이공원의 권투 구경을 하고 돌아와 자다. 오늘로 다루비에스티 해행사 택시부는 폐지된다.

11월 8일 월요일. 흐린 후 흐리고 비 오고 맑음
다루비에스티 해행사의 숙사에서 일어나 오오야마 군과 싱가포르 신사의 싱가포르 충령탑에 참배하였다. 오늘로써 다루비에스티 해행사 택시부를 폐지하고 오오야마 군과 카톤 출장소로 전부 짐을 옮겨 이사하였다. 카톤은 해안에서 불과 수십 보밖에 안 되는 곳으로 싱가포르 시가와는 2리 가량의 거리에 있는 곳이다. 그리고 이 숙사에는 군속 4명이 숙박하고 있다. 짐을 정돈하여 저녁을 먹고, 카톤 택시부의 숙사에서 첫 밤을 맞이하다.

11월 9일 화요일. 흐린 후 조금 맑음
카톤 안바로드(Amber Road) 2호 해행사 택시부의 숙사에서 첫 밤을 지났다. 사무도 아직 군속들이 그냥 보고 있으니, 어느 부분을 지정하여 볼 수도 없다. 그저 얼떨떨하게 지날 뿐이다. 곧 군속 1인이 본사로 간다고 한다. 식사는 오오야마 군 내외와 같이 하기로 하다. 싱가포르로 온 후로는 오오야마 군에게 식사를 신세 지고 있다.

11월 10일 수요일. 맑음
카톤 해행사의 택시부에서 일어나 오오야마 군의 처소에서 아침을 먹었다. 별로 보는 사무도 없이 하루를 보냈다. 카톤 택시부에 근무하던 우에하라(上原) 군속은 나와 오오야마 군이 왔기 때문인지 오챠로드 본사로 이사하였다. 저녁을 먹고 맑게 갠 하늘에 달이 어찌나 밝은지 고향 생각을 금치 못하여 밤 1시경까지 있다가 침실에 들었다.

11월 11일 목요일. 맑은 후 흐림

8시경 카톤 안바로드 2호 해행사 택시부 주차창의 숙사에서 일어나 오오야마 군의 처소에서 아침을 먹다. 해행사 택시부 위원인 요코이(橫井) 소위가 니시하라 군속의 병 위문을 왔다 갔다. 택시부 사무를 보는 체 마는 체하다가 밤 12시 반 남짓에 자다. 잠잘 때와 식사 시간이 제일 유쾌하다. 그 외는 잡념뿐이다.

11월 12일 금요일. 맑고 조금 흐림

카톤 해행사 택시부의 숙사에서 일어나 아침을 먹다. 종일 택시부 사무를 보았다. 오늘 밤은 음력 십오야의 만월이 창공을 밝게 비치고 있더라. 조선의 시월 보름달이라면 1년 중에서도 제일 좋은 시절의 달이며, 온 하늘도 구름 없이 맑게 갠다. 언제 이 달을 고향의 하늘에서 볼까.

11월 13일 토요일. 흐림

카톤 해행사 택시부의 숙사에서 일어나 아침을 먹다. 야부키(矢吹) 군의(중위)가 와서 니시무라(西村) 씨를 진찰하였다. 화물창의 군의가 와서 현지인 종업원에게 이질 예방주사를 놓았다. 고향 실인에게 싱가포르에 무사히 있다는 소식의 전보를 쳤다. 지난 달 26일경 실인과 부산 처수 씨에게 전보를 쳤는데, 답전이 없어서 또 실인에게 전보를 치다.

11월 14일 일요일. 흐림

카톤 해행사 택시부의 숙사에서 일어났다. 니시하라 주복 군에게서 전화가 왔는데, 귀향한다고 오후에 놀러 오라더라. 저녁을 먹고 오오야마 군과 키쿠수이 클럽의 니시하라 처소에 가서 두 니시하라 군, 오오야마 군과 카나무라(金村) 씨, 4인이 주복 군의 송별연을 이스즈(五十鈴) 요리점에서 베풀어 무사 귀향을 축하하다. 니시하라 정복 군과 오오야마 군과 미나미 식당에서 조금 놀다가 돌아와 자다. 주복 군은 내일 8시경에 배를 탄다더라.

11월 15일 월요일. 흐림

카톤 해행사 택시부의 숙사에서 일어나 아침을 먹다. 흥남복권 5매를 카톤 우편국에서 매입하였다. 오늘 밤부터 2층으로 침대를 옮겼다. 아침 7시 남짓에 오오야마 군과 정박사령부에 나가 귀향하는 니시하라 주복 군을 전송하였다.

11월 16일 화요일. 아침에 비 온 후 흐리고 맑고 비 오고 천둥 치고 비 오다.

카톤 해행사 택시부에서 일어나 아침을 먹다. 오오야마 군에게 부탁하여 흥남복권 15매를 사다. 부겐빌(Bougainville) 섬의 이번 해전에서는 전함과 공모(空母) 등 68척, 비행기 527기의 대전과를 얻었다. 이래도 미국과 영국이 항복을 아니할는지.

11월 17일 수요일. 흐린 후 비 오고 흐림

카톤 해행사 택시부의 숙사에서 일어나 아침을 먹다. 해행사 택시부에도 아직 하는 일이 없고, 군속들도 있어서 도리어 미안하고 자꾸 불안한 생각만 든다. 오오야마 군 내외가 매사에 친절히 해주니 우선 세월만 무사히 보내고 있다. 언제까지 이렇게 하고 있을 것도 아니다. 고향에 가고 싶은 생각이 하루에 몇 차례나 든다. 언제나 번민이 떠나지 않는 이 몸은 어디에서나 그냥 그렇다.

11월 18일 목요일. 흐리고 맑음

카톤 해행사 택시부의 숙사에서 일어나 아침을 먹다. 해행사 택시부 오챠로드 본사의 주임 다카하시 사카에(高橋 榮)가 와서 나에게 본사의 내무를 보아달라기에 오는 21일부터 본사에 근무할 양으로 말하였다. 밤 0시 반 남짓에 취침하다. 실인에게 타전한 지 6일이나 되는데 또 답전이 없다.

11월 19일 금요일. 맑은 후 흐리고 밤에 비

카톤 해행사 택시부의 숙사에서 일어나 아침을 먹다. 종일 택시부 사무를 보고 밤 12시 남짓에 자다. 택시 영업이 좋은 사업인 줄 알았더니, 그리 좋은 사업이 아니다. 더구나 부품이 귀한 전시에는 고장 난 차가 자꾸 생겨도 수리가 불가능하거나 지연되는 등으로 여간 곤란하지 않으며, 승객도 불평이 적지 않다. 세상사가 남 하는 것은 좋은 것 같으나, 자기가 해보면 그리 신통한 것이 없는 법이다.

11월 20일 토요일. 흐린 후 조금 비

카톤 해행사 택시부의 숙사에서 일어나 아침을 먹다. 종일 택시부 일을 보고 밤 22시 반경에 자다.

11월 21일 일요일. 흐린 후 비

카톤 해행사 택시부의 숙사에서 일어나 아침을 일찍 먹었다. 오늘부터 오챠로드 해행사 택시부에 사무를 보러 갔더니, 오늘은 일요일로 휴일이더라. 키쿠수이 클럽의 니시하라 군 처소에 가서 놀다가 저녁을 먹고 밤 11시경 카톤으로 돌아와 자다.

11월 22일 월요일. 흐린 후 조금 비

7시 반경 카톤 해행사 택시부의 숙사에서 일어나 아침을 먹다. 나카하라(中原) 씨와 오챠로드 해행사 택시부 사무소에 가서 사무 견습을 하였다. 18시경 사무를 마치고 나카하라 씨와 카톤의 숙사로 돌아와 저녁을 먹고 조금 놀다가 자다.

11월 23일 화요일. 흐리고 비(서늘함)

카톤 해행사 택시부의 숙사에서 일어나 아침을 먹고, 오챠로드 해행사 택시부 사무소에 출근하였다. 16시경 키쿠수이 클럽의 니시하라 군의 처소에 가서 저녁을 먹다. 오오야마 군이 자동차로 맞으러 왔기에 카톤의 숙사로 돌아왔다. 아오시마(靑島) 식당 주인 야마요시(山芳) 씨의 숙사에 오오야마 군과 같이 가서 오오야마 군의 소개로 인사하다. 오오야마 군과 야마요시 씨와 요시다(吉田) 씨와 대세계에서 권투 구경을 하고 돌아와서 자다. 요시다라는 사람도 오오야마 군의 소개로 처음 인사하다. 이발하다.

11월 24일 수요일. 흐림

카톤 해행사 택시부의 숙사에서 일어나 아침을 먹고, 오챠로드 해행사 사무소에 출근하였다. 니시하라 군이 전화로 오라기에 16시 남짓에 가서 놀다. 니시하라 군의 처소에서 저녁을 먹다. 오오야마 군이 자동차를 타고 왔기에 같이 카톤으로 돌아와 자다.

11월 25일 목요일. 흐리고 비

카톤 해행사의 숙사에서 일어나 아침을 먹고 나가하라 씨와 같이 해행사 택시부 본사 사무소에 출근하였다. 오후부터 니시하라 군의 처소에 가서 놀다. 니시하라 군의 처소에서 저녁을 먹고 다이요 클럽의 니시하라 씨 처소에서 놀다가 니시하라 정복 군의 처소로 돌아와 밤 2시까지 이런저런 이야기를 하고 놀다가 자다. 참으로 아무 방향 없는 나의 생애로다. 해행사도 그만 두고 니시하라 군의 처소에서 당분간 시기를 기다리며 무슨 사업이라도 해볼까, 그저 모두가 번민뿐이다.

11월 26일 금요일. 흐림

니시하라 군의 처소에서 일어나 아침을 먹었다. 지금부터 또 당분간 니시하라 군에게 신세를 져야겠다고 말하였더니, 니시하라 군도 꼭 같이 있자고 한다. 오후 해행사 본사에 잠깐 갔다가, 카톤 해행사 택시부의 숙사로 오다. 해행사 택시부도 그만두려고 하였더니, 다카하시 사카에 씨가 온정으로 대접해주기에 차마 그 호의를 저버리기도 어렵다. 저녁을 먹고 오오야마 군과 키무라(木村) 씨의 식당에 가서 키무라 씨를 만나 보았다. 키무라 씨는 랑군의 쿄우라쿠관 위안소의 쵸우바로 있던 사람이다.

11월 27일 토요일. 흐림

카톤 해행사 택시부의 숙사에서 일어나 아침을 먹고, 오챠로드 해행사 택시부 사업소에 출근하였다. 19시경 카톤의 숙사로 돌아와 오오야마 군과 저녁을 먹고 켄힐로드(Cairnhill Road) 키쿠수이 클럽의 니시하라 군 처소에 가서 같이 대세계에 권투 구경을 갔다가 밤 24시 남짓에 돌아와 자다.

11시 28일 일요일. 흐리고 맑음

카톤 해행사 택시부의 숙사에서 일어나 아침을 먹다. 오늘은 일요일이라 쉬려고 하였더니, 본사에서 전화로 와달라기에 19시까지 있다가 카톤의 숙사로 돌아와 저녁을 먹다.

11월 29일 월요일. 비 온 후 흐림

카톤 해행사 택시부의 숙사에서 일어나 아침을 먹고, 오챠로드 해행사 택시부에 출근하였다. 18시 남짓에 카톤으로 돌아와 저녁을 먹고, 밤 11시경 자다. 싱가포르 방공훈련은 오늘 10시로 해제되었다.

11월 30일 화요일. 맑음. 밤에 천둥과 비

카톤 해행사 택시부의 숙사에서 일어나 아침을 먹고, 오챠로드 해행사 택시부에 출근하였다. 11시경 특별시에 가서 양복, 이불 등 의류에 대한 생활필수물자 특별판매허가를 얻었다. 18시 남짓에 사무를 마치고, 귀로에 흥남봉공회 청년훈련장에서 훈련받고 있는 오오야마 군의 훈련이 끝나기를 기다려 같이 카톤의 숙사로 돌아와 저녁을 먹다.

카톤 해행사의 숙사에서 일어나 아침을 먹다. 오챠로드 해행사 택시부에 출근하였다. 18시 남짓에 사무를 마치고 카톤의 숙사로 돌아와 저녁을 먹고 자다.

카톤 해행사 택시부의 숙사에서 일어나 아침을 먹고, 해행사 택시부 본사에 출근하였다. 오후에 전신국에 가서 고향의 실인에게 전보를 쳤다. 귀로에 특별시청 앞 광장에 인도 독립 가정부의 수석 챤드라 보즈 씨가 시국 연설하는 것을 듣고 카톤으로 돌아와 저녁을 먹다. 인도 군인과 지방 주민 등 수만의 인도인이 집합하였더라. 나도 챤드라 씨를 보기는 처음이다.

카톤 해행사 택시부의 숙사에서 일어나 아침을 먹고, 오챠로드 해행사 택시부에 출근하였다. 18시 남짓에 카톤의 숙사에 돌아와 저녁을 먹고 자다. 지난 7월 초에 랑군에서 위안소를 경영하는 카네다(金田) 씨는 위안부를 모집하러 조선에 나갔다가, 이번에 위안부 25명을 데리고 버마로 가는 길에 싱가포르에 도착하였더라.

카톤의 숙사에서 일어나 아침을 먹고, 오챠로드 해행사 택시부에 출근하였다. 어젯밤에 고향의 실인이 꿈에 보이더니, 과연 오늘 실인으로부터 전보가 오다. 전보 내용은 집 걱정은 없으니 송금하라는 것이다. 흥아 이발관에서 이발하였다. 저녁을 먹고 놀다가 자다.

오늘부터 11일까지 1주일을 대동아전쟁 2주년 기념 주간으로 정하여 여러 기념축하 행사가 있다. 오늘은 오오야마 군과 아침에 일어나 특별시청 앞에 집합한 방인 800여 명과 같이 싱가포르 신사에까지 1리 반이나 건각의 승리 대행진으로 참배하였다. 행진에 2시간 반의 시간을 요하다. 니시하라 군의 처소에 가서 놀다가 카네다, 토쿠야마(德山) 등 버마에서 위안업을 하다가 위안부를 모집하여 다시 버마로 가는 양씨[24]를 만나 고향 소식을 들었다. 밤 11시경 카톤의 숙사로 돌아와 자다.

12월 6일 월요일. 맑은 후 흐림 밤에 천둥과 비

카톤의 숙사에서 일어나 아침을 먹고, 해행사 오챠로드 택시부에 출근하였다. 종일 일을 보고 18시 남짓에 카톤의 숙사로 돌아와 저녁을 먹고 자다. 월급 200엔을 받았다. 대구의 실인에게 작년에 송금한 2,000엔은 수취하였는지, 유우코와 더불어 건강하고 무사한지 전보를 쳤다.

12월 7일 화요일. 맑은 후 비 오고 흐림

카톤의 숙사에서 일어나 아침을 먹고 오챠로드 해행사 택시부로 출근하였다. 18시 남짓에 일을 마치고 카톤의 숙사에 돌아와 저녁을 먹고 자다.

12월 8일 수요일. 맑은 후 비 오고 흐림

대동아전쟁 2주년 기념일이다. 이른 아침에 일어나 동쪽으로 멀리 궁성을 향하여 요배하고 묵도를 하였다. 아침을 먹고 오챠로드 해행사 택시부에 출근하였다. 저녁에 카톤의 숙사로 돌아와 저녁을 먹고 자다.

12월 9일 목요일. 맑고 흐리고 조금 비

카톤의 숙사에서 일어나 아침을 먹고 오챠로드 해행사 택시부에 출근하였다. 18시 남짓에 오오야마 군과 같이 키쿠수이 클럽의 니시하라 군의

---

24) 원문은 '張氏'로 되어 있으나, 문맥으로 보아 '兩氏'의 오기인 듯하다.

처소에 가서 저녁을 먹고 놀다. 밤 12시경 카톤의 숙사에 돌아와 자다. 니시하라 군의 부인은 이번에 고향 갔다 오려고 왕복 여행증명을 제출하였다더라.

12월 10일 금요일. 맑고 흐리고 비 밤에는 쾌청

카톤의 숙사에서 일어나 아침을 먹고, 오챠로드 해행사 택시부에 출근하였다. 18시 남짓에 나카하라 씨와 같이 카톤의 숙사에 돌아왔다. 저녁을 먹고 놀다가 자다. 오늘 밤은 한 점 구름도 없는 쾌청한 맑은 하늘로 달이 밝기도 하다. 싱가포르의 하늘로는 드문 일이다.

12월 11일 토요일. 흐린 뒤 비 오고 흐림

카톤의 숙사에서 일어나 아침을 먹고 해행사 택시부에 출근하였다. 대동아전쟁 기념주간도 오늘로써 종료되다. 19시경 카톤의 숙사에 돌아와 저녁을 먹고 놀다가 밤 11시경에 자다.

12월 12일 일요일. 맑고 흐림

카톤의 숙사에서 일어나 아침을 먹고, 오챠로드 해행사 택시부에 출근하였다. 황송하옵게도 천황 폐하께서 작년 오늘 이세(伊勢) 신궁에 친히 참배하옵신 1년째의 기념일이므로, 13시 22분에 모두 신배(神拜)하게 되어 있어, 각각 그 소재지에서 일제히 황대(皇大) 신궁에 요배하기로 하다. 택시부에서도 정각을 기하여 요배하다. 저녁에 카톤의 숙사에 돌아와 저녁을 먹고 자다.

12월 13일 월요일. 맑고 흐림

오늘은 해행사 택시부에 출근하지 않고 놀기로 하였다. 카톤의 숙사에서 일어나 아침을 먹고 오오야마 군과 오챠로드 중국 양점(洋店)의 주인 모 씨를 데리고 인도인 나사점(羅紗店)에 가서 일전에 특별시에서 받은 면류

판매허가서를 가지고 의복지를 350여 엔어치 사서 카톤으로 돌아오다. 오오야마 군의 처소에서 고용했던 가마(阿媽)라는 중국 여인은 오늘로 해고되었다.

12월 14일 화요일. 흐린 후에 비

카톤의 숙사에서 일어나 아침을 먹고, 오챠로드 해행사 택시부에 출근하였다. 중국인 양복점에 전일 주문한 양복을 고치도록 맡겼다. 오오야마 군이 특별시 광장에서 흥남봉공회의 청년훈련이 있다고 귀로에 같이 가자고 와달라기에 자동차로 갔으나, 없기에 그냥 숙사에 돌아왔다. 오오야마 군은 비가 와서 훈련이 없었다더라.

12월 15일 수요일. 흐린 후 비

카톤의 숙사에서 일어나 아침을 먹고, 오챠로드 해행사 택시부에 출근하였다. 다카하시 사카에 씨는 화물창의 요코이(橫井) 소위와 공무로 통역 필리라얌이라는 인도인을 데리고 약 1주간 예정으로 타이핀(Taiping), 페낭(Penang) 방면으로 출장을 갔다. 19시경에 카톤의 숙사에 돌아와 저녁을 먹고 자다.

12월 16일 목요일. 맑은 후 흐리고 비

카톤의 숙사에서 일어나 아침을 먹다. 오챠로드 해행사 택시부에 출근하였다. 18시 남짓에 카톤의 숙사에 돌아와 저녁을 먹고 놀다가 자다. 금년도 앞으로 열흘 남짓인데, 소화(昭和) 18년(1943)은 장차 지나가려고 한다.

12월 17일 금요일. 맑고 흐림

카톤의 숙사에서 일어나 아침을 먹고 오챠로드 해행사 택시부에 출근하였다. 특별시의 필수품 판매허가 물품 중에서 한 상점에서 못 산 잔여품에 대한 재교부 허가를 얻다. 고향의 실인에게 송금의 수취 여하와 유우코의 병이 어떠한지를 속속 통지하라고 전보를 쳤다. 오오야마 군이 대동아 극장 앞에서 기다려달라기에, 18시 남짓에 그곳으로 가니 조금 있다가 왔는데, 동 극장 황군 위문연예를 구경하자기에 구경하였다. 초만원으로 들어갈 때 끼여 위험천만이고 입추의 여지도 없었다.

12월 18일 토요일. 맑고 흐림 밤에 비

카톤의 숙사에서 일어나 아침을 먹고, 오챠로드 해행사 택시부에 출근하였다. 전일의 의복 판매허가 중에서 양복 한 벌을 못 사고 남은 것을 오늘 전일에 들렀던 인도인 상점에 가서 마저 사 왔다. 18시 남짓에 카톤의 숙사에 돌아와 저녁을 먹고 놀다가 자다.

12월 19일 일요일. 비 오고 흐림

카톤의 숙사에서 일어나 아침을 먹고, 오챠로드 해행사 택시부에 출근하였다. 키쿠수이 클럽의 니시하라 군에게서 전화가 왔는데, 자기 클럽 영가부(營稼婦)의 어린아이가 오늘 아침 사망하였다더라. 18시 남짓에 오오야마 군과 같이 니시하라 군의 처소에 가서 놀다가 저녁을 먹고 밤 11시경에 카톤으로 돌아와 자다. 타이핑, 페낭 등지로 출장을 갔던 다카하시 씨는 오늘 돌아왔다.

12월 20일 월요일. 아침에 맑은 후 흐리고 비

카톤의 숙사에서 일어나 아침을 먹고, 오챠로드 해행사 택시부에 출근하였다. 연말 상여금 200엔을 받다. 2개월밖에 근무하지 아니하였는데, 상여를 받기는 황송하다. 19시경에 카톤의 숙사로 돌아와 저녁을 먹고 자다.

12월 21일 화요일. 흐리고 맑고 비

카톤의 숙사에서 일어나 아침을 먹고, 오챠로드 해행사에 출근하였다. 홍남봉공회 싱가포르 특별시 지부에 가서 회원 재등록에 대한 용지를 2인분 받아와서 다카하시, 코사카 양인에게 전하였다. 내 신고분 용지는 어제 오오야마 군이 얻어 왔다. 19시경 카톤에 돌아와 저녁을 먹고 놀다가 자다.

12월 22일 수요일. 흐리고 조금 비

카톤의 숙사에서 일어나 아침을 먹고 오챠로드 해행사 택시부에 출근하였다. 오오야마 군이 전보를 1매 전하기에 받아 보니 대구 실인에게서 온 것인데, 송금은 수취하고 유우코의 병이 조금 나았으니, 편지하라는 전문이었다. 일전에 중국인 양복점에 맡겨서 고친 양복을 찾았다. 18시 남짓에 카톤의 숙사에 돌아와 저녁을 먹고 자다.

12월 23일 목요일. 맑음

카톤의 숙사에서 일어나 아침을 먹고, 오챠로드 해행사 택시부에 출근하였다. 흥남봉공회 특별시 지부에 가서 회원 재등록 신청서를 제출하였다. 흑색 단화 1켤레와 백색 단화 1켤레를 대금 120엔에 주문하였다. 19시경에 카톤의 숙사에 돌아와 저녁을 먹고 자다.

12월 24일 금요일. 맑고 흐리고 비

카톤의 숙사에서 일어나 아침을 먹고, 오챠로드 해행사 택시부에 출근하였다. 같이 근무하는 다카하시 중의(高橋 重義) 씨의 봉공회 재등록서를 제출하여 주었다. 오오야마 군과 나카하라 씨, 니시무라 씨 사이에 생각이 서로 어긋나 다소 마찰이 있었다. 18시 남짓에 카톤의 숙사로 돌아와 저녁을 먹고 오오야마 군과 이런저런 이야기를 하다가 자다.

12월 25일 토요일. 맑고 흐리고 비

카톤의 숙사에서 일어나 아침을 먹고, 오챠로드 해행사 택시부에 출근하였다. 봉공회에 가서 다카하시 중의의 방인등록신청을 제출하였다. 18시경 켄힐로드 키쿠수이 클럽의 니시하라 군의 처소에 가서 저녁을 먹고,

니시하라 군과 위안대(버마행) 숙소에 가서 오오야마 씨를 만나 놀다가 밤 12시경 니시하라 군의 처소에 돌아와 니시하라 군과 같이 자다.

12월 26일 일요일. 맑음

켄힐로드 90호 키쿠수이 클럽의 주인 니시하라 군의 처소에서 일어나 아침을 먹다. 종일 니시하라 군의 처소에서 놀다가 저녁을 먹다. 오오야마 승 군이 왔기에 같이 놀다가 밤 11시경 카톤에 돌아와 자다. 지난밤도 한 점 구름 없이 쾌청하였다.

12월 27일 월요일. 맑고 흐리고 비

카톤의 숙사에서 일어나 아침을 먹고, 오챠로드 해행사 택시부에 출근하였다. 켄힐로드 키쿠수이 클럽에 가서 어제 잊고 온 책보를 가지고 택시부로 와서, 코사카 씨의 등록 신청과 배급 관계로 봉공회와 특별시에 가서 용무를 마치고, 16시 남짓에 택시부로 돌아왔다. 18시 남짓에 카톤의 숙사로 돌아와 저녁을 먹고 자다.

12월 28일 화요일. 비

카톤의 숙사에서 일어나 아침을 먹고, 오챠로드 해행사 택시부에 출근하였다. 18시 남짓에 카톤의 숙사에 돌아와 저녁을 먹고 자다. 오오야마 군은 저녁을 먹고 켄힐로드의 마츠야마 씨 처소에 가서 놀다가 돌아오다. 마츠야마 씨는 태국 지방의 위안소에 50여 일 출장을 갔다가 오늘 아침에 돌아왔다더라.

12월 29일 수요일. 흐리고 비

카톤의 숙사에서 일어나 아침을 먹고, 오챠로드 해행사 택시부에 출근하였다. 19시경 카톤의 숙사에 돌아와서 저녁을 먹고 자다. 싱가포르도 일본과 같이 문에 소나무를 세워 신년을 축하한다. 그러나 여름 같은 정월이라 일본의 섬 기분은 아니 나는 것 같다.

카톤의 숙사에서 일어나 아침을 먹고, 오챠로드 해행사 택시부에 출근하였다. 중고품 만년필 1본을 15엔에 사다. 18시 남짓에 카논의 숙사로 돌아와 저녁을 먹고 오오야마 군과 켄힐로드 키쿠수이 클럽의 니시하라 군의 처소에서 가서 놀다가 밤 1시 남짓에 돌아와 자다.

카톤의 숙사에서 일어나 아침을 먹고, 오챠로드 해행사 택시부에 출근하였다. 18시경 카톤의 숙사에 돌아왔다. 동숙하고 있는 해행사 택시부에 근무하는 니시무라, 나카하라 양씨와 오오야마 군 및 화물창의 군속 사노(佐野) 씨와 숙사에서 저녁을 겸한 망년회를 간단히 열었다. 주최는 니시무라 씨가 한 모양이었다. 이하는 1년 회고기이다.

1. 황군의 전황과 전과

전화(戰火)로 맞은 해가 혈전으로 저물었다. 소화 18년은 오늘로써 다 가고야 만다. 본년 최종의 일기를 씀에 즈음하여 지난 1년을 회고하자.

첫째, 대동아 전국(戰局)은 남태평양 방면에서 전년 이래 계속되어온 적군의 반공(反攻) 속에 신춘을 맞이하여 "금년이야말로 전국의 대세를 결정하는 해다. 서전의 전과를 확충하여 정전(征戰)의 완수에 나아가지 않으면 안 된다"는 결의는 전선(前線)과 총후(銃後)에서 넘쳐흘렀다. 집요한 적의 반격을 분쇄하여 세계를 놀라게 하고, 대전과를 거두어 필승불패의 태세를 견고히 하였다. 즉, 1월 29일의 렌넬(Rennell) 섬 앞바다 해전에서 전함 셋, 순양함 넷을 격침하여 부순 것을 시작으로, 2월 초 이사벨라(Isabel) 섬 앞바다 해전, 4월 초 플로리다(Florida) 섬 앞바다 해전, 그리고 죽 내려와서

11월의 수차에 걸친 부겐빌(Bougainville) 섬 앞바다 항공전, 길버트(Gilbert) 여러 섬 앞바다 항공전, 기타 대소의 요격전, 공격전에서 적의 전함, 공모, 순양함 이하 함정과 선박을 잡은 것이 수백 척으로 정말 경이로운 대전과를 거두다. 한편 버마 방면으로부터는 인도 국경에서 오는 영인군(英印軍)의 반공을 분쇄하고 아캬브 탈회 기도를 완봉하였으며, 노강(怒江) 작전에서는 운남(雲南) 국경에 준동하는 중경군(重慶軍)을 격멸하고, 그 후 집요하게 공격해 오는 인도의 영국 공군을 요격하여 그때마다 큰 손해를 입혔고, 다시 그 인도 기지를 공격하는 등 버마 탈회를 엿본 적을 무안케 하였다. 한편 중국 대륙에 있어서는 부단한 숙청 토벌과 함께 중국의 미국 공군에 통격을 가하여 손발이 나오지 못하게 하고, 또한 화중(華中) 지역의 작전에서 적 제6, 제9 전구의 전력을 궤멸시켜 중경에 대해 큰 위협을 가한 것이다. 이러한 전과에 수많은 존귀한 희생이 있다. 특히 야마모토(山本) 원수의 전사, 애투(Attu), 타라와(Tarawa), 마킨(Makin) 여러 섬 수비대의 옥쇄는 국민 전체가 애통하게 추모할 바이거니와, 전국의 대세에는 하등의 영향이 없고, 그로써 국민의 사기를 앙양함은 헤아릴 수 없는 것이다. 전국의 치열함에 대응한 필승의 국내 체제도 획기적으로 변경되어 군수·농상·운수 통신의 3성(省)은 11월 1일부터 개청하고, 기타 전력 증강의 중점적 시책과 맞추어 우리의 전력은 비약적으로 강화되고 있다. 한편 제83 임시의회에서의 대동아 총궐기 결의에 이어 6개국 대표가 모인 대동아회의에서 아세아의 성전(聖典)인 대동아선언을 행하다. 중국의 국민정부는 연초 벽두에 미국과 영국에 선전을 포고했는데, 적년(積年)의 숙원이었던 조계 회수와 치외법권 철폐도 일본의 호의로 완수되다. 한편 8월에는 버마, 10월에는 필리핀의 독립이 엄숙하게 선언되었고, 또한 자유인도 가정부가 수립됨에 있어서 아세아 해방의 거룩한 대업이 황군의 전과와 병행하여 착착 구현되고 있는 것은 실로 역사적인 위관을 잃지 않았다. 그리고 소화 18년은 가고 오는 해야말로 결전의 해로서 희망과 용기를 가득 가지고 맞으려 한다.

2. 사사기(私事記)

버마국 아캬브의 인도 국경이 가까운 곳에서 신년을 맞이하였다. 만리 타국 타향의 일선진중의 신년이나마 처남(고 야마모토 ○택[○宅] 씨), 고 아라이 ○환 군, 그 외 위안부 19명이 모두 한 집에 있어 즐거이 신년을 축하하였다. 1월 16일 나는 아캬브를 떠나 랑군으로 향하였다. 아랏칸 산 180킬로미터나 되는 고산준령 산악 지대를 부대 자동차로 넘어 작년 버마에서 첫 위안업을 경영하고 있던 프롬을 지나 랑군에 도착한 것은 1월 23일 밤이었다. 랑군회관 오오야마 호일 씨의 처소에 유숙하다. 3월 말경 페구에 고향 친구 카나가와 씨가 있다는 소식을 듣고 카나가와 씨의 처소에 가서 또 1개월가량 있었다. 그로부터는 남에게 신세만 지는 몸이 되었다. 3월 말부터 랑군회관 오오야마 씨의 처소에 있었는데, 4월 24일 고 처남 외 네 명의 불행을 전해 들었다. 그 다음날 프롬에 가서 사실이 틀림없음을 알고 랑군사령부 부관부에 고한 후, 5월 1일 랑군을 출발하여 단캇푸까지 가서 부상하여 치료 중인 수미코를 데리고 프롬으로 나와 봉래정 주인 노자와 씨의 호의로 그곳에 입원 치료하게 하다. 처남과 ○환, 춘미(春美), 봉순(奉順) 4명은 불행히도 조난과 동시에 사망하였다더라. 5월 18일 프롬에서 치료하고 있는 수미코를 데리고 랑군으로 왔다. 랑군 시외 인센의 무라야마 씨 댁에서 6월부터 8월까지 있었다. 장○악은 부상이 다 나아 다시 위안부 영업을 한다. 9월 8일 싱가포르 오오야마 승 군의 소개로 해행사 자동차부의 부름을 받아 싱가포르 이주증명을 얻어 몰멘, 타보이, 메르기 등지를 거치고 태국 취본을 경유하여 싱가포르에 도착하였다. 8월 말경 아캬브에서 나온 위안부 김○화(金○花)로부터 처남 외 3위의 유골을 받아 랑군 병참사령부 유골 봉안소에 안치하다. 고향에도 이 불행한 소식을 전보로 알렸다. 싱가포르에 와서는 오오야마 군의 처소에서 늘 같이 있으며 11월부터 해행사 택시부에 근무하다. 금년 1년은 나에게 평생의 한이 될 비참을 준 해이다. 고향에서도 소식은 왔는데, 내가 늘 걱정하고 있는 장녀 유우코의 병이 조금 낫다더라. 금년은 불운의 한 해였으나, 맞이하는 신년은 많은 행복 있기를 축원하고 금년 일기를 마친다. 싱가포르에서는 고향 친구 키쿠수이 클럽 주인 니시하라 군이 있어 형제와 다름없는 친분을 두고 지낸다.

1944년 원단(元旦) 토요일. 맑음

새벽에 구름을 헤치고 바다 위로 해가 솟으니, 이에 1944년의 봄을 전장에서 맞는다. 진무(神武) 천황께서 신대(神代)의 대도(大道)에 따라 만세불역의 국기(國基)를 정하옵신 후 꼭 2604년, 1억 민초는 부복하여 삼가 폐하의 성수 무궁하옵심과 황실의 더욱 번영하옵심을 봉축하는 바이다. 전쟁을 시작한 지 이에 3년째 황군은 필승의 태세를 이미 이룩하였으며, 대동아 10억 민중 또한 우리나라에 협력하여 공동 목표의 달성에 충실하려 한다. 속히 간흉을 토멸하고 그 그릇된 소망을 분쇄하여 아세아의 해방과 세계 신질서의 건설을 완성함으로써 대훈(大訓)의 성지(聖旨)에 부봉(副奉)할지어다. 그리하여 천황 폐하의 위엄을 사해에 빛나게 하지 않으면 안 된다. 1944년이야말로 적의 죽음과 목숨을 제압할 결전의 해이다. 나는 첫 새벽 일찍 7시에 일어나 세수를 하고 정신을 가다듬어 동쪽 하늘 멀리 궁성을 향하여 요배하고 황군의 무운장구를 빌었다. 고향의 부모, 형제와 처자도 편안하시라 축원하였다. 남방에서의 과세도 이에 벌써 두 번째이다. 금년만은 행운으로 지나게 하여주소서. 그리고 모든 일이 계획대로 잘 나아가 주소서. 나는 금년에 40세의 반평생에 들었다. 세월은 빨라 인생의 백발만 재촉한다. 천금 같은 귀중한 세월을 의미 있게 잘 보내자.

오오야마 군과 키쿠수이 클럽 주인 니시하라 군의 초대에 가서 신년의 술과 안주를 배불리 먹고 재미있게 놀다가 귀로에 공영극장에서 영화 구경을 하고, 카톤의 숙사로 돌아와 자다. 고향의 부모, 형제와 처자와 같이 신년을 맞이하지 못함이 서글프고 한스럽다. 언제 온 가족과 같이 즐겁게 신년을 맞이할까.

1944년의 원단은 가고 이제 둘째 날이다. 원단부터 맑게 갠 하늘에는 서기가 돌아 우리나라의 융성함을 표현함이 완연하다. 반드시 금년만은 꼭 필승을 기할 것이로다. 카톤의 숙사에서 일어났다. 아침을 먹고 종일 놀다가 저녁을 먹고 밤 12시 남짓까지 놀다 자다. 고향의 장녀 유우코에게 부치는 편지를 썼다. 오오야마 군은 해행사를 그만두겠다고 오늘 다카하시 사카에 씨에게 이야기하였다더라.

카톤의 숙사에서 일어나 아침을 먹고 오챠로드의 해행사 택시부에 출근하였다. 해행사 택시부에 사용할 목탄 배급권을 가지고 배급소에 가서 증명을 얻어 목탄을 적치한 현장에 가서 5,000근을 출하받아 트럭으로 실어 왔다. 한 근에 8엔 80전이더라. 19시경부터 해행사 택시부 직원 군속 일동과 신년의 간단한 연회를 열었다. 밤 21시경 카톤으로 돌아와 자다.

카톤의 숙사에서 일어나 아침을 먹고 오챠로드의 해행사 택시부에 출근하였다. 요코하마 정금은행 싱가포르 지점에 가서 저금 1,000엔을 찾아 제9회 발행 복권 50매를 50엔에 매입하였다. 특별시에 가서 일전에 허가를 받은 판매허가서를 물품별로 2매를 따로 더 받고, 이전 허가서 중에서 이를 삭제하다. 19시경 카톤의 숙사로 돌아와 저녁을 먹고 놀다가 잤다.

카톤의 숙사에서 일어나 아침을 먹고 오챠로드의 해행사 택시부에 출근하였다. 18시경 일을 마친 후 켄힐로드의 키쿠수이 클럽에 가서 놀다가 내가 있음을 알고 놀러 온 오오야마 군과 밤 11시경 카톤의 숙사에 돌아와 잤다.

1월 6일 목요일. 비 온 후 흐리고 맑음

카톤의 숙사에서 일어나 아침을 먹고 오챠로드의 해행사 택시부에 출근하였다. 18시 남짓에 일을 마치고 켄힐로드 키쿠수이 클럽 니시하라 군의 처소에 가서 저녁을 먹고 놀다가 잤다. 니시하라 군은 나에게 자꾸 자기 집에 와서 숙식하라고 한다.

1월 7일 금요일. 비 온 후 흐림

켄힐로드 키쿠수이 클럽 니시하라 군의 처소에서 일어나 오챠로드의 해행사 택시부에 출근하였다. 어젯밤 10시 반경 카톤 주자창의 택시 310호를 52호 운전수 말레이인이 운전 중 일본경금속공업주식회사 회사원 다케다 마사오(武田政雄)에게 부상을 입혀 중앙병원에 입원 중이라더라. 그렇게 큰 부상은 아니라 한다. 18시 남짓에 카톤의 숙사로 돌아와 저녁을 먹고 놀다가 잤다.

1월 8일 토요일. 맑고 흐림

카톤의 숙사에서 일어나 아침을 먹고, 오챠로드의 해행사 택시부에 출근하였다. 18시경에 일을 마치고, 카톤의 숙사로 돌아와 놀다가 22시경에 자다. 고향에는 지금 엄동설한으로 제일 추운 시절인데, 부모, 형제와 처자들은 모두 편안히 있는지. 그저 편안히 지내고 태평하옵기를 기원할 뿐이외다. 이곳 싱가포르는 여름철과 다름없다.

1월 9일 일요일. 흐리고 조금 비

카톤의 숙사에서 일어나 아침을 먹고, 오챠로드의 해행사 택시부에 출근하였다. 해행사 택시 충돌 사고가 두 건 발생하였다. 한 건은 아사노(淺野)물산주식회사 사원이 탄 승용차와 정면 충돌하였으나 인명 사상은 없고 자동차는 전면이 조금 손상되었으며, 다른 한 건은 오토바이와 충돌했는데 이것도 오토바이 과실이 많았으며 그리 큰 손상도 없었다. 오챠로드의 해행사 택시부에서 저녁을 먹고 키쿠수이 클럽 니시하라 군의 처소에 가서 놀다가 잤다.

1월 10일 월요일. 비

켄힐로드 88호 키쿠수이 클럽 니시하라 군의 집에서 일어났다. 니시하라 군의 처소에서 아침을 먹고 종일 놀았다. 석양에 다이요 클럽 주인 니시하라 씨의 처소에 가서 놀다가 저녁을 먹고, 후지(富士) 이발관에서 면도하고, 카톤의 숙사에 돌아와 놀다가 잤다.

1월 11일 화요일. 흐린 후 비

카톤의 숙사에서 일어나 아침을 먹고, 오챠로드의 해행사 택시부에 출근하였다. 해행사 택시부에 근무하는 니시무라, 나카하라, 키타가와(喜多川) 3명과 다카하시(高橋), 이리가키(入柿), 요코이(橫井) 소위 사이에 어떤 문제가 일어나 서로 재미없는 점이 있는 것 같다. 니시무라, 나카하라, 키타가와 3명 군속이 어떤 야심 때문에 택시부를 해치려고 하는 모양이다. 그 내용은 상세히 알 수 없는데, 무슨 부정이 있다고 하는 것 같다. 택시부에서 저녁을 먹고, 19시 남짓에 카톤의 숙사로 돌아와 자다.

1월 12일 수요일. 흐린 후 비 오고 흐림

카톤의 숙사에서 일어나 아침을 먹고, 오챠로드의 해행사 택시부에 출근하였다. 지금까지 점심을 오챠로드의 해행사 택시부에서 군속들과 같이 먹어왔는데, 내일부터는 못 먹게 되었다. 19시경에 일을 마치고 카톤의 숙사에 돌아와 저녁을 먹고 자다.

1월 13일 목요일. 맑은 후 흐리고 조금 비 오고 맑음

카톤의 숙사에서 일어나 아침을 먹고, 오챠로드의 해행사 택시부에 출근하였다. 18시 남짓에 일을 마치고, 카톤의 숙사에 돌아와 저녁을 먹고 자다.

1월 14일 금요일. 맑고 흐림

카톤의 숙사에서 일어나 아침을 먹고, 오챠로드의 해행사 택시부에 출근하였다. 18시경에 일을 마치고 켄힐로드 키쿠수이 클럽 니시하라 군의 처소에 와서 저녁을 먹다. 니시하라 군 내외와 공영극장에 가서 영화 구경을 하고, 귀로에 오챠로드의 해행사에서 택시를 타고 오오야마 군과 같이 시내 모처 중국인의 노점 음식점에서 빙수와 미숫가루를 먹고, 니시하라 군의 처소에 돌아오다. 오오야마 군은 카톤으로 가고, 나는 니시하라 군의 집에서 잤다.

1월 15일 토요일. 맑고 조금 흐림

켄힐로드 90호 니시하라 군의 집에서 일어나 오챠로드의 해행사 택시부에 출근하였다. 오후에 수리공장에서 취급하고 있는 트럭을 가지고 인부 5, 6명과 카톤 지구를 훨씬 지나서 방화용 모래를 한 차 실어 왔다. 해행사 택시부는 화물창 소속이었는데, 금월 15일 전후를 기하여 총군참모부로 이관된다더라. 19시경 카톤의 숙사에 돌아와 저녁을 먹고 놀다가 잤다.

1월 16일 일요일. 맑고 흐리고 조금 비

카톤의 숙사에서 일어나 아침을 먹고, 오챠로드의 해행사 택시부에 출근하였다. 종일 일을 보다가 19시경 카톤의 숙사에 돌아와 저녁을 먹고, 켄힐로드 90호 니시하라 군의 처소에 와서 밤 2시경까지 놀다가 잤다.

1월 17일 월요일. 맑고 흐림

켄힐로드 90호 니시하라 군의 처소에서 일어나 오챠로드의 해행사 택시부에 출근하였다. 오늘은 화물창에서 택시부 회계, 경리사무 감사가 있었다. 야간에는 22시까지 자동차를 전부 차고에 정차하고 차량을 검사하다.

1월 18일 화요일. 맑음

카톤의 숙사에서 일어나 아침을 먹고, 오챠로드의 해행사 택시부에 출근하였다. 일을 마친 후 켄힐로드 90호 니시하라 군의 집에 가서 저녁을 먹고 밤 22시 남짓까지 놀다. 밤 1시 남짓부터 2시 반까지 오챠로드의 해행사 택시부에서 종업원을 전부 집합시키고 화물창 관계원이 와서 점호하였다. 밤 3시경에 카톤의 숙사에 돌아와 잤다. 택시부 종업원은 방인 4명을 합하여 109명이다. 동생 ○○에게 엽서를 우송하였다.

1월 19일 수요일. 맑음

카톤의 숙사에서 일어나 아침을 먹고, 오챠로드의 해행사 택시부에 출근하였다. 오오야마 군을 시켜 작년 말에 주문한 단화 두 켤레를 찾아왔다. 18시 남짓에 일을 마치고, 카톤의 숙사에 돌아와 저녁을 먹고 놀다가 잤다. 해행사 택시부 수리공장에 근무 중인 코사카 덴사쿠(小坂 傳作) 씨는 이번에 사직하였다.

1월 20일 목요일. 흐림

카톤의 숙사에서 일어나 아침을 먹고, 오챠로드의 해행사 택시부에 출근하였다. 해행사 택시부 책임자 육군 군속 다카하시가 말하기를, 화물창의 택시부에 근무 중인 자기 동생과 우리 오오야마 군 등 방인은 전부 그만둔다고 말하였다더라. 다카하시 씨와 목탄 배급조합에 가서 목탄 8,000근의 출고증을 받아서 귀로에 중국인 요리점에서 이리가키 촉탁을 불러와서 같이 점심을 먹었다. 일을 마친 후 켄힐로드의 니시하라 처소에 와서 저녁을 먹고 놀다가 자다. 니시하라 군은 조선으로 귀향하는 위안부 4명을 맞아들였다.

1월 21일 금요일. 맑은 후 흐리고 조금 비

켄힐로드의 니시하라 군 집에서 일어나 아침을 먹고, 오챠로드의 해행사 택시부에 출근하였다. 18시경에 일을 마치고 카톤의 숙사에 돌아와 저녁을 먹었다. 오오야마 군과 같이 켄힐로드의 니시하라 군 집에 놀러 갔으나 출타하고 부재하였기에 돌아오는 길에 미즈호 식당에서 약간의 술과 안주를 먹고, 카톤의 숙사에 돌아와 잤다.

1월 22일 토요일. 맑고 흐리고 조금 비

숙사에서 일어나 아침을 먹고, 오챠로드의 택시부에 출근하였다. 18시 남짓에 일을 마치고 숙사에 돌아와 저녁을 먹었다. 오오야마 군과 카톤의 후지(富士)극장에서 '스가타 산시로우'[25]라는 영화를 구경하였다. 내일은 해행사의 택시부 및 판매부가 휴업이라 한다.

1월 23일 일요일. 맑고 밤에 흐리고 맑음

카톤의 숙사에서 일어나 아침을 먹었다. 내일은 해행사 택시부 전원이 휴업으로 노는 날이다. 오오야마 군과 자동차를 타고 켄힐로드의 니시하라 군 집으로 와서 니시하라 군 및 다이요 클럽의 니시하라 씨와 싱가포르 교외의 개간지구 농촌을 구경하였다. 귀로에 대동아 식당에서 점심을 먹었다. 다이요 클럽의 니시하라 씨 집에서 놀다가 키쿠수이 클럽의 니시하라 군 집에서 저녁을 먹고 놀다가 잤다.

1월 24일 월요일. 맑은 후 조금 흐림

켄힐로드의 니시하라 군 집에서 일어나 오챠로드의 해행사 택시부에 출근하였다. 오후에 모 인도인 상점에서 전일 특별시에서 받은 증명을 가지고 침대 시트 2매와 타올 2매를 샀다. 18시 남짓에 일을 마치고 카톤의 숙사에 돌아와 저녁을 먹고 잤다.

---

25) 「姿三四郎」: 토미타 츠네오(富田常雄)의 소설 『스가타 산시로우(姿三四郎)』를 1943년에 구로사와 아키라(黒澤明)가 감독한 영화.

카톤의 숙사에서 일어나 아침을 먹고, 오챠로드의 해행사 택시부에 출근하였다. 오늘은 구 정월 초하루라 중국인이 전부 상점, 식당 및 사무소를 휴업하고 논다. 저녁에 오오야마 군과 같이 모 중국인 식당에서 미숫가루를 저녁 대신으로 먹었다. 인도인 식당에서 해행사의 다카하시 사카에 씨를 만나 같이 이리저리 다니며 놀았다. 다카하시 씨는 돌아가고, 나는 니시하라 군의 처소에서 놀다가 잤다.

켄힐로드의 니시하라 군 집에서 일어났다. 오챠로드의 해행사 택시부에 출근하다. 히카리 식당에서 점심을 먹고, 동아 이발관에서 면도하였다. 16시경 일을 마친 후 카톤의 숙사에 돌아왔다. 귀로에 오오야마 군과 산수원(山水園) 식당에서 저녁을 먹었다.

카톤의 숙사에서 일어나 아침을 먹고, 오챠로드의 해행사 택시부에 출근하다. 18시 남짓에 일을 마치고, 카톤의 숙사에 돌아와 저녁을 먹고 잤다.

카톤의 숙사에서 일어나 아침을 먹고, 오챠로드의 해행사 택시부에 출근하였다. 18시 남짓에 일을 마치고, 카톤의 숙사에 돌아와 저녁을 먹고, 오오야마 군과 켄힐로드의 니시하라 군 집에 와서 놀다가, 오오야마 군은 카톤의 숙사로 가고, 나는 니시하라 군의 집에서 잤다.

켄힐로드 88호의 니시하라 군 집에서 일어나 오챠로드의 해행사에 출근하였다. 18시경 일을 마치고 카톤의 숙사에 돌아와 저녁을 먹고 잤다.

카톤의 숙사에서 일어나 아침을 먹고, 오챠로드의 해행사 택시부에 출근하였다. 오후 1시경 일을 마치고 싱가포르 박물관에 가서 하나 하나 구경하였다. 또한 박물관 소속 도서관도 구경하였다. 도서관은 아직 설비가 완전하지 못하여 서적류도 얼마 없더라. 트렁크를 사려고 돌아다니다가 사지 못하고, 구매허가를 얻은 모포 1매를 35엔에 샀다. 숙사에 오려고 홍남여관 앞에 있으니, 카톤 택시 주차장 차가 지나기에 정차시켜 승객에게 양해를 구하고 편승하여 카톤의 숙사로 돌아왔다. 박물관 진열품은 풍속, 남방 각종 현지인의 생활기구, 새, 벌레, 짐승 및 어류 등이더라. 이 스탬프 2개는 박물관의 기념 스탬프[26]이다. 저녁을 먹고 밤 11시경에 잤다.

카톤의 숙사에서 일어나 아침을 먹었다. 오오야마 군은 이번에 오챠로드의 해행사 택시부에 근무하기로 변경되어 숙사를 안다손로드(Anderson Road)의 다카하시 사카에 씨 소유 가옥의 2층 1실을 얻어 그리로 짐을 전부 옮겼다. 나는 오늘부로 해행사 택시부 근무를 그만두게 해달라고 관계자들에게 말하였다. 니시하라 군이 같이 있자기에, 이제부터 키쿠수이 클럽 니시하라 군의 집에서 동군과 같이 있기로 하였다. 니시하라 군 내외와 오오야마 군과 같이 홍남 클럽에서 저녁을 먹었다. 다이요 클럽 니시하라 씨의 초대로 료고쿠(兩國) 요리점에 가서 밤 12시경까지 술을 마시고 놀다가 켄힐로드 니시하라 군의 처소에 돌아와 잤다. 오늘 밤 다이요 클럽 니시하라 씨의 초대로 같이 료고쿠 요리점에서 술을 마시고 논 사람은 키쿠수이 클럽 니시하라 군, 발레반(Palembang)에서 와서 거주하는 카나오카 씨 외 카나무라 씨, 노부야스(延安) 씨 등 6명이었다.

---

26) 1월 30일 자의 일기 본문에 '소남박물관(昭南博物館)'이라고 표기된 두 개의 스탬프가 찍혀 있다.

4장

....

키쿠수이 클럽에서 I
(1944. 2. 1~6. 30)

켄힐로드 니시하라 군의 처소에서 일어났다. 오늘 출발하는 귀국 위안부 5명을 전송하였다. 니시하라 군의 부인도 오늘 가기로 되었다더니, 또 10일가량 연기되어 후편에 갈 모양이더라. 니시하라 군의 집에서 아침을 먹고 종일 놀다가 갔다. 지금 이후로는 니시하라 군의 부인이 귀국하고 나면, 내가 쵸우바 사무를 도와주기로 약속하였다.

2월 2일 수요일. 맑음

켄힐로드 90호의 니시하라 군 집에서 일어나 아침을 먹었다. 종일 키쿠수이 클럽의 쵸우바 일을 보았다. 오오야마 군이 두 차례나 와서 놀다가 갔다. 니시하라 군의 집인 키쿠수이 클럽에서 저녁을 먹고, 밤 12시 남짓까지 니시하라 군의 부인과 같이 쵸우바 일을 보다가 잤다.

2월 3일 목요일. 맑음

켄힐로드 90호의 니시하라 군 집에서 일어나 아침을 먹었다. 니시하라 군의 부인과 상점가에 가서 물건을 사고, 귀로에 나는 흥아 이발관에서 이발하였다. 니시하라 군의 집에서 저녁을 먹고, 니시하라 군의 부인과 같이 부용(芙蓉)극장에 가서 영화 구경을 하고 돌아와서 놀다가 밤 1시경에 잤다.

2월 4일 금요일. 맑고 흐림

니시하라 군의 집에서 일어나 아침을 먹었다. 오늘은 키쿠수이 클럽의 공휴일이다. 나카이[27]인 키누요(絹代)가 고리짝을 사는데 같이 가자기에 고리짝 집에 가서 나도 고리짝 1개를 주문하였다. 그전 같으면 고리짝 1개에 15엔 내지 20엔이던 것이 65엔이다. 니시하라 군이 이번에 타이핑으로 전근되어 가는 타케우치(竹內) 헌병 소위를 청하여 송별연을 이스즈테이

---

27) 仲居: 여관 및 요정 등에서 음식을 나르거나 손님을 응접하는 여자.

(五十鈴亭)에서 하기로 하여 같이 가자기에 니시하라 군의 부인과 모두 같이 가서 2시간가량 놀다가 밤 23시경에 돌아와 잤다.

2월 5일 토요일. 맑은 후 조금 천둥 치고 비

켄힐로드 88호의 니시하라 군 집에서 일어나 아침을 먹었다. 오늘은 니시하라 군과 내가 거처할 방을 준비하였다. 저녁을 먹고 니시하라 군 내외와 대세계에 가서 권투 구경을 하고, 밤 23시 반경에 돌아와 잤다.

2월 6일 일요일. 맑고 흐림

켄힐로드 88호의 니시하라 군 집에서 일어나 아침을 먹었다. 밤 23시경까지 놀다가 잤다. 니시하라 군에게 모친이 위독하니 속히 오라는 전보가 왔는데, 사실상 속히 가려야 갈 수도 없는 형편이라 걱정만 하고 있다. 그의 부인은 이미 귀향하기로 만반의 준비가 되어 승선의 날을 기다리는 중이라 속히 갈 수 있다.

2월 7일 월요일. 맑고 흐리고 비

켄힐로드 88호의 니시하라 군 집에서 일어나 아침을 먹었다. 다이요 클럽의 니시하라 씨와 미곡배급소에 가서 니시하라 군 가족의 2월분 쌀과 사탕을 배급받았다. 또 세탁비누와 세숫비누 및 성냥도 배급받아 돌아왔다. 오후 오오야마 군, 니시하라 군 내외, 다이요 클럽 니시하라 씨와 홍남 클럽에 가서 니시하라 군의 저녁 대접을 받다. 그 후 모두 식물원까지 가서 조금 놀다가 니시하라 군 내외와 나는 공영극장에서 '망루(望樓)의 결사대'[28]라는 영화를 구경하고 돌아와 자다.

---

28) 1943년 이마이 타다시(今井正)가 감독한 작품. 한반도 북쪽 끝의 마을을 무대로 거기에 주재하는 일본 무장경찰대와 습격해오는 조선인 항일 게릴라 간의 전투를 그린 영화이다. 식민지 지배를 정당화하는 대표적인 군국주의 선전영화이다.

2월 8일 화요일. 흐리고 조금 비

켄힐로드 88호의 니시하라 군 집에서 일어나 아침을 먹었다. 오오야마 군이 왔기에 같이 싱가포르 박물관에 가서 구경하고 돌아왔다. 저녁을 먹고 싱가포르 최초의 라디오 총상회(總常會) 제4반 토나리구미[29]의 죠우카이[30]를 야마토야(大和屋)에서 개최하는데, 니시하라 군이 사고가 생겨 못 가겠다고 나에게 가라고 하기에 야마토야에서 개최하는 죠우카이에 출석하였다. 10시 반경에 폐회하고 돌아와 잤다.

2월 9일 수요일. 흐리고 조금 비

켄힐로드 88호의 니시하라 군 집에서 일어나 아침을 먹었다. 저녁을 먹고 밤 24시까지 놀다가 잤다.

2월 10일 목요일. 흐리고 비, 밤에 비

켄힐로드 88호의 니시하라 군 집에서 일어나 아침을 먹었다. 니시하라 군의 부인은 12일 12시에 승선하여 출발하기로 되었다더라. 다이요 클럽의 니시하라 무시(武市) 씨도 같이 출발한다. 저녁을 먹고 니시하라 군 부인과 부용극장에서 가서 '무호우마츠(無法松)의 일생'[31]이라는 영화를 구경하고 돌아와 밤 1시경에 잤다. 오가와(小川)라는 니시하라 군의 친구가 니시하라 군과 같이 놀다 와서 나와 같이 자다.

2월 11일 금요일. 비 오고 흐림

아침 7시에 기상하였다. 오늘은 기원절(紀元節)이며 또 오늘부터 1주일을 싱가포르 함락 2주년 기념 주간으로 정하여 여러 가지 행사가 있다. 첫

---

29) 隣組슴: 隣組를 잘못 표기한 것으로 일본 '내지'에서 1940년에 제도화된 국민 통제를 위한 최말단 주민 조직으로서 5~10호를 한 단위로 하여 부락회(部落會)와 정내회(町內會) 밑에 설치된 토나리구미를 본뜬 것이다.
30) 常會: 매월 정기적으로 행하는 토나리구미의 모임.
31) 1943년 10월 이타가키 히로시(稲垣浩)가 감독한 영화. 난폭한 인력거 차부가 남몰래 사모하는 육군 장교의 미망인을 위해 헌신적으로 정성을 다하는 이야기이다.

새벽 일찍 궁성을 향하여 요배하고 황군의 무운장구와 전몰장병의 명복과 필승을 기원하였다. 니시하라 군의 부인은 종일 출발 준비로 분망하다.

2월 12일 토요일. 흐리고 비

귀국 편승자는 오늘 12시에 모두 집합해야 하기에 니시하라 군의 부인은 일체 준비를 완료하고 집을 떠나 정박장의 집합소로 갔다가 화물 검사를 마치고 점심을 먹으러 나왔다. 점심을 마치고 니시하라 군의 부인은 가고, 니시하라 군과 기타 2인은 자동차 고장으로 인력거로 조금 늦게 정박장에 갔더니 모두 부두에 들어가고 없더라. 수상헌병(水上憲兵)에게 특별 청원하여 니시하라 군과 세레다(Seletar)의 카나무라 씨와 부두에 들어가서 니시하라 군의 부인 외 몇 사람을 전송하였다. 집에 들어오니 집이 텅 빈 것 같이 참으로 섭섭하더라. 저녁을 먹고 팔렘방에서 온 타카시마(高島) 씨의 초대로 니시하라 군과 료우고쿠 식당에 가서 놀다가 밤 1시경 돌아와 자다. 귀향하는 사람을 보니 고국에 돌아가고 싶은 생각이 간절하다.

2월 13일 일요일. 흐림

니시하라 군의 처소에서 일어나 아침을 먹었다. 종일 쵸우바 일을 보았다. 저녁을 먹고 수마트라(Sumatra)에서 온 타카시마 씨의 초대로 니시하라 군 및 노부야스(延安) 씨와 4인이 료우고쿠 식당에 가서 술을 마시고 놀다가 왔다. 키요카와 씨 처소에서 동거하는 카나가와 씨가 흥남봉공회 이사인 이쿠타(生田) 씨를 데리고 키쿠수이 클럽의 니시하라 군 집에 와서 인사소개하기에 인사하고 밤 2시 반 남짓까지 이야기하고 놀았다.

2월 14일 월요일. 흐리고 비

켄힐로드 88호의 니시하라 군 집에서 일어나 아침을 먹었다. 미곡배급소에 가서 어제 품절되어 배급받지 못한 소금을 받아 왔다. 일전에 주문한 고리짝을 찾아왔다. 저녁을 먹고 니시하라 군과 타카시마 씨와 료우고쿠 요리점에 가서 술 마시고 놀다가 밤 24시경에 돌아와 잤다.

2월 15일 화요일. 맑은 후 흐리고 조금 비

켄힐로드 88호의 키쿠수이 클럽에서 일어나 아침을 먹었다. 오늘은 신생 말레이의 2주년 기념일이다. 니시하라 군, 타카시마 씨 및 오오야마 군과 충령탑 및 싱가포르 신사에 참배하였다. 9시에 특별시 광장에서 방인과 현지인 다수가 집합하여 신생 말레이 2주년 기념식을 거행하였다.

2월 16일 수요일. 맑고 흐림

켄힐로드 88호의 키쿠수이 클럽에서 일어나 아침을 먹었다. 니시하라 군이 카나오카(金岡) 씨 댁에 오라고 통기하였기에 가서 저녁을 대접받고 돌아왔다.

2월 17일 목요일. 맑고 흐림

켄힐로드 88호의 키쿠수이 클럽에서 일어나 아침을 먹었다. 종일 쵸우바 일을 보았다. 저녁을 먹고 니시하라 군, 오오야마 군, 타카시마 씨와 공영극장에 가서 말레이 무용 및 음악, 기타 영화를 구경하고 돌아와 잤다.

2월 18일 금요일. 흐리고 비

싱가포르 켄힐로드 88호의 키쿠수이 클럽에서 일어나 아침을 먹었다. 석양에 자바(Java) 포로수용소 군속으로 반도 출신인 모리(毛利) 씨가 와서 경성에 있는 오오야마 호일(버마에서 작년 6월에 귀향) 씨의 소식을 전하더라. 오오야마 승 군에게도 잘 말하라며 금년 4월경에는 싱가포르로 다시 오겠다 한다더라. 손님이 늦게까지 놀다 갔기에 밤 2시 남짓에 잤다.

2월 19일 토요일. 맑음

싱가포르 켄힐로드 88호의 키쿠수이 클럽에서 일어나 아침을 먹었다.

오늘 14시 싱가포르 특별시청 앞 광장에서 여자청년부 구급법 훈련이 있다고 각 클럽의 위안부가 총출동하였다.

2월 20일 일요일. 아침에 맑은 후 흐리고 천둥과 폭우
싱가포르 켄힐로드 88호의 키쿠수이 클럽에서 일어나 아침을 먹었다. 종일 키쿠수이 클럽의 쵸우바 일을 보았다. 밤 1시경 잤다.

2월 21일 월요일. 흐리고 조금 비, 밤에는 맑음
싱가포르 켄힐로드 88호의 키쿠수이 클럽에서 일어나 아침을 먹었다. 종일 쵸우바 일을 보고 밤 1시경에 잤다. 내 소개로 니시하라 군이 오오야마 승 군에게 1,000엔을 빌려주다.

2월 22일 화요일. 흐리고 조금 비 오고 맑음
싱가포르 켄힐로드 88호의 키쿠수이 클럽에서 일어나 아침을 먹었다. 저녁을 먹고 니시하라 군과 고리짝 짐을 싸고 있는데, 위안부들이 돌연 취객이 검을 빼 폭행한다기에 니시하라 군이 곧 달려가서 취객을 붙들어 진정시키느라 짐을 완전히 싸지 못하였다. 밤 1시경 잤다.

2월 23일의 수요일. 흐리고 비, 밤에 비
싱가포르 켄힐로드 88호의 키쿠수이 클럽에서 일어나 아침을 먹었다. 오늘 12시 반경부터 클럽 종업원 전원에 대한 신체검사가 있었다. 니시하라 군은 일이 있어서 비가 내리는데에도 23시경 자동차로 짐을 싣고 세레다의 카네무라 씨 처소로 갔는데, 오늘 밤 돌아오지 못한다더라. 밤 2시경 취침하였다.

2월 24일 목요일. 흐리고 비
싱가포르 켄힐로드 88호의 키쿠수이 클럽에서 일어나 아침을 먹다. 오늘은 키쿠수이 클럽의 공휴일이다. 니시하라 군은 오후 세레다에서 돌아왔다. 이번에 트라크(Truk, 현재명 Chuuk) 섬에서 대해전이 있었는데, 우리 측 손해도 상당히 있었으나 적을 전부 격퇴하였다. 요사이는 흐리고 비 오는 날씨로 기후가 대단히 시원하여 마치 조선의 서늘한 가을 시절과 같다. 더욱이 야간에는 문을 닫고 이불을 덮지 않으면 찬 공기가 들 지경이다.

2월 25일 금요일. 흐리고 비

싱가포르 켄힐로드 88호의 키쿠수이 클럽에서 일어나 아침을 먹었다. 카수츠루바 간디 부인[32]은 푸나(Poona, 현재명 Pune)의 영국 감옥에서 74년의 생애를 마치셨다더라. 확성기의 시험 훈련이 12시부터 12시 30분까지 있었다. 쵸우바 일을 마치고 밤 0시 반 남짓에 자다.

2월 26일 토요일. 흐리고 비

싱가포르 켄힐로드의 키쿠수이 클럽에서 일어나 아침을 먹었다. 종일 키쿠수이 클럽의 쵸우바 일을 보고 밤 2시 남짓에 잤다.

2월 27일 일요일. 흐린 후 조금 비

싱가포르 켄힐로드 88호의 키쿠수이 클럽에서 일어나 아침을 먹었다. 카나오카 수웅(金岡 秀雄) 씨가 켄힐로드에 있는 노부야스 씨 거주 주택을 가재도구를 끼워 대금 1만 4,000엔에 사기로 약속하고, 카나오카 씨가 물목 작성차 같이 가자기에 노부야스 씨 댁으로 가서 물목을 작성하고 왔다. 쵸우바 일을 보다가 밤 1시 반경 취침하였다.

2월 28일 월요일. 흐림

싱가포르 켄힐로드 88호의 키쿠수이 클럽에서 일어나 아침을 먹었다.

---

32) 마하트마 간디가 13세 때 결혼하여 일생을 함께한 부인.

노부야스 씨가 거주하는 가옥과 도구를 임차권까지 끼워 카나오카 씨에게 매도하였는데, 오늘 대금 1만 4,000엔을 지급하였다. 저녁에 노부야스 씨의 초대로 니시하라 군, 타카시마씨, 카나오카 씨와 료우고쿠 요리점에서 술 마시고 놀다가 밤 24시경에 돌아와 잤다. 오오야마 승 군도 해행사 택시부를 그만두고 니시하라 군의 처소에서 일하기로 하다. 해행사 택시부의 다카하시 씨가 잠깐 와달라고 전화하였기에 갔더니, 출타 중이어서 이리가키 씨만 만나고 왔다. 해행사 택시는 이번에 총군(總軍)으로 이관되는데, 사무가 바쁘니 임시로 좀 보아달라는 것이더라.

2월 29일 화요일. 흐림

싱가포르 켄힐로드 88호의 키쿠수이 클럽에서 일어나 아침을 먹었다. 요코하마 정금은행에서 저금 1,000엔을 찾아 200엔은 전신환으로 고향의 동생에게 부쳤다. 손가방 1개를 사고, 악어지갑 1개를 주문하였다. 물가가 높이 솟아 지갑 한 개에 75엔이다. 이렇게 물가가 폭등하면 장차 어찌 될까. 금년이 윤년이라 2월이 하루 더 있어 29일이 되다.

3월 1일 수요일. 흐리고 비

싱가포르 켄힐로드 88호의 키쿠수이 클럽에서 일어나 아침을 먹었다. 카나오카 씨는 이번에 매수한 주택으로 아침부터 이사하더라. 잠깐 카나오카 씨 댁으로 가서 인사하였다. 키쿠수이 클럽의 2월분 수입과 대금(貸金) 결산을 종일 정리하다가 밤 1시 남짓에 잤다.

3월 2일 목요일. 흐리고 비

싱가포르 켄힐로드 88호의 키쿠수이 클럽에서 일어나 아침을 먹었다. 니시하라 군의 부인이 무사히 고베(神戶)에 도착하였다고 전보가 왔다. 카나오카 씨 댁에 초대받아 니시하라 군, 오오야마 군 및 타카시마 씨와 가서 저녁을 대접받고 돌아와 잤다.

3월 3일 금요일. 흐리고 맑음

싱가포르 켄힐로드 88호의 키쿠수이 클럽에서 일어나 아침을 먹었다. 종일 위안부에 관한 장부를 정리하고 밤 1시 남짓에 자다. 악어가죽 지갑을 찾아왔다. 위안부 쥰코(順子)와 오소메(お染) 2명이 폐업하였다.

3월 4일 토요일. 맑고 흐림

싱가포르 켄힐로드 88호의 키쿠수이 클럽에서 일어나 아침을 먹었다. 오늘은 클럽의 공휴일이다. 종일 쵸우바 일을 보다가 밤 1시 반경에 잤다.

3월 5일 일요일. 맑음

싱가포르 켄힐로드 88호의 키쿠수이 클럽에서 일어나 아침을 먹었다. 니시하라 군은 저녁 식사 후 놀러 나가 밤늦게까지 돌아오지 아니하였다. 밤 1시 반경에 취침하였다.

3월 6일 월요일. 맑음

싱가포르 켄힐로드 88호의 키쿠수이 클럽에서 일어나 아침을 먹었다. 키쿠수이 클럽의 2월분 월표(月表)를 작성하여 클럽 사무소에 제출하였다. 저녁을 먹고 타카시마 씨의 초대로 료우고쿠 요리점에서 술과 안주를 대접받고 야반에 돌아와 잤다. 카나오카 수웅씨가 나에게 요를 하나 주기에 감사하게 받았다.

3월 7일 화요일. 맑음

켄힐로드 88호의 키쿠수이 클럽에서 일어나 아침을 먹었다. 종일 쵸우바 일을 보고 밤 0시 반 남짓에 잤다.

3월 8일 수요일. 맑음

이른 아침에 키쿠수이 클럽에서 일어났다. 위안부를 데리고 시청 앞 광장의 대조봉대 기념식[33]에 참가하였다. 오후에 정박장에 가서 귀국하는 오오야마 군의 부인 외 아는 사람 몇 명을 전송하였다. 밤 22시경 정박장에서 전화가 왔는데, 오오야마 부인은 승선 후 다시 내려 못 가게 되었으니, 내일 9시경 맞으러 오라는 것이더라. 오오야마 군이 즉시 정박장에 가서 사정을 물은 즉, 임신 4개월의 여자는 승선시키지 않기로 결정되어 부득이 하선당한 모양이더라.

3월 9일 목요일. 맑음

싱가포르 켄힐로드 88호의 키쿠수이 클럽에서 일어나 아침을 먹었다. 오늘은 클럽의 공휴일이다. 니시하라 군과 특별시 보안과에 가서 키쿠수이 클럽의 쵸우바로 있다는 종업원 신고를 했다. 따라서 신분증명서계와 봉공회에 주소와 직업 이동변경신고를 제출하였다. 오오야마 군 부인은 오늘 하선을 당하여 돌아왔다. 카나오카 씨 댁에서 저녁을 먹었다.

3월 10일 금요일. 맑음

싱가포르 켄힐로드 88호의 키쿠수이 클럽에서 일어나 아침을 먹었다. 양복 주문한 것을 가봉하여 입어보았다. 키쿠수이 클럽의 2월분 수지계산서를 작성하였다. 종일 쵸우바 일을 보다가 밤 24시 남짓에 잤다.

3월 11일 토요일. 맑음

싱가포르 켄힐로드 88호의 키쿠수이 클럽에서 일어나 아침을 먹고 종일 쵸우바 일을 보다가 밤 1시경에 잤다. 클럽조합 사무소에서 토나리구미 제4반 방공훈련에 대한 조장의 강화(講話)가 있었다. 니시하라 군의 부인에게서 조선 고향에 도착하였으며, 모친의 병환도 완쾌되었다는 전보가 왔다. 싱가포르에서 배를 탄 후 1개월 만에 고향에 도착한 모양이다.

---

33) 大詔奉戴 기념식: 태평양전쟁 개전일인 1941년 12월 8일에 천황의 '선전조칙'이 공포된 것을 기념하는 식. 1945년 8월까지 매월 8일 국기 게양, 기미가요 취주, 궁성 요배, 조칙과 칙어 봉독 등을 행하였다.

3월 12일 일요일. 맑고 흐림

싱가포르 켄힐로드 88호의 키쿠수이 클럽에서 일어나 아침을 먹었다. 오후 15시경 니시하라 군과 시장에 가서 쇠고기 12근을 36엔에 사왔다. 오늘 밤 니시하라 군이 부인의 안착과 자당 병환의 완쾌 소식에 즐거워 친우를 10인가량 초대하여 미나미 식당에서 술을 마시고 놀았다. 밤 23시경에 돌아와서 잤다.

3월 13일 월요일. 맑음

싱가포르 켄힐로드 88호의 키쿠수이 클럽에서 일어나 아침을 먹었다. 종일 쵸우바 일을 보고 밤 1시경에 잤다. 클럽의 토나리구미 전원에게 10시부터 10시 반경까지 방공예비훈련이 있었다.

3월 14일 화요일. 맑음

켄힐로드 88호의 키쿠수이 클럽에서 일어나 아침을 먹었다. 니시하라 군이 위안부 마츠모도 종옥(松本 鍾玉)과 곽○순(郭○順) 2명을 데리고 특별시청 여행증명계에 가서 귀국 여행증명 절차를 제출하였다. 삼공(三共)제작소 주인 카나오카 씨의 초대로 미나미 식당에 가서 술을 마시고 놀다가 밤 12시경에 돌아와 잤다.

3월 15일 수요일. 맑음

켄힐로드 88호의 키쿠수이 클럽에서 일어나 아침을 먹었다. 니시하라 군과 카나오카 씨가 화남(華南)은행[34]에 가서 유장저금(有奬貯金)을 하였다. 흑색 손가방 1개를 샀다. 밤 12시 남짓까지 쵸우바 일을 보다가 자다.

---

34) 타이페이 시에 본사가 있으며 타이완을 대표하는 대형 상업은행의 하나이다.

싱가포르 켄힐로드 88호의 키쿠수이 클럽에서 일어나 아침을 먹다. 니시하라 군과 시장에 가서 장을 보아 왔다. 종일 쵸우바에서 놀다가 밤 24시 남짓에 잤다. 다이요 클럽 주인 니시하라 무시 씨도 지난 11일 경성에 도착하였다고 전보가 왔다더라.

3월 17일 금요일. 맑음

아침 8시 남짓에 싱가포르 켄힐로드 88호의 키쿠수이 클럽에서 일어나 시장에 가서 반찬거리를 사 왔다. 종일 쵸우바 일을 보다가 밤 24시 남짓에 잤다.

3월 18일 토요일. 맑음

싱가포르 켄힐로드 88호의 키쿠수이 클럽에서 일어나 보이를 데리고 시장에 가서 장을 보아 왔다. 아침을 먹고 종일 쵸우바에 있었다. 저녁을 먹고 카나오카 수웅 씨가 권투 구경 가자기에 오오야마 승 군과 신세계 권투장에 가서 구경하고 돌아와 잤다.

3월 19일 일요일. 맑음

싱가포르 켄힐로드 88호의 키쿠수이 클럽에서 일어나 보이를 데리고 자동차로 시장에 가서 장을 보아 왔다. 군 전용 클럽은 매월 공휴일이 3회였는데, 이달부터 2회로 결정되어 8일과 19일이 공휴일이다. 오늘은 공휴일로 휴업이다. 저녁을 먹고 니시하라 군 및 키누요와 공영극장에 가서 영화 구경하고 돌아와 잤다.

3월 20일 월요일. 맑음

싱가포르 켄힐로드 88호의 키쿠수이 클럽에서 일어나 보이를 데리고 시장에 가서 장을 보아 왔다. 종일 쵸우바에 앉아 있었다. 저녁을 먹은 후 카나오카 씨 댁에서 오라고 청하였기에, 가서 니시하라 군과 술을 마시고 놀다가 돌아와 잤다.

3월 21일 화요일. 맑음

싱가포르 켄힐로드 88호의 키쿠수이 클럽에서 일어나 시장에 갔다 왔다. 물가가 폭등하고 물자가 부족하여 용이하게 사기 어렵다. 생선을 사려고 기다리다 없어서 못 샀다. 흥남복권 8등(50엔) 1매가 당첨되었다. 카나오카 씨 댁에 초대받아 가서 술을 마시고 놀다가 돌아와 쵸우바 일을 마치고 잤다.

3월 22일 수요일. 맑고 흐림

싱가포르 켄힐로드 88호의 키쿠수이 클럽에서 일어나 시장에 가서 장을 보아 왔다. 밤 1시경까지 쵸우바 일을 보고 자다. 요사이는 강우도 없고 낮에는 대단히 더워 가만히 앉아 있어도 땀이 나온다. 그러나 야간은 그리 덥지 아니하다.

3월 23일 목요일. 맑음

싱가포르 켄힐로드 88호의 키쿠수이 클럽에서 일어나 비치로드(Beach Road) 시장에 가서 장을 보아 왔다. 종일 쵸우바 일을 보고 있다가 밤 24시 남짓에 취침하였다. 오오야마 승 군은, 니시하라 군의 영업소에서 일하게 하였더니, 사정에 따라 죠홀바루(Johor Bahru)의 요시다라는 사람의 조선소에 고용되었다더라.

3월 24일 금요일. 맑음

싱가포르 켄힐로드 88호의 키쿠수이 클럽에서 일어나 자동차로 보이를 데리고 시장에 가서 장을 보아 왔다. 저녁 겸 음주를 시작하여 3, 4 지인을 청하여 밤 1시경까지 놀다가 잤다.

3월 25일 토요일. 맑은 후 흐림

싱가포르 켄힐로드 88호의 키쿠수이 클럽에서 일어나 보이를 데리고 장을 보아 왔다. 아침을 먹고 요코하마 정금은행에 가서 위안부 저금을 하고 돌아오는 길에 이발하였다. 위안소 클럽조합 사무소에서 동 조합장 및 부조합장 선거가 있었는데, 조합장에 나고야(名古屋) 클럽의 다키(瀧) 씨, 부조합장에 나카가와(中川) 씨가 당선되었다더라. 밤 24시경에 쵸우바 일을 마치고 취침하였다.

3월 26일 일요일. 맑고 흐리고 조금 비

싱가포르 켄힐로드 88호의 키쿠수이 클럽에서 일어나 비치로드 시장에 가서 장을 보아 왔다. 카나오카 수웅 씨 댁에 초대를 받아 저녁 겸 술을 마시고 놀았다. 카나오카 씨 댁을 나와, 니시하라 군 및 카나가와 씨와 오챠로드의 키요카와 씨 댁의 카나가와 씨 있는 곳에 갔다. 니시하라 군은 카나가와 씨와 바둑 두 판을 두고 돌아왔다. 오늘은 일요일이라 그런지 클럽 수입이 1,600여 엔이나 되었다. 클럽을 시작한 이후 가장 많은 수입이라 한다.

3월 27일 월요일. 맑음

싱가포르 시 켄힐로드 88호의 키쿠수이 클럽에서 일어나 시장에 가서 장을 보아 왔다. 아침을 먹고 요코하마 정금은행에 가서 위안부 저금을 하고, 자가용차 가솔린권을 석유반에서 받았다. 미곡배급소에 가서 4월분 쌀을 배급받아, 자가용차를 오라고 하여 돌아왔다. 어젯밤부터 오늘 밤 23시 반까지 방공훈련이 있었다. 귀향한 타카시마 씨가 시모노세키(下關)에 도착하였다고 전보가 오다. 쵸우바 일을 마치고 밤 1시경에 잤다. 오오야마 승 군은 죠홀바루 목조선의 조합에 취직이 되었다더라.

3월 28일 화요일. 맑음

싱가포르 켄힐로드 88호의 키쿠수이 클럽에서 일어나 보이를 데리고 시장에 가서 장을 보아 왔다. 클럽 종업원 전체에 대한 신체검사가 있다. 종일 쵸우바 사무를 보다가 밤 1시경에 취침하였다.

3월 29일 수요일. 맑음

싱가포르 시 켄힐로드 88호의 키쿠수이 클럽에서 일어나 보이를 데리고 시장에 가서 장을 보아 왔다. 밤 1시 반까지 쵸우바 사무를 보다가 2시경에 잤다. 어젯밤부터 나카이 키누요가 병으로 크게 신음하는 중이다.

3월 30일 목요일. 맑음

싱가포르 시 켄힐로드 88호의 키쿠수이 클럽에서 일어나 보이를 데리고 시장에 가서 장을 보아 왔다. 밤 1시경 쵸우바 사무를 마치고 잤다.

3월 31일 금요일. 맑음

싱가포르 시 켄힐로드 88호의 키쿠수이 클럽에서 일어나 보이를 데리고 시장에 가서 장을 보아 왔다. 종일 쵸우바 일을 보았다. 위안부 마유미(眞弓)를 데리고 특별시 보안과 여행증명계에 가서 내지 귀환 여행증명원을 제출하게 하였다. 선원 박동석(朴東石) 씨와 남소장(南昭莊) 식당에 가서 동씨의 대접을 받았다. 밤 1시 반경에 취침하였다.

4월 1일 토요일. 맑고 흐림

싱가포르 시 켄힐로드 88호의 키쿠수이 클럽에서 일어나 장을 보아 와서 아침을 먹었다. 3월 30일 모스크바 시에서 대일본 특명전권대사 사토 나오타케[35]와 소비에트 사회주의공화국연방 외무인민위원 대리 에드 아 로조프스키 사이에 일소(日蘇)어업조약, 북사할린 이권연장이 조인되었다더라. 어업조약 5개년 연장. 홍남복권 15매를 매입하였다. 밤 1시경에 취침하였다.

---

35) 佐藤尙武(1882~1971): 일본의 외교관·정치가. 소련의 대일 참전 당시 주 소비에트연방 일본대사, 전후에는 참의원의장 등을 역임하였다.

4월 2일 일요일. 맑음

싱가포르 시 켄힐로드 88호의 키쿠수이 클럽에서 일어나 보이를 데리고 자동차로 시장을 보아 왔다. 아침을 먹고 종일 쵸우바 사무를 보다가 밤 1시경 취침하였다. 황군은 인도 국민군과 같이 인도-버마 국경을 돌파하여 인도 영내에 들어갔다.

| **진무(神武) 천황 제일(祭日)** |

4월 3일 월요일. 맑고 밤에 비

싱가포르 켄힐로드 88호의 키쿠수이 클럽에서 일어나 보이를 데리고 시장에 갔다 왔다. 클럽조합 사무소를 오늘 남방정(南方亭) 앞으로 이전하였다. 이전 조합 사무소는 통과하는 위안소 부대의 숙사로 사용하게 된다더라. 밤 1시 반까지 월말보고서를 작성하고 취침하였다.

4월 4일 화요일. 맑음

싱가포르 시 켄힐로드 88호의 키쿠수이 클럽에서 일어나 자동차로 보이를 데리고 시장에 가서 장을 보아 왔다. 나카이 키누요는 치료를 위하여 자동차로 중앙병원까지 같이 가서 하차하였다. 싱가포르 총물자배급소에 가서 사탕, 소금, 비누, 성냥, 담배 등을 배급받아 왔다. 키누요의 권유에 따라 쵸우바 일을 마치고 1시경에 쿄우에이(共榮) 클럽의 위안부 토미코(富子, 윤○중[尹○重])에게 가서 잤다.

4월 5일 수요일. 맑음

싱가포르 시 켄힐로드 88호의 키쿠수이 클럽에서 일어나 시장에 갔다 왔다. 귀향하는 위안부 오소메와 쥰코는 내일 배를 타기 위해 승선권을 샀다. 밤 1시 남짓에 쵸우바 일을 마치고 잤다. 쿄우에이 클럽의 위안부 윤○중도 내일 출발이라고 짐을 전부 정리하였다.

싱가포르 시 켄힐로드 88호의 키쿠수이 클럽에서 일어나 자동차로 보이를 데리고 시장에 가서 장을 보아 왔다. 생선조합에 가니 재작년 위안대가 부산에서 출발할 때 제4차 위안단의 단장으로 온 츠무라(津村) 씨가 생선조합에 요원으로 있더라. 그간의 사정을 간단히 이야기하고 인사하였다. 정박장에 잠깐 나가 위안부 오소메와 쥰코 및 쿄우에이 클럽의 토미코를 전송하고 돌아왔다. 밤 2시경까지 쵸우바 일을 보다가 자다.

4월 7일 금요일. 맑은 후 흐리고 비

싱가포르 시 켄힐로드 88호의 키쿠수이 클럽에서 일어나 보이를 데리고 자동차로 시장에 가서 장을 보아 왔다. 오늘 검미 결과 타마에(玉江)가 입원하고 입원해 있던 키쿠에(菊枝)는 퇴원하였다. 종일 쵸우바 일을 보다가 밤 1시경 잤다.

4월 8일 토요일. 비 오고 흐림

싱가포르 시 켄힐로드 88호의 키쿠수이 클럽에서 일어나 보이를 데리고 자동차로 시장에 가서 장을 보아 왔다. 오늘은 공휴일이다. 저녁을 먹고 부용극장에 가서 영화 구경을 하고 돌아와 잤다.

4월 9일 일요일. 맑고 흐림

싱가포르 시 켄힐로드 88호의 키쿠수이 클럽에서 일어나 보이를 데리고 시장에 가서 장을 보아 왔다. 카나오카 수웅 씨가 죽은 처형의 생신이라고 아침을 같이 먹자고 초대하였기에 니시하라 군과 가서 아침을 먹고 돌아왔다. 종일 쵸우바 일을 보다가 밤 1시경에 잤다.

4월 10일 월요일. 조금 비 온 후 흐리고 맑음

싱가포르 시 켄힐로드 88호의 키쿠수이 클럽에서 일어나 시장에 가서 징을 보아 왔다. 이번에 귀환한 위안부 2명의 송금허가원을 요코하마 정금 은행에 제출하고 특별시 보안과에 가서 이번에 새로 들어올 위안부 이치 마루(市丸)와 시즈코(靜子) 2명의 취업허가원을 제출하니, 군의의 진단서를 첨부하여 다시 제출하라더라. 카나오카 씨와 차량등록국에 가서 키쿠수이 클럽의 승용차 차체의 검사를 받았다. 저녁에 니시하라, 카나오카, 이시쿠 마(石熊) 씨와 료우고쿠 식당에서 술 마시고 놀다가 돌아와 쵸우바 일을 마 치고 잤다.

4월 11일 화요일. 맑고 밤에 흐림

싱가포르 시 켄힐로드 88호의 키쿠수이 클럽에서 일어나 보이를 데리고 자동차로 시장에 갔다 왔다. 어제부터 토나리구미의 반장이 증명한 구매권 을 가지고 생선, 고기, 야채, 우동, 빵 및 소금에 절인 고기 등은 방인 지정 판 매소에서 매입하게 되었다. 밤 1시경까지 쵸우바에서 일을 보다가 잤다.

4월 12일 수요일. 아침에 폭우 후 흐리고 맑음

싱가포르 시 켄힐로드 88호의 키쿠수이 클럽에서 일어나 시장에 갔다 왔다. 아침을 먹고 특별시 지부에 가서 카나가와 광옥(金川 光玉)과 시마다 한옥(島田 漢玉) 2명에 대한 내지 귀환 여행증명서를 찾아왔다. 조선(朝鮮) 피혁 남방지사(전 빠-다) 구두점에서 구두 한 켤레를 샀다. 밤 24시 남짓에 쵸우바 일을 마치고 잤다.

4월 13일 목요일. 맑고 흐림

싱가포르 시 켄힐로드 88호의 키쿠수이 클럽에서 일어나 보이를 데리 고 시장에 갔다 왔다. 아침을 먹고 특별시 경무과에 가서 마유미의 내지 귀 환에 대한 이동계를 제출하였다. 흥남봉공회 퇴출계도 제출하다. 남방운항 회사에 가서 마유미와 시마다 한옥 2명의 편승을 신청하였다. 조선피혁회 사 지사에서 단화 한 켤레를 샀다. 반신상 사진을 촬영하였다. 작년 4월 14

일 버마 아캬브에서 귀로에 조난하여 별세한 망(亡) 처남의 소상일(小祥日)
이다. 고향에서는 이 날을 당하여 무한히 비통할 것이다. 나도 이 날을 잊지
않고 망 처남의 사진을 내어놓고 재배 묵도하였다. 금년의 당용일기장(當
用日記帳)이 서점에 있기에 곧 한 권을 사왔다. 키요카와(淸川)상사의 카나
가와 씨는 이번에 신흥(新興)양행을 인수하여 계속 경영한다더라. 밤 2시
경에 잤다.

4월 14일 금요일. 맑고 흐림

싱가포르 시 켄힐로드 88호의 키쿠수이 클럽에서 일어나 시장에 갔다
왔다. 아침을 먹고 니시하라 군과 요코하마 정금은행 지점에 가서 이번에
귀향한 이○옥과 곽○순 2명에 대한 송금을 하였다. 대구의 실인에게 전보
를 쳤다. 그 외 각처의 일을 보고 돌아왔다. 작년 오늘 오전 11시경 처남 외
4명이 조난을 당하여 장○악이 부상하고 그 외는 전부 생명을 잃었다.

4월 15일 토요일. 맑고 흐림

싱가포르 시 켄힐로드 88호의 키쿠수이 클럽에서 일어나 보이를 데리
고 자동차로 시장에 갔다 왔다. 종일 쵸우바에서 일을 보고 1시경에 자다.
위안부 모집 차로 조선에 돌아간 다이요 클럽의 주인 니시하라 무시는 오
는 7월 경성에서 출발할 예정이라고 니시하라 국차 군에게 전보가 왔다.

4월 16일 일요일. 흐리고 비

싱가포르 시 켄힐로드 88호의 키쿠수이 클럽에서 일어나 시장에 갔다
왔다. 종일 쵸우바에서 일을 보다가 밤 24시 남짓에 잤다. 이탈리아 국왕
엠마누엘 3세가 퇴위하여 왕가가 몰락하였다. 인도-버마 국경을 넘은 황
군은 임팔 요지가 불과 1리 밖에 남지 않은 곳까지 진격하였다더라.[36]

---

36) Imphal 작전: 1944년 3월부터 7월 초순까지 일본 육군은 인도 북동부의 도시 임팔을 공략하였으나 보급선을 경시
한 무모한 작전으로 수많은 희생자를 내고 패배하였다.

4월 17일 월요일. 맑고 흐리고 비

싱가포르 시 켄힐로드 88호의 키쿠수이 클럽에서 일어나 시장에 갔다 왔다. 실인의 답전이 왔는데, 언제 귀향하는지 회답을 기다린다 하였더라. 특별시 경무부 보안과에 가서 재류증명서 교환 절차를 밟았다. 밤 24시 남짓에 쵸우바 사무를 마치고 잤다.

4월 18일 화요일. 맑고 흐림

싱가포르 시 켄힐로드 88호의 키쿠수이 클럽에서 일어나 보이를 데리고 시장에 갔다 왔다. 이번에 수마트라 파렌방으로부터 싱가포르에 와 키쿠수이 클럽이 위안부로 맞아들일 김○순(金○順)의 취업허가서를 얻기 위하여 특별시 경무부 보안과에 갔다 돌아왔다. 밤 24시 남짓까지 쵸우바 일을 보다가 밤 1시경에 잤다. 버마서 귀향 도중인 오오카와(大川) 씨를 만났다. 대구의 실인에게 전보를 쳤다.

4월 19일 수요일. 맑음

싱가포르 시 켄힐로드 88호의 키쿠수이 클럽에서 일어나 보이를 데리고 시장에 갔다 왔다. 오늘은 공휴일로 위안부들도 모두 외출하다. 종일 쵸우바 장부를 정리하고 밤 23시 반경에 잤다.

4월 20일 목요일. 아침에 비 온 후 흐림

싱가포르 시 켄힐로드 88호의 키쿠수이 클럽에서 일어나 보이를 데리고 시장에 갔다 왔다. 니시하라 군의 부인으로부터 니시하라 군의 형이 전사하였다는 전보가 왔다. 버마에서 싱가포르에 와 체재 중인 오오카와 용기(大川 龍基)와 카나야마(金山) 양씨가 키쿠수이 클럽의 나에게 찾아와서 놀다가 갔다. 밤 0시 반 남짓까지 쵸우바에서 사무를 보다가 잤다.

4월 21일 금요일. 맑고 흐림

싱가포르 시 켄힐로드 88호의 키쿠수이 클럽에서 일어나 보이를 데리고 시장에 갔다 왔다. 새로 들어온 위안부 2명의 진단서 관계로 박애(博愛) 병원까지 가서 요시오카(吉岡) 선생을 만나 이야기하고 돌아왔다. 밤 1시 남짓까지 쵸우바에 있다가 잤다.

4월 22일 토요일. 아침에 맑은 후 조금 비 오고 흐림

싱가포르 시 켄힐로드 88호의 키쿠수이 클럽에서 일어나 보이를 데리고 시장에 갔다 왔다. 실인으로부터 송금은 수취하였고 가옥은 아직 팔지 않겠다는 답전이 왔다. 이번에 키쿠수이 클럽이 수마트라 팔렘방으로부터 싱가포르에 온 김○순와 최○옥(崔○玉) 2명에 대한 취업허가원을 특별시 경무부 보안과에 제출하였다. 밤 24시 남짓에 잤다.

4월 23일 일요일. 아침에 조금 비 온 후에 흐리고 맑음

싱가포르 시 켄힐로드 88호의 키쿠수이 클럽에서 일어나 보이와 시장에 갔다 왔다. 밤 0시 반 남짓까지 쵸우바에서 일을 보다가 잤다.

4월 24일 월요일. 맑음

싱가포르 시 켄힐로드 88호의 키쿠수이 클럽에서 일어나 보이를 데리고 시장에 갔다 왔다. 특별시 보안과 지부에 가서 새로 들어온 김○순과 최○옥 2명에 대한 재류신고서를 제출하였더니, 김○순 분은 접수되고 최○옥 분은 순산 관계로 지연되겠다고 하니, 병원의 순산 증명을 받아 오라더라. 죠홀바루에 가 있는 오오야마 승 군이 왔다가 갔다. 카나오카 수웅 씨로부터 전보가 왔다. 밤 1시 남짓에 자다.

4월 25일 화요일. 맑음

싱가포르 시 켄힐로드 88호의 키쿠수이 클럽에서 일어나 보이를 데리

고 시장에 갔다 왔다. 아침을 먹고 클럽 전원이 13시 15분 야스쿠니 신사의 임시대제(臨時大祭)에 즈음하여 엄숙히 요배식을 거행하였다. 카나가와 광옥과 시마다 한옥 2명을 데리고 검역하러 갔더니, 오후에는 휴무라 검역을 못 하고 돌아왔다. 밤 1시경에 잤다. 피마자를 심었다.

4월 26일 수요일. 맑음

싱가포르 시 켄힐로드 88호의 키쿠수이 클럽에서 일어나 시장에 갔다 왔다. 아침을 먹고 특별시 석유반에 가서 5월분 가솔린 배급권을 받아 왔다. 화남은행에 가서 5,000엔을 차용하였다. 싱가포르 총물자배급소에 가서 쌀을 배급받아 왔다. 밤 1시경 쵸우바 일을 마치고 잤다.

4월 27일 목요일. 맑고 흐리고 비

싱가포르 시 켄힐로드 88호의 키쿠수이 클럽에서 일어나 시장에 갔다 왔다. 밤 1시까지 쵸우바에서 사무를 보다가 자다. 일전에 특별시 보안과 지부에서 김○순와 최○옥의 재류신고를 할 때 2명의 인장을 잊고 두고 온 듯하여 문의하니, 있다며 내어주기에 받아 왔다.

4월 28일 금요일. 맑음

싱가포르 시 켄힐로드 88호의 키쿠수이 클럽에서 일어나 보이를 데리고 자동차로 시장에 가서 장을 보아 왔다. 종일 쵸우바 일을 보다가 밤 24시경에 잤다.

4월 29일 토요일. 맑음

전쟁 중의 제3회 천장절이다. 천황 폐하께서는 제44회의 탄신을 맞이하셨다. 우리들 민초는 오직 성수의 무궁하심을 봉축하옵나이다. 특별시청 앞 광장에서 배하식(拜賀式)을 거행하였다. 오늘은 천장절의 경축일이라 군인의 외출이 많아 클럽의 수입이 2,450여 엔으로 개업 이래 최고 기록이

1부. 鯔筆文 _ 4장. 키쿠수이 클럽에서 I   173

었다. 밤 1시 남짓에 쵸우바 일을 마치고 잤다.

4월 30일 일요일. 맑고 조금 흐리고 맑음

싱가포르 시 켄힐로드 88호의 키쿠수이 클럽에서 일어나 보이를 데리고 자동차로 비치로드 시장에 가서 장을 보아 왔다. 오늘도 군인의 외출이 많아 어제의 최고 수입을 훨씬 초과하여 2,590여 엔의 최신 기록이다. 밤 2시경까지 쵸우바 일을 보다가 잤다.

5월 1일 월요일. 맑음

싱가포르 시 켄힐로드 88호의 키쿠수이 클럽에서 일어나 보이를 데리고 자동차로 비치로드 시장에 가서 장을 보아 왔다. 화남은행에 가서 정기예금 중에서 1만 9,000엔을 차용하였다. 도남(圖南) 클럽에 가서 니시하라 씨와 나카이 키누요를 만나 같이 저녁을 먹고 돌아왔다. 밤 24시 남짓에 쵸우바 일을 마치고 잤다.

5월 2일 화요일. 맑음

싱가포르 시 켄힐로드 88호의 키쿠수이 클럽에서 일어나 보이를 데리고 자동차로 비치로드 시장에 가서 장을 보아 왔다. 아침을 먹고 특별시 경무부 보안과 분실 사회계에 갔다가 전보국에서 가서 니시하라 군이 부탁한 전보를 제출하였다. 밤 24시 남짓까지 쵸우바 사무를 보다가 잤다.

5월 3일 수요일. 조금 비 온 후 흐림

싱가포르 시 켄힐로드 88호의 키쿠수이 클럽에서 일어나 보이를 데리고 자동차로 비치로드 시장에 가서 장을 보아 왔다. 종일 4월 수입 결산을 하였다. 밤 24시 남짓에 쵸우바 일을 마치고 잤다. 해행사 택시부 군속 나카하라 씨가 밤에 와서 카톤의 주소로 내게 편지가 와 있다더라. 고향 가족의 편지일까. 남방에 온 후 최초의 편지이다.

싱가포르 시 켄힐로드 88호의 키쿠수이 클럽에서 일어나 보이를 데리고 비치로드 시장에 가서 장을 보아 왔다. 팔렘방에 간 카나오카 수웅 씨가 돌아왔다. 비행기로 왔는데, 팔렘방에서 싱가포르까지 1시간 40분 걸렸다더라. 요코하마 정금은행에 가서 실인에게 500엔을 부쳤다. 밤 24시까지 쵸우바 사무를 보다가 자다.

싱가포르 시 켄힐로드 88호의 키쿠수이 클럽에서 일어나 보이를 데리고 인력거로 오챠로드 시장에 가서 장을 보아 왔다. 아침을 먹고 배급소에 가서 5월분 배급을 받아 왔다. 밤 24시경까지 쵸우바 사무를 보다가 잤다.

싱가포르 시 켄힐로드 88호의 키쿠수이 클럽에서 일어나 보이를 데리고 비치로드 시장에 가서 장을 보아 왔다. 4월분 본 클럽의 월보를 제출하였다. 밤 1시 반경까지 쵸우바 사무를 보다가 잤다. 코가(古賀) 해군 최고지휘관[37]이 지난 3월 전선에서 지휘 중에 순직하였는데, 후임은 토요타(豊田) 대장[38]이 취임하였다더라.

싱가포르 시 켄힐로드 88호의 키쿠수이 클럽에서 일어나 보이를 데리고 비치로드 시장에 갔다 왔다. 14시경 클럽조합 사무소에서 영업주들이 집합하여 장부 기재 방식에 대한 조합장의 설명을 들었다. 카나오카 수웅 씨 처형이 작년 5월 8일 광동(廣東)에서 사망하였는데, 오늘 그 1주기 제삿날이라 저녁에 동씨 댁에 가서 영전에 재배하였다. 그리고 밤 24시 남짓까

---

37) 코가 미네이치(古賀峯一, 1885~1944): 일본 해군 군인. 태평양전쟁에서 사망한 제28대 연합함대 사령관.
38) 토요타 소에무(豊田副武, 1885~1957): 일본 해군 군인. 제29대·제30대 연합함대 사령장관.

지 놀다가 돌아와 잤다.

싱가포르 시 켄힐로드 88호의 키쿠수이 클럽에서 일어나 보이를 데리고 비치로드 시장에 갔다 왔다. 특별시 경무부 보안과 영업계에 가업부(稼業婦)의 취업허가 절차를 밟으러 갔다가 계원이 없어서 그냥 돌아왔다. 저녁을 먹은 후 죠우카이(常會)에 출석하였다. 20시 반경에 돌아와 잤다.

싱가포르 시 켄힐로드 88호의 키쿠수이 클럽에서 일어나 보이를 데리고 비치로드 시장에 가서 장을 보아 왔다. 해행사 택시부에서 편지를 찾아왔는데, 작년 11월 귀향한 안동의 아라이 구치 씨가 대구의 실인가(室人家)를 방문하고 가사 제반 사정을 편지한 것이더라. 장인이 작년에 처남의 비보를 듣고 얼마 아니 되어 병으로 오래 신음하다가 별세하였다더라. 김○순과 최○옥 2명의 가업부 취업이 허가되었다.

싱가포르 시 켄힐로드 88호의 키쿠수이 클럽에서 일어나 보이를 데리고 오챠로드 시장에 가서 장을 보아 왔다. 특별시청 보안과에 잠깐 갔다 왔다. 4월분 수지계산서를 제출하였다. 밤 1시경 쵸우바 일을 마치고 잤다.

싱가포르 시 켄힐로드 88호의 키쿠수이 클럽에서 일어나 보이를 데리고 오챠로드 시장에 갔다 왔다. 남방운항회사를 거쳐 중앙전화전신국에 가서 봉화군의 아라이 구치 씨와 대구의 실인에게 전보를 쳤다. 밤 24시 남짓까지 쵸우바 일을 보다가 잤다.

싱가포르 시 켄힐로드 88호의 키쿠수이 클럽에서 일어나 보이를 데리고 비치로드 시장에 갔다 왔다. 오늘 검미 결과 불합격자가 6명이나 입원하였다. 20시경부터 정전되어 밤 2시까지 복구되지 않았다. 카나오카 수웅 씨 댁에 초대받아 저녁을 먹었다. 밤 20시 남짓에 쵸우바 사무를 마치고 잤다.

싱가포르 시 켄힐로드 88호의 키쿠수이 클럽에서 일어나 보이를 데리고 오챠로드 시장에 갔다 왔다. 전신국에 가서 부탁 받은 전보 3매를 제출하였다. 오늘 밤도 2시간가량 정전되었다가 복구되었다. 남방의 사업가, 즉 남방무역영업소 주인 아라이 씨가 키쿠수이 클럽의 니시하라 씨 집에 놀러 왔기에 인사하였다. 씨는 지난 1942년에 위안소의 쵸우바로 따라와서 무일푼 단신으로 수백만 엔을 활용하는 사업가가 되어 있는 인물이다. 사업은 말레이시아의 어업과 무역 등이다.

싱가포르 시 켄힐로드 88호의 키쿠수이 클럽에서 일어나 보이를 데리고 오챠로드 시장에 가서 장을 보아 왔다. 저녁을 먹은 후 카나오카 씨 초대로 니시하라 씨와 그 외 3, 4인이 료우고쿠 식당에 가서 술 마시고 놀다가 밤 24시 남짓에 돌아와서 잤다.

싱가포르 시 켄힐로드 88호의 키쿠수이 클럽에서 일어나 보이를 데리고 오챠로드 시장에 가서 장을 보아 왔다. 중앙우편국에서 가서 니시하라 씨의 본댁에 송금 절차를 밟아주었다. 물자배급조합에 들러 돌아왔다. 5월부터 내지로의 송금도 우편국에서 취급하게 되었다. 밤 24시 남짓에 잤다. 오오야마 승 군이 와서 놀다 갔다.

5월 16일 화요일. 맑은 후 흐림

싱가포르 시 켄힐로드 88호의 키쿠수이 클럽에서 일어나 보이를 데리고 오챠로드 시장에 가서 장을 보아 왔다. 아침을 먹고 화남은행, 정금은행에 들렀다가 물자배급소에서 니시하라 씨를 만나 숯, 담배 및 커피를 배급받아 왔다. 밤 24시 남짓에 쵸우바 일을 마치고 잤다. 실인으로부터 500엔을 수취하였다는 전보가 왔다.

5월 17일 수요일. 아침에 흐린 후 비 오고 흐리고 맑음

싱가포르 시 켄힐로드 88호의 키쿠수이 클럽에서 일어나 보이를 데리고 오챠로드 시장에 가서 장을 보아 왔다. 밤 22시경 후지(富士) 클럽의 주인 카야마(佳山) 씨의 안내로 료우고쿠 식당에 니시하라와 카나오카 양씨와 가서 술 마시고 놀다가 돌아와 자다.

5월 18일 목요일. 아침에 흐린 후 비 오고 흐림

싱가포르 시 켄힐로드 88호의 키쿠수이 클럽에서 일어나 보이를 데리고 오챠로드 시장에 가서 장을 보아 왔다. 아침을 먹고 정금은행에 갔다 왔다. 밤 24시 남짓까지 쵸우바 사무를 보다가 잤다.

5월 19일 금요일. 아침에 흐린 후 비 오고 흐림

싱가포르 시 켄힐로드 88호의 키쿠수이 클럽에서 일어나 보이를 데리고 오챠로드 시장에 갔다 왔다. 오늘은 본 클럽의 공휴일이다. 저녁을 먹고 나카이 키누요와 공영극장에 가서 영화 구경하고 돌아오는 길에 카나오카 수웅 씨 댁에 들러 먼저 온 니시하라 씨와 놀다가 밤 1시경에 집으로 돌아와 잤다.

5월 20일 토요일. 맑음

싱가포르 시 켄힐로드 88호의 키쿠수이 클럽에서 일어나 보이를 데리

고 오챠로드 시장에 가서 장을 보아 왔다. 작년 11월에 귀향한 다이이치호 시노야(第一星乃屋)의 주인 킨바라(金原) 씨가 엊그저께 돌아왔다더라. 밤 24시 남짓에 쵸우바 사무를 마치고 잤다.

5월 21일 일요일. 아침에 흐린 후 비 오고 흐림

싱가포르 시 켄힐로드 88호의 키쿠수이 클럽에서 일어나 보이를 데리고 오챠로드 시장에 가서 장을 보아 왔다. 버마에 있던 카나자와 씨가 이번에 귀향하는 도중이라면서 찾아왔다가 가다. 밤 1시경에 쵸우바 사무를 마치고 잤다.

5월 22일 월요일. 아침에 흐린 후 비 옴

싱가포르 시 켄힐로드 88호의 키쿠수이 클럽에서 일어나 보이를 데리고 오챠로드 시장에 가서 장을 보아 왔다. 아침을 먹고 니시하라 씨와 전보 치러 갔다가 돌아왔다. 밤 24시 남짓에 쵸우바 사무를 마치고 잤다. 니시하라 군이 권하여 마지못해 지팡이(등나무제) 1개를 대금 30엔에 사다.

5월 23일 화요일. 아침에 흐린 후 비 오고 흐림

싱가포르 시 켄힐로드 88호의 키쿠수이 클럽에서 일어나 보이를 데리고 오챠로드 시장에 가서 장을 보아 왔다. 종일 쵸우바 사무를 보고 또 밤 24시 남짓까지 보다가 잤다.

5월 24일 수요일. 흐리고 맑음

싱가포르 시 켄힐로드 88호의 키쿠수이 클럽에서 일어나 보이를 데리고 오챠로드 시장에 가서 장을 보아 왔다. 오오야마 승 군이 왔는데, 지난 22일 그의 부인이 여아를 순산하였다더라.

5월 25일 목요일. 아침에 맑은 후 맑고 흐리고 밤에 천둥과 비

싱가포르 시 켄힐로드 88호의 키쿠수이 클럽에서 일어나 보이를 데리고 자동차로 비치로드 시장에 갔다 왔다. 아침을 먹고 특별시청 보안과 분실 여행계에 가서 내지 귀환자 카나가와 광옥과 시마다 한옥 2명에 대한 여행 기간 연기원을 제출하였다. 담배를 배급받아 왔다. 밤 1시 남짓에 쵸우바 일을 마치고 잤다.

5월 26일 금요일. 흐림

싱가포르 시 켄힐로드 88호의 키쿠수이 클럽에서 일어나 보이를 데리고 자동차로 비치로드 시장에 갔다 왔다. 아침을 먹은 후 닛파츠(日發)전기회사에 가서 전구 8개를 사 왔다. 작년 9월경 키쿠수이 클럽에서 티모르(Timor) 섬 방면으로 간 이○매(李○梅)라는 여자가 오늘 싱가포르로 돌아왔다며 왔다. 밤 1시경에 쵸우바 사무를 마치고 잤다.

5월 27일 토요일. 맑음

싱가포르 시 켄힐로드 88호의 키쿠수이 클럽에서 일어나 보이를 데리고 오챠로드 시장에 가서 장을 보아 왔다. 밤 24시 남짓에 쵸우바 사무를 마치고 잤다.

5월 28일 일요일. 맑음

싱가포르 시 켄힐로드 88호의 키쿠수이 클럽에서 일어나 보이를 데리고 시장에 가서 장을 보아 왔다. 싱가포르 헌병대에 근무하는 코가(古賀) 준위가 이번에 내지로 전근하게 되어 근간에 출발한다고 인사하러 왔다. 밤 1시 남짓에 쵸우바 사무를 마치고 잤다.

5월 29일 월요일. 맑음

싱가포르 시 켄힐로드 88호의 키쿠수이 클럽에서 일어나 보이를 데리

고 오챠로드 시장에 가서 장을 보아 왔다. 아침을 먹고 니시하라 씨와 시가에 나가 이리저리 물건을 사러 다녔다. 안경 1개를 105엔에 주문하였다. 나카이 키누요가 왔기에 같이 도남(圖南) 클럽에 가서 저녁을 먹었다. 키누요는 가고 나와 니시하라 군은 공영극장에서 '해군'[39]이라는 영화를 구경하였다. 구경을 마치고 돌아와서 밤 1시 남짓에 잤다.

5월 30일 화요일. 흐림

싱가포르 시 켄힐로드 88호의 키쿠수이 클럽에서 일어나 보이를 데리고 오챠로드 시장에 가서 장을 보아 왔다. 밤 1시경까지 쇼우바 사무를 보다가 자다.

5월 31일 수요일. 맑음

싱가포르 시 켄힐로드 88호의 키쿠수이 클럽에서 일어나 보이를 데리고 시장에 가서 장을 보아 왔다. 정금은행에 가서 카나가와 광옥의 송금허가신청을 제출하고, 안경점에 가서 일전에 주문한 안경을 찾았다. 보스톤백 1개와 손가방 1개를 샀다. 밤 1시경에 쇼우바 사무를 마치고 잤다. 랑군에 있던 미타 행임 씨가 귀향 도중에 싱가포르에 도착하여 찾아왔다.

6월 1일 목요일. 맑음

싱가포르 시 켄힐로드 88호의 키쿠수이 클럽에서 일어나 보이를 데리고 오챠로드 시장에 가서 장을 보아 왔다. 아침을 먹은 후 흥남봉공회에 들러 중앙전신국에 가서 카나모토 ○애(金本○愛)와 이○매 두 사람이 부탁한 전보를 제출하였다. 밤 1시경에 쇼우바 사무를 마치고 잤다.

---

39) 「海軍」: 이와타 도요오(岩田豊雄)의 동명 소설을 1943년 각색하여 제작한 영화. 진주만 공격에서 특수 함정 공격의 임무를 맡은 한 군인을 군신(軍神)처럼 설정하여 그의 이야기를 그려냈다.

싱가포르 시 켄힐로드 88호의 키쿠수이 클럽에서 일어나 보이를 데리고 시장에 가서 장을 보아 왔다. 종일 쵸우바 사무를 보다가 밤 24시 남짓에 잤다. 오늘 검미 결과 2명이 불합격되어 입원하였는데, 전 입원자까지 모두 5명이 입원 중이다.

6월 3일 토요일. 맑음

싱가포르 시 켄힐로드 88호의 키쿠수이 클럽에서 일어나 보이를 데리고 시장에 가서 장을 보아 왔다. 내지로 귀환할 카나가와 광옥을 데리고 남방운항회사에 가서 지시하는 말을 들었다. 전일 새겨달라고 부탁했던 도장을 찾아왔다. 5월분 월보를 오늘 작성 완료하였다. 밤 24시 남짓까지 쵸우바 사무를 보다가 잤다.

6월 4일 일요일. 맑음

싱가포르 시 켄힐로드 88호의 키쿠수이 클럽에서 일어나 보이를 데리고 시장에 가서 장을 보아 왔다. 카나가와 광옥을 데리고 정박장에 가서 편승권을 구입하였다. 카나오카 수웅 씨 댁에서 조금 휴식하고 있는 중에 손금을 보는 인도인 점쟁이가 지나기에 불러들여 손금을 보았다. 말년이 대단히 좋으며, 수는 92, 3세라더라. 밤 1시 남짓까지 쵸우바 사무를 보다가 잤다.

6월 5일 월요일. 맑음

싱가포르 시 켄힐로드 88호의 키쿠수이 클럽에서 일어나 보이를 데리고 시장에 가서 장을 보아 왔다. 카나가와 광옥과 시마다 한옥 2명은 오늘 아침 8시에 출발하였다. 5월분 월보를 제출하였다. 오늘 클럽 종업원 전원에 대한 검변(檢便)[40]과 신체검사를 하루노야(春乃家)에서 시행하였다. 6월분 미곡 기타의 배급전표를 받았다. 밤 1시경에 쵸우바 사무를 마치고 잤다.

6월 6일 화요일. 비 오고 흐림

싱가포르 시 켄힐로드 88호의 키쿠수이 클럽에서 일어나 보이를 데리고 오챠로드 시장에 가서 장을 보아 왔다. 아침을 먹고 에이후쿠(永福)산업 회사에 가서 쵸우나이카이(町內會) 회장인 사장 에이후쿠 씨의 도장을 세대인원이동신청서에 받으려 하였으나, 총무부장의 출타로 받지 못하였다. 오후 16시 남짓에 후지 클럽의 자동차로 보이가 물자배급소에 왔기에 배급품을 받아 자동차에 실어 왔다. 밤 24시 남짓에 쵸우바 사무를 마치고 잤다.

6월 7일 수요일. 맑음

싱가포르 시 켄힐로드의 키쿠수이 클럽에서 일어나 보이를 데리고 자동차로 비치로드 시장에 가서 장을 보아 왔다. 아침을 먹고 에이후쿠산업 회사에 가서 어제 맡겨 두었던 세대인원이동신청서에 쵸우나이카이 회장 에이후쿠 씨의 도장을 받아 특별시 경제부 식량과에 제출하여 (세대인원을) 정정하였다. 밤 24시 남짓 1시경까지 쵸우바 사무를 보다가 잤다.

6월 8일 목요일. 맑음

싱가포르 시 켄힐로드 88호의 키쿠수이 클럽에서 일어나 보이를 데리고 오챠로드 시장에 가서 장을 보아 왔다. 오늘은 본 클럽의 공휴일이다. 아침을 먹고 대동아극장에 가서 보안과장의 강연을 듣고 이어 상영하는 '할머님'[41]이라는 영화를 구경하고 돌아왔다. 저녁을 먹고 클럽조합 사무소에서 개최하는 쵸우카이에 참석하였다.

---

40) 대변검사
41)「おばあさん」: 이와타 도요오의 동명소설을 영화화한 작품.

싱가포르 시 켄힐로드 88호의 키쿠수이 클럽에서 일어나 보이를 데리고 오챠로드 시장에 가서 장을 보아 왔다. 오늘 검미 결과는 입원 중인 2명은 퇴원하고 2명만 입원일 뿐, 집에 있는 여자는 전부 합격되었다. 이 달부터는 여자는 담배 배급이 없는데, 클럽의 가업부에 대해서는 접대용으로서 특별히 매일 10개비의 배급이 있다.

싱가포르 시 켄힐로드 88호의 키쿠수이 클럽에서 일어나 보이를 데리고 오챠로드 시장에 가서 장을 보아 왔다. 카나가와 광옥의 송금이 허가되었다고 정금은행에서 통지가 왔다. 밤 24시 남짓에 쵸우바 사무를 마치고 잤다.

싱가포르 시 켄힐로드 88호의 키쿠수이 클럽에서 일어나 보이를 데리고 시장에 가서 장을 보아 왔다. 카나오카 수웅 씨는 싱가포르 거주 절차가 여의치 못하여 당국에서 귀환하란다고 부득이 귀향할 작정이라더라. 밤 1시 남짓에 쵸우바 사무를 마치고 잤다.

싱가포르 시 켄힐로드 88호의 키쿠수이 클럽에서 일어나 보이를 데리고 자동차로 비치로드와 오챠로드 시장에 가서 장을 보아 왔다. 아침을 먹고 요코하마 정금은행 지점에 가서 카나가와 광옥의 송금허가서를 찾았다. 밤 1시 반경까지 쵸우바 사무를 보다가 자다.

싱가포르 시 켄힐로드 88호의 키쿠수이 클럽에서 일어나 보이를 데리고 시장에 가서 장을 보아 왔다. 밤 24시 남짓까지 쵸우바 사무를 보다가 잤다. 4월에 귀환한 곽○순의 송금을 그 후 곧 하였는데, 아직 수취하지 못하였다고 2회나 전보가 왔다.

6월 14일 수요일. 맑은 후 조금 비

싱가포르 시 켄힐로드 88호의 키쿠수이 클럽에서 일어나 보이를 데리고 시장에 가서 장을 보아 왔다. 아침을 먹은 후 요코하마 정금은행에 가서 귀향한 카나가와 광옥의 송금을 하였다. 중앙우편국에서 대구의 실인에게 600엔을 전보환으로 송금하였다. 밤 1시 반경 쵸우바 사무를 마치고 잤다.

6월 15일 목요일. 맑은 후 흐리고 천둥과 비

싱가포르 시 켄힐로드 88호의 키쿠수이 클럽에서 일어나 보이를 데리고 오챠로드 시장에 가서 장을 보아 왔다. 아침을 먹고 클럽 용무로 전보국과 요코하마 정금은행 지점에 갔다 왔다. 밤 24시 남짓까지 쵸우바 사무를 보다가 잤다.

6월 16일 금요일. 맑음

싱가포르 시 켄힐로드 88호의 키쿠수이 클럽에서 일어나 보이를 데리고 시장에 가서 장을 보아 왔다. 아침을 먹고 은행에 가서 가업부의 저금을 하였다. 밤 24시 남짓까지 쵸우바 사무를 보다가 잤다.

6월 17일 토요일. 맑음

싱가포르 시 켄힐로드 88호의 키쿠수이 클럽에서 일어나 보이를 데리고 시장에 가서 장을 보아 왔다. 아침 전부터 신열이 나며 전신이 아파 못 견디겠다. 새로 맞아들인 송○옥(宋○玉)의 일로 특별시 보안과 영업계의 사카구치(坂口) 씨에게 갔다 왔다. 가업부의 특별배급미를 받았다. 밤 24시경 쵸우바 일을 마치고 자다.

6월 18일 일요일. 맑음

싱가포르 시 켄힐로드 88호의 키쿠수이 클럽에서 일어났다. 몸이 아직 쾌치 못하여 시장에 못 가고 보이만 보냈다. 니시하라 씨는 이번에 아카츠키 시라키(曉白木) 부대 일을 맡게 되어 사무소 가옥을 임차하여 청소하였다. 오늘은 어제보다 조금 몸이 나은 것 같다. 밤 1시 반경에 잤다.

6월 19일 월요일. 맑고 조금 흐리고 비

싱가포르 시 켄힐로드 88호의 키쿠수이 클럽에서 일어났다. 오늘도 몸이 아직 쾌치 못하여 보이만 시장에 장 보러 보냈다. 아침을 먹고 특별시 보안과와 동 분실 사회과에 가서 이○매에 대한 재류증명 절차를 완료하였다. 오늘은 본 클럽의 공휴일이다. 오늘부터 내일까지 방공훈련이 있는데, 특히 등화관제에 대한 것이다. 밤 23시 남짓까지 클럽 사무소에 모였다가 돌아와 잤다.

6월 20일 화요일. 맑고 흐림

싱가포르 시 켄힐로드 88호의 키쿠수이 클럽에서 일어나 아침을 먹다. 모 중국인으로부터 대금 750엔의 손목시계를 사기로 약속하였다. 밤 24시까지 방공훈련 등화관제가 있다.

6월 21일 수요일. 흐리고 저녁에 조금 비

싱가포르 시 켄힐로드 88호의 키쿠수이 클럽에서 일어나 아침을 먹었다. 이번에 니시하라 군은 모 부대의 지정상인허가를 받아 말레이신문사 동측에 있는 이전 동아(東亞)상회 사무소를 차입하였다. 이 사무소가 군납하는 니시하라 택룡(西原 澤龍) 씨와 관계가 있기 때문에 상의하기 위하여 3, 4인의 지우(知友) 및 니시하라 씨와 서로 만나 료우고쿠 식당에 가서 술 마시고 놀았는데, 니시하라 택룡 씨는 내일 아침에 돌아올 요량으로 급한 용무가 있어서 먼저 가고, 나머지는 조금 있다가 모두 돌아갔다.

싱가포르 시 켄힐로드 88호의 키쿠수이 클럽에서 일어나 아침을 먹다. 밤 24시 남짓까지 쵸우바 일을 보다가 잤다.

6월 23일 금요일. 맑고 흐림

싱가포르 시 켄힐로드 88호의 키쿠수이 클럽에서 일어나 아침을 먹고 시실스트리트(Cesil Street) 사무소에 갔다가 돌아왔다. 밤 24시경에 쵸우바 사무를 마치고 잤다. 귀향한 카나가와 광옥으로부터 도착하였으니 송금하라는 전보가 왔다.

6월 24일 토요일. 흐림

아침 7시 남짓에 일어나 시실스트리트 동아상회에 가서 창이(Changi) 클럽의 경영자 카나자와 씨를 인부 10명과 더불어 모 부대 벌목소인 싱가포르 부근의 섬으로 보냈다. 11시경 사무소에서 켄힐로드로 돌아와 아침을 먹고, 또 사무소로 갔다. 사무소 문제는 오늘 니시하라 씨와 대만은행 간에 원만히 해결되었다. 클럽 사무소에서 20시 남짓에 집합하여 조합장의 말을 듣고 돌아왔다.

6월 25일 일요일. 맑음

싱가포르 시 켄힐로드의 키쿠수이 클럽에서 일어나 아침을 먹다. 치통으로 치과의사에게 가서 치료하였으나, 그냥 자꾸만 아프다. 풍치로 해마다 한 번씩은 죽을 욕을 당한다. 저녁을 먹고 클럽조합 사무소에서 집합하여 조합장의 연설을 들었다. 밤 24시경 쵸우바 사무를 마치고 잤다.

6월 26일 월요일. 맑음, 밤에 비

싱가포르 시 켄힐로드 88호의 키쿠수이 클럽에서 일어나 아침을 먹다. 치통으로 2회나 치료하였다. 가솔린표와 담배를 배급받아 왔다. 전기료 예납금 250엔도 지급하였다. 오후에는 치통으로 누워 있었다. 밤 24시 남짓까지 쵸우바 사무를 보다가 자다. 카나오카 수웅 씨는 이번에 쿠알라룸프르(Kuala Lumpur)에 갔다가 오늘 돌아왔다더라.

6월 27일 화요일. 맑음

싱가포르 시 켄힐로드 88호의 키쿠수이 클럽에서 일어나 아침을 먹다. 치통 치료를 하고, 외출하지 않고 집에만 있었다. 카리몬(Karimun) 섬에 인부를 데리고 간 카나자와 씨가 오늘 돌아왔다. 밤 24시 남짓까지 쵸우바 사무를 보다가 잤다.

6월 28일 수요일. 맑은 밤에 조금 비

싱가포르 시 켄힐로드 88호의 키쿠수이 클럽에서 일어나 치과의사에게 가서 이를 치료하고 와서 아침을 먹었다. 새로 들어온 작부(酌婦) 송○옥의 진단서를 받아 와서 가업부 취업허가 절차를 밟았다. 나카이인 키누요의 권유로 대동아극장에 가서 '아이센카츠라'[42]라는 영화를 구경하였다. 밤 1시경까지 쵸우바 사무를 보다가 자다. 나카이 키누요와 가업부 키요코(清子)는 언쟁 끝에 싸움까지 하였다.

6월 29일 목요일. 맑고 흐림

싱가포르 시 켄힐로드의 키쿠수이 클럽에서 일어나 아침을 먹다. 새로 들어온 위안부 송○옥을 데리고 특별시 보안과에 가서 취업허가를 교부받아 왔다. 밤 1시경까지 쵸우바 사무를 보다가 잤다. 대구의 실인에게 송금한 지 반 개월이나 되었는데, 아직 수취하였다는 전보도 없다.

---

42)「愛染かつら」: 1937~38년「부인구락부(婦人俱樂部)」에 연재된 쿠치마츠 타로(口松太郎)의 소설. 미망인 간호부와 의사 사이의 연애를 묘사한 것. 1938년에 영화화되어 크게 히트했다.

싱가포르 시 켄힐로드의 키쿠수이 클럽에서 일어나 아침을 먹다. 에이후쿠산업회사에 가서 세대인원이동계(異動屆)에 동 회사 사장, 즉 오챠로드 제1 초우나이카이 회장 에이후쿠 토라(永福 虎) 씨의 날인을 받아 특별시 식품과에 제출하고 세대인원을 정정하였다. 오늘부터 매월 말일이 사무소의 죠우카이로 되어 제4반 죠우카이가 클럽 사무소에서 있었다. 밤 10시 남짓에 죠우카이를 마치고 돌아와서 밤 1시 반경까지 쵸우바 사무를 보다가 잤다.

5장

키쿠수이 클럽에서 Ⅱ
(1944. 7. 1~12. 31)

7월 1일 토요일. 맑고 흐림

싱가포르 시 켄힐로드 88호의 키쿠수이 클럽에서 일어나 아침을 먹다. 니시하라 씨는 아침 일찍 부대의 일로 나갔다. 16시에 식물원에 가서 식량 증산지도 강습회를 수강하고, 또한 식물원 내 한쪽 구석에 홍남봉공회 경작 실습지를 택하여 실지 작업으로 타피오카를 심었다. 저녁을 먹고 밤 1시 남짓까지 쵸우바 사무를 보다가 자다.

7월 2일 일요일. 비 오고 흐리고 싸늘함

싱가포르 시 켄힐로드 88호의 키쿠수이 클럽에서 일어나 아침을 먹고 종일 가업부 월말 장부계산 정리를 하였다. 저녁을 먹고 밤 24시 남짓까지 쵸우바 사무를 보다가 잤다. 치통이 완치되었다.

7월 3일 월요일. 흐리고 맑음

싱가포르 시 켄힐로드 88호의 키쿠수이 클럽에서 일어나 아침을 먹다. 종일 6월분 월보를 작성하여 제출하였다. 특별시 보안과 영업계 주임 사카구치 씨와 나데시코(撫子) 병원 요시오카 선생이 밤 10시경에 와서 영업 상황 및 세척장을 조사하고 갔다. 밤 1시 반경까지 쵸우바 사무를 보다가 잤다.

7월 4일 화요일. 흐리고 맑음

싱가포르 시 켄힐로드 88호의 키쿠수이 클럽에서 일어나 아침을 먹다. 위안가업부 허○상(許○祥, 옥강[玉江])은 목하 임신 7개월로 휴업계를 제출하였다. 동아상회에 가서 니시하라 씨와 있다가 17시경에 나는 먼저 돌아왔다. 저녁을 먹고 밤 1시경까지 쵸우바 사무를 보다가 잤다.

7월 5일 수요일. 맑음

싱가포르 시 켄힐로드 88호의 키쿠수이 클럽에서 일어나 아침을 먹다.

물자배급소에 가서 쌀, 소금, 설탕 및 담배 등을 배급받아 왔다. 저녁을 먹고 밤 24시 남짓까지 쵸우바 사무를 보다가 잤다.

7월 6일 목요일. 흐린 후 맑음

싱가포르 시 켄힐로드 88호의 키쿠수이 클럽에서 일어나 아침을 먹다. 밤 24시 남짓까지 쵸우바 사무를 보다가 자다.

7월 7일 금요일. 맑음

이른 아침에 싱가포르 시 켄힐로드 88호의 키쿠수이 클럽에서 일어나 니시하라 씨와 야마토(大和) 잔교에서 북갑(北岬)행 아카츠키(曉) 부대의 연락선을 타고 북갑 언덕의 2949부대 공장에 갔다. 제3공장을 니시하라 씨가 위탁 경영하도록 부대장과 약속이 되어 직공을 모집하여 취업시켰다. 오는 10일부터 일부분 위탁한다더라. 오후 15시 반경에 민간의 배를 타고 건너와, 동아상회 사무소에서 20시경까지 있다가 켄힐로드로 돌아와 저녁을 먹고 밤 1시경까지 쵸우바 사무를 보다가 자다.

7월 8일 토요일. 맑음

싱가포르 시 켄힐로드 88호의 키쿠수이 클럽에서 일어나 아침을 먹다. 오늘은 클럽 공휴일이다. 종일 놀다가 저녁을 먹고 클럽조합 사무소에 가서 토나리구미의 쵸우카이에 참석하였다가 돌아왔다. 밤 1시 남짓에 잤다.

7월 9일 일요일. 맑음

싱가포르 시 켄힐로드 88호의 키쿠수이 클럽에서 일어나 아침을 먹었다. 니시하라 씨는 북갑 공장에 갔다가 밤 1시 반경에 돌아왔다. 카나모토 ○애(○愛)와 그의 동생 ○애(○愛)는 이번에 귀향한다고 폐업하겠다기에 주인 니시하라 씨가 승낙하여 오늘 폐업계를 냈다. 밤 2시 남짓까지 쵸우바 사무를 보다가 잤다.

7월 10일 월요일. 맑고 흐림

싱가포르 시 켄힐로드 88호의 키쿠수이 클럽에서 일어나 아침을 먹다. 니시하라 씨는 북갑 공장에 아침 일찍 갔다가 밤 24시 남짓에 돌아왔다. 24시 남짓에 쵸우바 사무를 마치고 잤다.

7월 11일 화요일. 맑음

싱가포르 시 켄힐로드 88호의 키쿠수이 클럽에서 일어나 아침을 먹었다. 카나모토 ○애와 그의 동생 ○애 2명에 대한 폐업 관계로 보안과 영업계에 가서 폐업 절차를 밟았다. 공장 직공들 임금을 지급하기 위해 화남은행에 니시하라 씨의 수표를 가지고 가서 5,000엔을 찾았다. 동아상회 사무소에서 니시하라 씨가 오기를 기다려 직공 등에게 임금을 지급하고 돌아와 저녁을 먹다.

7월 12일 수요일. 맑음

싱가포르 시 켄힐로드 88호의 키쿠수이 클럽에서 일어나 아침을 먹다. 송○옥에 대한 재류증명 절차를 완료하여 증명서가 내려와 받다. 보안과 영업계에서 카나모토 ○애에 대한 여행증명에 필요한 증명서를 받다. 이번에는 10시경에 급히 경계경보가 나더니 24시경에 공습경보가 났다. 1시 반 남짓에 해제되다. 밤 2시 반경에 잤다.

7월 13일 목요일. 아침에 비 온 후 흐리고 맑음

싱가포르 시 켄힐로드 88호의 키쿠수이 클럽에서 일어나 아침을 먹다. 화남은행에 가서 니시하라 씨가 부탁한 수표로 3,000엔을 찾아왔다. 오후 북갑 공장에 갔다가 동아상회 사무소로 와서 직공들의 일급 장부를 정리하였다. 니시하라 씨와 밤 10시경까지 직공 150명에 대한 오늘까지의 임금을 지급하고 돌아와 저녁을 먹다. 밤 2시경에 쵸우바 사무를 마치고 자다.

싱가포르 시 켄힐로드 88호의 키쿠수이 클럽에서 일어나 아침을 먹다. 보안과 분실 여행계에서 여행증명 절차 용지를 얻어 왔다. 밤 1시 남짓까지 쵸우바 사무를 보다가 자다.

싱가포르 시 켄힐로드 88호의 키쿠수이 클럽에서 일어나 아침을 먹고 니시하라 씨와 북갑 공장에 가서 종일 있다가 17시경에 직공인 쿠리[苦力]들에게 배급할 백미를 부대 매점에서 구입하여 짐차에 실어 카톤에 들러 동아상회 사무소에 돌아왔다. 20시 남짓에 돌아온 니시하라 씨와 키쿠수이 클럽에 돌아와 저녁을 먹고, 밤 1시 남짓까지 쵸우바 일을 보고 자다.

싱가포르 시 켄힐로드 88호의 키쿠수이 클럽에서 일어나 아침을 먹고, 북갑 공장에 가서 종일 있다가 오후에 돌아왔다. 저녁을 먹고 밤 2시경에 쵸우바 일을 마치고 잤다.

싱가포르 시 켄힐로드 88호의 키쿠수이 클럽에서 일어나 아침을 먹고, 북갑 공장에 가서 종일 사무를 보다가 돌아왔다. 잔업 2시간을 더 하기로 되어 20시에 끝났다. 저녁을 먹고 밤 1시경까지 쵸우바 사무를 보다가 잤다.

싱가포르 시 켄힐로드 88호의 키쿠수이 클럽에서 일어나 아침을 먹고 북갑 공장에 갔다. 종일 공장에서 사무를 보다가 20시 남짓에 동아상회 사무소에 돌아왔다가 키쿠수이 클럽으로 돌아오니 21시 반 남짓이나 되었더라. 저녁을 먹고 밤 1시까지 또 쵸우바 사무를 보다가 잤다.

7월 19일 수요일. 맑음

싱가포르 시 켄힐로드 88호의 키쿠수이 클럽에서 일어나 아침을 먹었다. 북갑 공장에 가서 종일 사무를 보다가 돌아왔다. 저녁을 먹고 밤 24시까지 놀다가 잤다.

7월 20일 목요일. 맑음

싱가포르 시 켄힐로드 88호의 키쿠수이 클럽에서 일어나 아침을 먹다. 카나모토 ○애와 그 동생 ○애 두 사람을 데리고 특별시 보안과 분실 여행계에 가서 귀환 여행증명 절차를 제출하였는데, 미비점이 있어 그냥 가지고 왔다. 니시하라 씨가 부탁한 대로 화남은행에서 입금, 송금 및 전보 타전 등의 일을 하였다. 토우조우[43] 내각이 총사직하였다고 신문에 났다.

7월 21일 금요일. 흐리고 맑은 후 비 옴

싱가포르 시 켄힐로드 88호의 키쿠수이 클럽에서 일어나 아침을 일찍 먹고 니시하라 씨와 북갑 공장에 가서 종일 사무를 보다가 밤 10시경에 돌아왔다. 밤 1시경까지 클럽의 쵸우바 사무를 보고 잤다.

7월 22일 토요일. 맑음

싱가포르 시 켄힐로드 88호의 키쿠수이 클럽에서 일어나 아침을 먹고 니시하라 씨와 북갑 공장에 가서 종일 사무를 보다가 돌아왔다. 도선(渡船)의 갑판 일부가 파손되어 공장 직공 20여 명이 부상하였다. 밤 1시경까지 쵸우바 일을 보고 잤다.

---

43) 東條英機(1884~1948): 일본의 군인·정치가. 관동군 헌병대 사령관, 관동군 참모장을 거쳐 1940년 육군장관으로 입각, 미국·영국에 대한 개전을 주장했다. 1941년 10월 토우조우내각을 조직하고 육군장관과 총리를 겸했으며 12월 태평양전쟁을 시작했다. 1944년 참모총장도 겸임, 독재 체제를 수립했으며 1944년 7월 전세가 악화되자 그의 내각은 총사직했다. 패전 후 극동국제군사재판에서 A급 전범으로 단죄되어 1948년 처형되었다.

7월 23일 일요일. 맑음

싱가포르 시 켄힐로드 88호의 키쿠수이 클럽에서 일어나 아침을 먹고 니시하라 씨와 북갑 공장에 가서 종일 사무를 보고 돌아왔다. 코이소 쿠니아키(小磯國昭) 대장(현 조선총독)에게 조각(組閣)의 대명이 내려왔다.

7월 24일 월요일. 흐리고 비

싱가포르 시 켄힐로드 88호의 키쿠수이 클럽에서 일어나 아침을 일찍 먹고 니시하라 씨와 북갑 공장에 가서 종일 있다가 20시 남짓에 동아상회 사무소에 와서 직공에게 일급을 지급하고 돌아오니 24시 남짓이더라. 조선총독에는 전임 수상 아베(阿部) 대장이 취임하였다.

7월 25일 화요일. 흐리고 비

싱가포르 시 켄힐로드 88호의 키쿠수이 클럽에서 일어나 아침을 먹고 니시하라 씨와 같이 북갑 공장에 가서 종일 사무를 보았다. 20시 남짓에 동아상회 사무소에 와서 직공들에게 쌀을 배급하였다. 23시경에 키쿠수이 클럽에 돌아와서 저녁을 먹고 쵸우바 일을 마치고 자다.

7월 26일 수요일. 흐리고 비 오고 흐림

키쿠수이 클럽에서 일어나 아침을 먹고 북갑 공장에 가서 종일 사무를 보고 돌아와서 저녁을 먹다. 밤 24시경에 쵸우바 사무를 마치고 자다. 니시하라 씨가 위탁을 받아 경영하는 북갑 공장에 사무원이 없어 매일 분망한 작업에 나를 같이 가자고 청하니 아니 갈 수는 없고, 이른 아침에 일어나 밤늦게 돌아오니 몸을 부지할 수 없다.

7월 27일 목요일. 맑음

싱가포르 시 켄힐로드 88호의 키쿠수이 클럽에서 일어나 아침을 먹고 정금은행에 가서 가업부 저금을 하고, 배급소에서 담배를 배급받아 돌아왔다. 고향의 동생 ○○에게 300엔을 부쳤다. 저녁을 먹고 클럽조합 사무소에 가서 조합장의 연설을 듣고 돌아왔다.

7월 28일 금요일. 맑음

싱가포르 시 켄힐로드 88호의 키쿠수이 클럽에서 일어나 아침을 먹고 북갑 공장에 갔다. 20시 남짓에 동아상회 사무소로 돌아오니 카나오카 수웅 씨가 자동차로 니시하라 씨가 카톤의 술집에서 오라고 한다기에 같이 가서 술 마시고 놀다가 돌아와 잤다.

7월 29일 토요일. 맑음

싱가포르 시 켄힐로드 88호의 키쿠수이 클럽에서 일어나 아침을 먹고 니시하라 씨와 북갑 공장에 가서 종일 있다가 돌아왔다. 밤 1시 남짓에 쵸우바 사무를 마치고 잤다.

7월 30일 일요일. 맑음

싱가포르 시 켄힐로드 88호의 키쿠수이 클럽에서 일어나 아침을 먹고 북갑 공장에 가서 종일 사무를 보다가 돌아와서 저녁을 먹고 쵸우바 사무를 마치고 잤다. 시각은 밤 1시 남짓.

7월 31일 월요일. 맑음

아침 일찍 싱가포르 시 켄힐로드 88호의 키쿠수이 클럽에서 일어나 아침을 먹고 북갑 공장에 가서 종일 사무를 보다가 돌아왔다. 저녁을 먹고 밤 1시 남짓까지 키쿠수이 클럽의 쵸우바 사무를 보다가 잤다.

8월 1일 화요일. 맑음

아침 일찍 싱가포르 시 켄힐로드 88호의 키쿠수이 클럽에서 일어나 아침을 먹고 북갑 공장에 출근하였다. 이번에 차량등록국에서 자가용 자동차를 징발하는 통에 키쿠수이 클럽의 승용차도 오늘 차량등록국에서 끌어갔다더라. 북갑 공장에서 20시에 출발하여 돌아와서 저녁을 먹으니 밤 22시 반 남짓이다.

8월 2일 수요일. 맑음

싱가포르 시 켄힐로드 88호의 키쿠수이 클럽에서 일어나 아침을 먹고 북갑 공장에 가서 종일 사무를 보다가 돌아와 저녁을 먹다. 밤 1시 남짓까지 클럽의 쵸우바 사무를 보고 잤다.

8월 3일 목요일. 맑음

아침 일찍 싱가포르 시 켄힐로드 88호의 키쿠수이 클럽에서 일어나 아침을 먹고 니시하라 씨와 북갑 공장에 가서 종일 사무를 보다가 20시경에 북갑을 출발하여 켄힐로드의 키쿠수이 클럽에 돌아와 저녁을 먹었다. 밤 1시 남짓에 쵸우바 사무를 마치고 잤다.

8월 4일 금요일. 맑음

아침 일찍 싱가포르 시 켄힐로드 88호의 키쿠수이 클럽에서 일어나 니시하라 씨와 북갑 공장에 가려다가 나는 직공 급료를 계산하여 오늘 저녁에 지급해야 하기에 못 가고 바쁘게 계산하였으나 다 끝내지 못하고 시아게(仕上) 발동기공(發動機工)의 잔업 계산은 나중에 하기로 하다. 19시 남짓부터 동아상회 사무소에서 지급을 시작하여 밤 2시경에 종료하였다. 귀가하여 취침하니, 밤 3시더라. 오늘 지급액은 전부 3만 수천 엔이다.

8월 5일 토요일. 맑음

싱가포르 시 켄힐로드 88호의 키쿠수이 클럽에서 일어나 아침을 먹고 북갑 공장에 가서 종일 사무를 보다가 돌아왔다. 22시 남짓에 저녁을 먹고 쵸우바 장부를 정리한 후 잤다.

아침 일찍 싱가포르 시 켄힐로드 88호의 키쿠수이 클럽에서 일어나 아침을 막고 북갑 공장에 가서 종일 사무를 보며 직공을 지도 감독하였다. 19시 남짓에 동아상회 사무소로 와서 직공들에게 쌀을 배급하고 돌아오니 22시 반 남짓이더라. 저녁을 먹고 쵸우바 사무를 조금 보고 밤 1시 남짓에 취침하였다.

싱가포르 시 켄힐로드 88호의 키쿠수이 클럽에서 일어나 아침을 먹다. 종일 바쁘게 7월분 클럽 월보 작성과 가업부 7월 수입을 계산하였다. 밤 1시 남짓까지 쵸우바 사무를 보고 잤다. 카나모토 ○애와 그 동생 ○애 2명의 여행증명이 되어 남방운항회사에 승선 신청을 하였다.

싱가포르 시 켄힐로드 88호의 키쿠수이 클럽에서 일어나 아침을 먹고 종일 쵸우바 사무를 보았다. 저녁을 먹고 클럽조합 사무소의 죠우카이에 참석하였다. 이번에 본 클럽에서 조합 관계로 헌금한 총액이 2만 4,700여 엔이더라. 오늘 키쿠수이 클럽 개업 만 2주년 기념일이다.

싱가포르 시 켄힐로드 88호의 키쿠수이 클럽에서 일어나 아침을 먹고, 정금은행에 가서 카나모토 ○애 자매 2명에 대한 송금허가신청을 제출하고, 배급소에 가서 8월분 미곡류와 기타 배급을 받았다. 저녁을 먹고 밤 2시 남짓까지 쵸우바 사무를 보다가 잤다.

싱가포르 시 켄힐로드 88호의 키쿠수이 클럽에서 일어나 아침을 먹고 종일 수지계산서를 작성하여 제출하였다. 밤 2시경까지 쵸우바 일을 보다가 갔다.

8월 11일 금요일. 아침에 비 온 후 흐리고 싸늘함

싱가포르 시 켄힐로드 88호의 키쿠수이 클럽에서 일어나 아침을 먹고, 북갑 공장에 가서 종일 사무를 보다가 20시경에 동아상회 사무소에 돌아와 직공에게 잔업을 계산하여 잔액을 지급하고, 키쿠수이 클럽에 돌아와 밤 2시경까지 쵸우바 일을 보고 잤다.

8월 12일 토요일. 흐리고 비 오고 흐림

싱가포르 시 켄힐로드 88호의 키쿠수이 클럽에서 일어나 아침을 먹고, 북갑 공장에 출근하였다. 19시 반경에 동아상회 사무소로 돌아와 잔업을 계산하여 잔액을 직공들에게 지급하고, 키쿠수이 클럽에 돌아와 저녁을 먹고 밤 1시 남짓에 잤다.

8월 13일 일요일. 맑음

싱가포르 시 켄힐로드 88호의 키쿠수이 클럽에서 일어나 특별시 앞 광장에서 거행하는 전(全)싱가포르 경방대(警防隊) 결성식에 참가하였다. 11시에 식을 폐하고, 각각 해산하였다. 나는 탈 것이 없어서 천천히 걸어오다가 이발하고, 11시 반경 키쿠수이 클럽에 돌아와 아침을 먹었다. 종일 북갑 공장 직공의 일급을 계산하였다. 밤 2시경까지 쵸우바 사무를 보다가 잤다.

8월 14일 월요일. 비 오고 흐리고 맑음

싱가포르 시 켄힐로드 88호의 키쿠수이 클럽에서 일어나 아침을 먹다. 카나모토 ○애와 그 동생 ○애는 오늘 16시 내지행에 승선하기 위해 정박장에 집합하였다. 19시 남짓부터 밤 24시경까지 동아상회 사무소에서 직공들의 임금을 지급하였다. 밤 1시 남짓에 키쿠수이 클럽에 돌아와 저녁을 먹고 잤다.

8월 15일 화요일. 맑고 흐림

싱가포르 시 켄힐로드 88호의 키쿠수이 클럽에서 일어나 아침을 먹다. 클럽조합 사무소에서 시행하는 예방주사를 전원에게 맞혔다. 우편국에서 김○선(金○先)의 송금을 하고, 전보국에서 이○봉(李○鳳), 김○선, 최○임(崔○任) 3명의 전보를 치고 돌아왔다. 저녁을 먹고 밤 24시 남짓까지 쵸우바 사무를 보다가 잤다.

8월 16일 수요일. 흐리고 비

싱가포르 시 켄힐로드 88호의 키쿠수이 클럽에서 일어나 아침을 먹다. 쵸우바 사무를 보다가 오후 동아상회 사무소에 가서 밤 23시경까지 직공들에게 쌀을 배급하고 돌아와서 저녁을 먹고 잤다.

8월 17일 목요일. 흐리고 비

싱가포르 시 켄힐로드 88호의 키쿠수이 클럽에서 일어나 아침을 먹었다. 대구 실인에게 고 처남의 유골이 왔는지를 묻는 전보를 쳤다. 카나오카 수웅 씨 댁에서 저녁을 먹고 노는데, 니시하라 씨가 와서 동아상회 사무소에 가서 직공들에게 쌀을 배급하고 오라기에 즉시 가서 배급하고 돌아와서 밤 1시 남짓에 잤다.

8월 18일 금요일. 맑고 흐리고 비 오고 흐림

싱가포르 시 켄힐로드 88호의 키쿠수이 클럽에서 일어나 아침을 먹고, 북갑 공장에 가서 종일 있다가 저녁에 돌아와서 저녁을 먹다. 밤 1시경까지 쵸우바 사무를 보다가 잤다.

싱가포르 시 켄힐로드 88호의 키쿠수이 클럽에서 일어나 아침을 먹다. 공장에는 니시하라 씨가 가기로 하고, 나는 오늘 특별시 적산과에서 적산 가구를 차용한 것을 조사하러 온다기에 대기하고 있었으나, 14시 남짓이 나 되어도 아니 오기에 나카이 키누요에게 부탁하고, 외출하여 장부를 사서 돌아왔다. 오늘 공장에서 작업 중 사고가 발생하여 현지 직공 1명이 즉사하고 3명의 중경상자가 났다더라.

8월 20일 일요일. 구름과 비

싱가포르 시 켄힐로드 88호의 키쿠수이 클럽에서 일어나 아침을 먹고, 북갑 공장에 가서 종일 사무를 보았다. 저녁에 돌아와서 저녁을 먹고, 밤 24시경에 쵸우바 사무를 마치고 잤다.

8월 21일 월요일. 맑고 흐리고 비

싱가포르 시 켄힐로드 88호의 키쿠수이 클럽에서 일어나 아침을 먹었다. 북갑 공장에 가서 종일 있다가 저녁에 돌아왔다. 저녁을 먹고 밤 24시 남짓에 잤다.

8월 22일 화요일. 맑고 흐리고 밤에 비

싱가포르 시 켄힐로드 88호의 키쿠수이 클럽에서 일어나 아침을 먹었다. 클럽조합 사무소에서 클럽 종업원 전부가 예방주사를 맞았다. 저녁을 먹은 후 니시하라 씨, 카나오카 씨 및 군속 2명과 하루노야 요리점에 가서 술 마시고 놀다가 돌아왔다.

8월 23일 수요일. 맑음

싱가포르 시 켄힐로드 88호의 키쿠수이 클럽에서 일어나 아침을 먹었다. 종일 북갑 공장 직공 400여 명에 대한 임금을 계산하였다. 저녁을 먹은 후 문명(文明)상회의 카나자와 씨가 와서 밤 24시경까지 임금 계산을 도우다가 돌아갔다.

8월 24일 목요일. 맑음

싱가포르 시 켄힐로드 88호의 키쿠수이 클럽에서 일어나 아침을 먹고 북갑 공장에 갔다. 오후 18시 반에 싱가포르 동아상회 사무소로 돌아왔다. 20시경부터 직공들에게 임금을 지급하기 시작하여 밤 24시경에 마쳤다. 키쿠수이 클럽에 돌아와서 저녁을 먹고 취침하니 밤 2시경이더라.

8월 25일 금요일. 맑은 후 조금 비

싱가포르 시 켄힐로드 88호의 키쿠수이 클럽에서 일어나 아침을 먹고 북갑 공장에 출근하였다. 19시에 사무를 마치고 키쿠수이 클럽에 돌아와서 저녁을 먹었다. 어찌나 졸음이 오는지 22시경에 취침하였다. 처음으로 24시 전에 잤다.

8월 26일 토요일. 맑음

싱가포르 시 켄힐로드 88호의 키쿠수이 클럽에서 일어나 아침을 먹었다. 니시하라 씨가 부탁한 송금을 하고, 화남은행에서 차용한 원금 2만 4,000엔에 대한 이자를 지급하였다. 지금까지 싱가포르 야채조합에서 근무하던 키노시타(木下) 씨가 니시하라 씨의 동아상회에 근무하기 위해 왔다.

8월 27일 일요일. 맑음

싱가포르 시 켄힐로드 88호의 키쿠수이 클럽에서 일어나 아침을 먹고, 북갑 공장에 가서 종일 사무를 보았다. 오후 19시경부터 동아상회 사무소에서 직공들에게 쌀을 배급하였다. 밤 23시경에 돌아와서 저녁을 먹고 놀다가 잤다.

싱가포르 시 켄힐로드 88호의 키쿠수이 클럽에서 일어나 아침을 먹다. 종일 북갑 공장 직공 명부를 작성하였다. 밤 24시경까지 쵸우바 사무를 보다가 잤다.

싱가포르 시 켄힐로드 88호의 키쿠수이 클럽에서 일어나 아침을 먹고 종일 키노시타 씨와 북갑 공장 서류를 정리하였다.

| **장녀 ○○의 비보를 접함** |

싱가포르 시 켄힐로드 88호의 키쿠수이 클럽에서 일어나 아침을 먹다. 오늘도 키노시타 씨와 공장 서류를 작성하고 정리하다. 오후 5시 남짓 나에게 엽서 한 장이 도달하였는데, 보낸 사람은 조선에 있는 처남 야마모토 ○치(山本 ○治)이다. 엽서 내용을 보니, 출발 이후 나의 머릿속을 늘 떠나지 않아 걱정하고 있던 장녀 ○○이 병이 낫지 않고 작년 2월경 사망하였다 하였으며, 장남 ○○도 병으로 병원에서 치료를 받고 있다더라. 남방으로 올 때 병든 몸으로 부산 부두에서 전송하여주던 나의 둘도 없는 외동딸이 나으라고 그간 하나님에게 축수하기를 하루도 잊지 않았는데, 죽었다는 말이 웬 말인가. 장남마저 병이라니, 이것도 믿을 수 없고, 집안이 온통 망하고 말았다. 쏟아지는 눈물을 금할 도리가 없다. 아, 하루바삐 나아서 건강한 몸으로 학교 잘 다니라고 빌었는데, 하나님도 무심하다. 나의 앞날은 이제 아무 행복도 영화도 다 사라지고 말았다. ○○은 작년이 16세, 여학교 3년생이었다.

싱가포르 시 켄힐로드의 키쿠수이 클럽에서 일어나 아침을 먹고, 종일 사망한 장녀 ○○을 생각하며 마음을 잡을 수 없어 하루라도 빨리 귀향할까 한다. 그러나 하루 이틀에 갈 수도 없고 기막힐 뿐이다. 금년 4월 초에 귀향한 쿄우에이 클럽 가업부 윤○중에게서 무사히 귀환하였다는 엽서가 왔다. 대구 실인으로부터 두 차례 송금을 수취하고, 집안이 무사하다는 전보가 오다. 장녀 사망에 대해 가내 소식을 자세히 알리라고 동생과 실인에게 전보를 치다.

9월 1일 금요일. 맑음
싱가포르 시 켄힐로드 88호의 키쿠수이 클럽에서 일어나 아침을 먹고 종일 공장 서류를 작성하였다. 밤 1시 남짓까지 사무를 보다가 잤다. 후지 클럽 주인 카야마 형락(佳山 亨洛) 씨는 클럽을 매각하여 오늘 인도하였다 더라. 그리고 귀향하기 위해 여행증명원을 제출 중이라 한다.

9월 2일 토요일. 맑음, 조금 흐림
싱가포르 시 켄힐로드 88호의 키쿠수이 클럽에서 일어나 아침을 먹었다. 전에 싱가포르 야채조합에서 키노시타 씨와 같이 근무하다가 히라야마(平山)상회로 출근하던 카나자와 씨가 니시하라 씨의 영업소에 근무하기로 약속하고 오늘부터 왔다. 밤 24시 남짓까지 사무를 보았다. 음력 8월 15일이라 한 점의 구름도 없이 맑게 갠 남방의 푸른 하늘에 둥글고 등근 달이 낮과 같이 밝게 비치고 있다. 고향의 부모, 형제 및 처자도 저 달을 쳐다보고 있으리라. 언제 다 같이서 달구경을 할까. 감회무량.

9월 3일 일요일. 맑음
싱가포르 시 켄힐로드 88호의 키쿠수이 클럽에서 일어났다. 종일 키노시타와 카나자와 두 사람과 공장 서류를 작성하였다. 내가 비운 대구 집으로부터 유우코는 사망하고 ○○은 무사하다는 전보가 왔다. 밤 2시경에 잤다. 유우코(○○)는 오래 병으로 고생하다가 아버지의 얼굴을 못 본 한을 품은 채 이 세상에서 사라져버린 것이 확실하도다.

9월 4일 월요일. 맑음

싱가포르 시 켄힐로드 88호의 키쿠수이 클럽에서 일어나 아침을 먹고 종일 공장 서류를 작성하였다. 저녁을 먹고 카나자와 씨와 동아상회 사무소에 가서 공장 직공의 임금을 지급하고, 밤 1시경에 돌아와서 잤다. 이번에 10일간의 직공 임금 총액은 5만 엔가량이다.

9월 5일 화요일. 아침에 비 온 후 맑음

싱가포르 시 켄힐로드 88호의 키쿠수이 클럽에서 일어나 아침을 먹고 키노시타와 카나자와 두 사람이 오기를 기다려서 종일 공장서류를 작성하다. 밤 4시까지 사무를 보다가 잤다. 본 클럽의 가업부 허○상은 임신 중이었는데, 오늘 밤 중앙병원에 입원하여 23시 반경 남아를 순산하였다.

9월 6일 수요일. 비

싱가포르 시 켄힐로드 88호의 키쿠수이 클럽에서 일어나 아침을 먹었다. 클럽 8월분 월보를 조합 사무소에 제출하였다. 보안과 영업계에 김○애(金○愛)의 폐업 동의서를 제출하여 증명을 받았다. 오늘도 밤 2시경까지 사무를 보다가 잤다.

9월 7일 목요일. 조금 비 온 후 맑음

싱가포르 시 켄힐로드 88호의 키쿠수이 클럽에서 일어나 아침을 먹었다. 부대 경리과에 제출할 북갑 공장에 대한 서류는 오늘 완료되어 니시하라 씨가 제출하였다. 7월 1일 이후 8월 말까지 공장에서 지출된 금액이 20여 만 엔이다. 저녁을 먹고 동아상회 사무소에 가서 직공에게 미곡 배급을 나누어주었다.

9월 8일 금요일. 조금 비 온 후 맑음

싱가포르 시 켄힐로드 88호의 키쿠수이 클럽에서 일어나 아침을 먹었다. 종일 북갑 공장 서류를 작성하였다. 저녁을 먹고 상회에 참석하였다. 밤 1시경에 잤다.

9월 9일 토요일. 맑은 후에 비 오고 흐림

싱가포르 시 켄힐로드 88호의 키쿠수이 클럽에서 일어나 아침을 먹었다. 오늘도 종일 공장 서류를 작성하였다. 밤 2시 남짓까지 사무를 보다가 잤다. 저녁을 먹은 후 동아상회 사무소에 가서 직공에게 미곡 배급의 나머지 분을 나누어주고 돌아왔다. 창이 포로수용소의 군속이 무단으로 외출하여 당 클럽의 작부 키쿠에에게 와서 자고 간 것이 헌병에게 발각되어 방금 조사 중이라면서, 동 부대 중위가 키쿠에를 찾아와서 사실을 조사하고 갔다.

9월 10일 일요일. 아침에 맑은 후 비 오고 흐림

싱가포르 시 켄힐로드 88호의 키쿠수이 클럽에서 일어나 아침을 먹었다. 클럽의 8월분 수지계산서를 작성하여 제출하였다. 저녁에 동아상회 사무소에 가서 직공 몇 명의 9월 상순 임금의 미지급금을 지급하고 돌아와서 저녁을 먹고, 밤 1시 남짓까지 사무를 보다가 잤다.

9월 11일 월요일. 맑고 흐림

싱가포르 시 켄힐로드 88호의 키쿠수이 클럽에서 일어나 아침을 먹었다. 보안과 영업계에 가서 본 클럽의 위안부 김○선의 여행증명 절차에 필요한 증명서를 교부해 왔다. 밤 1시경까지 쵸우바 사무를 보다가 잤다.

9월 12일 화요일. 동트기 전에 비 온 후 맑음

싱가포르 시 켄힐로드 88호의 키쿠수이 클럽에서 일어나 아침을 먹었

다. 위안부 김○선과 김○애 2명의 귀향 여행증명 신청서를 제출하였다.
팔렘방의 카나자와 씨가 이번에 니시하라 씨의 부름을 받고 싱가포르에
왔다. 저녁을 먹고 밤 1시경까지 쵸우바 사무를 보다가 잤다.

9월 13일 수요일. 새벽에 비 온 후 맑음

싱가포르 시 켄힐로드 88호의 키쿠수이 클럽에서 일어나 아침을 먹다.
작년 8월말 랑군 병참사령부에 맡긴 처남과 세 사람의 유골을 수취하여 두
었다가 귀향할 때 가지고 가려고 오늘 랑군 왕복여행 증명원을 제출하였
다. 대구의 실인에게 처남의 유골을 수취하였는지 전보를 했다. 유골을 작
년에 부대에 의뢰하여 본적지로 부치도록 조처하였는데, 아직 부치지 아
니 한 것 같아서 실인에게 전보를 쳤는데, 회답을 기다려 만약 보내오지 않
았다면, 내가 랑군까지 갔다 와야겠다. 저녁에 니시하라 씨 외 4, 5인과 카
톤의 하마노야(濱ノ屋) 요리점에 가서 술 마시고 놀다가 돌아와서 잤다.

9월 14일 목요일. 맑은 후 조금 비 오고 흐리고 맑음

싱가포르 시 켄힐로드 88호의 키쿠수이 클럽에서 일어나 아침을 먹었
다. 니시하라 씨가 팔렘방에서 온 카나자와 씨 내외와 카나오카 씨 내외를
초대하여 저녁을 같이 먹었다. 저녁을 먹은 후 카나자와 정남(定男) 및 키노
시타 두 사람과 동아상회 사무소에 가서 공장 직공들에게 10일간의 임금 4
만여 엔을 지급하고 돌아와서 사무 정리하고 밤 1시경에 잤다.

9월 15일 금요일. 맑음

싱가포르 시 켄힐로드 88호의 키쿠수이 클럽에서 일어나 아침을 먹었
다. 저녁을 먹고 동아상회 사무소에 가서 공장 직공의 임금 잔액을 지급하
였다. 밤 1시경까지 쵸우바 사무를 보다가 잤다.

싱가포르 시 켄힐로드 88호의 키쿠수이 클럽에서 일어나 아침을 먹었다. 치통으로 중국인 치과의사에게 치료하였다. 저녁을 먹고 동아상회 사무소에 가서 직공들에게 쌀을 배급해주고 밤 11시경에 돌아왔다. 밤 1시경에 잤다.

싱가포르 시 켄힐로드 88호의 키쿠수이 클럽에서 일어나 치과의사에게 가서 치통을 치료하고 와서 아침을 먹었다. 동아상회의 니시하라 씨가 파견한 카리몬 섬의 목재 벌채 감독원 카나자와 경성(金澤 慶成)이 돌아왔다. 이 섬의 벌채는 명령에 의하여 이번에 중지하고, 전부 싱가포르로 나오게 되었는데, 군인도 나오게 되었다더라. 오늘은 오랜만에 북갑 공장 전원의 공휴일이다. 밤 2시경까지 쵸우바 일을 보고 잤다.

싱가포르 시 켄힐로드 88호의 키쿠수이 클럽에서 일어나 아침을 먹었다. 저녁을 먹고 동아상회 사무소에 가서 직공들의 쌀배급 잔존분을 나누어주고 돌아왔다. 밤 1시경까지 쵸우바 사무를 보고 잤다.

싱가포르 시 켄힐로드 88호의 키쿠수이 클럽에서 일어나 아침을 먹었다. 본 클럽의 공휴일이다. 10시경 클럽 사무소에 가업부 전원과 업주가 집합하여 보안과 사카구치 영업계 주임의 영업상 훈시를 들었다. 그 후 업자 측만 따로 모여 방위사령부 클럽 담당 중위의 훈시가 있어서 들었다.

싱가포르 시 켄힐로드 88호의 키쿠수이 클럽에서 일어나 아침을 먹었

다. 종일 쵸우바에서 사무 보다가 저녁을 먹고 밤 1시경에 쵸우바 일을 마치고 잤다.

9월 21일 목요일. 비 온 후 흐림

싱가포르 시 켄힐로드 88호의 키쿠수이 클럽에서 일어나 아침을 먹었다. 저녁을 먹고 니시하라 씨의 초대로 카나오카 씨 댁에서 하나조노(花園) 클럽 주인 토쿠야마(德山) 씨 내외, 전 후지 클럽 주인 카야마 씨 내외 및 쿄우에이 클럽 주인 타카시마(高島) 씨가 모여 밤 23시경까지 술 마시고 놀다가 돌아와 잤다.

9월 22일 금요일. 흐리고 저녁에 조금 비

싱가포르 시 켄힐로드 88호의 키쿠수이 클럽에서 일어나 아침을 먹었다. 종일 놀다가 저녁을 먹고 밤 24시까지 쵸우바 사무를 보다가 잤다. 어제부터 감기로 몸이 편치 않다.

9월 23일 토요일. 흐리고 간간이 비 옴

아침 일찍 6시 반 남짓에 싱가포르 시 켄힐로드 88호의 키쿠수이 클럽에서 일어나 클럽 방인 전원을 데리고 특별시 앞 광장 총궐기대회에 참석하였다. 10시경 대회를 폐하고 돌아와서 아침을 먹었다. 몸이 불편하여 종일 누웠다 앉았다 하였다. 저녁을 먹고 밤 1시 남짓까지 쵸우바 사무를 보고 잤다.

9월 24일 일요일. 흐리고 조금 비 오고 맑음

싱가포르 시 켄힐로드의 키쿠수이 클럽에서 일어나 중앙병원에 진찰하러 갔더니, 일요일이라 휴진이기에 그냥 돌아왔다. 아침을 조금 먹고 몸이 아파서 종일 아무 일도 아니하고 휴양하였다. 저녁을 먹고 밤 1시 남짓까지 쵸우바 사무를 보다가 잤다.

싱가포르 시 켄힐로드 88호의 키쿠수이 클럽에서 일어나 중앙병원에 가서 진찰하고 약을 가지고 왔다. 혈액 검사를 위하여 혈액을 채취했다. 저녁을 먹고 동아상회 사무소에 키노시타 씨와 같이 가서 직공들에게 월급을 지급하고 밤 11시경에 돌아왔다.

싱가포르 시 켄힐로드 88호의 키쿠수이 클럽에서 일어나 아침을 먹었다. 니시하라 씨의 부탁으로 니시하라 고향 가족에게 송금하였다. 저녁을 먹고 밤 1시경까지 쵸우바 사무를 보다가 잤다.

싱가포르 시 켄힐로드 88호의 키쿠수이 클럽에서 일어났다. 중앙병원에 가서 진찰을 받아 주사를 맞고 돌아와 아침을 먹었다. 보안과 분실 여행증명계에서 이전에 제출하였던 버마 왕복 여행증명과 김O선 및 김O애 두 사람의 내지 여행증명이 되었다기에 즉시 가서 받아 오다. 저녁을 먹고 동아상회 사무소에 가서 직공들에게 미곡을 배급해주고 돌아와 놀다가 밤 2시경에 잤다.

싱가포르 시 켄힐로드 88호의 키쿠수이 클럽에서 일어나 아침을 먹었다. 정금은행에 가서 가업부 저금을 하고, 남방운항회사에 가서 김O선과 김O애 두 사람에 대한 내지 승선을 신청하였다. 저녁을 먹고 밤 2시경까지 쵸우바 사무를 보다가 잤다.

싱가포르 시 켄힐로드 88호의 키쿠수이 클럽에서 일어나 중앙병원에 가서 주사를 맞고 왔다. 아침을 먹고 정금은행에 가서 가업부 저금을 하였다. 귀로에 카나오카 수웅 씨 댁에서 오라기에 들렀더니, 저녁을 대접하기에 잘 먹고 놀다가 돌아와서, 밤 1시경까지 쵸우바 사무를 보고 잤다.

9월 30일 토요일. 5시경 폭우 후에 맑고 밤에 비

싱가포르 시 켄힐로드 88호의 키쿠수이 클럽에서 일어나 아침을 먹었다. 정금은행에 가서 가업부 저금을 하였다. 저녁을 먹고 클럽조합 사무소 쵸우카이에 참석하였다. 밤 1시경까지 쵸우바 사무를 보다가 잤다.

10월 1일 일요일. 흐림

싱가포르 시 켄힐로드 88호의 키쿠수이 클럽에서 일어나 아침을 먹었다. 카나오카 수웅 씨가 니시하라 씨와 4, 5인이 놀러 간다고 같이 가자기에, 료우고쿠 식당에 가서 술을 마시고 놀다가 밤 24시경에 돌아와 잤다.

10월 2일 월요일. 흐린 후 조금 맑음

싱가포르 시 켄힐로드 88호의 키쿠수이 클럽에서 일어났다. 어젯밤 음주의 여독이 남아 기분이 좋지 못하여 아침을 먹을 수 없다. 어젯밤 같이 놀던 노부야스 씨가 오토바이를 타고 오다가 트럭과 조금 충돌하여 오른 손가락 한 개가 상하여 중앙병원에 입원하였는데, 손가락을 절단하였다더라. 종일 가업부의 9월분 수입을 계산하여 월보를 작성하였다. 저녁을 먹고 밤 1시 남짓까지 쵸우바 사무를 보고 자다.

10월 3일 화요일. 아침에 맑은 후 흐리고 맑음

싱가포르 시 켄힐로드 88호의 키쿠수이 클럽에서 일어나 아침을 먹었다. 클럽조합 사무소에 9월분 월보를 제출하였다. 저녁을 먹고 밤 1시경까지 쵸우바 사무를 보다가 잤다.

싱가포르 시 켄힐로드 88호의 키쿠수이 클럽에서 일어나 아침을 먹었다. 전 후지 클럽 주인 카야마 씨와 육군병원에 가서 내지 귀환에 필요한 진단서를 얻기 위하여 군의에게 진찰한 결과를 받으려 하였더니, 오는 7일에 한 번 더 와서 진단을 받고 (결과를) 받아가라 하기에 그냥 돌아왔다. 남명장(南明莊)에서 경방대 제4중대의 점호가 있다. 카나자와 정웅(定雄) 및 키노시타 두 사람은 동아상회 사무소에 가서 직공들에게 임금을 지급하다.

싱가포르 시 켄힐로드 88호의 키쿠수이 클럽에서 일어나 아침을 먹었다. 클럽 일동과 여관 및 음식점 조합이 합하여 오늘 10시 반 혼간지(本願寺)에서 오오미야 섬[44] 및 티니안 섬[45]에서 옥쇄한 장병 및 방인의 영령에 대하여 위령제를 지냈다. 저녁을 먹고 카나오카 수웅 씨 댁에 가서 술 마시고 놀다가 돌아와 잤다.

싱가포르 시 켄힐로드 88호의 키쿠수이 클럽에서 일어나 아침을 먹었다. 몸이 불편하여 종일 놀다가 저녁을 먹고 밤 24시까지 쵸우바 사무를 보다가 잤다.

싱가포르 시 켄힐로드 88호의 키쿠수이 클럽에서 일어나 아침을 먹었다. 카야마 씨와 육군병원에 가서 진단서를 받아 왔다. 9월분 배급을 받았다. 밤 1시경까지 쵸우바 사무를 보다가 잤다.

---

44) 大宮島: 1941년 12월 10일 일본군은 괌(Guam)을 점령한 뒤 '오오미야 섬'으로 이름을 바꾸었다.
45) Tinian Island: 북마리아나제도의 하나. 1920년 국제연맹에 의해 일본의 위임통치령이 된 곳이다.

10월 8일 일요일. 맑은 후 흐림

싱가포르 시 켄힐로드 88호의 키쿠수이 클럽에서 일어났다. 오늘은 공휴일이나 일요일이기 때문에 (공휴일을) 오는 10일로 변경하였다. 저녁을 먹고 클럽조합 사무소에서 개최하는 죠우카이에 출석하였다. 죠우카이를 폐하고 돌아와 밤 1시까지 쵸우바 사무를 보다가 잤다.

10월 9일 월요일. 맑은 후 흐림

싱가포르 시 켄힐로드 88호의 키쿠수이 클럽에서 일어나 아침을 먹었다. 종일 놀다가 저녁을 먹고 밤 2시경까지 쵸우바 사무를 보고 잤다. 남방운항회사에서 내지 귀환자는 내일 10시까지 집합하라는 통지가 왔다.

10월 10일 화요일. 맑은 후 흐리고 저녁에 비

싱가포르 시 켄힐로드 88호의 키쿠수이 클럽에서 일어나 아침을 먹었다. 오늘은 본 클럽 공휴일이다. 특별시 보안과 분실 여행계에 가서 버마 랑군행 여행증명을 취소하였다. 보안과 영업계에 나의 키쿠수이 클럽의 쵸우바 해고계를 제출하였다.

10월 11일 수요일. 맑은 후 흐리고 조금 비

싱가포르 시 켄힐로드 88호의 키쿠수이 클럽에서 일어나 아침을 먹었다. 후지 클럽 전 주인 카야마 형락 씨 내외와 쿄우에이 클럽 전 주인 타카시마 씨 내외는 오늘 내지행 배를 탈 것인데, 급한 병이 생겨 출발 못하였다더라. 저녁을 먹고 밤 1시경까지 쵸우바 사무를 보고 잤다.

10월 12일 목요일. 맑음

싱가포르 시 켄힐로드 88호의 키쿠수이 클럽에서 일어나 아침을 먹었다. 후지 클럽 전 주인 카야마 형락씨와 남방운항회사에 가서 카야마 씨의 내지행 승선을 신청하였다. 카야마 씨는 어제 병으로 승선 못하고, 오늘 다시 신청한 것이다. 저녁을 먹고 밤 1시경까지 쵸우바 사무를 보다가 잤다.

10월 13일 금요일. 맑고 조금 흐림

싱가포르 시 켄힐로드 88호의 키쿠수이 클럽에서 일어나 아침을 먹었다. 요코하마 정금은행과 중앙우편국에 가서 니시하라 씨와 나카이 이〇봉의 송금을 하였다. 저녁을 먹고 밤 2시경까지 쵸우바 사무를 보다가 잤다.

10월 14일 토요일. 맑고 밤에 조금 비

싱가포르 시 켄힐로드 88호의 키쿠수이 클럽에서 일어나 아침을 먹었다. 이번에 병으로 약해졌기 때문에 귀향하기로 결심하고, 오늘 여행증명 신청원을 제출하였다. 도중에 후지 클럽의 전 주인 카야마 씨를 만나 타카시마 및 니시카와 양씨와 카야마 씨의 안내로 점심 접대를 받았다. 저녁을 먹고 밤 1시경까지 쵸우바 사무를 보고 잤다.

10월 15일 일요일. 맑은 후 천둥과 비

싱가포르 시 켄힐로드 88호의 키쿠수이 클럽에서 일어나 아침을 먹었다. 니시하라 씨의 권유로 부득이하게 카야마 형락 씨와 공영극장에 가서 영화 구경을 하고 돌아왔다. 경방대 회의가 있어서 클럽조합 사무소에 집합하였다. 이번 경방대는 토나리구미 단위로 조직이 개편되어, 제5중대 제2소대 제1분대가 이 클럽 구역과 기타 구역을 조금 포괄하고 있다. 밤 1시경까지 쵸우바 사무를 보다가 잤다.

10월 16일 월요일. 맑음

싱가포르 시 켄힐로드 88호의 키쿠수이 클럽에서 일어나 아침을 먹었다. 오늘부터 내일까지 방공훈련이 있다. 대만 동방 해상에 나타난 적의 기동부대를 포착하고, 공모 10여 척 및 기타 군함 등 수십 척을 격침한 황군의 대전과가 발표되었다. 밤 1시경에 쵸우바 사무를 마치고 잤다.

10월 17일 화요일. 맑음

싱가포르 시 켄힐로드 88호의 키쿠수이 클럽에서 일어나 아침을 먹었다. 고향 진영의 친족 ○○로부터 전보가 왔는데, "처 사망, 아해(兒孩) 곤란, 속히 오라, 답하라"라는 전문이다. 가슴이 터질 듯 아프며 정신이 없다. 아내마저 사망하였다면, 나는 정말로 앞으로는 희망도 행복도 아무것도 없다. 올 봄 3, 4월경에 귀향하지 못한 것이 후회다. 어찌도 나의 일생이 이다지도 불행, 불운뿐일까. 하나님도 무심하다.

10월 18일 수요일. 맑음

싱가포르 시 켄힐로드 88호의 키쿠수이 클럽에서 일어나 아침을 먹었다. 진영의 족제 ○○과 처남 야마모토 ○치 및 대구의 실인에게 전보를 쳤다. 저녁을 먹고 밤 1시경까지 쵸우바 사무를 보다가 잤다.

10월 19일 목요일. 맑음

싱가포르 시 켄힐로드 88호의 키쿠수이 클럽에서 일어나 아침을 먹었다. 오늘은 클럽의 공휴일이다. 나카이 키누요의 권유에 못 이겨 공영극장에 가서 영화 구경을 하였다. 귀로에 카나오카 씨의 댁에 들렀더니, 마침 불고기를 먹는 판이라 같이 먹기를 권하기에 먹고 놀다가 돌아와서 잤다.

10월 20일 금요일. 맑음

싱가포르 시 켄힐로드 88호의 키쿠수이 클럽에서 일어났다. 저녁을 먹고 밤 1시경까지 쵸우바 사무를 보다가 잤다. 밤 21시경에 경계경보가 발령되어 야마토야(大和屋) 분대장의 집에 경방대원이 집합하였다가 해산 명령을 기다려 해산하였다.

10월 21일 토요일. 맑음

싱가포르 시 켄힐로드 88호의 키쿠수이 클럽에서 일어나 화남은행에 가서 니시하라 씨의 수표로 돈 7,390엔을 수취하여 돌아왔다. 11시 남짓에 경계경보가 발령되더니, 연달아 공습경보가 발령되어 12시 남짓에 해제되었다. 적기의 폭격은 없었다. 저녁을 먹고 밤 1시 남짓까지 쵸우바 사무를 보다가 잤다.

10월 22일 일요일. 맑은 후 비

싱가포르 시 켄힐로드 88호의 키쿠수이 클럽에서 일어나 아침을 먹었다. 저녁을 먹고 클럽조합 사무소의 토나리구미 회의에 참석하였다가 돌아와서, 밤 1시까지 쵸우바 사무를 보고 잤다.

10월 23일 월요일. 맑고 비

싱가포르 시 켄힐로드 88호의 키쿠수이 클럽에서 일어나 아침을 먹었다. 싱가포르 종합물자배급소에 가서 10월 하순(2회분) 담배를 배급받아 왔다. 저녁을 먹고 밤 1시경까지 쵸우바 사무를 보다가 잤다. 고향 대구서 "송금 수취, 무사, 지금 돌아오지 마라"는 전보와, 경성의 윤○중에게서 "급한 일이 있으니 언제 돌아오는지 즉시 답하라"는 두 장의 전보가 왔다. 오늘부터 토우큐우(東急) 전철회사에서 방인 전용의 택시를 운행하다.

10월 24일 화요일. 맑고 비

싱가포르 시 켄힐로드 88호의 키쿠수이 클럽에서 일어나 아침을 먹었다. 대구의 실인에게 600엔을 송금하였다. 경성부 ○○정 ○○○-○○ 윤○중에게 답전을 쳤다. 카나오카 수웅의 댁에서 비를 피하는 중 카나자와(팔렘방에서 싱가포르에 옴) 씨의 안내로 유부초밥집에서 대접을 받았다. 저녁을 먹고 밤 1시경까지 쵸우바 사무를 보고 잤다.

10월 25일 수요일. 흐리고 조금 비

싱가포르 시 켄힐로드 88호의 키쿠수이 클럽에서 일어나 아침을 먹었

다. 저녁을 먹은 후 수마트라 팔렘방에서 싱가포르에 온 미야모토 케이타로우(宮本敬太郎)와 다이이치시로이보탄(第一白牧丹)의 전 위안부였던 현 나카이가 이번에 결혼하였는데, 오늘 밤 료우고쿠 식당에서 지인들을 불러 축하주를 먹는다고 가자기에 갔다가, 귀로에 다이이치시로이보탄까지 들러 축하하고 돌아와서 잤다.

10월 26일 목요일. 맑고 조금 흐림

싱가포르 시 켄힐로드 88호의 키쿠수이 클럽에서 일어나 아침을 먹었다. 이번에 귀향하는 김○애의 송금허가신청서를 제출하였다. 저녁을 먹고 놀다가 밤 1시경까지 쵸우바 사무를 보고 잤다.

10월 27일 금요일. 흐리고 비

싱가포르 시 켄힐로드 88호의 키쿠수이 클럽에서 일어나 아침을 먹었다. 위안부 김○선이 부탁한 송금 600엔을 본인의 저금에서 찾아 중앙우편국에서 부쳤다. 저녁을 먹고, 밤 24시까지 쵸우바 사무를 보다가 잤다.

10월 28일 토요일. 맑음

싱가포르 시 켄힐로드 88호의 키쿠수이 클럽에서 일어나 아침을 먹고 싱가포르 종합물자배급조합에 가서 손수건과 양말 특별 배급을 받아 왔다. 저녁을 먹고 밤 1시경까지 쵸우바 사무를 보다가 잤다. 필리핀 동방 해상과 레이테(Leyte) 만에서 적함선 70여 척을 격침하고 파괴한 대전과가 있다.[46] 클럽 종업원의 신체검사를 하였다.

10월 29일 일요일. 맑음

싱가포르 시 켄힐로드 88호의 키쿠수이 클럽에서 일어나 아침을 먹었

---

46) 레이테 만 해전(Battle of Leyte Gulf): 1944년 10월 23일에서 25일에 걸쳐 필리핀 해역에서 전개된 일본 해군과 미국 해군 간에 벌어진 일련의 해전을 총칭한다. 일본 해군은 이 해전의 패배로 사실상 괴멸되었다. 일본군은 이 해전에서 처음으로 카미가제(神風) 특공을 감행하였다.

다. 저녁을 먹고 밤 1시까지 쵸우바 사무를 보고 잤다. 여행증명을 신청한 지 벌써 15일이나 되어도 아직 아무 통지가 없다.

10월 30일 월요일. 맑음

싱가포르 시 켄힐로드 88호의 키쿠수이 클럽에서 일어나 아침을 먹었다. 카나오카 수웅 씨의 댁에서 놀다가 석양에 돌아와 저녁을 먹고 쵸우바 사무를 보다가 밤 1시경에 잤다. 남부 태평양 안폰(Ambon)에서 위안업을 경영하다가 귀환 중인 카나자와, 후지타(藤田) 양씨를 니시하라 씨의 소개로 인사하였다.

10월 31일 화요일. 아침에 맑은 후 흐리고 조금 비

싱가포르 시 켄힐로드 88호의 키쿠수이 클럽에서 일어나 검역소에 가서 경방대 전원의 혈액형 검사를 하였다. 내 혈액형은 A라더라. 남방운항회에 김○애의 승선을 신청한 것이 전에 편승하지 않았기 때문에 취소되었으니 다시 신청하라고 전화가 왔기에, 즉시 남방운항회사에 가서 승선 신청을 하였다. 버마 랑군에서 양복 사업을 하던 히라누마(平沼) 씨를 우연히 만났는데, 이번에 귀향 도중이라더라. 저녁을 먹고, 죠우카이에 출석하였다가 돌아와, 쵸우바 사무를 밤 1시경까지 보다가 잤다.

11월 1일 수요일. 맑음

싱가포르 시 켄힐로드 88호의 키쿠수이 클럽에서 일어나 아침을 먹었다. 저녁을 먹고 카나오카 수웅 씨 댁에 가서 놀다가 돌아와 밤 2시경까지 쵸우바 사무를 보고 잤다.

11월 2일 목요일. 아침에 맑은 후 비 오고 흐림

싱가포르 시 켄힐로드 88호 키쿠수이 클럽에서 일어나 아침을 먹었다. 특별시 보안과 분실에서 여행증명이 되었다고 찾아가라는 통지가 왔기에

즉시 가서 받아 왔다. 저녁을 먹고 밤 24시까지 쵸우바 사무를 보다가 잤다.

| 명치절[47] |

11월 3일 금요일. 맑은 후 흐리고 조금 비

이른 아침에 키쿠수이 클럽에서 일어나 남명장(南明莊) 앞 광장에 가서 토나리구미의 방인 전부와 명치절 배하식을 거행하였다. 10월분 본 클럽 월보를 제출하였다. 저녁을 먹고 밤 2시경까지 쵸우바 사무를 보다가 잤다.

11월 4일 토요일. 아침에 맑은 후 비 오고 흐림

싱가포르 시 켄힐로드 88호의 키쿠수이 클럽에서 일어나 아침을 먹었다. 남방개발은행에 가서 3만 9,000엔의 송금허가신청을 제출하였다. 남방운항회사에 승선 신청을 하였다. 저녁을 먹고 밤 1시경까지 쵸우바 사무를 보고 잤다.

11월 5일 일요일. 아침에 맑은 후 흐리고 비

싱가포르 시 켄힐로드 88호의 키쿠수이 클럽에서 일어나 종합물자배급소에 가서 이달 분의 배급권을 받았다. 특별시 보안과 영업계 사카구치 경부(警部)에게 가서 본 클럽 나카이 키누요의 해고동의서와 가업부 히데비(秀美)의 폐업동의서를 교부해 왔다. 저녁을 먹고 밤 1시경까지 쵸우바 사무를 보다가 잤다.

11월 6일 월요일. 아침에 맑은 후 흐리고 비

싱가포르 시 켄힐로드 88호의 키쿠수이 클럽에서 일어나 아침을 먹었다. 니시하라 씨가 부탁한 송금을 하고, 히데비의 귀국 여행증명 신청서를 제출하였다. 저녁을 먹고 밤 2시경까지 쵸우바 사무를 보다가 잤다.

---

47) 明治節: 메이지(明治) 천황의 생일 11월 3일을 기념하는 국경일.

11월 7일 화요일. 아침에 맑은 후 비 오고 흐림

싱가포르 시 켄힐로드 88호의 키쿠수이 클럽에서 일어나 아침을 먹었다. 카나오카 수웅 씨의 댁에 가서 종일 놀다가 저녁을 먹고 돌아왔다. 밤 1시경까지 쵸우바 사무를 보다가 잤다.

11월 8일 수요일. 맑음

싱가포르 시 켄힐로드 88호의 키쿠수이 클럽에서 일어나 아침을 먹었다. 나카이 이○봉의 여행증명 신청서를 여행증명계에 제출하였다. 저녁을 먹고 클럽조합 사무소에 가서 쵸우카이에 참석하였다. 밤 24시경에 잤다.

11월 9일 목요일. 맑음

싱가포르 시 켄힐로드 88호의 키쿠수이 클럽에서 일어나 아침을 먹었다. 요코하마 정금은행 싱가포르 지점에 가서 위안부 저금을 하였다. 저녁을 먹고 밤 1시 남짓까지 쵸우바 사무를 보고 잤다.

11월 10일 금요일. 맑음

싱가포르 시 켄힐로드 88호의 키쿠수이 클럽에서 일어나 아침을 먹었다. 저녁을 먹고 밤 1시경까지 쵸우바 사무를 보다가 잤다. 아메리카 대통령 선거에서 루스벨트가 4선되었다. 경성부 ○○정 윤○중에게서 편지 3통이 왔다.

11월 11일 토요일. 아침에 맑은 후 흐림

싱가포르 시 켄힐로드 88호의 키쿠수이 클럽에서 일어나 아침을 먹었다. 클럽조합 총회가 있었는데, 조합장 선거에 전 조합장 가치도키(勝鬨) 클럽의 타키 미츠지로우(瀧光 次郎) 씨가 재선되었다. 남방운항회사에서 내지 귀환자는 검역하라는 통지가 왔다. 나는 아직 송금 허가도 받지 못하고 또 정리하지 못한 일이 있어 어찌할까 이리저리 궁리하는 중인데, 만사를 니시하라 씨에게 부탁하고 출발했으면 싶다.

11월 12일 일요일. 맑음

싱가포르 시 켄힐로드 88호의 키쿠수이 클럽에서 일어났다. 싱가포르 검역소에 가서 검역하고, 특별시 재무과 외환[爲替]계에 가서 송금허가 건에 대하여 문의한 후, 여행계에 김○애의 여행기간연기원을 제출하였다. 저녁을 먹고 밤 1시 남짓까지 쵸우바 사무를 보고 잤다.

11월 13일 월요일. 맑고 흐리고 비

싱가포르 시 켄힐로드 88호의 키쿠수이 클럽에서 일어나 아침도 먹지 아니하고 중앙전신국과 은행 등을 들러 13시 남짓에 돌아왔다. 이번에 내지행 배를 타기 위해 검역까지 하였으나, 송금 절차 등이 완료되지 않아 부득이 가지 못 하겠다. 저녁을 먹고 밤 2시경까지 쵸우바 사무를 보고 잤다.

11월 14일 화요일. 맑고 흐림

싱가포르 시 켄힐로드 88호의 키쿠수이 클럽에서 일어나, 이번에 귀향하는 김○애를 데리고 남방운항회사에 갔다가, 나는 특별시 재무과, 동 보안과 분실 여행증명계에 들러 돌아와, 14시경에 아침을 먹었다. 내지로 귀환하는 카야마 내외와 타카시마 내외는 이번에 출발하지 않기로 하였다가, 다시 출발하기로 결정하였다더라. 김○애의 송금도 완료하다.

11월 15일 수요일. 맑고 비 오고 흐림

싱가포르 시 켄힐로드 88호의 키쿠수이 클럽에서 일어나 특별시 외환관리계에 가서 송금허가서를 받고, 보안과 영업계, 화남 및 정금의 각 은행과 중앙우편국 등에서 용건을 마치고 돌아와, 13시경에 아침을 먹었다. 가업부 김○애는 오늘 내지 귀환의 배를 탔다. 저녁을 먹고 밤 1시경까지 쵸우바 사무를 보다가 잤다.

11월 16일 목요일. 맑은 후 흐리고 비

싱가포르 시 켄힐로드 88호의 키쿠수이 클럽에서 일어나 아침을 먹었다. 특별시 보안과 영업계에 가서 귀국한 김○애의 작부인가서를 납부하였다. 저녁을 먹고 밤 1시 남짓까지 쵸우바 사무를 보고 잤다.

11월 17일 금요일. 흐린 후 비 오고 흐림

싱가포르 시 켄힐로드 88호의 키쿠수이 클럽에서 일어나 아침을 먹었다. 저녁을 먹고 밤 1시경까지 쵸우바 사무를 보고 잤다. 대세계 놀이공원에 니시하라 씨와 가서 현지산 브랜디와 위스키를 사 왔다.

11월 18일 토요일. 맑고 흐림

싱가포르 시 켄힐로드의 키쿠수이 클럽에서 일어나 아침을 먹었다. 저녁을 먹고 밤 1시경까지 쵸우바 사무를 보다가 잤다.

11월 19일 일요일. 맑음

싱가포르 시 켄힐로드 88호의 키쿠수이 클럽에서 일어나 아침을 먹었다. 저녁을 먹고 밤 1시경까지 쵸우바 사무를 보다가 잤다.

11월 20일 월요일. 맑고 흐림

싱가포르 시 켄힐로드 88호의 키쿠수이 클럽에서 일어나 카야마 씨와 남방운항회사에 가서 내지행 승선 신청을 하고 돌아와 아침을 먹었다. 저녁을 먹고 밤 1시경까지 쵸우바 사무를 보다가 잤다.

11월 21일 화요일. 맑음

싱가포르 시 켄힐로드 88호의 키쿠수이 클럽에서 일어나 아침을 먹었다. 저녁을 먹고 나카이 키누요와 부용극장에서 영화 구경을 하고 돌아와 잤다. 나카이 키누요와 가업부 히데비의 여행증명이 되었다더라. 대구의 실인에게 전보를 쳤다.

11월 22일 수요일. 맑은 후 비

싱가포르 시 켄힐로드 88호의 키쿠수이 클럽에서 일어나 아침을 먹었다. 나카이 이○봉과 가업부 김○수(金○守) 두 사람의 여행증명을 찾아왔다. 남방운항회사에 두 사람의 승선 신청을 하였다. 저녁을 먹고 밤 24시까지 쵸우바 사무를 보다가 잤다.

| 니이나메사이[48] |

11월 23일 목요일. 흐린 후 비 오고 밤에 맑음

싱가포르 시 켄힐로드 88호의 키쿠수이 클럽에서 일어나 아침을 먹었다. 카야마 형락 씨와 시가에 오바를 사러 다니다가 돌아왔다. 저녁을 먹고 밤 1시경까지 쵸우바 사무를 보다가 잤다. 카야마 씨 내외분과 후지타 방길(房吉) 씨와 키쿠수이 클럽의 니시하라 씨 댁에서 저녁을 같이 먹고 유쾌하게 놀다.

11월 24일 금요일. 맑은 후 흐리고 비

싱가포르 시 켄힐로드 88호의 키쿠수이 클럽에서 일어나 아침을 먹었다. 정금은행에 김○수의 송금허가신청을 제출하고, 중앙우편국에 이○봉의 송금을 하였다. 귀로에 오챠로드 해행사 택시부에 갔다가, 편지가 왔다며 내어주기에 받아 보니 고향의 동생 ○○에게서 왔더라. 편지 내용은 송금은 2차나 수취하였고, 모두 무사히 있으니 안심하고 속히 귀향하라는 간단한 편지더라. 저녁을 먹고 밤 1시경까지 쵸우바 사무를 보다가 잤다.

---

48) 新嘗祭: 일본 궁중의식(宮中儀式)의 하나이자 전전 국경일의 하나. 천황이 오곡의 신곡(新穀)을 하늘과 땅의 신령에게 바치며 자신도 이를 먹고 그해의 수확에 감사하는 일종의 수확제이다.

11월 25일 토요일. 맑고 흐리고 조금 비

싱가포르 시 켄힐로드 88호의 키쿠수이 클럽에서 일어나, 클럽조합 사무소에 집합하여 대동아전쟁 3주기 기념축하행사를 앞둔 근로봉사 작업이 있었다. 즉 작년 2월 18일 전사한 우메자와(梅澤), 코세키(小關) 두 준위의 묘가 켄힐로드 후면에 있는데, 벌초 청소하였다. 금월 제2회분 담배를 배급받았다. 저녁을 먹고 밤 1시경까지 쵸우바 사무를 보다가 잤다.

11월 26일 일요일. 맑은 후 비

싱가포르 시 켄힐로드 88호의 키쿠수이 클럽에서 일어나 아침을 먹었다. 종일 놀다가 저녁을 먹고 밤 1시경까지 쵸우바 사무를 보고 잤다.

11월 27일 월요일. 맑음

싱가포르 시 켄힐로드 88호의 키쿠수이 클럽에서 일어나 아침을 먹었다. 하나조노 클럽 안주인 주최로 본 키쿠수이 클럽에서 음식을 장만하여 저녁을 겸하여 먹었다. 초대객은 카야마 내외, 후지타 씨, 타카시마 씨와 하나조노 클럽 주인 내외, 니시하라 씨 등이다. 밤 1시경에 술이 대취하여 잤다.

11월 28일 화요일. 흐리고 폭우

싱가포르 시 켄힐로드 88호의 키쿠수이 클럽에서 일어나 아침을 먹었다. 13시 반경부터 약 1시간 반 대폭우가 내렸다. 싱가포르의 비는 5분, 10분간에 지나지 않은 소낙비였는데, 오늘의 폭우는 1시간 반 동안 조금도 쉬지 않고 왔다. 참 드물게 보는 큰 비다. 저녁을 먹고 밤 1시경까지 쵸우바 사무를 보다가 잤다.

11월 29일 수요일. 맑음

싱가포르 시 켄힐로드 88호의 키쿠수이 클럽에서 일어나 아침을 먹다. 저녁을 먹고 나카이 키누요가 영화 구경을 가자기에 같이 가는 도중에 카야마 씨 내외와 타카시마 씨를 만나 모두 함께 부용극장에 가서 일본 뉴스와 '옛날의 거리'라는 사진을 구경하고 돌아와 쵸우바 사무를 마치고 밤 1시경에 잤다.

11월 30일 목요일 흐림

싱가포르 시 켄힐로드 88호의 키쿠수이 클럽에서 일어나 아침을 먹었다. 저녁을 먹고 클럽조합 사무소에 가서 쵸우카이에 참석하였다. 쵸우카이에서 결의한 새로운 사항이 있는데, 이는 내일부터 7반 방인 두 명 씩 밤 1시부터 다음날 아침 8시까지 방공에 대한 불침번을 서게 하는 것이었다. 22시 반경에 쵸우카이를 마치고 돌아와 장부 정리를 하고 잤다.

12월 1일 금요일. 흐리고 맑음

싱가포르 시 켄힐로드 88호의 키쿠수이 클럽에서 일어나 아침을 먹었다. 요코하마 정금은행에 가서 김○수의 송금허가서를 받고, 특별시 식품과에 가서 김○애의 전출에 따른 이동계(異動屆)를 제출하였다. 배급조합에서 12월분 배급전표를 받아 왔다. 저녁을 먹고 밤 24시 남짓까지 쵸우바 사무를 보다가 니시하라 씨의 대리로 방공 불침번을 하기 위하여 조합 사무소에 갔다.

12월 2일 토요일. 흐리고 맑음

아침 8시에 방공 불침번을 마치고 돌아왔다. 9시부터 10시 반 남짓까지 토나리구미의 전사자 묘소 청소 근로봉사를 하고 돌아와 아침을 먹었다. 하루 종일 11월분 클럽 가업부의 수입장부를 정리하였다. 저녁을 먹고 밤 1시경까지 쵸우바 사무를 보다가 잤다.

12월 3일 일요일. 맑음

싱가포르 시 켄힐로드 88호의 키쿠수이 클럽에서 일어나 아침을 먹었

다. 하루 종일 11월분 클럽 월보를 작성하였다. 저녁을 먹고 밤 1시경까지 쵸우바 사무를 보다가 잤다.

12월 4일 월요일. 맑음

싱가포르 시 켄힐로드 88호의 키쿠수이 클럽에서 일어나 아침을 먹었다. 정금은행에 가서 허가된 김○수의 송금 1만 1,000엔을 부쳤다. 일전에 수선을 부탁한 손목시계를 핫도리(服部) 시계점에서 찾았다. 저녁을 먹고 밤 24시경까지 쵸우바 사무를 보고 잤다. 자바와 수라바야(Surabaya)에서 거주하다가 금년 6월에 귀향한 나카타(中田)라는 여자가 오늘 내지에서 싱가포르를 경유하여 자바로 가는 도중이라면서 찾아왔더라.

12월 5일 화요일. 맑음

싱가포르 시 켄힐로드 88호의 키쿠수이 클럽에서 일어나 아침을 먹었다. 중앙우편국에서 가서 고향으로 보내는 김○선의 송금을 하여 주었다. 저녁을 먹고 밤 1시경까지 쵸우바 사무를 보고 잤다.

12월 6일 수요일. 맑음

싱가포르 시 켄힐로드 88호의 키쿠수이 클럽에서 일어나 아침을 먹었다. 오늘 방공훈련이 있었다. 저녁을 먹고 밤 1시경까지 쵸우바 사무를 보다가 잤다.

12월 7일 목요일. 맑음

싱가포르 시 켄힐로드 88호의 키쿠수이 클럽에서 일어나 아침을 먹었다. 카야마 씨와 키요카와(清川) 씨의 문병을 갔다 왔다. 저녁을 먹고 밤 1시경까지 쵸우바 사무를 보다가 잤다.

12월 8일 금요일. 흐리고 맑음

오늘은 대동아전쟁 3주년 기념일이다. 싱가포르 시 켄힐로드 88호의 키쿠수이 클럽에서 일어나 아침을 먹었다. 저녁을 먹고 조합 사무소에서 개최하는 토나리구미의 죠우카이에 출석하였다. 밤 1시부터 방공 당번으로 날을 새웠다.

12월 9일 토요일. 흐리고 비

아침 8시까지 클럽조합 사무소에서 방공 당번을 서다가 돌아와 11시경까지 잤다. 11월분 수지계산서를 작성하였다. 저녁을 먹고 밤 24시 남짓까지 쵸우바 사무를 보다가 잤다.

12월 10일 일요일. 흐리고 비

싱가포르 시 켄힐로드 88호의 키쿠수이 클럽에서 일어나 아침을 먹었다. 11월분 수지계산서를 조합 사무소에 제출하였다. 저녁을 먹고 밤 1시경까지 쵸우바 사무를 보다가 잤다.

12월 11일 월요일. 맑고 흐림

싱가포르 시 켄힐로드 88호의 키쿠수이 클럽에서 일어나 아침을 먹었다. 검열을 위하여 수입일기장(稼高日記帳)과 대차대조표(貸借計算簿)를 특별시 보안과 영업계에 제출하였다. 나카이 이○매의 해고계를 제출하였더니, 내일 본인을 보내달라더라. 중앙우편국에서 이○봉이 부탁한 송금을 하고, 귀로에 카나오카 수웅 씨 댁에서 놀았다. 저녁을 먹고 니시하라 씨와 부용극장에 구경갔다가, 후지 클럽에 들렀더니 주인 니시카와(西河) 씨가 술 마시고 놀자기에 밤 11시경까지 놀다가 귀가하여 쵸우바 사무를 마치고 밤 1시경에 잤다.

12월 12일 화요일. 맑고 조금 흐림

싱가포르 시 켄힐로드 88호의 키쿠수이 클럽에서 일어나 아침을 먹었다. 부용극장에 가서 '지로우 이야기'[49]라는 영화를 구경하였다. 저녁을 먹고 밤 1시경까지 쵸우바 사무를 보다가 잤다.

12월 13일 수요일. 흐리고 밤에 비

싱가포르 시 켄힐로드 88호의 키쿠수이 클럽에서 일어나 아침을 먹었다. 종일 놀다가 저녁을 먹고 밤 1시경까지 쵸우바 사무를 보고 잤다.

12월 14일 목요일. 맑고 흐리고 조금 비

싱가포르 시 켄힐로드 88호의 키쿠수이 클럽에서 일어나 아침을 먹었다. 특별시 보안과 영업계에 가서 일전에 검열을 위하여 제출한 작부일기장을 받아 왔다. 15시 반 남짓에 남방운항회사에서 내지 여행자는 오늘 중으로 검역을 하고 내일 10시에 집합하라는 통지가 왔다. 오늘은 검역 시간이 지나 못하였다. 저녁을 먹고 밤 2시까지 쵸우바 일를 마치고 니시하라 씨와 이야기하다가 잤다.

12월 15일 금요일. 맑고 흐림

싱가포르 시 켄힐로드 88호의 키쿠수이 클럽에서 일어나 아침을 먹었다. 남방운항회사에 가서 편승 건의 절차를 마치고 검역소에서 검역하였다. 16시에 정박장에 가서 승선표를 매입하였다. 카나오카 수웅 씨의 초대로 미나미 식당에 가서 술 마시고 놀았다. 밤 2시경에 짐 준비를 하고 잤다.

---

49) 「次郎物語」: 시모무라 코진 (下村湖人)의 자전적 소설을 1941년 시마 코지가 연출한 아동영화의 걸작으로 혼다 집안의 둘째 아들 지로우가 유모인 오하마의 손에서 자라다가 7년 만에 부모 집으로 돌아가 온갖 시련을 겪으며 성장하는 내용을 담고 있다.

12월 16일 토요일. 맑고 흐리고 비

싱가포르 시 켄힐로드 88호의 키쿠수이 클럽에서 일어나 요코하마 정금은행에 가서 허가된 3만 9,000엔을 송금하고, 검역소에 가서 검역증명서를 받아 왔다. 오늘 편승자의 집합 시각이 12시인데, 여러 가지 일로 분망하여 13시 남짓에 가업부 여러분과 작별하고, 정박장 집합소로 나와 수하물 검사를 마치고 17시경에 승선하다. 배 안에서 첫날밤을 지내게 되었다. 니시하라 씨가 후일에 비행기 편으로 가라고 무척 말리는 것도 돌아보지 않고 작별하였는데, 정박장까지 나와 석별하더라. 이 배는 아와마루(阿波丸)이다.

12월 17일 일요일. 맑고 비

배 안에서 첫 하룻밤을 지냈다. 정박한 채로 출범하지 않고 있다.

12월 18일 월요일. 맑고 흐리고 비

이 배는 정박한 채 또 하루를 지냈다.

12월 19일 화요일. 맑고 흐림

항구 밖에서 정박 중

12월 20일 수요일. 흐림

항구 밖에서 정박 중

12월 21일 목요일. 흐리고 조금 비

항구 밖에서 정박 중

12월 22일 금요일. 흐리고 가는 비

항구 밖에서 정박 중

12월 23일 토요일. 흐림

항구 밖에서 정박 중

12월 24일 일요일. 맑고 엷은 구름과 가는 비

정박 중

12월 25일 월요일. 맑음

정박 중

12월 26일 화요일. 맑음

12월 27일 수요일. 흐린 후 폭풍우

12시경부터 시작한 폭풍우가 종일 계속하여 항해에 방해가 많다. 때로는 집채 같은 큰 파도가 선상 갑판에까지 뛰어오르며 선체가 동요하여 멀미하는 자가 속출한다. 다행히 나는 조금도 멀미하지 않는다. 낮보다 밤이 더 심하여 밤새도록 풍랑 소리에 잠을 잘 수 없다.

12월 28일 목요일. 흐리고 바람과 가는 비

오늘도 바람은 여전히 맹위를 발하여 파도를 일으켜 배만 흔든다.

12월 29일 금요일. 맑음

오늘은 폭풍이 물러가고 해면이 잔잔하여졌다. 11시 남짓에 산자쿠 (Saint Jacques, 현재명 Vung Tau) 항에 정박하였다. 출범 후 만 3일 만에 이 항구에 닿았다. 11시경 다시 출항하였다.

12월 30일 토요일. 맑음

종일 항해하다가 18시경 캄란(Cam Ranh) 만에 입항하여 정박하다.

오늘로 1944년도 이제 다 가고 만다. 우리가 탄 배는 일출 시 8시경에 다시 출항하여 항해하고 있다. 종일 항해하다가 18시경에 불해(佛海)의 어느 만에 정박하였다.

2부. 原文

紀元 二千六百三年 金曜日

昭和 十八年 一月 一日 晴天 十九. 二一

大東亞聖戰 第二回의 昭和 十八年 新春을 마지하야 一億 民草는 俯伏하야 삼가 聖壽의 無疆하옵심과 皇室의 彌榮하옵심을 奉祝하옵는 바이다. 나는 멀니 故鄕을 써난 緬甸國 アキャブ市 慰安所 勘八俱樂部에서 일어나 東으로 宮城을 向하여 遙拜하고 故鄕의 父母 兄弟 妻子를 생각고 幸福을 빌엇다. 東天의 히빗흔 有意하게 빗치어 皇軍의 武運長久와 國家隆昌하옵심을 祝福하여 준다. 오직 今年 一年도 無事히 幸運으로 보내게 하옵소서. 妻男과 ○桓君은 慰安婦를 다리고 聯隊本部 其他 三, 四處에 新年人事次 갓다 왓다. 一線 陣中 元日도 다 가고 밤이 되어 今年의 幸運을 꿈쑤매 여러 날 잠 못 자서 괴롭든 김에 깁히 잠들엇다.

一月 二日 土曜日 晴 十九. 二二

朝 起緬甸國 アキャブ市 慰安所 勘八俱樂部하여 朝飯을 食하다. 昨日은 元日로 休業하고 今日부터 慰安業을 시작하다. 新年도 벌서 二日쩨 마지하엿다. 朝鮮은 至今이 酷寒節이겠는듸 此處는 中秋 氣候만밧게 아니 된다.

一月 三日 日曜日 晴 十九. 二一

朝 起緬甸國 アキャブ市 慰安所 勘八俱樂部하여 朝飯을 食하고 終日 帳場 일을 보다가 夜 二時경 宿하다. 今日은 別異常 업시 잘 지냇다.

一月 四日 月曜日 晴 十九. 二一

朝 起緬甸國 アキャブ市 慰安所 勘八俱樂部하여 朝飯을 食하다. 終日 帳場 일을 보다가 夜 二時頃 宿하다.

一月 五日 火曜日 晴天 十九, 二一

　朝 起緬甸國 アキャブ市 慰安所 勘八俱樂部하여 朝飯을 食하고 終日 帳場 일을 보앗다. 夜 二時餘에 宿하다.

一月 六日 晴天 水曜日 二〇, 二二

　朝 起緬甸國 アキャブ市 慰安所 勘八俱樂部하여 朝飯을 食하고 終日 일을 보다가 夜 一時餘에 宿하다.

一月 七日 木曜日 晴天 二〇, 七〇. 二二, 〇〇

　朝 起緬甸國 アキャブ市 慰安所 勘八俱樂部하여 朝飯을 食하고 ○桓君과 帳場 일을 보다가 ○桓君과 갓치 宿하다. 今日은 가다가 第一 손님이 적엇다. 兵丁券이 十四枚밧게 아니 팔닛다.

一月 八日 金曜日 晴天 二〇, 七〇. 二二, 〇〇

　朝 起緬甸國 アキャブ市 慰安所 勘八俱樂部하여 朝飯을 食하고 ○桓君과 帳場 일을 보다가 夜 一時餘에 宿하다.

一月 九日 土曜日 晴天 二〇, 七〇. 二二, 〇〇

　朝 起緬甸國 アキャブ市 慰安所 勘八俱樂部하여 朝飯을 食하고 終日 帳場 일을 보다가 夜 二時頃에 宿하다. 今日 檢査 結果 病中인 三千代와 秀子 二名이 不合格이고 其外 十六名은 모다 合格되엇다. 合格은 만히 되어도 客은 적다.

一月 十日 日曜日 晴天 二〇, 七〇. 二三, 〇〇

　朝 起緬甸國 アキャブ市 慰安所 勘八俱樂部하여 朝飯을 食하고 終日 帳場 일을 보다가 宿하다. 九中隊 앞 海上 멀리 敵砲艦 四, 五隻이 보인다고 夜 一時頃에 各部隊는 非常警備에 모다 武裝出動하엿다.

一月 十一日 月曜日 晴天 二0,七0. 二三,00

朝 起緬甸國 アキャブ市 慰安所 勘八俱樂部하여 朝飯을 食하다. 夕食하고 하도 싯거럽기에 寺院에 가서 조곰 누어 자고 잇스니 夜 二時頃에 ○桓君이 와서 불어기에 일어나 와서 宿하다.

一月 十二日 火曜日 晴天 十九五. 二三,0

朝 起緬甸國 アキャブ市 慰安所 勘八俱樂部하여 朝飯을 食하다. 医務室에 갓다가 聯隊本部 事務室에 가서 慰安婦 收入報告書를 提出하고 蘭貢가는 便이 잇거든 出張證明書를 하여 달라고 付託하엿다. アキャブ 海岸江에는 고기도 만히 잇서 그물만 던지며 한쩌번에 數十尾 잡힐 쌔도 잇다.

一月 十三日 水曜日 晴天 二0,0. 二三,0

朝 起緬甸國 アキャブ市 慰安所 勘八俱樂部하여 朝飯을 食하다. 聯隊本部 医務室에 가서 衛生サック 千個를 가저 왓다. 夜 一時半頃 宿하다. 昨今夜는 적기의 소리가 아니 낫다.

一月 十四日 木曜日 晴天 二0,5. 二三,0

朝 起緬甸國 アキャブ市 慰安所 勘八俱樂部하여 朝飯을 食하고 帳場 일을 보앗다. ○桓君과 寺院에 가서 宿하다.

一月 十五日 金曜日 晴天 二一,0. 二三,0

朝 起緬甸國 アキャブ市 慰安所 勘八俱樂部하여 朝飯을 食하고 終日 帳場 일을 보앗다.

一月 十六日 土曜日 晴天 二一,0

朝 起緬甸國 アキャブ市 慰安所 勘八俱樂部하여 朝飯을 食하고 帳場 일을 보앗다. 午后 六時餘에 聯隊本部 事務室에서 日前 付託한 ラングーン 出

張證明書를 得하여 보니 今夜 二十時에 出發하라는 것이더라. 妻男의게 事情을 이약하니 가라면서 金 三万二千円을 주며 送金하라더라. タンガップ까지 가는 비는 夜 九時 四十分頃 出帆하다. 途中 風浪이 甚하여 船醉에 氣分이 좃치 못하여 吐하기까지 하엿다. アキャブ에 온 後 二ヶ月 五日만에 써낫다.

一月 十七日 日曜日 晴天

朝 九時餘 大發船은 タンガップ와의 中間地點에 碇泊하엿다. 晝間은 上陸하여 食事 等을 하고 잇다가 夜 九時頃에 再出發하엿다. 今夜는 온전히 江으로만 行船하는지라 조곰도 비는 요동 업시 잘 간다.

一月 十八日 月曜日 晴天

朝 八時半頃 我 乘來한 大發船은 「タンガップ」 棧橋에 到着하엿다. 곳 上陸하여 同行의 友가 된 中村 上等兵과 兵站에 차저가서 朝飯을 食하고 某 少尉의 案內로 自己 部隊에 가서 寢食을 하기 하다. プローム行 自動車는 二, 三日 後라야 잇겟다면서 某 少尉도 同行하여 ラングーン까지 가겟다더라.

一月 十九日 火曜日 晴天

朝 起緬甸國 「タンガップ」하여 朝飯을 食하고 終日 中村正之助 上等兵과 自動車 何時 出發하나 하며 기다리며 놀앗다. 少尉 言이 後明日은 出發하겟다더라. 出發後 アキャブ 我 慰安所 一同은 無事히 營業 잘하고 잇는가. 오직 健康과 幸福을 빌어 맛지 아니 한다.

一月 二十日 水曜日 晴天

朝 起緬甸國 「タンガップ」하여 部隊에서 朝飯을 食하고 終日 遊하다. 明日의 出發을 절기며 夜 十二時餘에 宿하다.

一月 二一日 木曜日 晴天

朝 起緬甸國「タンガップ」火村小隊하여 朝飯을 食하고 同隊 自動車로 火村 少隊長 少尉와 其外 運轉兵까지 五人, 中村 上等兵과 我 七人이 乘하여 午前十一時 タンガップ를 出發하여 アラッカン 海拔 數千餘 尺의 山岳地帶 即 百八十餘 킬로를 無事히 넘어 プローム 對岸에 到着하여 渡河하여 プローム 시 前 我 慰安所 엽집 チンロン家에 들어가 宿食의 신세를 지우게 하다. アラッカン 險한 山路를 設計하여 만든 것에 感嘆하엿다. 千古에 人蹟이 들지 안은 山이더라.

一月 二二日 金曜日 晴天

朝 起緬甸國 プローム市 チンロン家하여 朝飯을 食하다. プローム市를 襲來한 적기가 プローム市外 三十餘里 地點에 皇軍의 反擊을 바다 墜落되엇더라. チンロン家에서 夕食하고 遊하다가 宿하다. 衛生部長(ビルマ人) 自動車에 便乘하여 同人의 別莊에 가서 遊하엿다.

一月 二三日 土曜日 晴天

朝 起緬甸國 プローム市 チンロン家하여 朝飯을 食하고 プローム驛 午前 十時 二十八分發 列車를 乘하여 ラングーン에 夜 十時 五十分頃 到着하엿다. サイカ에 乘하여 靑鳥食堂 大原를 차즈니 업다기에 宿所의 困難으로 걱정하고 이리저리 하는 中 サイカ主 ビルマ人이 自己 집에 가서 자자기에 그리하자 하여 싸라와서 夕飯까지 먹고 宿하다.

一月 二四日 日曜日 晴天

朝 起ビルマ ラングーン市 ビルマ人 モンタン家하여 野戰郵便局에 送金次 갓더니 兵站司令部 許可가 든다기에 同司令部에 가서 副官에 말하니 每日 五百円 以上은 送金 아니 된다더라. 靑鳥食堂에 가서 主人 大山氏를 만나보앗다. 銀行 送金은 多額이라도 딕는데 軍政監部 許可가 든다기에 同監部에

가서 이약하여 보앗다. 銀行에서 許可用紙를 어더 申請한다더라. モンタン家에 와서 トランク를 가지고 大山氏 經營 慰安所 蘭貢會館을 차저와서 宿食의 신세를 지게 하엿다. 大原君도 白水慰安所에 帳場로 잇는듸 만나 보앗다.

一月 二五日 月曜日 晴天

朝 起ラングーン市 大山氏 處하여 橫濱正金銀行 ラングーン支店에서 三万二千円 貯金을 하엿다. 電信局에 가서 朝鮮 本家에 打電하엿다. 電報 答을 하라 하엿는듸 반가운 消息이 올난지. 白水慰安所에서 主人을 보고 人事하엿다. 또 夕食까지 먹엇다. 大山氏 處에서 宿하다.

一月 二六日 火曜日 晴天

朝 起緬甸國 蘭貢市 ゴットウィンロウ 蘭貢會館하여 朝飯을 食하다. 왼 終日 아모 하는 일 업시 이리저리 다니며 蘭貢會館에서 夕食하고 宿하다.

一月 二七日 水曜日 晴天

朝 起緬甸國 蘭貢市 蘭貢會館하여 朝飯을 食하다. 蘭貢會館 主人 經營 靑鳥食堂에 去하엿다가 곳 歸 蘭貢會館하엿다. 蘭貢會館에서 夕食하고 잇스니 同館 岩下氏가 놀러가자기에 갓치 市內 ビルマ人 遊廓에 가서 岩下가 勸함도 不顧하고 그냥 아니 놀고 歸來하여 宿하다.

一月 二八日 木曜日 晴天

朝 起緬甸國 蘭貢市 蘭貢會館하여 朝飯을 食하고 同館 岩下氏와 貨物敞에서 經營하는 牧場과 農園을 求景하고 왓다. 牧場은 數百萬 坪의 面積인듸 方今 「ジャングル」 森林地帶를 設備하는 中이더라. 同會館에서 夕食하고 遊하다가 宿하다.

朝 起緬甸國 蘭貢市 蘭貢會館하여 朝飯을 食하다. 市內에 가서 日本人會 事務所를 찻다가 못 찻고 歸路 面剃하엿다. 蘭貢會館에서 宿하다. 朝鮮서 同 來한 野澤氏를 만낫는듸 マンダレ-方面에서 慰安所를 하다가 우리 먼첨 잇 든 プローム市로 今般部隊를 싸라 와서 營業하고 잇다더라.

朝 起緬甸國 蘭貢市 ゴットウィン路 蘭貢會館하엿다. 三井物産會社 三階 日本人會에 가서 入國許可 用紙 及 日本人會 入會届 用紙를 어더 왓다. 白水 館에 夕食하고 蘭貢會館에서 宿하다. 市內 成武堂書店에 去하여 ビルマ新聞 購讀 申請하고 創刊號부터 今日까지 分을 바닷다. ビルマ新聞은 今年 一月 一日부터 發行하기 되엇다.

朝 起緬甸國 蘭貢市 蘭貢會館하여 朝飯을 食하다. 白水慰安所 大原 處에 遊하다가 蘭貢會館으로 歸來하여 夕食하고 宿하다.

朝 起緬甸國 蘭貢市 ゴットウィン路 蘭貢會館하여 三井物産會社 三階 日 本人會事務所하여 入國許可書를 提出하니 그양 軍政監部에 提出하라기에 歸路 大山氏 經營 靑鳥食堂에서 朝飯을 食하고 歸 蘭貢會館하다. 蘭貢會館에 서 夕食하고 宿하다. アキャブ를 써난 지 벌서 半ヶ月이 넘엇다. 아모 하는 일 업시 千金 갓흔 歲月만 虛送하고 잇섯다. 將次의 事業 經營을 大山氏와 議論 하고 잇다.

朝 起緬甸國 蘭貢市 ゴットウィン路 蘭貢會館하여 朝飯을 食하기 前에

白水 大原 處에 갓더니 白水 大原君이 朝飯을 갓치 먹자기에 朝飯을 食하다. 宿食을 이집저집 하고 잇서니 참 未顔하여 견딜 수 업다. 速히 宿所가 決定되어야 食事도 하고 目的한 일도 進行식히며 安心할 것인듸. 蘭貢會館에서 夕食하고 宿하다.

二月 三日 水曜日 晴天(旧 十二月 二十九日)

朝 起緬甸國 蘭貢市 ゴットウィンロー 蘭貢會館하여 朝飯을 食하다. 간밤에 故鄕 꿈을 꾸엇더니 午后 三時頃 電報가 來하엿다. 妻男의게도 電報가 왓다. 다 無事하는듸 女兒가 아직 病이 그양이라 하니 걱정이다. 여기서 打電한 後 十日만에 回電이 왓다. 慰安所 白水에서 夕食하고 豆腐屋 鄭氏 處에 去하여 遊하다가 歸 蘭貢會館 하여 宿하다.

二月 四日 木曜日 晴天(旧 十二月 三十日)

朝 起緬甸國 蘭貢市 ゴットウィンロー 蘭貢會館하여 朝飯을 食하다. 午后 五時頃 軍政監部 警務課에 去하여 入國許可願을 提出하엿다. 蘭貢會館에서 夕食하고 夜 二時半餘에 宿하다.

| 歲次癸未 |

二月 五日(旧 一月 一日) 金曜日 晴天

朝 起緬甸國 蘭貢市 ゴットウィンロ 蘭貢會館하여 朝飯을 食하다. 旧正月이라 또 故鄕이 生覺나서 東天을 向하여 아침에 遙拜하엿다. 蘭貢會館에서 夕食하고 宿하엿다.

二月 六日(旧 一月 二日) 土曜日 晴天

朝 起緬甸國 蘭貢市 ゴットウィンロ 蘭貢會館하여 朝飯을 食하다. 午后 五時頃 大山氏와 同人 食堂 靑鳥館에 가서 遊하다가 歸來하여 夕食하고 遊하다가 宿하다. 內薗氏 慰安所 帳場 李氏가 來하엿는듸 至今 マウルメン 잇다더라.

朝 起緬甸國 蘭貢市 ゴットウィンロ 蘭貢會館하여 朝飯을 食하다. 動物園 求景을 하엿다. 動物園 設備는 廣大한듸 內容은 別로 업더라. 白水慰安所에서 夕食하엿다. 夜 一時餘에 蘭貢會館에서 宿하엿다.

二月 八日(旧 一月 四日) 月曜日 晴天

朝 起緬甸國 蘭貢市 ゴットウィンロ 蘭貢會館하여 朝飯을 食하다. 慰安所 白水館에서 夕食하다. 朝鮮서 昨年 慰安所 經營者로써 同來한 金和柱道氏를 만나 갓치 자로 가자기에 갓치 가서 잣다.

二月 九日(旧 一月 五日) 火曜日 晴天

朝 起金和 處하여 金和氏와 同居키로 約束하고 잇슬 家屋을 求하엿는듸 ビルマ寺院 後道路辺 ビルマ人 假設建物의 一室로 每月 家賃 二十五円에 定하여 잇기 하엿다. 午后 大山氏가 맛침 지나기에 불너 갓치 잇다가 軍政監部에 가서 일을 보고 大山氏 處로 가서 夕食하고 歸來하여 金和氏와 同宿하다.

二月 十日(旧 一月 六日) 水曜日 晴天

朝 起하여 金和氏와 갓치 市場에 나가 朝飯을 買食하다. 軍政監部에 入國 許可書를 차저로 갓더니 아직 아니 되엇다고 다음에 오라더라. 막 軍政部 門을 나서니 朝鮮서 慰安所 經營者로 緬甸國에 同來한 光山寬治氏가 알근치를 하기 반가이 人事를 한 後 여러 가지 이약을 하고 놀다가 市內 正金銀行에 가서 光山氏 送金하는듸 잇다가 갓치 我宿舍로 와서 놀다가 宿하다.

二月 十一日(旧 一月 七日) 木曜日 晴天

朝 起臨時宿舍하여 ビルマ人 飯店에서 朝飯을 買食하다. 午后 蘭貢會館에 去하여 トランク를 宿舍로 가저 왓다. 金和氏와 갓치 夕飯을 買食하고 同宿하다. 光山氏는 자고 나서 プローム로 갓다.

二月 十二日(旧 一月 八日) 金曜日 晴天

朝 起宿舍하여 金和氏와 갓치 가서 朝飯을 買食하다. 終日 아모 하는 일
업시 놀다가 夕食하고 遊하다가 夜 一時頃 宿하엿다.

二月 十三日(旧 一月 九日) 土曜日 晴天

朝 起蘭貢市 臨時宿舍하여 金和氏와 朝飯을 買食하고 自動車 中古 賣
渡할 것이 잇다고 ビルマ人이 가 보자기에 金和氏와 갓치 가서 보고 二臺에
二千円에 買受하겟다 하엿다. 軍政監部에 가서 入國許可證을 차자 왓다.

二月 十四日(旧 一月 十日) 日曜日 晴天

朝 起緬甸國 蘭貢市 臨時宿舍하엿다. 金和氏와 ビルマ人이 中古 自動車가
잇다고 가 보자기에 가 보앗스나 좃치 못하여 아니 사겟다 하고 歸來하엿다.

二月 十五日(旧 一月 十一日) 月曜日 晴天

朝 起緬甸國 蘭貢市 臨時宿舍하여 朝飯을 買食하엿다. プローム에 잇든
內地 歸還軍人 大高와 鳥居 兩君을 만낫다. プローム를 써나 로-야란 곳에
있다가 今般 內地로 가기 되여 十二日 蘭貢으로 나왓다더라.

二月 十六日(旧 一月 十二日) 火曜日 晴天

朝 起緬甸國 蘭貢市 臨時宿舍하여 朝飯을 買食하다. 終日 遊하다가 夕食
하고 宿하다.

二月 十七日(旧 一月 十三日) 水曜日 晴天

朝 起緬甸國 蘭貢市 臨時宿舍하여 朝飯을 買食하다. 內地 歸還 上等兵 高
野君이 來하여 遊하다가 去하엿다.

二月 十八日(旧 一月 十四日) 木曜日 晴天

朝 起緬甸國 蘭貢市 臨時宿舍하여 朝飯을 買食하다. 終日 遊하다가 大山氏가 自己 家에 가자기에 갓치 가서 夕飯을 食하고 同歸宿舍하여 宿하엿다.

二月 十九日(旧 一月 十五日) 金曜日 晴天

朝 起緬甸國 蘭貢市 臨時宿舍하여 朝飯을 買食하다. 印度人 理髮行商者를 불너 理髮하엿다. 旧正月 十五日 望月하는 날이라 故鄕 父母 兄弟 妻子는 달을 보고 또 數萬里 他國에 잇는 나를 生각하리라. 東天 소사 잇는 달을 보고 思鄕의 절을 하엿다. 이곳의 잇써는 一點의 구름도 업는 맑게 개인 하는에 달도 밝기도 하다.

二月 二十日(旧 一月 十六日) 土曜日 晴天

朝 起緬甸國 蘭貢市 臨時宿舍하여 朝飯을 買食하다. 大山氏와 軍政監部 敵産課 水田係 宮崎氏의게 精米工場 經營을 交涉하엿다. 課長의게까지 見會하여 이약하엿더니 産業部에 問議한 後 如何한 處分을 하겟다더라.

二月 二十一日(旧 一月 十七日) 日曜日 晴天

朝 起緬甸國 蘭貢市 臨時宿舍하여 朝飯을 買食하다. 夕陽에 千田商會 住宅 久保氏를 차자 갓스나 住宅을 찻지 못하여 도라다니다가 歸來하여 夕飯을 買食하고 遊하다가 宿하다.

二月 二十二日(旧 一月 十八日) 月曜日 晴天

朝 起緬甸國 蘭貢市 臨時宿舍하여 朝飯을 買食하다. 終日 遊하다가 夕飯을 買食하고 宿하다.

二月 二十三日(旧 一月 十九日) 火曜日 晴天

朝 起緬甸國 蘭貢市 臨時宿舍하여 朝飯을 買食하다. 正金銀行 支店에 去

하여 預金한 中 百円을 차젓다. 大山氏와 自動車로 蘭貢大寺를 求景하엿다. 夕飯을 買食하고 宿하다.

二月 二十四日(旧 一月 二十日) 水曜日 晴天

朝 起緬甸國 蘭貢 臨時宿舍하여 朝飯을 買食하다. 大山氏와 갓치 理髮所에 가서 面剃하엿다. 또 大山氏와 昨日 未明 擊墜된 英機 殘骸 求景을 하엿다. 此 英機는 蘭貢 市外 十粁 地點 水田 廣野에 激突되여 爆破된 重爆擊機로 아조 큰 것이더라. 未發 爆彈도 五, 六個 쎠러저 잇더라.

二月 二十五日(旧 一月 二十一日) 木曜日 晴天

朝 起緬甸國 蘭貢市 臨時宿舍하여 朝飯을 買食하엿다. 臨時宿舍에서 宿泊하고 잇는 岡田, 金和, 大山 등 三名과 紀念撮影을 하엿다. 大山氏와 タヴォイ까지 여행하기를 약속하고 緬甸人 乘合自動車로 ペグ까지 到着하엿다. 慰安所 文樂館 新井 方에서 조곰 쉬여 故鄕人 慰安所 金川氏를 차자 갓다. 반가이 만나 이약하고 놀다가 夕食하고 同氏 宅에서 宿하엿다.

二月 二十六日(旧 一月 二十二日) 金曜日 晴天

朝 起緬甸國 ペグ市 櫻俱樂部 金川氏 方하여 朝飯을 食하엿다. 金川氏 案內로 緬甸 第一인 釋迦寢像를 求景하고 歸來하여 夕食하고 宿하다. 此 臥佛像은 長 百八十餘呎, 高 五十餘呎이라는듸 참으로 놀날만한 것이더라.

二月 二十七日(旧 一月 二十三日) 土曜日 晴天

朝 起緬甸國 ペグ-市 金川氏 處하여 朝飯을 食하고 マウルメン가기 大山氏와 停車場에 나와 乘車한 後 マウルメン, タヴォイ 方面行 連絡이 잘 아니되어 途中 困難이 만타기에 도로 나리어 金川氏 宅으로 왓다. タヴォイ行을 中止하고 나는 金川氏 處에 신세를 當分間 지게 하엿다. 夕食하고 遊하다가 宿하다.

二月 二十八日(旧 一月 二十四日) 日曜日 晴天

朝 起緬甸國 ペグ市 櫻俱樂部 金川氏 方하여 朝飯을 食하다. 慰安所 文樂館에 去하여 遊하다가 夕飯을 食하고 文樂館 大原泰國氏 處에서 宿하엿다. 此 文樂慰安所는 我와 同來한 朝鮮 忠州人 新井淸次氏가 經營하는 것이다.

三月 一日(旧 一月 二十五日) 月曜日 晴天

朝 起緬甸國 ペグ市 文樂館하여 朝飯을 食하고 遊하다. 大山氏는 福本 自家用 自動車로 蘭貢으로 갓다. 午後 金川氏와 郭某와 獵銃을 가지고 野外에 나가 놀다가 歸來하여 夕食하고 宿하다.

三月 二日(旧 一月 二十六日) 火曜日 晴天

朝 起緬甸國 ペグ市 慰安所櫻俱樂部 金川氏 方하여 朝飯을 食하고 遊하다. 市場에 金川氏와 去하여 洋服감을 九嗎에 70円에 買來하였다. 金川氏 家에서 夕食하고 遊하다가 宿하다.

三月 三日(旧 一月 二十七日) 水曜日 晴天

朝 起緬甸國 ペグ市 慰安所櫻俱樂部 金川氏 處하여 朝飯을 食하다. 終日 遊하다가 同氏 宅에서 夕食하고 宿하다.

三月 四日(旧 一月 二十八日) 木曜日 晴天

朝 起緬甸國 ペグ市 慰安所櫻俱樂部 金川氏 處하여 朝飯을 食하다. 大邱人 大原氏는 歸國手續을 맛처 歸鄕하게 ラングン 까지 갓다가 아직 아니 가고 그양 ペグ로 來하엿더라. 終日 遊하다가 金川氏 處에서 夕食하고 宿하다.

三月 五日(旧 一月 二十九日) 金曜日 晴天

朝 起緬甸國 ペグ市 金川氏 處하여 朝飯을 食하다. ラングン서 大山氏가 來하엿다. 日前 服地 산 것을 가지고 洋服店에 가서 洋服을 지어달나고 付託

하엿다. 大山氏는 文樂館에서 宿食하는 模樣이다.

三月 六日(旧 二月 一日) 土曜日 晴天

　朝 起緬甸國 ペグ市 慰安所 金川氏 處하엿다. 大山氏가 文樂館에서 今日 ラングン으로 가자고 오라기에 文樂에 가서 大山氏를 만나 十日後에 가자하고 文樂館에서 朝飯을 食하고 遊하다. ラングン 잇는 寫眞師 豊川氏가 カラ ウ를 간다기에 其便에 烏川弘子이게 片紙를 붓친다. 櫻倶樂部에서 夕食하고 遊하다가 宿하다.

三月 七日(旧 二月 二日) 日曜日 晴天

　朝 起緬甸國 ペグ市 金川氏 處하여 朝飯을 食하다. 故鄕室人과 友人許○ 小室李○○이게 葉書를 쎠엇다. 終日 遊하다가 金川氏 處에서 夕食하고 宿 하엿다.

三月 八日(旧 二月 三日) 月曜日 晴天

　朝 起緬甸國 ペグ市 金川氏 宅하여 朝飯을 食하다. 今日은 ラングン 陷落 一週年 紀念日이다. 終日 遊하다가 夕食하고 宿하엿다.

三月 九日(旧 二月 四日) 火曜日 晴天

　朝 起緬甸國 ペグ市 金川氏 宅하여 朝飯을 食하다. 終日 遊하다가 夕食하 고 宿하엿다. 金川氏가 닭을 살마 술 한 잔 먹자기에 밤자기 前에 먹엇다.

三月 十日(旧 二月 五日) 水曜日 晴天

　朝 起緬甸國 ペグ市 金川氏 宅하여 朝飯을 食하다. ラングン 金澤君이 マ ンダレ- 갓다 오는 길에 ペグ에 들어 나 잇는 줄 알고 차저왓더라. 終日 遊하 다가 夕食하고 宿하다. 金川氏 慰安所를 五五司團에서 マンダレ- 근처 イェ ウ라는 곳에 移轉하라고 命令이 잇서 今日 其處 部隊長이 來하여 가자하는딕

慰安婦 一同은 絶對 反對하며 못가겟다더라.

朝 起緬甸國 ペグ市 金川氏 宅하여 朝飯을 食하다. ラングン서 製菓業하
는 福本君이 來하여 갓치 遊하엿다. 終日 遊하다가 夕食하고 宿하다.

朝 起緬甸國 ペグ市 金川氏 宅하여 朝飯을 食하고 終日 遊하다가 夕食하
고 宿하엿다. 金川氏는 今日 司團 連絡所에 불니여 갓다 와서 말이 十六日 頃
은 移動地 イェウ를 향하여 出發하겟다더라.

朝 起緬甸國 ペグ市 金川氏 宅하여 朝飯을 食하고 終日 遊하다가 夕食하
고 宿하다. 此處 氣候가 세벽 아침은 大端 서늘한듸 낫에는 미우 더워 조곰
만 걸어도 쌈이 쫄쫄 흘은다. 朝鮮도 지금은 큰 치위는 다 - 갓슬 것이다. 不過
20日餘에 櫻花가 滿發하는 조흔 時節이 닥칠 것이다. 이 조흔 朝鮮의 봄철도
萬里異域에서 싱각만 하고 보늬게 된다.

朝 起緬甸國 ペグ市 金川氏 處하여 朝飯을 食하다. 金川氏는 司令部 命令
에 이기지 못하여 慰安所를 イェウ로 옴겨가게 되여 來 18일은 出發하겟다더
라. 終日 遊하다가 夕食하고 宿하다.

朝 起緬甸國 ペグ市 金川氏 處하여 朝飯을 食하다. 福本君이 ビルマ 映畵
求景가자기에 自己製菓店에 갓다가 갓치 映畵館에 가서 求景하였다. ビルマ
式 映畵로서 意味는 잘 알 수 업스나 寫眞은 잘 製作된 것 갓더라. 福本君의

待接으로 夕飯을 食하고 文樂館에 가서 カラウ서 온 豊川氏를 만나 日前 片紙 傳達 事情을 뭇고 놀다가 歸 金川氏 處하여 宿하엿다.

三月 十六日(旧 二月 十一日) 火曜日 晴天

朝 起緬甸國 ペグ市 金川氏 宅하여 朝飯을 食하고 終日 遊하다가 夕食하고 宿하다. 金川氏는 司團 連絡所에서 今般 イェウ 方面 移動을 當分間 中止하여 ペグ에 그양 잇게 하란다더라. 昨年 三月 五日에 釜山서 手術한 腹部 傷處가 加濃하여지는 것 갓치 짠짠하며 알니여 再手術을 要할 念慮가 잇다.

三月 十七日(旧 二月 十二日) 水曜日 晴天

朝 起緬甸國 ペグ市 金川氏 處하여 朝飯을 食하다. アキャブ 妻男이 葉書를 내엇다. 終日 遊하다가 夕食하고 宿하엿다.

三月 十八日(旧 二月 十三日) 木曜日 晴天

朝 起緬甸國 ペグ市 金川氏 宅하여 朝飯을 食하고 終日 遊하다가 夕食하고 宿하엿다.

三月 十九日(旧 二月 十四日) 金曜日 晴天

朝 起緬甸國 ペグ市 金川氏 處하여 朝飯을 食하고 終日 遊하다가 夕食하고 宿하엿다. アキャブ 妻男과 新井君 兩人이 慰安所에 밧바서 大困難을 칠 것을 生覺하니 하로밧비 가야겟는듸 워낙 險路에 遠距離라 途中 苦生할 일을 엇지 할가하여 또 자지中이다. 義理를 生각하면 쑥 가야하겟다.

三月 二十日(旧 二月 十五日) 土曜日 晴天

朝 起緬甸國 ペグ市 金川氏 處하여 朝飯을 食하엿다. 慰安所 文樂館에 去하여 主人 新井氏와 雜談을 하며 遊하다가 同氏宅에서 夕食의 待接을 밧고 夜12時頃까지 놀고 歸 金川氏 處하여 宿하엿다.

三月 二十一日(旧 二月 十六日) 日曜日 晴天

朝 起緬甸國 ペグ市 金川氏 處하여 朝飯을 食하고 終日 遊하다가 夕食하고 宿하엿다. 今夜는 緬甸의 맑게 게인 하늘에 둥글고 둥근 달이 유난히 밝아셔 思鄉의 感이 더욱 懇切하도다.

三月 二十二日(旧 二月 十七日) 月曜日 晴天

朝 起緬甸國 ペグ市 金川氏 處하여 朝飯을 食하고 終日 遊하다가 夕食하고 宿하엿다. カロウ 近處 アンパン 가는 軍人이게 金井 慰安所 烏川弘子이게 片紙를 붓치엇다. ペグ市場 內에 페스트의 傳染病 患者가 發見되엿다더라.

三月 二十三日(旧 二月 十八日) 火曜日 晴天

朝 起緬甸國 ペグ市 金川氏 處하여 朝飯을 食하엿다. 蘭貢 갈나하엿더니 金川氏가 幾日後에 가라하며 못 가게 말니기에 中止하엿다. 慰安所 文樂館에서 遊하다가 夕食하엿다. 蘭貢서 金和柱度氏가 夕時 來하엿기 蘭貢 我 出發後의 形便을 뭇고 文樂에서 遊하다가 我는 金川氏 宅으로 歸來하여 就寢하니 時는 夜 十二時半餘더라.

三月 二十四日(旧 二月 十九日) 水曜日 晴天

朝 起緬甸國 ペグ市 金川氏 處하여 朝飯을 食하엿다. 金和氏와 ペグ 東南에 있는 寺刹에 參拜하고 求景하엿다. 文樂館에 去하여 遊하다가 同館에서 夕食하고 少遊後 歸 金川氏 處하여 宿하엿다.

三月 二十五日(旧 二月 二十日) 木曜日 晴天

朝 起緬甸國 ペグ市 金川氏 處하여 朝飯을 食하고 終日 遊하엿다. 夕時 乙女主人 松本氏와 金川氏와 ビルマ墓地 求景을 하엿다. 墓는 セメント 石곽을 만들어 其 안에 屍體 곽을 너었는되 참 잘 만들엇더라.

三月 二十六日(旧 二月 二十一日) 金曜日 晴天

朝 起緬甸國 ペグ市 金川氏 處하여 朝飯을 食하다. 金川氏 慰安所 一同과 紀念撮影을 하엿다. 또 我 獨寫眞과 金川氏와 金川榮周君과 三人이 撮影하엿다. 夕陽에 文樂館에 去하여 遊하다가 其處에서 夕食하고 歸 金川氏 家하여 宿하엿다. 來月 初에는 ペグ市의 二, 三 慰安所가 他處로 移動되겟다더라.

三月 二十七日(旧 二月 二十二日) 土曜日 晴天

朝 起緬甸國 ペグ市 金川氏 處하여 朝飯을 食하고 蘭貢 갓다오게 文樂館으로 나오니 同館 主人 新井氏가 明日 갓치 가자고 하며 못 가게 하기 終日 遊하다가 夕食하고 金川氏 處로 歸來하여 宿하엿다.

三月 二十八日(旧 二月 二十三日) 日曜日 晴天

朝 起緬甸國 ペグ市 金川氏 處하여 慰安所 文樂館에 去 朝食하엿다. 文樂館 主人 新井氏와 一福亭 主人 山本氏와 三人이 午前 十時半頃 ビルマ人 乘合自動車를 乘하고 來蘭貢하엿다. 歸國하게 蘭貢市 カマヨ에서 臨時 滯在하는 新井淸次氏 內外와 大邱人 大原泰國氏를 訪問하고 同氏 處에서 夕食하고 宿하엿다. 文樂 主人 新井氏와 一福亭 主人 山本氏는 夜車로 歸去 ペグ하엿다.

三月 二十九日(旧 二月 二十四日) 月曜日 晴天

朝 起蘭貢時 カマヨ 大原泰國氏 處하여 市內 白水慰安所로 來하여 朝飯을 食하고 蘭貢會館에 去하여 大山虎一氏를 만낫다. 大山氏와 軍政監部 前에 設置되여 現 休業中인 食油製造 工場(支那人 陳瑞信 所有)을 引受 經營케 鑑定하고 歸來 大山氏 家하여 夕食하고 大山氏와 宿舍로 來하여 宿하엿다.

三月 三十日(旧 二月 二十五日) 火曜日 晴天

朝 起蘭貢市 ゴウテンバリ 宿舍하여 プロムロド 五〇三 陳瑞信 處에 去하여 食油製造 工場 貸借 件에 對하여 協議한 後 大山氏와 蘭貢會館으로 와서

朝飯을 食하다. 大山氏宅에서 夕食하고 大山氏와 宿舍로 歸來하여 宿하엿다.

三月 三十一日(旧 二月 二十五日) 水曜日 晴天

朝 起蘭貢市 ゴーテンバリ宿舍하여 朝飯을 食하엿다. 大山氏와 プロム로드 陳瑞信家에 去하엿다가 카마요 大原泰國處에 去하여 少遊後 陳瑞信家로 來하여 工場及家屋 賃借 件에 對하여 契約할나다가 明日로 미루고 歸 大山氏家하여 夕食하고 宿舍로 歸來 宿하엿다.

四月 一日(旧 二月 二十七日) 木曜日 晴天

朝 起蘭貢市 ゴーテンバリー宿舍하여 朝飯을 食하엿다. プロームロート 陳瑞信家에 去하여 家屋工場을 每月 五百円에 賃貸借契約을 締結하고 保證金으로 金千円을 支拂하엿다. 大山氏와 菊水料理店이 어듸 잇나 차자보고 歸 大山氏 家하여 夕食하고 歸 宿舍하여 宿하엿다. 今日부터 大山氏와 食堂及製油工場을 同業으로 經營케 約束하고 事業準備에 進行키로 決定하엿다.

四月 二日(旧 二月 二十八日) 金曜日 晴天

朝 起蘭貢市 ゴーテンバリー宿舍하여 プロームロード 五〇三 製油工場에 去하엿다. 蒸氣機關士와 火夫가 來하여 蒸氣機關에 불을 일으켜서 運轉하여 井戶 물을 タンク에 올엿다. 大山氏와 大山氏 宅으로 來하여 朝飯을 食하엿다. アキャブ서 온 軍人이 片紙를 가저와서 自己宿所에 두엇다기 工場에 갓다오는 길에 갓더니 軍人이 歸來치 아니 하여 못찾고 歸 大山氏 家하여 夕食하고 更去하여 片紙를 차젓는듸 アキャブ서 ○桓君이 보낸 片紙더라. 一同이 無事하다는듸 安心하엿다. 大山氏와 宿舍로 歸來하여 宿하엿다.

四月 三日(旧 二月 二十九日) 土曜日 晴天

朝 起 ゴーテンバリー宿舍하여 日本 サービス에 臨時宿泊하고 잇는 昨年 朝鮮서 갓치온 一團 中의 大石氏와 豊川를 만나 大山氏와 支那人街에 去하여

一丸莊食堂에서 朝飯을 食하다. アキャブ ○桓君의게 片紙 回答과 付託한 物品을 買付키 爲하여 蘭貢會館에서 アキャブ서 온 軍人이 온다기에 기다리고 잇섯는듸 終是 아니오기 軍人 廣澤氏 宿舍로 가서 붓치고 歸 蘭貢會館하여 夕食하고 歸來 宿舍하여 遊하엿다. 製油工場을 大山, 豊川, 大石와 我 四人 共同經營케 今日 다시 約束하고 進行中이다.

四月 四日(旧 二月 三十日) 日曜日 晴天

朝 起緬甸國 蘭貢市 ゴーテンバリー 宿舍하여 大山氏와 支那街及スレバコタ街를 지낫다. 大山氏 經營튼 青鳥食堂도 大修理를 하여야 되겟더라. 蘭貢會館에서 朝食하엿다. 午後 三時 メニゴン서 ビルマ人 バス를 타고 ペグ에 到着하여 櫻俱樂部 金川氏 處로 來하여 夕食하고 宿하엿다.

四月 五日(旧 三月 一日) 月曜日 晴天

朝 起緬甸國 ペグ市 櫻俱樂部 金川氏 處하여 朝飯을 食하엿다. 櫻俱樂部 慰安婦 文子는 腹部가 大痛되여 午後 解剖 手術한다더라. 文子는 昨年 マンダレ-에 잇슬 쩍도 盲腹炎으로 手術하엿는듸 今般 또 手術하는 不幸의 몸인 主人公이다. 夕食하고 文樂館에 놀너가니 ラングン서 大原氏가 來하여 잇기 갓치 夜 十二時餘까지 遊하다가 歸 櫻俱樂部하여 宿하엿다.

四月 六日(旧 三月 二日) 火曜日 晴天

朝 起緬甸國 ペグ市 櫻俱樂部 金川氏 處하여 朝飯을 食하엿다. 文樂館에 去하여 遊하다가 夕食하고 歸 櫻俱樂部 金川氏 處하여 宿하엿다. 日前 蘭貢서 ビルマ 新聞을 보니 東京市를 東京都로 名稱을 改正하엿더라.

四月 七日(旧 三月 三日) 水曜日 晴天

朝 起緬甸國 ペグ-市 櫻俱樂部하여 朝飯을 食하고 十二時에 ビルマ 乘合 自動車를 타고 歸 蘭貢하엿다. プロームロート 工場에는 豊川 及 大石 兩氏가

移舍하여 있는디 夕食하고 大山氏와 コーテンバリー宿舍에 歸來하여 宿하엿다.

四月 八日(旧 三月 四日) 木曜日 晴天

朝 起蘭貢市 コーテンバリー宿舍하여 大山氏 處에서 朝食하고 プロームロート工場에 歸來하여 夕食하고 大山氏와 コーテンバリー宿舍에 來하여 宿하엿다.

四月 九日(旧 三月 五日) 金曜日 晴天

朝 起蘭貢市 コーテンバリー宿舍하여 プロームロート工場에 去하여 朝飯을 食하고 大山氏와 蘭貢會館에 來하여 大山氏 經營튼 靑鳥食堂 家屋主 印度人 處에 去하여 家屋 再修理를 하여 달나고 付託하엿다. 工場에 去하여 夕食하고 大山氏와 コーテンバリー宿舍에 來하여 宿하엿다.

四月 十日(旧 三月 六日) 土曜日 曇晴天

朝 起蘭貢市 コーテンバリー宿舍하여 大山氏와 プロームロート工場에 去하여 朝飯을 食하고 遊하엿다. 工場에서 夕食하고 歸 宿舍하여 宿하엿다. 昨夜에도 비가 조곰 오더니 今日도 細雨가 나리며 흐리엇다. 아마 지금부터 ビルマ의 獨特한 雨季에 드는 模樣갓다.

四月 十一日(旧 三月 七日) 日曜日 曇晴夕暴雨天

朝 起蘭貢市 コーテンバリー宿舍하여 プロームロート工場에 去하여 朝飯을 食하다. カマヨ 大原泰國氏 處에 去하엿는디 昨年 慰安隊로 同來한 松本恒, 山田氏가 今般 歸國하게 來蘭貢하여 手續中이라더라. 山田氏와 其間 經過 이약을 하고 遊하다가 歸工場하여 夕食하엿다. 昨年 十二月부터 五ヶ月餘를 비 한번 아니오고 나리쏘이더니 이제부터는 雨季가 갓가워 오는지 今日 午后 六時 五十分頃부터 約 一時間 暴雨가 쏘다저 其間 旱毒을 쓰러버리엇

다. 大山氏와 コーテンバリー宿舍로 歸來하여 宿하엿다.

四月 十二日(旧 三月 八日) 月曜日 晴天

朝 起蘭貢市 コーテンバリー宿舍하여 大山氏와 自己 宅으로 왓다가 곳 市內 自己 食堂에 가서 木手를 請하여 修理케 作定하고 明日부터 일하게 하엿다. 食堂에서 大山氏 家로 來하여 朝飯을 食하고 大山氏와 軍政部에 가서 電氣工業 許可願을 大山氏가 提出하엿다. 大山氏 宅에서 夕食하고 平沼洋服店에 가서 洋服을 곳친 後 工場에 잠간 갓다가 歸宿舍하여 宿하엿다.

四月 十三日(旧 三月 九日) 火曜日 晴天

朝 起蘭貢市 コーテンバリー宿舍하여 大山氏와 靑鳥食堂에 去하엿다가 歸蘭貢會館하여 朝飯을 食하고 遊하다가 夕食하고 歸宿舍하여 宿하엿다. ビルマ人은 今日부터 十六日까지 水祭를 올니는딕 거리에서 물을 行人의게 치는 光景이 잇다. 아모의게나 물을 처도 抗議 업시 웃고 지나간다.

四月 十四日(旧 三月 十日) 水曜日 晴夕小雨

朝 起コーテンバリー宿舍하여 大山氏 宅에 去 朝食하엿다. 靑鳥食堂 修理하는딕 갓다가 支那街에서 理髮하엿다. 大山氏와 コーテンバリー宿舍로 歸來하여 夕食하고 遊하다가 宿하엿다.

四月 十五日(旧 三月 十一日) 木曜日 晴天

朝 起コーテンバリー宿舍하여 大山氏와 靑鳥食堂 修理 處에 去하여 使用人 緬甸人 ソーリン을 다리고 電氣商 印度人 處에 去하엿다가 歸蘭貢會館하여 朝飯을 食하다. 大山氏와 又去電氣器具 商人 家에 去하엿다. 蘭貢會館에서 遊하다가 夕食하고 歸宿舍하여 宿하엿다. ペグ 慰安所 乙女亭, 文樂, 將校俱樂部 等 三, 四 慰安所는 今般 アキャブ地方으로 移動되여 今日 乙女亭 松本氏가 蘭貢 來到하여 가는 途中 맛낫다. 櫻俱樂部 金川氏는 ペグ에 잇기 되엇다더라.

四月 十六日(旧 三月 十二日) 金曜日 晴天

　朝 起コーテンバリー宿舎하여 豊川 處에 가서 朝飯을 食하다. カマヨ 電氣器具商을 찾다가 못찾고 歸來 途中 三益食堂에서 ペグ 文樂 主人 內外를 만낫다. アキャブ로 移動되여 가는 途中이라더라. 大山氏 宅에서 夕食하고 宿舍로 와서 宿하엿다. 蘭貢 市內 各處에 ペスト病이 發生되여 兵丁은 一人도 外出 못한다.

四月 十七日(旧 三月 十三日) 土曜日 晴天

　朝 起コーテンバリー宿舎하여 大山氏와 蘭貢會館에 來하여 朝飯을 食하엿다. 夕陽에 青鳥食堂 修理 處에 去하엿다가 歸 蘭貢會館하여 夕食하고 歸コーテンバリー宿舎하여 宿하엿다. 今日이 緬甸의 正月 一日이라 한다. バ・モ—長官 以下四氏 一行은 訪日 任務를 맛치시고 再昨 十四日 歸蘭하엿다.

四月 十八日(旧 三月 十四日) 日曜日 晴天

　朝 起コーテンバリー宿舎하여 大山氏는 일보러 나가고 我는 ボーイ를 식혀 朝飯을 만들어달라고 먹고 아모듸도 아니 나가고 終日 宿舍에서 遊하엿다. 宿舍에서 夕食하고 大山氏와 갓치 宿하다.

四月 十九日(旧 三月 十五日) 月曜日 晴天

　朝 起コーテンバリー宿舎하여 大山氏와 青鳥食堂에 가서 조곰 잇다가 蘭貢會館으로 來하여 朝飯을 食하엿다. 大山氏는 カマヨ에 前契約한 製油工場 解約次 去하여 夕時 歸來하엿는듸 一ヶ月 家賃 五百円을 주고 解約하여 契約金 中 五百円을 受하엿더라. 夕食하고 大山氏와 宿舍하여 宿하엿다.

四月 二十日(旧 三月 十六日) 火曜日 晴天

　朝 起蘭貢市 コーテンバリー宿舎하여 大山氏와 蘭貢會館에서 朝飯을 食하엿다. 朝鮮서 同來한 慰安所 經營者 內藺氏가 蘭貢會館에 來하엿더라. 內

蘭氏의 案內로 東洋韓食堂에서 夕飯의 待接을 밧고 內蘭와 コーテンバリー 宿舍로 來하여 宿하엿다. 內蘭氏는 蘭貢서 マールメン에 移動되여 營業 中이 라더라.

四月 二十一日(旧 三月 十七日) 水曜日 晴天

朝 起蘭貢市 コーテンバリー宿舍하여 蘭貢會館에 來하여 朝飯을 食하엿 다. 靑鳥食堂 修理 處에 갓다가 終日 蘭貢會館에서 遊하다가 夕食하고 歸 コ ーテンバリー宿舍하여 宿하엿다.

四月 二十二日(旧 三月 十八日) 木曜日 晴天

朝 起コーテンバリー宿舍하여 大山氏와 蘭貢會館에서 朝飯을 食하엿다. 大山氏와 豊川誠三 處에 去하여 大山氏 經營 中이든 靑鳥食堂 經營權 器俱 一切을 代金 六千五百円에 豊川氏의게 賣渡하엿다. 軍政監部 警察課에 去하 여 歸國許可件에 対하여 問議하엿다. 大石, 豊川, 三田, 大山 等과 菊水料理에 夕飯을 먹으로 갓스나 軍人 軍屬 外에는 出入禁止라기에 支那街에 去하여 夕 飯 兼하여 料理를 먹엇다.

四月 二十三日(旧 三月 十九日) 金曜日 晴天

朝 起蘭貢市 コーテンバリー宿舍하여 大山氏와 蘭貢會館으로 와서 朝飯 을 食하엿다. 內蘭氏도 昨夜 갓치 자고 蘭貢會館에서 朝飯도 갓치 먹엇다. 風 土病이 甚하여 낫지 안어 今般 歸鄕하기로 決定하고 日本人會에서 歸國用紙 를 어더 왓다. 蘭貢會館에서 夕食하고 コーテンバリー宿舍에서 宿하엿다.

四月 二十四日(旧 三月 二十日) 土曜日 晴天

朝 起蘭貢市 コーテンバリー宿舍하여 大山氏와 蘭貢會館에 來하여 朝飯 을 食하엿다. 今般 プローム 方面에 갓다온 文野, 廣田 兩氏의 傳하는 말에 依 하면 アキャブ 方面에서 慰安所 主人이 女子 二名을 다리고 나오다가 조난을

當하여 主人과 女子 一名은 죽고 一名은 重傷을 當하엿다더라. 或 妻男 山本氏가 안인가 하여 걱정이다. 兵站病院 医務室 軍医의게 診斷을 밧게 보이니 다음에 診斷書를 發行하겟다더라. カロウ-アンパン 잇는 金井氏가 今般 用務로 蘭貢 와서 차자 왓기에 갓치 蘭貢會館에서 夕食하고 宿舍에 와서 同宿하엿다.

四月 二十五日(旧 三月 二十一日) 日曜日 晴夕陽雷雨天

朝 起蘭貢市 コーテンバリー宿舍하여 大山氏와 金井氏와 來蘭貢會館하여 朝飯을 食하엿다. 昨日의 疑聞에 対하여 암만 하여도 마음이 놋치지 안어 今夜 八時 ラングーン 驛發 列車로 プローム를 向하엿다.

四月 二十六日(旧 三月 二十二日) 月曜日 晴天

機關車 故障으로 驛에 다이면 三十分餘를 지체하고 그리다는 乃終에 プローム에 電話하여 다른 機關車가 와서 轉運하여 갓는딩 朝 十時頃 プローム 驛 到着할 것이 午后 六時餘에 到着하엿다. 慰安所 東亞館과 蓬萊亭을 차자 가서 妻男의 消息을 大略 뭇고 蓬萊館 主人 野澤氏와 病院에 가서 妻男과 갓치온 傷痍軍人의게 물어 確實을 알엇다. 더구나 ○桓君과 女子 二名 合 四人이다. 胸中이 막혀 엇지할 줄을 몰을 地境이다. 午后 九時 十分發 列車로 プローム을 出發.

四月 二十七日(旧 三月 二十三日) 火曜日 晴天

今日도 아침 十時頃 到着할 列車가 途中 故障으로 午后 一時餘에 到着하엿다. 마음이 쓰라리고 가슴이 터저나갈 갓흔 띠다가 車까지 느저지니 더 죽을 지경이다. 이일을 엇지 하엿스면 조흘까. 故鄕의 家族을 何面目으로 対面할까. 갓치 아니 죽고 사라잇는 것이 잘못이다. 이 不幸의 消息을 父母 妻子가 들어면 죽을나 할 것이다. 더구나 ○桓君은 二十四才의 前途洋洋 靑年이다.

朝 起蘭貢市 ゴーテンバリー宿舍하여 朝飯을 ボーイ의게 식혀 지어먹고 終日 아모듸도 나가지 안코 妻男의 不幸한 運命만을 성각하여 한숨만 쉬엿다. 數萬里 他國 激浪과 싸와 비루마까지 와서 無事히 지내다가 歸國할나고 나오는 途中에 當하는 不幸 참으로 가슴 압푸다. 나 혼자 故鄕 갈 일을 성각하니 참으로 기막힌다.

| 天長節 |

朝 起蘭貢市 ゴーテンバリー宿舍하여 朝飯을 食하엿다. 午後 五時餘에 ビルマ人 モソイン과 住宅을 가 보앗는듸 大山氏와 相議하여 宿舍를 옴기도록 하겟다. 夕食하고 大山氏와 宿舍에서 宿하엿다. 三田幸稔氏도 大山氏와 同來하여 宿하다.

朝 起蘭貢市 ゴーテンバリー宿舍하여 大山氏와 昨日 ビルマ人 モソイン과 본 住宅을 둘너보고 다시 조흔 住宅이 잇나 하여 ビクトリヤ湖畔까서 兵站管理의 一家屋을 보고 平沼洋服店을 둘너 蘭貢會館에 來하여 朝食하엿다. ゴーテンバリー宿舍로 來하여 夕食하고 宿하엿다.

朝 起蘭貢市 ゴーテンバリー宿舍하여 軍司令部 矢野 少佐 副官의게 面會하여 妻男 一行 遭難 件을 이약하니 山添 准尉 副官의게 相議하라기에 山添 副官의게 이약하니 タンガップ까지 가서 狀況을 詳細 調하여 오라더라. 갓다오기를 決定하고 ラングーン驛 二十時 發 列車로 出發하엿다.

五月 二日(旧 三月 二十八日) 日曜日 晴天

　　午前 十二時頃 プローム驛에 到着하여 蓬萊亭 野澤氏 處에 들어 朝飯 兼 晝飯을 食하엿다. 渡河點에 가서 　タンガップ行 軍部 自動車便에 便乘하게 말하여 渡河하여 二十時餘 バトン을 出發하여 千回萬曲의 이 アラッカン 險한 山路를 夜間運行으로 넘어간다. 一月에 한 번 넘은 後 다시 아니 넘겟다 하엿더니 今般 不幸事에 다시 넘는다.

五月 三日(旧 三月 二十九日) 月曜日 晴天

　　自動車 故障으로 夜 五時頃부터 開明時까지 車 안에서 누어자고 다시 運行하엿다. 十二時頃 タンガップ에 無事 到着하여 爲先 患者療養所를 차자 張○岳을 만나 슬픔을 禁치 못한 事情 이약을 하엿다. 遭難事情도 잘 알엇다. 妻男과 ○桓君 女兒 奉順, 金○梅 四名은 不歸의 客이 되엇더라. アキャプ司令部에서 アキャプ 方面으로 赴任하여 가는 山口 中尉의게 妻男 遭難事情을 調査하여 오라는 電報가 왓더라고 療養所를 차자 왓기 遭難事情을 이약하고 설은 원情과 遺骨 其他 處理件을 含淚 嘆願하엿다. 하로라도 일즉 나오게 準備하여 自動車 輸送部에 便乘 許可를 어더 張○岳을 다리고 쏘 アラッカン 山路를 넘어 한 구비 두 구비 バトン을 向하여 지낫다. 이 거름이 얼마나 서러운지 胸中에 가득찬 悲哀가 アラッカン山 雄大한 形容과 千秋에 살아지지 안니하겟다.

五月 四日(旧 四月 一日) 火曜日 晴天

　　밤세도록 달닌 部隊의 自動車는 荷車나마 흠한 山路를 잘도 달니여 無事히 バトン에 到着하엿다. イラワジ河를 건너 プローム 蓬萊亭 野澤氏 宅에 들엇다. 負傷者를 プローム에서 軍医에게 이약하여 入院治療하게 ビルマ 女子看護婦 一名을 다리어두고 蓬萊亭에서 夕食하고 二十一時 發車로 ラングン으로 向하엿다. アラッカン山路를 걱정하엿더니 神의 도움인지 無事히 往復하엿다.

五月 五日(旧 四月 二日) 水曜日 晴天

列車 內에서 밤을 지나고 十二時頃 蘭貢에 到着하엿다. 蘭貢會館에서 朝飯을 食하고 四日間 잠을 못자서 괴롭기에 조금 누어 잣다. 蘭貢會館에서 夕食하고 ゴーテンバリー宿舍에 來하여 宿하엿다.

五月 六日(旧 四月 三日) 木曜日 晴天

朝起 ゴーテンバリー宿舍하여 軍司令部 副官室 山添 准尉의게 가서 今般 妻男 外 四名의 不幸事에 対하여 タンガップ까지 갓다온 事實을 告하엿다. 蘭貢會館에서 朝食하고 終日 遊하다가 夕食하고 歸 ゴーテンバリー宿舍하여 宿하엿다.

五月 七日(旧 四月 四日) 金曜日 晴天

朝起 蘭貢市 ゴーテンバリー宿舍하여 朝飯을 食하엿다. メニゴン서 現地人 自動車를 乘하여 十二時에 ペグー를 向 出發하엿다. ペグー 到着은 十四時 四十分頃이다. 慰安所 金川氏 宅으로 가서 今般 妻男 一行에 対한 不幸事를 이약하며 人事하고 遊하다가 夕食하고 宿하엿다.

五月 八日(旧 四月 五日) 土曜日 雨天

朝起 ペグー市 金川氏 處하여 朝飯을 食하엿다. 金川氏와 前 文樂 主人 新井氏와 一福亭 主人 山本씨 兩人이 잇는듸 가서 終日 遊하엿다. 新井, 山本 兩氏 處에서 夕食하고 夜 一時餘까지 遊하다가 歸 金川氏 處하여 宿하엿다.

五月 九日(旧 四月 六日) 日曜日 晴天

朝起 緬甸 ペグー市 金川氏 宅하여 朝飯을 食하엿다. 新井, 山本 兩氏 處에 去하여 遊하다가 夕食하고 夜 一時頃까지 놀다 歸 金川氏 處하여 宿하엿다.

五月 十日 (旧 四月 七日) 月曜日 晴天

朝 起緬甸 ペグー市 金川氏 宅하여 朝飯을 食하고 山本, 新井 兩氏 處에 去 遊하엿다. 右 兩氏 댁에서 夕食하고 遊하다가 夜 一時頃 歸 金川氏 宅하여 宿하엿다.

五月 十一日 (旧 四月 八日) 火曜日 晴天

朝 起緬甸 ペグー市 金川氏 處하여 朝飯을 食하고 新井, 山本 兩氏 處에 去 遊하다가 夕食 後 少遊 歸 金川氏 宅하여 宿하엿다. プローム에서 治療하고 잇는 張○岳(澄子)의 簡單服을 新井, 山本 兩氏 婦人의게 付託하여 만들어 달나 하엿다.

五月 十二日 (旧 四月 九日) 水曜日 晴天

朝 起緬甸 ペグー市 金川氏 宅하여 朝飯을 食하고 終日 遊하엿다. 新井, 山本 兩氏는 蘭貢 간다더라. 金川氏 宅에서 夕食하고 宿하엿다.

五月 十三日 (旧 四月 十日) 木曜日 晴天

朝 起緬甸 ペグー市 金川氏 處하여 朝飯을 食하고 終日 遊하엿다. ペグー 縣知事(緬甸人)는 今般 訪日 壯途에 올으게 되어 今日 夕陽 送別宴會를 開催하엿더라. 金川氏 處에서 夕食하고 宿하엿다.

五月 十四日 (旧 四月 十一日) 金曜日 晴天

朝 起緬甸 ペグー市 金川氏 宅하여 朝飯을 食하엿다. 新井, 山本, 中宗 三氏는 再昨日 蘭貢 갓다가 今日 歸來하엿다. 山本, 新井 兩氏 處 去遊하다가 中宗氏와 ペグー 郊外에 散步하고 歸來하여 夕食하엿다. 夜 十二時頃까지 遊하다가 歸 金川氏 處하여 宿하엿다. 張○岳의 簡單服을 山本氏 婦人으로부터 受置하엿다. 又 女子 內衣 四件을 그저 주기에 바닷다.

朝 起緬甸 ペグー市 金川氏 處하여 朝飯을 食하엿다. プローム 治療 中인 張○岳 다려오게 ペグー를 今日 出發하엿다. 新井, 中宗 兩氏와 インセン 村 山慰安所에서 夕食하고 我는 蘭貢會館 大山氏 處에 가니 大山氏 家族은 全部 昨日 他家로 移舍하엿다더라. 大山氏 妹弟는 四, 五日 前에 男兒를 順産하엿 다더라. 我는 三益商店에 와서 新井, 中宗 兩氏와 同宿하엿다.

朝 起緬甸 蘭貢市 三益商會하여 朝飯을 食하엿다. 新井, 中宗 兩氏와 ゴウ レンビリー 大山氏 處에 去하엿다. 兩氏는 조곰 놀다가 가고 我는 大山氏 處 에서 夕食하고 宿하엿다. 大山氏 妹弟의 産兒를 보앗는듸 健康한 幼兒며 産 母도 健康하더라. 大山氏는 歸國의 手續을 完了하여 明日 檢疫 後면 곳 出發 하겟다더라.

朝 起緬甸 蘭貢市 ゴーデンビリー宿舍하여 朝飯을 食하엿다. 正金銀行에 가서 ペグー 金川氏 付託한 預金과 我名義 預金을 하고 歸 宿舍하여 遊하엿 다. 午后 平沼洋服店에서 洋服을 곳처입고 三益商會에 가서 新井, 中宗 兩氏 를 맛나고 カマエ驛에서 プロム一行 列車를 타고 プロム로도 向하엿다.

プロム行 列車 中에서 밤을 지내고 十時餘에 プロム에 到着하엿다. 蓬萊 亭 野澤氏 處 가서 治療를 付託하고 잇든 張○岳을 만낫다. 其間 治療가 잘 되 여 만히 나엇더라. 治療를 하여준 軍醫이게 고마운 人事를 하고 食事와 其他 의 身勢를 끼친 野澤氏이게 感謝의 禮를 드리엇다. 野澤氏 處에서 夕飯을 먹 고 張○岳을 다리고 プロム驛發 二十一時半 列車로 蘭貢을 向하엿다.

五月 十九日(旧 四月 十六日) 水曜日 晴天

잘 닥지 안은 列車內에서 밤을 세우고 午后 一時頃 蘭貢 郊外 インセン驛 에서 下車하여 張○岳과 カマヨ 三益商會에 到着하엿다. プロム 對岸 バトン 서 慰安所하는 光山氏가 蘭貢 와서 잇기 만낫다. 新井, 中宗 兩氏와 インセン 村山氏 宅에 來하여 夕食하고 宿하엿다. 一定한 宿食處가 업서 그저 아는 집 마다 단이며 身勢만 지니 未顔하기 짝이 업다.

五月 二十日(旧 四月 十七日) 木曜日 晴後少雨

朝 起インセン一富士樓 村山氏 處하여 朝飯을 食하엿다. 軍司令部 副官 部 山添 准尉處에 去하엿다. 아직 アキャプ에서 司令部에 妻男遭難事 報告가 업다더라. 三益商會 小山處에서 新井, 中宗, 光山 三氏와 遊하엿다. 同人 家에 서 夕食하고 遊하다가 宿하엿다.

五月 二十一日(旧 四月 十八日) 金曜日 晴後曇雷雨

朝 起蘭貢市 プロム口街 三益商會 小山氏 家하여 朝飯을 食하엿다. イン セン一富士樓 村山氏 宅으로 來하여 遊하다가 ラングン發 午後 六時 緬甸人 自動車를 乘하고 新井, 中宗, 張○岳과 갓치 ペグー를 向하엿다. 自動車가 途 中에서 故障으로 五時間이나 遲滯하엿다가 僅僅 修理하여왓는듸 ペグー 到 着이 夜 一時半頃이더라. 新井, 山本氏 宅에 밥을 지어 먹고 宿하엿다.

五月 二十二日(旧 四月 十九日) 土曜日 曇夜雨

朝 起緬甸 ペグー市 櫻俱樂部 金川氏 處하여 朝飯을 食하엿다. 終日 遊하 다가 金川氏 宅에서 夕食하고 宿하엿다. 張○岳도 同氏 家에서 宿食한다.

五月 二十三日(旧 四月 二十日) 日曜日 曇後雨天

朝 起緬甸 ペグー市 金川氏 宅하여 朝飯을 食하엿다. 昨日부터 雨氣가 濃 厚하여 雨來하기 始作하는듸 아마 緬甸의 有名한 四ヶ月間 繼續하는 雨期에

드는 模樣이다. 每日 雨來하여 四ヶ月間이나 繼續한다니 참으로 긴 장마다.
金川氏 宅에서 夕食하고 宿하엿다.

五月 二十四日(旧 四月 二十一日) 月曜日 雨天

朝 起緬甸 ペグー市 金川氏 處하여 朝飯을 食하엿다. 新井, 山本 兩氏는 明
日 全 家族과 갓치 蘭貢으로 移舍한다더라. 金川氏 處에서 夕食하고 宿하엿다.

五月 二十五日(旧 四月 二十二日) 火曜日 曇天

朝 起金川氏 處하여 朝飯을 食하엿다. 新井氏 處에 去하여 遊하다. 新井氏
는 ラングーン으로 今日 移舍갈나다가 形便에 依하여 明日로 가기 하다. 金
川氏 處에서 夕食하고 宿하엿다.

五月 二十六日(旧 四月 二十三日) 水曜日 曇少雨天

朝 起緬甸 ペグー市 金川氏 處하여 朝飯을 食하엿다. 新井, 山本 兩氏 內
外와 張○岳을 다리고 蘭貢市外 インセン으로 來하여 一富士樓 村山氏 處에
서 夕食하고 遊하다가 宿하엿다.

五月 二十七日(旧 四月 二十四日) 木曜日 曇少雨天

朝 起緬甸 蘭貢市外 インセン 村山氏 宅하여 洗面後 市內 プローム口街
三益商會 小山武男氏 宅에 來하여 新井及同氏 宅에서 昨夜 宿泊한 山本 內外
와 朝飯을 食하엿다. 新井, 山本 兩氏와 平沼洋服店에 갓다가 正金銀行에 가
서 金川氏 付託한 貯金을 하엿다. 大山氏 妹夫 處에 去하니 大山氏는 二, 三日
前에 昭南島를 向하여 陸路로 出發하엿다더라. トランク를 가지고 小山氏 宅
으로 왓다가 市內 白水 大原君 處에 來하여 夕食하고 宿하엿다.

五月 二十八日(旧 四月 二十五日) 金曜日 雨曇天

朝 起緬甸 蘭貢市內 白水慰安所 大原君 處하여 朝飯을 食하엿다. 大原 內

外와 インセン으로 來하엿는듸 大原君은 張○岳에 慰問의 人事를 하고 조곰
잇다 ラングーン으로 갓다. インセン 村山氏 宅에서 夕食하고 遊하다가 宿
하다.

五月 二十九日(旧 四月 二十六日) 土曜日 曇少雨天

朝 起緬甸 蘭貢市 外インセン一富士樓 村山氏 宅하여 朝飯을 食하엿다.
張○岳과 市內 白水 大原君 處하여 遊하엿다. 大原君 處에서 夕食하고 蘭貢
會館 岩下氏 處에 遊하다가 歸 大原君 處하여 宿하엿다. 岩下氏이게 新聞代
金 五月分 二円五十錢을 支給하엿다.

五月 三十日(旧 四月 二十七日) 日曜日 曇後少雨

朝 起緬甸 蘭貢市 白水 大原君 處하여 朝飯을 먹는 둥 마는 둥 하고 張○
岳을 다리고 インセン 村山氏 宅으로 來하엿다. 午后 四時頃 張○岳은 ペグ
一를 向하여 혼자 出發하엿다. 當分間 ○岳은 ペグー 金川氏 宅에 滯在하도
록 하엿다. 村山氏 宅에서 夕食하고 宿하엿다.

五月 三十一日(旧 四月 二十八日) 月曜日 雨曇天

朝 起緬甸 蘭貢市外 インセン 村山氏 宅하여 朝飯을 食하엿다. 終日 村山
氏 慰安所 帳場 일을 보앗다. 村山氏 宅에서 夕食하고 遊하다가 宿하엿다.

六月 一日(旧 四月 二十九日) 火曜日 雨曇

朝 起緬甸 蘭貢市外 インセン 村山氏 宅하여 朝飯을 食하엿다. 終日 村山
氏 慰安所 帳場 일을 보앗다. 今日부터 村山氏 借家인 同氏 宅 압히 잇는 空
家를 치우고 新井氏 內外와 宿舍로 쓰게 하여 村山氏 宅에서 夕食하고 帳場
일을 보고 宿하엿다.

六月 二日(旧 四月 三十日) 水曜日 雨曇天

朝 起インセン 宿舍하여 村山氏 家에서 朝飯을 食하엿다. 正金銀行에 去하여 村氏 慰安所 慰安婦 二名의 貯金을 하고 平沼洋服店에서 前日 注文한 ズボン을 찾고 小山氏 宅으로 來하다. 成武堂에 去하여 ビルマ 新聞 바다 보는 것을 インセン으로 配達케 하고 小山氏 宅으로 와서 도랑숙를 가지고 インセン으로 歸來하엿다. 日前 昭南간 大山氏가 打電하엿는되 곳 呼寄하겟다더라.

六月 三日(旧 五月 一日) 木曜日 晴曇少雨天

朝 起インセン 宿舍하여 村山氏 宅에서 朝飯을 食하엿다. 蘭貢市 ゴーテンビリー 大山氏 妹夫 居處하는 되를 가니 벌서 出發하고 업더라. インセン으로 歸來하여 昭南 大山氏이게 回電을 첫다. 村山氏 宅에서 夕食하고 帳場 일을 보다가 夜 一時餘에 宿舍에서 宿하다.

六月 四日(旧 五月 二日) 金曜日 晴曇夕雨天

朝 起インセン 宿舍하여 村山氏 宅에서 朝飯을 食하엿다. 村山氏 宅에서 終日 遊하다가 夕食하고 宿舍에서 宿하엿다. ペグー 간 張○岳이 來하여 村山氏 宅에서 夕食하고 宿하엿다.

六月 五日(旧 五月 三日) 土曜日 晴曇天

朝 起インセン 宿舍하여 村山氏 宅에서 朝飯을 食하엿다. 張○岳은 午后 二時頃 自動車로 去 ぺぐー 金川氏 處하다. 本日은 山本元帥의 國葬日이라 終日 敬虔한 마음을 가지엇다.

六月 六日(旧 五月 四日) 日曜日 雨天

朝 起インセン 宿舍하여 朝飯을 食하고 終日 村山氏 慰安所 帳場 일을 보앗다. 夕食하고 夜 一時頃까지 帳場에 잇다가 宿舍에서 宿하엿다.

六月 七日(旧 五月 五日) 月曜日 雨曇天

朝 起蘭貢市外 インセン 宿舍하여 村山氏 宅에서 朝飯을 食하다. ぺぐ一 잇는 中宗氏가 新井氏 짐을 全部 가지고 今朝 來하엿다. 昨夕 出發하엿는듸 インセン 附近서 自動車 故障으로 못오고 車內에서 자고 아침에 온 것이라더라. 終日 村山氏 慰安所 일을 보다가 夕食하고 夜 一時餘까지 잇다 宿舍에서 宿하다.

六月 八日(旧 五月 六日) 火曜日 曇晴雨天

朝 起蘭貢市外 インセン 宿舍하여 村山氏 宅에서 朝飯을 食하엿다. 村山氏 長男 村山浩二君과 野戰郵便局에 去하엿다가 正金銀行에 去 村山氏 貯金을 하다. 航空司令部에 去하여 送金에 要할 證明書를 어더 午後 七時頃 美松食堂에 去하여 夕飯을 食하고 歸 インセン하엿다. 夜 一時頃까지 村山氏 慰安所 일을 보다가 宿舍에서 宿하엿다. 昭南島 大山氏에서 來電

六月 九日(旧 五月 七日) 水曜日 晴曇雨天

朝 起蘭貢市外 インセン 宿舍하여 村山氏 宅에서 朝飯을 食하엿다. 村山氏 長男 浩二君과 蘭貢市內를 나가 軍司令部 副官部 山添 准尉處에 갓다가 野戰郵便隊에 가서 村山氏 送金을 하고 我는 貯金을 하엿다. 支那街를 둘너 歸路 原田 齒科에서 治療를 하고 歸 インセン하다. 昭南 大山氏이게 回電을 첫다.

六月 十日(旧 五月 八日) 木曜日 晴曇少雨天

朝 起緬甸國 蘭貢市外 インセン 宿舍하여 村山氏 宅에서 朝飯을 食하엿다. 終日 村山氏 慰安所 帳場 일을 보다가 夜 一時 宿舍에서 宿하엿다.

六月 十一日(旧 五月 九日) 金曜日 晴曇雨天

朝 起緬甸 蘭貢市外 インセン 宿舍하여 朝飯을 食하다. ぺぐ一 간 張○岳이 來하여 金川氏 片紙를 傳하기 보니 곳 오든지 ○岳 回路便 回答을 하든지

하라는 張○岳 委託에 對한 事연이더라. アキャプ에서 온 憲兵이 來하엿기 妻男 遭難件과 我 慰安所에 對한 事實을 말하고 小夜子이게 片紙를 托送하엿다. 張○岳과 ぺぐ一를 갈나다가 時間이 느저 못가고 明日 午前中으로 가기 하엿다.

六月 十二日(旧 五月 十日) 土曜日 晴曇夜雨天

朝 起蘭貢市外 インセン 宿舍하여 村山氏 宅에서 朝飯을 食하엿다. 新井 久治氏와 張○岳과 自動車로 ぺぐ一 金川氏 宅에 去하엿다. 山本氏와 中宗 兩氏는 大福餠業을 開始하엿더라. 金川氏 宅에서 夕食하고 宿하엿다.

六月 十三日(旧 五月 十一日) 日曜日 晴曇後雨天

朝 起ぺぐ一市 金川氏 宅하여 朝飯을 食하엿다. 新井氏와 張○岳과 十二 時半 ぺぐ一를 出發하여 自動車로 歸 インセン 村山氏 宅하엿다. 同氏 宅에 서 夕食하고 宿舍에서 宿하다.

六月 十四日(旧 五月 十二日) 月曜日 晴曇雨天

朝 起蘭貢市 インセン 宿舍하여 村山氏 宅에서 朝飯을 食하엿다. 夜 一時 頃까지 村山氏 慰安所 帳場 일을 보다가 宿舍에서 宿하엿다.

六月 十五日(旧 五月 十三日) 火曜日 晴雨天

朝 起インセン 宿舍하여 村山氏 宅에서 朝飯을 食하엿다. 村山浩二君과 갓치 蘭貢市內를 가기 하엿다. 軍司令部에 가니 慰安所 經營者會議가 잇더라. 山添 准尉를 만나 暫間 이약하고 村山浩二君과 市內 各處를 둘너 歸 インセ ン 하엿다. 夕食하고 夜 一時頃까지 놀다가 宿舍에서 宿하엿다.

六月 十六日(旧 五月 十四日) 水曜日 晴曇少雨天

朝 起インセン 宿舍하여 村山氏 宅에서 朝飯을 食하엿다. 大原正吉君이 來

하여 山本代雄氏를 보앗다고 하며 昨年 貸付한 돈 바드라고 가자기에 山本氏 處에 가서 其間 이약을 하고 돈 四百円을 바다 歸 インセン하엿다. 山本氏는 今般 歸國한다더라. 村山氏 宅에서 夕食하고 夜 一時半頃 宿舍에서 宿하엿다.

六月 十七日(旧 五月 十五日) 木曜日 曇雨天

朝 起蘭貢市外 インセン 宿舍하여 朝飯을 食하엿다. 村山氏 慰安所 一富士樓에는 今般 松月館 慰安婦가 三名 來하여 營業하기 되엿다. 村山浩二君과 松本氏가 ペグ 山本이게 갓다 왓는듸 山本餠店 隣家에 ペスト病이 發生하여 交通 禁止를 當하여 營業도 못하고 있다더라. 村山氏 宅에서 夕食하고 夜 一時半頃 宿하엿다.

六月 十八日(旧 五月 十六日) 金曜日 曇雨天

朝 起インセン 宿舍하여 朝飯을 食하엿다. 張○岳과 今般 歸國하는 山本代雄處에 去하여 少遊하다가 夕時 歸 インセン하엿다. 村山氏 宅에서 夕食하고 夜 一時頃까지 있다가 宿舍에서 宿하엿다.

六月 十九日(旧 五月 十七日) 土曜日 曇雨天

朝 起蘭貢市外 インセン 宿舍하여 村山氏 宅에서 朝飯을 食하엿다. 今般 タボイ에서 蘭貢으로 와서 地方人慰安所를 經營하는 三田씨가 インセン 나 있는 듸를 와서 노다 자고 가게 하다. 村山氏 宅에서 夕食하고 夜 一時餘에 宿舍에서 宿하엿다.

六月 二十日(旧 五月 十八日) 日曜日 曇少雨天

朝 起蘭貢市外 インセン 宿舍하여 村山氏 宅에서 朝飯을 食하고 終日 村山氏 慰安所 帳場 일을 보앗다. 村山氏 宅에서 夕食하고 夜 二時頃 宿하엿다. 光山寬治氏는 今般 慰安婦 再編成에 들어 婦人을 다리고 歸國한다더라.

六月 二十一日(旧 五月 十九日) 月曜日 曇少雨

朝 起インセン 宿舎하여 村山氏 宅에서 朝飯을 食하엿다. 蘭貢市內에 들
어가서 三田氏 地方人 慰安所 設備하는디 갓다가 暫間 놀다 軍政監部 敵産課
宮崎氏를 만나로 가니 出他 不在로 못 만나고 歸 インセン 村山氏 宅하엿다.
村山氏 宅에서 夕食하고 夜 十二時頃 宿舎에서 宿하다.

六月 二十二日(旧 五月 二十日) 火曜日 曇天

朝 起インセン 宿舎하여 村山氏 宅에서 朝飯을 食하다. 終日 村山氏 慰安
所에서 帳場 일을 보다가 宿舎에서 宿하다.

六月 二十三日(旧 五月 二十一日) 水曜日 曇雨天

朝 起インセン 宿舎하여 村山氏 宅에서 朝飯을 食하엿다. 村山氏 慰安所
帳場 일을 終日 보다가 夜 一時頃에 宿舎에서 宿하엿다.

六月 二十四日(旧 五月 二十二日) 木曜日 晴夕雨天

朝 起インセン 宿舎하여 村山氏 宅에서 朝飯을 食하엿다. 村山氏 宅에서
終日 慰安所 帳場 일을 보다가 夕食하고 夜 一時頃 宿舎에서 宿하엿다.

六月 二十五日(旧 五月 二十三日) 金曜日 晴曇天

朝 起蘭貢市外 インセン 宿舎하여 村山氏 宅에서 朝飯을 食하엿다. 村山
氏 慰安所에서 終日 帳場 일을 보앗다. 夕時 ラシオ에서 慰安所 經營하는 大
石氏가 小山氏와 同來하여 遊하다가 小山氏는 去하고 大石氏는 宿한다. 大石
氏도 今般 慰安婦 募集에 들어 歸國한다더라.

六月 二十六日(旧 五月 二十四日) 土曜日 晴雨天

朝 起蘭貢市外 インセン 宿舎하여 朝飯을 食하엿다. 村山氏 慰安所에서
終日 帳場 일을 보앗다. 村山氏 宅에서 夕食하고 夜 一時頃까지 帳場 일을 보

고 宿舍에서 宿하엿다.

六月 二十七日(旧 五月 二十五日) 日曜日 晴曇天

朝 起蘭貢市外 インセン 宿舍하여 村山氏 宅에서 朝飯을 食하엿다. 村山氏 宅에서 終日 帳場 일을 보앗다. 夜 一時半餘에 宿舍에서 宿하엿다.

六月 二十八日(旧 五月 二十六日) 月曜日 晴曇夜雨

朝 起蘭貢市外 インセン 宿舍하여 村山氏 宅에서 朝飯을 食하엿다. ペグ-櫻俱樂部 金川氏가 來하여 이약하고 놀다가 宿舍에서 同宿하엿다. アキャプ 我慰安所 慰安婦 照子가 アキャプ 食堂하고 잇든 葦原氏와 同來하엿다. 聯隊 移動과 同時 葦原도 移動하여 タウンギ에서 經營하나더라. アキャプ에 對한 消息을 葦原便에 詳細히 들엇다. 慰安所 女子들도 部隊와 갓치 一, 二ヶ月後 면 나올 것 갓다.

六月 二十九日(旧 五月 二十七日) 火曜日 晴曇夜雨

朝 起蘭貢市外 インセン 宿舍하여 村山氏 宅에서 朝飯을 食하엿다. 金川氏와 軍司令部 副官部 山添 准尉處에 갓다. 正金銀行을 둘너 市內를 단여 インセン으로 왓다. 村山氏 宅에서 夕食하고 金川氏와 宿舍에서 宿하엿다.

六月 三十日(旧 五月 二十八日) 水曜日 晴曇天

朝 起蘭貢市外 インセン 宿舍하여 村山氏 宅에서 朝飯을 食하엿다. アキャプ에서 온 葦原氏와 軍司令部 山添 准尉處에 去하엿다가 三益商會서 村山氏, 金川氏, 新井氏 等을 만나 市內 各處를 단이며 놀다가 歸 インセン 村山氏 宅하엿다. 司令部에서 アキャプ에서 온 照子는 軍醫의 診察을 밧고 當分間 蘭貢에 잇도록 하라더라.

七月 一日(旧 五月 二十九日) 木曜日 晴曇夜小雨

朝 起蘭貢市外 インセン 宿舍하여 村山氏 宅에서 朝飯을 食하고 終日 遊
하다. ペグー 金川氏는 午後 六時 自動車로 去 ペグ하엿다. 村山氏 宅에서 夕
食하고 遊하다가 夜一時頃 宿舍에서 宿하엿다.

七月 二日(旧 六月 一日) 金曜日 曇後雨天

朝 起蘭貢市外 インセン 宿舍하여 村山氏 宅에서 朝飯을 食하고 ラング
ーン 軍司令部에 가서 副官部 山添 准尉의게 照子에 対한 診斷書面을 受하엿
다. カマヨ 小山氏와 市內 靑鳥食堂에 去하여 歸國할야고 잇는 光山氏를 만
날나 하엿스나 出他 不在로 못 만나고 쏘 山本氏도 차자갓스나 亦 不在로 못
맛낫다. 歸 インセン 村山氏 宅하여 夕食하고 遊하다가 宿舍에서 宿하엿다.
昭南市 大山氏의게 打回電 妻男 遭難件을 本家에 打電하엿다.

七月 三日(旧 六月 二日) 土曜日 曇雨天

朝 起蘭貢市外 インセン 宿舍하여 村山氏 宅에서 朝飯을 食하엿다. 照子
를 다리고 兵站司令部에 가서 副官의 紹介로 軍医의게 診斷을 受하엿다. 歸
インセン하여 村山氏 宅에서 夕食하고 遊하다가 宿舍에서 宿하다.

七月 四日(旧 六月 三日) 日曜日 曇暴雨天

朝 起蘭貢市外 インセン 宿舍하여 朝飯을 食하엿다. ペグー 山本 內外과
中宗氏가 來하여 中宗氏는 村山氏 宅에 잇고 山本 內外는 小山氏 宅으로 갓
다. 村山氏 宅에서 夕食하고 宿舍에서 宿하엿다.

七月 五日(旧 六月 四日) 月曜日 曇小雨天

朝 起蘭貢市外 インセン 宿舍하여 朝飯을 食하엿다. 終日 村山氏 宅에서
遊하다. 釜山 妻家에서 二日 打電한 答電이 왓더라. 電報를 보고 얼마나 놀낫
스며 悲痛하는지 아니 보아도 보는 것갓다.

七月 六日(旧 六月 五日) 火曜日 晴曇天

　朝 起蘭貢市外 インセン 宿舍하여 村山氏 宅에서 朝飯을 食하였다. 釜山 妻嫂氏의게 또 打電하여 妻男 外 三名의 不幸을 좀 詳細히 알여주엇다. 終日 村山氏 宅에서 遊하다가 夕食하고 夜 一時頃 宿舍에서 宿하엿다.

七月 七日(旧 六月 六日) 水曜日 曇後暴雨

　朝 起インセン 宿舍하여 村山氏 宅에서 朝飯을 食하였다. ペグ 金川氏 付託하는 正金銀行件을 銀行에 가서 물어보앗다. 軍交通車를 타게 기다리다가 卒地에 오는 暴雨를 마자 옷을 全部 적시엇다. 村山氏 宅에서 夕食하고 遊하다가 宿舍에서 宿하엿다.

七月 八日(旧 六月 七日) 木曜日 曇後雨天

　朝 起蘭貢市外 インセン 宿舍하여 村山氏 宅에서 朝飯을 食하였다. ペグ 一 中宗氏는 今日 午后 六時 自動車로 歸去하엿다. 村山氏 宅에서 終日 遊하다가 夕食하고 夜 一時餘에 宿舍에서 宿하엿다.

七月 九日(旧 六月 八日) 金曜日 曇後雨天

　朝 起蘭貢市外 インセン 宿舍하여 村山氏 宅에서 朝飯을 食하다. 村山氏 宅에서 終日 遊하다가 夕食하고 夜 一時餘에 宿舍에서 宿하엿다. 釜山 妻家에서 來電하엿다. 大邱 女兒 裕子의게 ビルマ新聞을 郵送하엿다.

七月 十日(旧 六月 九日) 土曜日 曇雨天

　朝 起蘭貢市外 インセン 宿舍하여 村山氏 宅에서 朝飯을 食하였다. 昨年 今日 南方行의 第一步를 釜山 埠頭에 발바 乘船하여 出發한 날이다. 벌서 滿 一ヶ年 마지 하엿다. 回顧컨딕 참으로 多難한 中의 一年이엇다. ペグ 一 金川 榮周가 來하엿다. 村山氏 宅에서 夕食하고 宿舍에서 宿하엿다.

七月 十一日(旧 六月 十日) 日曜日 曇雨天

朝 起蘭貢市外 インセン 宿舍하여 村山氏 宅에서 朝飯을 食하엿다. ペグ
ー 櫻俱樂部 帳場 金川榮周君과 市內에 가서 金川君의 物件 사는듸 갓치 단
이엇다. 鈴木病院에 去하여 膏藥을 買하여 歸 インセン 村山氏 宅하엿다. 新
井氏 宅에서 夕食하고 遊하다가 宿舍에서 宿하다. 新井氏 內外는 엽집에 修
理를 맛차 들어 食事를 하기 하엿다.

七月 十二日(旧 六月 十一日) 月曜日 曇雨天

朝起 インセン縣インセン 宿舍하여 村山氏 宅에서 朝飯을 食하엿다. ペ
グー金川榮周君은 蘭貢市內에 갓다 와서 午后 五時 自動車로 去 ペグー하엿
다. 村山氏 宅에서 夕食하고 遊하다가 夜 一時餘에 宿舍에서 宿하엿다.

七月 十三日(旧 六月 十二日) 火曜日 曇少雨天

朝 起蘭貢市外 インセン 宿舍하여 朝飯을 村山氏 宅에서 食하다. 終日 村
山氏 宅에서 遊하다가 夕食하고 夜 一時餘에 宿舍에서 宿하엿다. ペグー 中
宗氏가 來하엿다가 卽去하엿다.

七月 十四日(旧 六月 十三日) 水曜日 曇雨天

朝 起蘭貢市外 インセン 宿舍하여 村山氏 宅에서 朝飯을 食하고 終日 遊
하엿다. 村山氏 宅에서 夕食하고 遊하다가 夜 一時餘에 宿舍에서 宿하엿다.
マンダレ- 方面 卽 北緬甸地方은 雨來치 안는다더라. 北緬甸은 雨期가 短期
로 아직 大雨期는 안인 模樣이다.

七月 十五日(旧 六月 十四日) 木曜日 曇雨天

朝 起蘭貢市外 インセン 宿舍하여 村山氏 宅에서 朝飯을 食하고 終日 遊
하엿다. 村山氏 宅에서 夕食하고 遊하다가 夜 一時頃 宿舍에서 宿하엿다.

七月 十六日(旧 六月 十五日) 金曜日 曇雨天

朝 起蘭貢市外 インセン 宿舍하여 村山氏 宅에서 朝飯을 食하고 終日 遊하엿다. 村山氏 慰安所 前에 慰安婦로 잇든 桃子는 姙娠 七ヶ月인되 近日 動胎되여 今日 鈴木病院에 入院하엿는되 流産되엿다. 村山氏 宅에서 夕食하고 遊하다가 村山浩二君과 桃子의 旁에서 宿하엿다.

七月 十七日(旧 六月 十六日) 土曜日 曇晴天

昨夜에 暴雨가 나리더니 今朝부터는 晴曇으로 終日 雨來치 안엇다. ビルマ 雨氣에 왼 終日 한 번도 雨來 업슴은 異常하다 할 것이다. 村山氏 長男 浩二君의 操縦 自動車로 蘭貢市內에 나갓다가 午后 歸 インセン하엿다. 昨日 鈴木病院에 入院한 桃子는 流産 後 經過 良好하여 今日 浩二君의 自動車로 歸來하다. 村山氏 宅에서 夕食하고 遊하다가 夜 一時餘에 宿舍에서 宿하엿다.

七月 十八日(旧 六月 十七日) 日曜日 晴少曇天

朝 起インセン 宿舍하여 村山氏 宅에서 朝飯을 食하고 終日 遊하다. アキャプ서 온 葦原氏는 今般 部隊移動하여 잇는 タウンギ를 갓다가 왓는되 先發隊長 千葉大尉의 片紙를 傳하더라. 開見하니 慰安所를 タウンギ에서 經營하도록 アキャプ에서 女子들이 오거든 갓치오라는 것이더라. 今夜부터 村山氏 慰安所內 一室에서 浩二君과 갓치 宿하기 하엿다.

七月 十九日(旧 六月 十八日) 月曜日 晴曇天

朝 起蘭貢市外 インセン 宿舍하여 村山氏 宅에서 朝飯을 食하고 終日 遊하엿다. インセン에 잇는 高部隊 卽 航空隊 所屬 慰安所 二個所가 兵站管理로 移讓되엿다더라. 村山氏 宅에서 夕食하고 遊하다가 夜 十二時餘에 宿하엿다.

七月 二十日(旧 六月 十九日) 火曜日 晴少雨天

朝 起インセン 村山氏 宅하여 朝飯을 食하엿다. 終日 遊하다가 夕食하고

夜 二時時頃 宿하엿다. 村山氏 經營 慰安所 一富士樓가 兵站管理로 되어 村山氏와 新井氏는 兵站司令部에 갓다왓다.

七月 二十一日(旧 六月 二十日) 水曜日 晴少曇雨

朝 起インセン 村山氏 宅하여 朝飯을 食하엿다. 村山浩二君과 自動車로 軍司令部에 가서 副官部 山添 准尉의게 面會하고 市內에 가서 共樂館과 其他 數處를 둘너 歸來하다. 村山氏 宅에서 夕食하고 遊하다가 夜 一時餘에 宿하다. 蘭貢會館에서 アキャプ ○花가 붓친 片紙를 受하다.

七月 二十二日(旧 六月 二十一日) 木曜日 曇雨天

朝 起インセン 村山氏 宅하여 朝飯을 食하엿다. 新井久治氏 가는 便에 緬甸 日本人會에 入會하엿다. 終日 遊하다가 村山氏 宅에서 夕食하고 夜 一時 半頃 宿하엿다.

七月 二十三日(旧 六月 二十二日) 金曜日 曇少雨天

朝 起蘭貢市外 インセン 村山氏 宅하여 朝飯을 食하엿다. 終日 村山氏 宅에서 遊하다가 夕食하고 夜 一時餘에 宿하다. アキャプ方面에는 昨年 我慰安所 以外에는 慰安所가 들어오지 아니 하엿는듸 今般 六, 七十名의 慰安婦가 들어갓다더라.

七月 二十四日(旧 六月 二十三日) 土曜日 曇雨天

朝 起インセン 村山氏 宅하여 朝飯을 食하고 終日 遊하다. 村山氏 宅에서 夕食하고 夜 一時餘에 宿하다.

七月 二十五日(旧 六月 二十四日) 日曜日 雨曇天

朝 起インセン 村山氏 宅하여 朝飯을 食하고 終日 遊하다. 村山氏 長男 浩二君은 今日 メクテラ 自己 食堂 處分次로 出發하다. 村山氏 宅에서 夕食하

고 遊하다가 夜 一時餘에 宿하엿다.

七月 二十六日(旧 六月 二十五日) 月曜日 曇雨天

インセン 慰安所 二カ所가 兵站管理로 넘어간 後 慰安婦 檢黴도 兵站 軍医가 하기 되여 每 日曜日마다 金泉館에서 受檢케 되엇다. 早朝에 起하여 一富士 慰安婦를 다리고 金泉館에 가서 身體檢査 及 豫防接種을 하고 檢黴한 後 歸來하엿다. インセン서 マヤゴン 金泉館까지 가서 檢査 맛기는 여간 困難이 아니다. 村山氏 宅에서 夕食하고 夜 一時餘에 宿하엿다.

七月 二十七日(旧 六月 二十六日) 火曜日 晴曇雨天

朝 起インセン 村山氏 宅하여 朝飯을 食하고 終日 遊하다. 新井, 村山 兩氏가 兵站司令部에 가서 慰安婦 檢黴을 インセン서 하도록 請願하니 八月 十五日 慰安所會議에 相議하여 하도록 하란다더라. 夕食하고 夜 一時까지 遊하다가 宿하다.

七月 二十八日(旧 六月 二十七日) 水曜日 雨天

朝 起インセン 村山氏 宅하여 朝飯을 食하엿다. 村山氏 製菓所 物資指定 仕入商 印度人 キリシナ가 急性肺炎으로 昨夜 死亡하엿다. 此印度人은 大東亞戰禍에 妻子를 일코 十八才의 後妻를 마지하여 商業을 經營하고 잇는 至極 溫順한 當年 四十四才의 活動的 人物로 其 急死는 참으로 愛惜하여 마지 아니한다. 村山氏는 問喪 賻儀까지 하엿다. 財産도 相當히 잇는 便이다.

七月 二十九日(旧 六月 二十八日) 木曜日 曇雨天

朝 起インセン ヨマドウリ 村山氏 宅하여 朝飯을 食하엿다. 新井氏와 兵站에 가서 サック의 配給을 受하엿다. 慰安婦 診療所에 가서 蕃外 二, 三人 慰安婦 診察을 식힛다. 前者 村山氏 慰安所에 慰安婦를 잇다가 夫婦生活케 나간 春代, 弘子는 今般 兵站의 命令으로 다시 慰安婦로써 金泉館에 잇게 되엇

더라. 支那街를 둘너 夕時 歸 インセン하여 夕食하고 夜 一時頃 宿하다.

七月 三十日(旧 六月 二十九日) 金曜日 曇雨天

朝 起 インセン 村山氏 宅하여 朝飯을 食하엿다. 終日 遊하다가 夕食하고 夜 一時半頃 宿하엿다. 村山氏는 八月 中으로 歸鄕할 生覺인듸 썩집과 慰安所를 나를 맛하 하라더라. 나도 여러 가지 事情에 昭南島로 갈나다가 다시 ビルマ에 一年 더 잇게 하고 村山氏의 營業을 引受할나 承諾하엿다.

七月 三十一日(旧 六月 三十日) 土曜日 曇雨天

朝 起 インセン 村山氏 宅하여 朝飯을 食하다. 再昨 二十八日 死亡한 キリシナ 印度人은 ペスト病이며 또 現在 發生된 患者도 三, 四名이 잇다고 部隊 外出禁止되여 村山氏가 印度人 死亡 後 갓다 온 關係로 今後 一週間 營業을 中止하고 外出 못하게 憲兵이 와서 말하고 갓다. 印度人 理髮所에 가서 理髮하고 グツ修繕하엿다. 今夜는 十時前에 就寢하엿다.

八月 一日(旧 七月 一日) 日曜日 曇暴雨天

朝 起 インセン 村山氏 宅하여 朝飯을 食하고 終日 遊하다. 今日은 營業을 廢止하고 一切 外出까지 禁止하고 집안에만 모다 잇섯다. ビルマ國 堂々 獨立을 今日 宣言하여 莊嚴曠古의 建國盛儀를 擧行하엿다. 國家代表에 バモー氏를 推戴하다. 日緬同盟條約 締結하고 英米에 宣戰을 布告하엿다. 今後 永遠히 我國을 盟主로 緬甸國 隆盛함을 祝한다.

八月 二日(旧 七月 二日) 月曜日 曇雨天

朝 起 インセン 村山氏 宅하여 朝飯을 食하다. 村山氏 慰安所 慰安婦는 休業 關係로 檢黴가지 안코 新井氏分 慰安婦 七名만 檢黴하엿다. 終日 遊하다가 夕食하고 夜 十時餘에 就寢하다.

八月 三日(舊 七月 三日) 火曜日 曇少雨天

朝 起インセン 村山氏 宅하여 朝飯을 食하엿다. 終日 遊하다가 夕食하고 夜 十時餘에 宿하다.

八月 四日(舊 七月 四日) 水曜日 曇天

朝 起インセン 村山氏 宅하여 朝飯을 食하고 終日 遊하다. 營業을 안니하고 노니 慰安婦들도 심심해 못 견듸며 主人側도 外出도 못하니 몸부림이 난다. ペグー가 잇든 金和柱道씨가 來하엿다가 去하다.

八月 五日(舊 七月 五日) 木曜日 曇少雨天

朝 起インセン 村山氏 宅하여 朝飯을 食하고 終日 遊하다. 兵站에서 通奇가 왓는듸 隔離가 解除되더라도 來 九日 檢黴 後에 營業을 하라더라. 夕食하고 夜 十時餘에 宿하다. 엽집 新井久治氏는 右足의 癰症으로 每日 病院에 닷니며 治療하는듸 大端 愁을 보고 잇다.

八月 六日(舊 七月 六日) 金曜日 曇少雨天

朝 起インセン 村山氏 宅하여 朝飯을 食하다. ペグー 櫻俱樂部 主人 金川氏가 來하엿다. 金川氏는 慰安所 移動說이 잇다고 軍司令部에서 알아보겟다더라. 金川氏는 新井氏 宅에서 夕食하고 我와 갓치 잣다.

八月 七日(舊 七月 七日) 土曜日 曇雨天

朝 起インセン 村山氏 宅하여 朝飯을 食하다. 兵站司令部에 갓다가 ビルマ 中央郵便局에 가서 ビルマ獨立 切手를 사고 또 紀念スタンプ를 찍엇다. 支那街를 둘너 歸 インセン하엿다. ペグー 金川氏는 今日 正金銀行 일을 보고 我와 同宿하다.

八月 八日(旧 七月 八日) 日曜日 曇少雨天

朝起インセン 村山氏 宅하여 朝飯을 食하엿다. ペグー 金川氏는 村山氏 宅에서 朝飯을 食하고 軍司令部에 갓다 와서 十七時 五十分頃 ペグー行 自動車로 去하다. 金川氏도 慰安所를 他에 讓渡하고 歸國할나더라. 村山氏 宅에서 夕食하고 夜 十時餘에 宿하다.

八月 九日(旧 七月 九日) 月曜日 曇少晴少雨天

朝起インセン 村山氏 宅하여 朝飯을 早食하고 慰安婦 全部를 다리고 金泉館 檢黴場에 가서 檢査를 맛치고 歸來하다. 村山氏 長男 浩二君은 メクテラ方面으로 간 後 歸來를 企待하고 잇서는되 今夜 自動車 一臺를 사서 타고 왓더라. 夕食하고 夜 二時頃 宿하다.

八月 十日(旧 七月 十日) 火曜日 曇晴天

朝起インセン 村山氏 宅하여 朝飯을 食치 안코 蘭貢 翠香園에 가서 慰安所組合會議에 參席하엿다. 組合費로써 經營者 三十円 慰安婦 每人當 金 二円 合 六十二円원을 支拂하다. 十四餘에 會議를 마치고 歸來하엿다. 村山氏 宅에서 夕食하고 夜 一時餘에 宿하다.

八月 十一日(旧 七月 十一日) 水曜日 晴曇夕雨天

朝起インセン 村山氏 宅하여 朝飯을 食하고 終日 遊하다. ペグー가 잇든 山本氏가 來하엿다가 新井氏와 이약하고 去하엿다. 近日은 慰安所 來客이 적어 收入도 만히 減少한다. 村山氏 宅에서 夕食하고 夜 一時頃 宿하다.

八月 十二日(旧 七月 十二日) 木曜日 曇細雨天

朝起インセン 村山氏 宅하여 朝飯을 食하엿다. 兵站司令部에 가서 營業日報를 提出하고 サック 四百個를 受하다. 正金銀行에 去하여 村山氏 付託 預金을 하고 新井久治氏 付託 配給傳票 受하려 梅垣商店에 居하엿는되 主人

出他 不在로 기다리다 못하여 歸來하엿다. 新井氏 말이 配給組合이 梅垣商店
이 안이고 東洋軒 엽에 잇다더라. 配給組合을 잘못 알엇다.

八月 十三日(旧 七月 十三日) 金曜日 曇天

朝 起インセン 村山氏 宅하여 朝飯을 食하고 終日 遊하다. 齒痛으로 목까
지 뻣치어 압하 飲食도 잘 못먹겟다. 夕食하고 夜 十二時餘까지 遊하다가 齒痛
으로 일즉 누어잣다. 鐵道部隊에서 映畵가 잇다고 慰安婦들이 求景하고 왓다.

八月 十四日(旧 七月 十四日) 土曜日 曇細雨天

朝 起インセン 村山氏 宅하여 朝飯을 食하다. 齒痛으로 飲食을 잘 못먹겟
다. 昭南으로 갈가 此處에서 一年 더 잇슬가 決定을 못하여 煩惱이다. 客地에
잇스니 몸 압흘 쩌가 第一 걱정이며 故鄉 生각이 낫다.

八月 十五日(旧 七月 十五日) 日曜日 曇少雨天

朝 起インセン 村山氏 宅하여 朝飯을 食하다. 齒痛이 조곰 나으니 참으로
살 것 갓다. 終日 帳場 일을 보앗다. ペグー 中宗氏가 來新井氏 宅하다. 今夜
新井氏 村山氏 兩氏 內外分이 其間 生각고 잇든 歸國件에 対하여 이약하고
我의 意向을 뭇서 나도 昭南島로 갈가 십다고 하니 村山氏 內外가 그리 아니
되겟다 하며 꾁 慰安所를 引受하여 經營하여 달나기에 斷然 그리 하기로 決
定하엿다.

八月 十六日(旧 七月 十六日) 月曜日 晴少曇天

朝 起インセン 村山氏 宅하여 손님 自動車에 慰安婦 全部를 틱우고 金泉
館에 去하여 檢査를 식힛다. 檢黴를 맛치고 歸インセン村山氏 宅하여 朝飯을
食하다. 終日 遊하다가 夜 十一時頃 宿하다. 夜 三時頃 村山氏 婦人께서 照子
(松原分任)가 飲毒하엿다기에 가 보니 ガマンガンサンカリー를 먹고 苦惱하
는듸 물을 마수어 吐하게 하여 生命을 無關케 하엿다. 原因은 동모 澄子와 싸

홈꼿치라더라.

八月 十七日(旧 七月 十七日) 火曜日 曇雨天

昨夜 二時半頃부터 五時餘까지 月食이라는듸 遺憾이나마 月食을 보지 못하엿다. 朝 起インセン 村山氏 宅하여 朝飯을 食하엿다. 夕食하고 夜 十二 時餘에 宿하다. 近日은 傳染病 發生 關係로 軍人의 外出이 업다.

八月 十八日(旧 七月 十八日) 水曜日 曇雨天

朝 起インセン 村山氏 宅하여 朝飯을 食하다. ペグー 中宗氏는 新井氏 宅 에서 朝食하고 去ぺぐ一하엿다. 中宗氏가 막 떠나고 一時間쯤 되여 ぺぐ一 서 同居하는 山本氏가 來하다. 終日 帳場 일을 보다가 夕食하고 夜 十二時餘 에 宿하다.

八月 十九日(旧 七月 十九日) 木曜日 曇後雨天

朝 起インセン 一富士 村山氏 宅하여 朝飯을 食하다. 兵站司令部에 가서 サ ック를 六百個 受來하다. インセン 憲兵隊에서 明日 防空에 對한 指示가 잇다고 集會하라는 通寄가 有하다. 夕食하고 遊하다가 夜 十二時半餘에 宿하다.

八月 二十日(旧 七月 二十日) 金曜日 曇後雨天

朝 起インセン 一富士하여 朝飯을 食하다. 憲兵隊에 가섯는듸 空襲時 揭 揚하라는 赤旗를 三個 내여주더라. ペグー 金川氏가 來하엿다. 金川氏 歸國 手續은 來 九月 下旬頃에 하겟다더라. 昭南 大山氏이게 打電하엿다. 終日 帳 場 일을 보다가 夜 一時餘에 宿하다.

八月 二十一日(旧 七月 二十一日) 土曜日 雨天

朝 起インセン 一富士하여 朝飯을 食하고 終日 帳場 일을 보앗다. ペグー 서 經營튼 新井久治氏 慰安所를 引受하여 アキャプ를 들어가서 있든 文野氏

가 今日 インセン 新井氏 宅으로 女子 全部를 다리고 來하엿다. 文野氏 言이
我 慰安所 女子 十五名도 アキャブ에서 나와 タンガップ에 잇는듸 二, 三日
內로 プローム에 到着되겟다더라. 夕食하고 遺骨과 女子를 마지려 夕時 イン
セン 發列車로 向プローム하엿다.

八月 二十二日(旧 七月 二十二日) 日曜日 曇雨天

プローム行 列車 內에서 밤을 세웟다. 石炭을 안풋고 木炭을 使用하는 車
라 그런지 停車時間이 만히 걸니여 九時頃 到着할 車가 十六時에 겨우 到着하
엿다. 밤에 車에서 안자 세우고 발이 압하 그런지 身熱 頭痛이 나서 죽을 지경
이다. 慰安所 喜樂館에 들어 人事한 後 弓部隊連絡所長 塚本 少尉를 차저 アキ
ャブ서 나오는 女子들의 周旋方을 依賴하고 喜樂館에서 夕食하고 宿하다.

八月 二十三日(旧 七月 二十三日) 月曜日 晴曇天

朝 起プローム慰安所 木下氏 方하여 朝飯을 食하다. 汽車 타기가 실어 日
本通運 自動車를 十四時 八分에 타고 出發하여 レバタン서 同會社車를 乘換
하여 インセン 到着하니 夜 十二時더라. 農村은 ビルマ도 한가지라 移秧하는
씐도 잇고 또 벌서 移秧을 맛차 벼가 식검언 것도 잇더라. 男女가 들에서 일
하는 그 情景이 참으로 趣味잇서 보이더라. 農村의 生活이 부럽다. 村山氏 宅
에서 宿하다.

八月 二十四日(旧 七月 二十四日) 火曜日 晴曇天

朝 起インセン 一富士樓 村山氏 宅하여 朝飯을 食하다. 終日 帳場 일을 보
앗다. 村山氏 言이 日前 約束한 一富士樓 慰安所를 九月 一日 引渡치 안코 九
月까지 自己가 經營하다가 十月初 引渡하겟다기 그리 안이 되겟다 하니 他에
處分하겟다기 그라하라 承諾하엿다.

八月 二十五日(旧 七月 二十五日) 水曜日 晴曇天

朝 起インセン慰安所 一富士樓하여 朝飯을 食하고 終日 帳場 일을 보앗다. 一富士樓 主人 村山氏 內外가 昨夜 九月까지 營業하겟다는듸 同意안니 한다고 今日 퍽도 不快하기 氣分을 가지고 잇는 것 갓헤 未顔하기 짝이 업다. 村山氏 宅에서 夕食하고 夜 一時餘에 宿하다.

八月 二十六日(旧 七月 二十六日) 木曜日 曇雨天

朝 起インセン慰安所 村山氏 宅하여 朝飯을 食하다. 兵站司令部에 가서 五日間 日報를 提出하고 サック 八百個를 受來하엿다. 遺骨에 對한 手續 件을 兵站에 물어보니 一時 豫置는 되는듸 本家 送付는 所屬 部隊에서 手續을 取하여야 된다더라. ラングーン 南方航空輸送部에 勤務 軍屬 金山信雄씨는 今般 昭南으로 轉勤되여 간다더라.

八月 二十七日(旧 七月 二十七日) 金曜日 晴曇天

朝 起インセン慰安所 一富士 村山氏 宅하여 朝飯을 食하다. 村山氏 慰安所 帳場 일을 보다가 十九時頃 軍司令部 副官部 山添 准尉 宿舍에 차저가서 昭南으로 移住하겟다는 말을 하고 歸來하다. 山添氏 말이 兵站司令部에 이약하여 手續을 取케 말하엿다.

八月 二十八日(旧 七月 二十八日) 土曜日 晴曇天

朝 起インセン慰安所 一富士樓하여 朝飯을 食하엿다. 兵站司令部에 가서 中里 中尉를 맛나 昭南 가는듸 兵站에 證明書를 엇게 이약하다 中斷하고 晝食後 가니 インセン으로 公務에 갓다더라. 一富士樓는 今日附로 本籍 慶南 統營郡인 山口秀吉氏의게 讓渡하여 讓渡許可願을 提出하엿다.

八月 二十九日(旧 七月 二十九日) 日曜日 晴曇夜雨天

朝 起インセン慰安所 一富士 村山氏 宅하여 朝飯을 食하엿다. 兵站司令

部에 갓다왓다. アキャブ서 나온 小夜子와 蘭子, ○美子 三名이 妻男外 三人의 遺骨을 가저왓다. 遺骨을 바든 나는 참으로 무어라고 말할 수 업시 悲愴한 마음이 든다. 遺骨을 모시 놋고 爐香再拜하엿다. 小夜子가 引率한 慰安婦 一同은 今夜 三時 車로 タウンギ를 向하여 出發한다더라.

八月 三十日(旧 七月 三十日) 月曜日 曇雨天

朝 起インセン 一富士樓 村山氏 宅하여 朝飯을 食하다. ラングウン 兵站 司令部에 去하여 證明願 提出하엿다. 遺骨奉安所 係員 軍人에게 妻男 以外 三名의 遺骨을 맛기게 말하엿다. 歸 インセン 村山氏 宅하여 夕食하고 遊하다가 宿하다.

八月 三十一日(旧 八月 一日) 火曜日 雨天

朝 起インセン 一富士村山氏 宅하여 朝飯을 食하고 松原分任과 妻男 故山本氏 外 三人의 遺骨를 가지고 蘭貢兵站司令部에 가서 遺骨係에 맛겨 奉安케 하엿다. 今般 慰安所 一富士樓 買受한 山口氏에게 アンパン까지 간다기에 アンパン 葦原에게 片紙를 托送하엿다. 村山氏 宅에서 夕食하고 宿하엿다.

九月 一日(旧 八月 二日) 水曜日 雨曇天

朝 起インセン 慰安所 一富士樓 村山氏 宅하여 朝飯을 食하엿다. 蘭貢兵站司令部에 가서 日前 提出한 證明書를 受來하엿다. 理髮하엿다. プローム 喜樂館 主人이 來 インセン 村山氏 宅하여 夕食하고 去 プローアム 하였다.

九月 二日(旧 八月 三日) 木曜日 晴少曇天

朝 起インセン 慰安所 一富士樓 村山氏 宅하여 朝飯을 食하엿다. 蘭貢 兵站司令部에 가서 サック를 受하다. 日本人會에 가서 旅行許可手續에 經由를 바다 歸 インセン하엿다. 村山氏 宅에서 夕食하고 夜 一時餘에 宿하다.

九月 三日(旧 八月 四日) 金曜日 晴天

　朝 起インセン慰安所 一富士樓 村山氏 宅하여 朝飯을 食하엿다. 軍司令部에 去하여 昭南 갈 旅行許可願을 提出하니 來週 火曜에 와보라더라. 村山氏와 新井久治氏의 歸國許可書도 提出하엿다. ペグー 金川長平氏 帳場 金川榮周君이 來하엿다. 村山氏 宅에서 夕食하고 夜 一時餘에 宿하엿다.

九月 四日(旧 八月 五日) 土曜日 晴少曇天

　朝 起インセン慰安所 一富士樓 村山氏 宅하여 朝飯을 食하다. 終日 帳場 일을 보앗다. ペグー 金川榮周君은 食前에 蘭貢을 단여 ペグー로 가게 出發하엿다. 村山氏 宅에서 夕食하고 帳場 일을 보다가 夜 十一時頃 宿하다.

九月 五日(旧 八月 六日) 日曜日 晴少曇雨天

　朝 起インセン慰安所 一富士樓 村山氏 宅하여 朝飯을 食하엿다. 松原分任을 カロー方面 アンパン 葦原處로 가게 하여 今日 十七時頃 馬車를 求하여 타고 蘭貢驛에 나갓다. 四, 五日間은 一般列車 運轉을 못하고 軍用 臨時列車 밧게 업다기에 停車 司令部에서 便乘券을 어더 乘去케 하다. 分任이 탄 列車 쎠나는 것을 보고 歸インセン하엿다.

九月 六日(旧 八月 七日) 月曜日 晴少曇雨天

　朝 起インセン慰安所 一富士樓 村山氏 宅하엿다. 朝飯도 먹지 아니하고 軍司令部 山添 准尉處에 去하여 旅行證明書를 受하엿다. 南方開發銀行에 가서 送金許可申請手續을 提出하고 檢役所에 가서 檢役에 對한 防毒, 豫防接種을 맛치고 細菌研究所에 가서 檢役을 하고 歸インセン 一富士樓 村山氏 宅하여 夕飯을 食하엿다. 村山氏와 新井氏 家族은 時間이 업서 檢役 못 하엿다.

九月 七日(旧 八月 八日) 火曜日 晴夕少雨天

　朝 起インセン慰安所 一富士樓 村山氏 宅하엿다. 朝飯도 먹지 안코 蘭貢

南方開發銀行에 가서 送金 手續을 맛치고 正金銀行에서 釜山 妻嫂氏 山本○連氏이게 弔慰金 領受한 金 五百円을 붓칫다. 細菌研究所에 가서 檢役證明을 바다 檢役所에서 全部의 檢役證明을 受하엿다. 其後 シュエンダゴンダゴンパコタ에 參拜하엿다. 이 パコタ는 참으로 ビルマ 一이라 할만한 宏壯한 寺刹이다.

九月 八日(旧 八月 九日) 水曜日 雨天

朝 起インセン慰安所 一富士樓 村山氏 宅하여 朝飯을 食하엿다. 野戰郵便局에 가서 日本 紙幣를 緬甸 軍票로 交換하여 달나고 願하니 交換하여 줄수 업다기에 平沼洋服店에 가서 平沼의게 交換하엿다. 歸 インセン村山氏 宅하니 ペグー 金川氏가 來하여 잇더라. 夕食하고 新井氏와 村山氏 金川氏와 軍司令部 副官部 山添 准尉 宿舍에 가서 山添氏를 다리고 インセン 一富士로 來하여 놀니엇다.

九月 九日(旧 八月 十日) 木曜日 雨曇天

朝 起インセン慰安所 一富士樓 村山氏 宅하여 朝飯을 食하다. ペグー 金川氏도 今日 慰安所를 他에 讓渡契約을 締結하엿다. 陸路로 ペグ 藤岡 家族과 昭南으로 가기 今日 午後 四時 インセン서 ペグ行 自動車를 타고 ペグー에 到着하엿다. 櫻俱樂部 金川氏 宅에서 夕食하고 宿하다. 金川氏도 夕時 インセン서 歸來하엿다. 村山氏 宅 三, 四ヶ月로 갓치 잇든 情과 내가 朝鮮서 다려와서 갓치 잇든 澄子가 惜別의 눈물을 흘니는 것 참아 못할 離別이다.

九月 十日(旧 八月 十一日) 金曜日 晴少曇雨天

朝 起ペグウ櫻俱樂部 金川氏 宅하여 朝飯을 食하엿다. 藤岡氏이게 가니 今夜 三時頃 車가 出發한다고 夜 二時頃 驛으로 갓치 나가자기에 金川氏 宅에서 夕食하고 아침에 맛긴 洗濯物을 차자 가지고 金川氏 宅을 作別하고 藤岡氏와 갓치 잇다가 驛으로 나와 四時餘에 乘車하다.

九月 十一日(旧 八月 十二日) 土曜日 曇雨天

三時餘에 出發한다든 車가 八時頃 出發하엿다. シッタン까지 와서 渡船으로 シッタン河를 건넛다. モバリン서 十五時 五十分發 臨時 軍用列車에 便乘하여 マルタバン을 向하엿다. マルタバン 着은 夜 二時頃이라 한다.

九月 十二日(旧 八月 十三日) 日曜日 朝雨曇晴天

マルタバン에 車가 到着하엿는듸 降雨를 兼히 어두운 밤이라 엇지 할 줄 몰으고 날이 밝을 써까지 車內에서 누어 잣다. 날이 밝기 일어나 藤岡氏 一行과 埠頭에 나가 現地人 木船으로 渡江하여 モウルメン에 到着하여 驛으로 나와 十二時 三十分發 イエ行 列車를 타고 イエ를 向하엿다. イエ 到着은 夜 二十一時頃이다. 警備隊 兵站部를 차저 가서 一行이 모다 짐을 나리어 놋고 食事를 맛치고 同宿舍에서 宿하다.

九月 十三日(旧 八月 十四日) 月曜日 曇時細雨天

早朝에 起イエ兵站宿舍하여 朝飯을 食하고 タボイ行 日通自動車部까지 나가 タボイ行 自動車를 탓다. 百粁나 되는 舖裝 안니 한 道路를 無事이 九時 半頃 出發한 自動車가 十八時頃 タボイ에 到着하엿다. 警備隊에 갓다가 兵站으로 와서 事情을 告하고 宿舍의 許諾을 밧엇다. 沐浴의 設備가 조하서 旅塵을 싯고 夕飯을 잘 먹고 宿하다.

九月 十四日(旧 八月 十五日) 火曜日 曇雨天

朝 起タボイ兵站 宿舍하여 朝飯을 食하고 兵站 自動車로 日通自動車部까지 와서 マグイ行 自動車를 乘하다. マグイ行은 途中 バラオ에서 宿泊하기 되여 잇다. 六ヶ所를 自動車를 渡船으로 건너 夜 九時頃 バラオ에 到着하엿다. 兵站을 차자 가서 夕食하고 宿하엿다.

九月 十五日(旧 八月 十六日) 水曜日 曇雨天

朝 起バラオ兵站 宿舍하여 朝飯을 食하엿다. 十時餘에 バラオ를 出發하여 途中 二ヶ所의 큰 渡河를 하여 八時頃 マグイ에 到着하엿다. マグイ 兵站을 차저 가서 宿泊의 請을 하여 夕食하고 沐浴後 宿하엿다. 兵站은 何處를 勿論하고 親切히 하여 주는듸 참으로 感謝를 늣기엿다.

九月 十六日(旧 八月 十七日) 木曜日 曇暴雨天

朝 起メルグイ兵站 宿舍하여 朝飯을 食하엿다. 藤岡氏와 埠頭에 나가 ビクトリアポイント行船便을 알아보니 昨日 出發한 것이 잇섯는듸 今後는 何時에 가기 될난지 알 수 없다더라. 警備隊에 쏘 알아 보니 限 一週日 後면 便이 잇슬 쯧하니 企待하라더라. 兵站에서 夕食하고 宿하다. 此 地方은 雨量이 相當히 만흔 降雨가 잇다. 아직 雨期인 模樣이다.

九月 十七日(旧 八月 十八日) 金曜日 雨天

朝 起メルグイ(緬甸)兵站 宿舍하여 朝飯을 食하다. 今日도 왼終日 雨來하다. 兵站 宿舍에서 終日 遊하다가 夕食하고 宿하다.

九月 十八日(旧 八月 十九日) 土曜日 曇少雨天

朝 起緬甸 メルグイ兵站 宿舍하여 朝飯을 食하다. メルグイ市街에 나가 理髮하고 シャツ 一枚와 半ズボン 二個를 買하엿다. メルグイ兵站에서 夕食하고 宿하엿다.

九月 十九日(旧 八月 二十日) 日曜日 曇夜雨

朝 起緬甸國 メルグイ兵站 宿舍하여 朝飯을 食하엿다. 藤岡氏와 碇泊場司令部에 가서 便乘 請求를 하엿다. 乘船은 今般은 今夕 中이라기에 兵站으로 도라와서 一行을 다리고 埠頭로 나왓다. 警備隊에 맛기 두엇든 荷物을 가지와서 夜 十時頃 乘船하엿다. 出航은 明朝라 한다. 二百噸 內外의 적은 汽船이다.

九月 二十日(旧 八月 二十一日) 月曜日 曇天

昨夜 乘船한 ○○丸은 今 早朝 出帆하엿는디 不過 一時間도 航海 못하고 機關部 故障으로 海上에 淀泊하여 修理하엿다. 修理 結果 部分品 加工할 것이 잇서 도로 メルグイ로 와서 棧橋애 딕여 明日 修理케 하는 模樣이더라. 하로라도 속히 갈나 한 것이 작고만 느저진다. 食事는 船內에서 하다.

九月 二十一日(旧 八月 二十二日) 火曜日 晴曇雨天

朝 起 ○○丸하여 朝飯을 食하다. 終日 修理하엿는디 엔진은 그양 조흔 모양이더라. 明日은 出帆한다더라. ○○丸 船內에서 夕食하고 宿하엿다.

九月 二十二日(旧 八月 二十三日) 水曜日 曇少雨天

朝 起 ○○丸하여 朝飯을 食하엿다. 今日도 出帆치 안코 終日 修理하엿다. 藤岡氏와 上陸하여 面剃하엿다. 十八時頃 試運轉 結果 成績이 良好하여 二十時頃 出帆하여 一時間頃 航海하다가 碇泊하엿는디 밤을 세우고 明朝에 出發하겟다더라. 船內에서 夕食하고 宿하다. 二十日 出帆後 故障이 無하엿스면 벌서 到着이다.

九月 二十三日(旧 八月 二十四日) 木曜日 曇晴少雨天

○○丸의 乘客은 藤岡氏 家族과 軍人 一名 合 七名이다. 坐席은 얼마라도 넓게 차지할 수 잇다. 빈는 右便에 멀니 大陸을 씌고 적고 큰 無數한 島嶼 사이를 지나고 잇다. 참으로 比할 쩌 업는 조흔 景이다. 十七時頃 機關部 故障으로 一時 걱정이엿더니 三十分 內에 修理되여 다시 섬과 섬 사이의 碧波를 힛치며 달니엿다. 船員의 裝置한 낙시에 長 二尺 可量의 大魚가 낙기여 올나 모다 질겁게 조화하엿다. 이 고기로 鱠를 만더러 먹엇는디 참으로 其 珍味는 比할 쩌 업더라.

九月 二十四日(旧 八月 二十五日) 金曜日 晴天

　朝 起 00丸하여 朝飯을 食하다. 今日도 昨日과 갓흔 섬과 섬 속으로 航海
하엿다. 十九時頃 昨日과 갓흔 機關部 故障이 잇슷스나 限 四十分後 修理되
엿다. 夜 十二時餘에 엇든 섬 近處에 碇泊하여 밤을 세우게 하다.

九月 二十五日(旧 八月 二十六日) 土曜日 晴後雨天

　朝 起 00丸하여 朝飯을 食하다. 碇泊한 本船은 七時頃 다시 航海를 始作하
여 緬泰 國境의 일홈 모를 江을 보고 달니고 잇다. 右便은 泰國, 左便은 緬甸
國 그 가온듸 한 個의 江으로 國境을 삼고 잇다. 빈는 十六時餘에 カオファー
ジ에 到着하엿다. 兵站으로 차저 가서 夕食하고 宿하엿다. 緬甸은 벌서 지나
고 泰國領으로 드러섯다.

九月 二十六日(旧 八月 二十七日) 日曜日 晴天

　朝 起 カオフアージ 兵站宿舍하여 朝飯을 食하고 碇泊場司令部에 가서 타
고 온 비 食費를 支拂하엿다. 藤岡氏 一行은 다른 事情이 잇서 今日 出發 못하
겟다기 나 혼자 軍 交通車를 타고 十五時餘에 カオフアージ를 出發하여 十九
時半頃 ヂュンポン 驛前에 到着하엿다. 停車司令部에 가서 便乘券을 어더
二十二時 四十分發 軍用列車를 타고 ヂスンポン을 出發하여 昭南으로 向하
엿다. 이제 難コース는 다- 지난 모양이다. 車는 客車가 아니고 荷車 一個에
혼자 탓다.

九月 二十七日(旧 八月 二十八日) 月曜日 晴後雷雨天

　朝 起 列車內하엿다. 今日도 終日 車內에서 지낫다. 途中에서 食事의 給養
을 바다 먹엇다. 車窓에서 終日 泰國 風景을 보앗다. 女子는 거이 全部가 短髮
式으로 パーマネット하여 잇더라. 男子는 服裝을 正々히 하엿스며 女子들도
衣服은 보기 좃케 式이 되여 잇더라.

九月 二十八日(旧 八月 二十九日) 火曜日 晴少曇雨天

夜 三時頃 パタンベッサー驛 卽 泰國 馬來 國境地帶에 到着하엿다. 此 驛에서 昭南行 馬來 列車를 乘換하는 것이다. 驛 待合室에서 밤을 세우고 馬來에 三十餘年 있슷다는 日本 老婆 飮食店에서 朝飯과 晝飯을 食하엿다. 昭南行 急行列車는 十五時 十五分發이다. 正刻에 出發한 列車가 プライ驛에 到着하여 車窓을 닉다 보니 村山氏 家族 一行이 昨日 汽船으로 到着되엿다면서 乘車하더라. 新井久治氏는 金川氏와 陸路로 後日 온다더라. 昭南着은 明日 二十時半頃이다.

九月 二十九日(旧 九月 一日) 水曜日 晴夜少雨天

終日 列車 內에서 지낫다. 車는 急行이라 쌜니 다라나나 여러 날 乘車라 支離하여 못 견듸겟다. 其間 그리워하며 보고 십허 하든 昭南島는 二十時 四十分頃 到着하엿다. 大山氏이게 通知를 못 하엿더니 驛에 나오지 안엇더라. 村山氏 一行과 新亞라는 支那人 旅店에 들어 宿泊하여 其間 旅塵을 떨고 잘 쉬엇다.

九月 三十日(旧 九月 二日) 木曜日 晴天

朝 起昭南市 新亞旅店하여 電信局에 가서 ペグー 金川氏와 インセン 山口氏이게 打電하엿다. ダルビエステイ 偕行社 自動車部 出張所를 차저 가서 大山氏의 妹夫 崔君을 맛낫다. 大山氏는 六月末頃 歸國하엿다더라. 崔君과 慰安所 菊水 友人 西原君을 차자가서 晝食의 待接을 밧고 놀다가 市街를 求景 兼 西原君 싸라단여 酒肴의 待接을 만히 밧고 夜 十二時餘에 歸崔君 處하여 宿하다.

十月 一日(旧 九月 三日) 金曜日 晴天夜暴風雨

朝 起昭南市 ダルビエステイ 大山昇 處하여 朝飯을 食하엿다. 横浜正金銀行에 가서 蘭貢서 送金 手續한 蘭貢 正金銀行貯金 取寄 請求를 하엿다. 大山君과 夕食하고 共榮劇場에 映畵 求景하고 와서 宿하다. 蘭貢서 作別하고

其間 소식 몰어고 잇든 岡田氏를 만낫는듸 至今 昭南서 滯在 中이라더라.

十月 二日(旧 九月 四日) 土曜日 晴天

朝 起昭南 ダルビエステイ 二番地 偕行社 自動車部 出張所 大山 處하엿다. 大山君과 갓치 特別市廳에 在留邦人 届出을 하고 身分證明을 受하다. 食糧 及 砂糖, 塩 配給까지 請求하여 切符를 受하엿다. 新亞旅店 村山氏 處에서 夕食하고 同 家族과 夜의 昭南市街 及 大世界라는 遊藝場을 求景하고 歸新亞旅店하여 宿하엿다. 短靴 一足을 六十九円에 買하엿다.

十月 三日(旧 九月 五日) 日曜日 少雨晴天

朝 起新亞旅店하엿다. 大山氏가 다리로 왓기에 갓치 와서 朝飯을 食하다. 西原君의게 電話를 거니 놀너 오라기에 去菊水 西原君 處하여 同君과 淸川란 사람 宅에 가서 三, 四人의 邦人의게 人事를 하고 蹴球하는듸 놀너 가자기에 갓치 가서 놀다가 도로 淸川氏 宅로 와서 夜 十一時頃까지 놀다가 歸 大山氏 宅하여 宿하다.

十月 四日(旧 九月 六日) 月曜日 晴天

朝 起昭南市 ダルビエステ- 大山 處하여 朝飯을 食하다. 夕食하고 菊水 西原君이 電話로 活動寫眞 求景 가자고 오라면서 自動車를 보넷기 大山君과 갓치 가서 西原君 家族과 共榮劇場에 가서 求景하고 夜 十二時 歸來하여 宿하다.

十月 五日(旧 九月 七日) 火曜日 晴天

朝 起大山 處하여 朝飯을 食하다. 憲兵隊에 去하여 旅行證明에 查證을 受하엿다. 大山君과 家屋 借用할나고 二, 三處 단이다가 歸來하다. 夕食하고 市內 某 外國人 經營 食堂에 가서 조곰 놀다가 歸來하여 宿하다.

十月 六日(旧 九月 八日) 水曜日 晴天

朝 起大山君 處하여 朝飯을 食하다. 夕食 後 菊水 西原周復君이 來하엿기 大山君과 갓치 市內에 나가 놀다가 夜 十二時頃 歸來하여 宿하엿다.

十月 七日(旧 九月 九日) 木曜日 晴曇天

朝 起大山 處하여 朝飯을 食하다. 終日 遊하다가 夕食하고 夜 十二時餘에 宿하다.

十月 八日(旧 九月 十日) 金曜日 雨後曇天

朝 八時에 起床하여 大山君과 昭南神社에 參拜하엿다. 興南旅館에 去하여 岡田氏를 만나 이약하고 놀다가 歸來하엿다. 憲兵隊에 在留邦人 身上申告를 提出하엿다. 夕食하고 大山君과 菊水俱樂部에 가니 西原道榮君은 身熱노 누어 잇기 周復君과 大洋館 主人 西原氏에 人事하고 갓치 大世界에 가서 놀다가 歸來하여 宿하다.

十月 九日(旧 九月 十一日) 土曜日 夜雨後晴天

朝 起ダルビエステ- 大山君 處하여 朝飯을 食하다. オチャーロド 偕行社 タクシー部에 가서 高橋榮씨를 만나 人事하엿다. 新亞旅店에 去하여 村山氏를 만나 이약하다가 歸 ダルビエステ-하엿다. 夕食 後 大山君과 菊水俱樂部 西原君 處 去遊하다가 夜 十一時半頃 歸來하여 宿하다.

十月 十日(旧 九月 十二日) 日曜日 曇後晴雨天

朝 起ダルビエステ- 大山 處하여 朝飯을 食하다. 大山君이 昭南島 附近 漁場하는딕 求景 가자기에 限 二十餘里나 되는 海岸 漁場 處까지 求景하고 歸來하다. 漁場地區에는 處々에 漁場 設備가 되어 魚獲 成績이 조흔 것 갓더라. 夕食하고 宿하다.

十月 十一日(旧 九月 十三日) 月曜日 曇少雨晴天

朝 起ダルビエステ- 大山 處하여 朝飯을 食하다. 夕陽에 菊水 西原周復君이 遊來하엿다. 갓치 놀다가 夕時 菊水로 가자기에 싸라가서 夕食하고 夜深토록 遊하다가 歸來하여 宿하다. 西原道榮君의 紹介로 憲兵 准尉 竹内氏와 人事하고 同人 宿舍까지 暫間 가서 놀앗다.

十月 十二日(旧 九月 十四日) 火曜日 曇雨天

朝 起ダルビエステ- 大山 處하여 朝飯을 食하다. 菊水俱樂部 西原周復君이 來하여 遊하다가 市內 놀러 가자기에 갓치 가서 食堂에서 晝食하고 菊水에서 遊하다. 西原君 處에서 夕食하고 夜 十二時餘까지 遊하다가 歸大山 處하여 宿하다.

十月 十三日(旧 九月 十五日) 水曜日 雨後曇天

朝 起ダルビエステ- 大山 處하여 朝飯을 食하고 아모듸 아니 나가고 終日 遊하다. 東久邇宮 盛厚王殿下와 今上陛下 第一皇女 照宮 成子 内親王殿下와 御慶事스르온 御婚儀를 御擧行하엿다.

十月 十四日(旧 九月 十六日) 木曜日 曇雨天

朝 起ダルビエステ- 二番地 偕行社 タクシ一部 駐車場 宿舍하여 朝飯을 食하다. 興南旅館에 宿泊 中인 岡田氏가 菊水俱樂部에서 電話를 걸엇기 오라고 하엿더니 와서 遊하다. 菊水俱樂部 西原周復君이 來하엿기 갓치 菊水 西原 處에 去하여 遊하다. 菊水에 夕食하고 夜 一時頃까지 遊하다가 大山君이 自動車를 運轉하여 왓기 乘歸하여 宿하다. 比島 本日 獨立을 宣言하여 ラウレル氏 大統領에 就任하다.

十月 十五日(旧 九月 十七日) 金曜日 曇雨晴天

朝 起ダルビエステイ 大山 處하여 朝飯을 食하다. 大山君과 昭南忠靈塔

에 去하여 參拜하엿다. 夕食하고 菊水倶樂部에 가서 主人 西原君과 同婦人과 共榮劇場에 가서 寫眞 求景을 하고 歸來하여 宿하다. 大山君도 갓치 求景하고 갓치 歸來하다.

十月 十六日(旧 九月 十八日) 土曜日 晴曇天

朝 起ダルビエステ- 二番地 宿舍하여 朝飯을 食하다. 西原周復君의 請에 依하여 戰前 昭南 首富란 支那人 胡文虎 胡文豹 兄弟의 別莊을 求景하엿다. 新亞旅店 村山氏게서 電話로 오란다기에 갓더니 막 차저 나갓다더라. 곳 도라오는 길에 만나 某支那人 理髮館에서 理髮하고 暫間 이약하엿는듸 明日 日本 內地 가는 汽船票를 사라는듸 旅費不足이라고 좀 融通하여 달나더라. 夕食하고 菊水倶樂部에 가서 村山氏의 金錢 融通件을 이약하니 明日 오라기 歸來 宿하다.

十月 十七日(旧 九月 十九日) 日曜日 雨曇天

朝 起ダルビエステ- 偕行社 タクシ一部 出張所 宿舍하여 朝飯을 食하엿다. 大山君과 菊水에 가서 西原君과 新亞旅店에 가서 村山氏를 만나 西原君이 金 五百円을 融通하여 주엇다. 新井久治氏와 金川長平氏가 家族 다리고 ビルマ에서 陸路로 昨夜 到着하여 旅館에 잇다고 電話하엿기 村山氏 旅館에서 오는 길에 興南旅館에서 右一行을 맛나고 갓치 ダルビエステ- 我處까지 왓다가 去하엿다.

十月 十八日(旧 九月 二十日) 月曜日 曇晴天

朝 起ダルビエステ- 偕行社 タクシ一部 出張所 宿舍하여 朝飯을 食하다. 大山君과 碇泊司令部에 가서 今日 日本을 向하여 出發하는 村山氏 家族 一行을 餞送하엿다. 日本 가는 사람은 그리운 故鄕을 가서 故鄕 父母 兄弟 親戚 等 반가이 만나겟다. 大山君 處에서 夕食하고 宿하다.

十月 十九日(旧 九月 二十一日) 火曜日 曇晴天

朝 起ダルビエステ- 宿舍하엿다. 菊水俱樂部 西原周復君 來하여 遊하다 去하다. 大山君은 午後 五時頃 興南奉公會 靑年訓練에 갓다 왓다. 今日은 아 모딕고 나가지 안코 終日 집안에 잇섯다.

十月 二十日(旧 九月 二十二日) 水曜日 曇晴天

朝 起ダルビエステ- 偕行社 タクシー 出張所 宿舍 大山君 處하여 朝飯을 食하다. 昭南도 와서 보니 먼저 와 잇는 사람이 事業은 다 始作하여 아모 할 것 업다. 偕行社 タクシー部에서 就職하라고 勸하기 承諾하엿다. 今日 支那 女子의 下女 一人을 雇入하엿다.

十月 二十一日(旧 九月 二十三日) 木曜日 朝雨後曇

朝 起ダルビエステ- 偕行社 タクシー部 出張所 宿舍하여 朝飯을 食하다. 夕食 後 大山君과 菊水俱樂部 西原의게 去遊하다가 夜 十一時半頃 歸來하여 宿하다.

十月 二十二日(旧 九月 二十四日) 金曜日 曇晴

朝 起ダルビエステ- 偕行社 タクシー部 出張所 大山君 處하여 朝飯을 食 하다. 大山君이 菊水俱樂部 西原君의 付託을 바다 自家用 自動車タイヤ 四個 를 買給하엿다. 印度假政府가 成立되여 政府는 ビルマ에 두게 하다. 本政府 主席은 スバス・チャンドラ・ボース氏다.

十月 二十三日(旧 九月 二十五日) 土曜日 晴曇

靖國神社 例大祭日이다. 朝 起ダルビエステ- 偕行社 タクシー部 出張所 大山君 處하여 朝飯을 食하다. 終日 タクシー部 일을 보다가 夕食하고 大山 君과 大東亞劇場에 講演 들으로 가다가 小坂氏 宅에 들어 조곰 놀엇더니 時 間이 느저 그양 못가고 歸來하여 宿하다.

十月 二十四日(旧 九月 二十六日) 日曜日 曇天

朝 起ダルビエステ- 偕行社 タクシ一部 宿舍 大山君 處하여 朝飯을 食하다. 菊水俱樂部 西原周復군이 遊去하다. 偕行社 タクシ一部에 勤務하게 履歷書를 提出하엿다. 今般 歸鮮케 緬甸國에서 나온 金川 一行은 興南旅館에서 新亞旅店으로 옴기엿다고 電話가 왓더라.

十月 二十五日(旧 九月 二十七日) 月曜日 晴天

朝 起ダルビエステ- 偕行社 タクシ一部 出張所 宿舍 大山君 處하여 朝飯을 食하다. 昨夜 大山君 幼兒(五月生)가 感氣로 身熱이 나며 呼吸이 몹시도 急하여 퍽 苦憫하엿다. 余의 過去 幼兒病에 體驗이 잇는지라 마음을 조리며 만히 걱정되여 二回나 일어나 보고 速히 낫기를 祈禱하엿다. 多幸히 今朝부터 조곰 나어 安心하다. 夕食하고 大山君과 菊水俱樂部 西原君 處에 遊하다가 歸來하다.

十月 二十六日(旧 九月 二十八日) 火曜日 朝曇後晴

朝 起ダルビエステ- 偕行社 タクシ一部 出張所 宿舍하엿다. 正金銀行서 蘭貢銀行에 貯金 請求한 것이 到着하엿다고 電話하엿기 곳 가서 受取하여 다시 貯金하여 두엇다. 釜山 妻家와 大邱 本家에 打電하다. 新亞旅館 金川, 新井 兩氏 處 去遊하다가 歸來하엿다. 夕食하고 大山君과 新世界에 가서 求景하고 歸來하여 宿하다. 興南奉公會 入會하엿다.

十月 二十七日(旧 九月 二十九日) 水曜日 曇晴雷

朝 起ダルビエステ- 偕行社 タクシ一部 出張所 大山君 處하여 朝飯을 食하다. 市內에 나가 今回 歸鄕하는 金川, 新井 兩氏의게 선사品을 드리게 面刀(安全)와 ライタ, 財布 等을 買하엿다. 新亞旅館 新井氏 處에 去하여 遊하다가 夕食하엿다. 夜 十一時頃 大山君이 來하엿기 갓치 이리저리 단이며 遊하다가 歸來하여 宿하다.

十月 二十八日(旧 九月 三十日) 木曜日 曇晴夜雨

朝 起ダルビエステ- 偕行社 タクシー部 大山君 處하여 朝飯을 食하다. 今日부터 明日까지 防空訓練이 잇다. 午后 四時頃 オチャーロド에 나가 金川氏를 만나 衣服 注文할나고 洋服店에 갓는듸 昨年보다 十倍 乃至 二十倍의 高価이다.

十月 二十九日(旧 十月 一日) 金曜日 朝雨後曇

朝 起ダルビエステ- 偕行社 タクシー部 宿舍 大山君 處하여 朝飯을 食하다. 大山君의 幼兒가 昨日은 조곰 낫더니 今日부터 또 더하여 午后에는 몹시 苦痛되여 보이더라. 西原周復君이 遊去하다. 大山君은 夕食하고 밧게 놀너 나간 뒤 夜 二十一時餘 大山君의 幼兒가 遂 死亡하엿다. 共榮劇場에 가서 大山君을 불너 왓다. 過去 余 幼兒를 둘이나 죽인 關係로 이런 哀慘 일 아니 볼나 하엿는듸 또 보게 되엇다.

十月 三十日(旧 十月 二日) 土曜日 晴天

朝 起ダルビエステ- 偕行社 タクシー部 宿舍 大山君 處하여 朝飯을 食하다. 偕行社 タクシー部 高橋氏와 中央病院에 去하여 大山君 幼兒 死亡診斷書를 受하여 特別市廳에서 火葬認許證을 受하다. 其後 偕行社 タクシー部 高橋氏 兄弟와, 小坂氏와 亡幼兒 屍를 自動車에 싯고 日本人 墓地에 가서 火葬 付託을 하고 歸來하엿다. 夕時 西原 兩君이 來遊하다.

十月 三十一日(旧 十月 三日) 日曜日 曇晴天

朝 八時頃 大山君 夫婦와 オチャーロド タクシー部 高橋氏와 火葬場에 去하여 大山君 幼兒의 遺骨를 주어 담앗다. 一掬이 되락마락한 타고 남은 적은 遺骨이다. 人生의 最後는 모다 이리되는 것이다. 本願寺에 遺骨을 맛기고 歸路 余 洋服을 四件(上下) 可量 代金 三五五円에 注文하엿다. 昨年만 하더라도 四, 五十円에 不過할 것이 七, 八倍나 高価이다. 그것도 暗買라니 참으로 기

믹힐이다. 綿布 等은 全部 切符制다. 交換船 帝亞丸 入港하다.

十一月 一日(旧 十月 四日) 月曜日 曇晴夜雨

朝 起ダルビエステ- 偕行社 タクシ一部 宿舍하여 朝飯을 食하다. 夕食하고 新亞旅店 新井氏 處에 去하여 갓치 帝國劇場에서 映畵 求景하엿다. 求景을 맛친 後 食堂에서 簡單한 食事를 하고 歸來하여 宿하다.

十一月 二日(旧 十月 五日) 火曜日 曇天

朝 起ダルビエステ- 偕行社 自動車部 宿舍하여 朝飯을 食하다. 西原菊次君이 놀너오라고 再三 電話로 督促하기 夜 二十時餘에 みなみ 料理店에 가서 飲酒遊하다. 十餘人이 모이여 宴會를 하더라. 갓치 人事하고 놀앗는듸 긋혜 大醉되여 엇지된 줄을 몰낫다.

十一月 三日(旧 十月 六日) 水曜日 曇夜雨

날이 밝기 눈을 떠 보니 寢臺에 吐하여 잇더라. 昨夜 料理店에서 나온 줄도 모르며 宿舍에 와서 잔 줄도 全然 아지 못하엿다. 今日 終日 吐하여 飮食도 못 먹엇다. 出生 後로 이러케 醉하여 精神 업기는 처음이다. 西原周復君이 遊來하엿는듸 엇지도 괴로운지 이약하고 놀도 못하고 조곰 잇다 갓다.

十一月 四日(旧 十月 七日) 木曜日 曇後曇晴夜雷雨

朝 起ダルビエステ- 偕行社 タクシ一部 宿舍하여 朝飯을 食하다. 午後 新亞旅店 新井久治氏로부터 電話가 왓는듸 明日 出發한다더라. 夕食하고 大山君과 갓치 가서 新井, 金川 兩氏의게 人事하다. ダルビエステ- 偕行社 タクシ一部 宿舍는 今般 家屋 關係로 업서지고 カトン으로 大山君과 가게 되여 近日 中으로 移舍 豫定이다.

十一月 五日(旧 十月 八日) 金曜日 朝雨後曇天

밤中 잠결에 우릿소릿이 눈을 쩌 보니 바람이 일며 雷声과 함께 비가 쏘다지더라. 昭南은 꼭 夜 三經 비가 온다. 大山君과 갓치 朝飯을 食後 新亞旅店에 가서 金川, 新井 兩氏 一行의게 今般 無事 歸鄕의 餞別 人事를 드리고 橫浜正金銀行을 둘너 歸 ダルビエステ-하다. 本家와 釜山에 打電한지 十餘日인딩 回電이 업서니 엇지된 일인지 답답하다. 新井氏 便 大邱 室人의게 消息을 傳케 付託하다. 夕食 後 大山과 共榮劇場에 求景하다.

十一月 六日(旧 十月 九日) 土曜日 朝雨後曇天

朝 八時餘에 ダルビエステ- 偕行社 タクシ一部 宿舍하엿다. 午后 偕行社 タクシ一部 高橋氏가 來하여 內地人 昭南偕行社 タクシ一部 事務員으로 呼寄하는딩 軍政監部에 證明願을 써 달라기에 九人分 九件을 써 주엇다. 夕食하고 大山君과 西原定復군의 電話를 밧고 놀너갓다. 夜 十二時餘에 歸來하다.

十一月 七日(旧 十月 十日) 日曜日 曇後雨曇天

朝 起ダルビエステ- 偕行社 タクシ一部 宿舍하엿다. 午後 オ-チャロ-ド 興亞理髮館에 去하여 理髮하엿다. 夕食하고 菊水俱樂部 西原君 處 去하여 大山君과 六, 七人이 大世界遊藝長 拳鬪 求景을 하고 歸來하여 宿하다. 今日로 ダルビエステ- 偕行社 タクシ一部는 廢止된다.

十一月 八日(旧 十月 十一日) 月曜日 曇後曇晴雨天

朝 起ダルビエステ- 偕行社 宿舍하여 大山君과 昭南神社 昭南忠烈塔에 參拜하엿다. 今日로써 ダルビエステ- 偕行社 タクシ一部를 廢止하고 大山君과 カトン出張所로 全部 짐을 옴겨 移舍하엿다. カトン은 海岸이 不過 數十步박게 안되는 곳으로 昭南市街와는 二里 可量 距離가 잇는 곳이다. 그리고 此 宿舍에는 軍屬 四名이 宿泊하고 잇다. 짐을 整頓하여 夕食하고 カトンタクシ一部 宿舍에서 첫 밤을 마지하다.

十一月 九日(旧 十月 十二日) 火曜日 曇後少晴

カトンアンバロード 二号 偕行社 タクシー部 宿舍에서 첫 밤을 지낫다. 事務도 아직 軍屬들이 그양 보고 잇스니 어너 部分을 指定하여 볼 수도 업다. 그저 얼쩔쩔하게 지날 쑨이다. 곳 軍屬 一人이 本社로 간다 한다. 食事는 大山君 內外와 갓치 하기로 하다. 昭南 온 後로는 大山君의게 食事의 身勢를 지고 잇다.

十一月 十日(旧 十月 十三日) 水曜日 晴天

朝 起카トン 偕行社 タクシー部하여 大山君 處에서 朝飯을 食하엿다. 別로 보는 事務도 업시 하로를 보닛다. カトンタクシー部에 勤務하든 上原 軍屬은 余와 大山君이 온 關係인지 オチャロード 本社로 移舍하엿다. 夕食하고 맑게 게인 하늘에 달이 엇지 밝은지 思鄉의 愁를 禁치 못하여 夜 一時頃까지 잇다가 寢室에 들엇다.

十一月 十一日(旧 十月 十四日) 木曜日 晴後曇

朝 八時頃 カトンアンバロード 二号 偕行社 タクシー駐車場 宿舍에 起하여 大山君 處 朝飯을 食하다. 偕行社 タクシー部 委員 橫井 少尉가 西原 軍屬 病慰問 왓다 갓다. タクシー部 事務를 보는치 마는치 하다가 夜 十二時半餘 宿하다. 잠잘 쩌와 食事時間이 第一 愉快하다. 其外는 雜念쑨이다.

十一月 十二日(旧 十月 十五日) 金曜日 晴少曇天

朝 起カトン 偕行社 タクシー部 宿舍하여 朝飯을 食하다. 終日 タクシー部 事務를 보앗다. 오날 밤은 旧 十五夜의 滿月이 蒼空을 밝게 비치고 잇더라. 朝鮮의 十月 보름달이라면 一年 中에도 第一 조흔 時節의 달이며 大空도 구름 업시 맑게 게인다. 언제 이 달을 故鄉의 하늘에서 볼가.

十一月 十三日(旧 十月 十六日) 土曜日 曇天

朝 起カトン偕行社 タクシー部 宿舍하여 朝飯을 食하다. 矢吹 軍医(中イ)가 來하여 西村氏 診察을 하엿다. 貨物廠 軍医가 來하여 現地人 從業員의게 赤痢 豫防注射를 하엿다. 故鄕 室人의게 昭南에 無事 잇다는 消息의 打電을 하엿다. 去月 二十六日頃 室人과 釜山 妻嫂氏 處 打電하엿는되 答電이 업서 또 室人에게 打電하다.

十一月 十四日(旧 十月 十七日) 日曜日 曇

朝 起カトン偕行社 タクシー部 宿舍하엿다. 西原周復君게서 電話가 왓는되 歸鄕한다고 午后에 놀너 오라더라. 夕食하고 大山君과 菊水俱樂部 西原 處에 去하여 西原 兩君과 大山君과 金村氏와 四人이 周復君의 送別宴을 五十鈴料理店에서 設하여 無事 歸鄕을 祝하다. 西原定復君과 大山君과 みなみ食堂에서 조곰 놀다가 歸來하여 宿하다. 周復君은 明朝 八時頃 乘船한다더라.

十一月 十五日(旧 十月 十八日) 月曜日 曇

朝 起カトン偕行社 タクシー部 宿舍하여 朝飯을 食하다. 興南彩券 五枚를 カトン郵便局에서 買入하엿다. 今夜부터 二層로 寢臺를 옴기엿다. 朝 七時餘에 大山君과 碇泊司令部에 나가 歸鄕하는 西原周復君을 餞送하엿다.

十一月 十六日(旧 十月 十九日) 火曜日 朝雨後曇晴雨雷雨

朝 起カトン偕行社 タクシー部 宿舍하여 朝飯을 食하다. 大山君의게 付託하여 興南彩券 十五枚를 買하다. ブーゲンビル島 今般 海戰에는 戰艦空母 等 六十八隻, 飛行機 五百二十七機의 大戰果를 어덧다. 이리하여도 米英이 降服안이할난지.

十一月 十七日(旧 十月 二十日) 水曜日 曇後雨曇

朝 起カトン偕行社 タクシー部 宿舍하여 朝飯을 食하다. 偕行社 タクシ

一部에도 아직 事務도 担當하여 하는 것이 업고 軍屬들이 잇는 中에 도로혀 未顏하여 不安한 生覺만 작고 든다. 大山君 內外가 마음껏 親切히 每事에 不平업시 하여주니 爲先 歲月은 無事히 보내다. 何時라도 이리만 하고 잇슬 것도 아니다. 故鄕 가고 십흔 성각도 一日 幾回나 든다. 언제 煩憫이 써나지 안는 이 몸에는 何處에서도 그양

十一月 十八日(旧 十月 二十一日) 木曜日 曇晴天

朝 起카トン 偕行社 タクシ一部 宿舍하여 朝飯을 食하다. 偕行社 タクシ一部 オチャ一ロド 本社 主任 高橋榮가 來하여 余의게 本社 內務를 보아달나기에 來 二十一日부터 本社에 勤務할 양으로 말하엿다. 夜 零時半餘에 就寢하다. 室人의게 打電한지 六日이나 되는듸 또 回電이 업다.

十一月 十九日(旧 十月 二十二日) 金曜日 晴後曇夜雨

朝 起카トン 偕行社 タクシ一部 宿舍하여 朝飯을 食하다. 終日 タクシ一部 事務를 보고 夜 十二時餘에 宿하다. タクシ一 營業이 조흔 事業인줄 알엇더니 그리 조흔 事業이 아니다. 더구나 戰時下 部分品이 貴한 時節에는 故障車가 잣고 싱기나 修理不能 又는 遲延等으로 여간 困難이 아니며 乘客의게도 不平이 적지 앗니한다. 世上事가 남 하는 것은 조흔 것 갓흐나 自己가 하여보면 그리 神通한 것이 업는 法이라.

十一月 二十日(旧 十月 二十三日) 土曜日 曇後少雨

朝 起카トン 偕行社 タクシ一部 宿舍하여 朝飯을 食하다. 終日 タクシ一部 일을 보고 夜 二十二時半頃 宿하다.

十一月 二十一日(旧 十月 二十四日) 日曜日 曇後雨

朝 起카トン 偕行社 タクシ一部 宿舍하여 朝飯을 일즉 먹엇다. 今日부터 オチャ一ロド 偕行社 タクシ一部에서 事務를 보게 去하엿더니 今日은 日曜

日로 休日이더라. 菊水 西原君 處에 去하여 遊하다가 夕食하고 夜 十一時頃 歸 カトン 宿舍하여 宿하다.

十一月 二十二日(旧 十月 二十五日) 月曜日 曇後少雨

朝七時半頃 カトン 偕行社 タクシ一部 宿舍하여 朝飯을 食하다. 中原氏와 オーチャーロード 偕行社 タクシ一部 事務所에 去하여 事務見習을 하엿다. 十八時頃 廢務하고 中原氏와 歸 カトン 宿舍하여 夕飯을 食하고 少遊하다가 宿하다.

十一月 二十三日(旧 十月 二十六日) 曇雨 (涼) 火曜日

朝 起 カトン 偕行社 タクシ一部 宿舍하여 朝飯을 食하고 オーチャーロード 偕行社 タクシ一部 事務所에 出勤하엿다. 十六時頃 菊水俱樂部 西原君 處 去하여 夕食하다. 大山君이 自動車로 迎來하엿기 歸 カトン 宿舍하엿다. 青島食堂 主人 山芳氏 宿舍에 大山君과 갓치 가서 大山君의 紹介로 人事하다. 大山君과 山芳氏와 吉田氏와 大世界 拳鬪 求景하고 歸來하여 宿하다. 吉田란 사람도 大山君의 紹介로 처음 人事하다. 理髮하다.

十一月 二十四日(旧 十月 二十七日) 水曜日 曇天

朝 起 カトン 偕行社 タクシ一部 宿舍하여 朝飯을 食하고 オーチャーロード 偕行社 事務所에 出勤하엿다. 西原君이 電話로 오라기에 十六時餘 去하여 遊하다. 西原君 處에서 夕食하다 大山君이 自動車를 乘來하엿기 갓치 歸 カトン하여 宿하다.

十一月 二十五日(旧 十月 二十八日) 木曜日 曇雨天

朝 起 カトン 偕行社 宿舍하여 朝飯을 食하고 中原氏와 갓치 偕行社 タクシ一部 本社 事務所에 出勤하엿다. 午后부터 西原君 處 去하여 遊하다. 西原君 處에서 夕食하고 大洋俱樂部 西原氏 處에서 遊하다가 歸 西原定腹君 處하

여 夜 二時까지 이른 이약 저른 이약하고 놀다가 宿하다. 참으로 아모 方向 업는 나의 生涯로다. 偕行社도 그만두고 西原君 處에서 當分間 時期를 기다리여 何 事業이라도 하여 볼가 그저 모도가 煩悶쑌이다.

十一月 二十六日(旧 十月 二十九日) 金曜日 曇天

朝 起西原君 處하여 朝飯을 食하엿다. 今後로부터 西原君 處에서 또 當分間 身勢를 지게 말하엿스매 또 西原君도 쭉 갓치 잇자고 한다. 午后 偕行社 本社에 暫間 갓다가 カトン 偕行社 タクシー部 宿舍로 來하다. 偕行社 タクシー部도 그만둘나 하니 高橋榮氏가 溫情으로 待接함에 참아 그 好意를 저바릴 수도 어렵다. 夕食하고 大山君과 木村氏 食堂에 去하여 木村氏를 만나보앗다. 木村氏는 蘭貢 共樂館慰安所 帳場로 잇든 사람이다.

十一月 二十七日(旧 十一月 一日) 土曜日 曇天

朝 起カトン 偕行社 タクシー部 宿舍하여 朝飯을 食하고 オチャーロド 偕行社 タクシー部 事務所에 出勤하엿다. 十九時頃 歸カトン 宿舍하여 大山君과 夕飯을 食하고 ケンヒルロード 菊水俱樂部 西原君 處에 去하여 갓치 大世界 拳鬪 求景을 갓다가 夜 二十四時餘 歸來하여 宿하다.

十一月 二十八日(旧 十一月 二日) 日曜日 曇晴天

朝 起カトン 偕行社 タクシー部 宿舍하여 朝飯을 食하다. 今日은 日曜日로 쉴나 하엿드니 本社에서 電話가 와서 와달나기에 十九時까지 잇다가 歸カトン 宿舍하여 夕食하다.

十一月 二十九日(旧 十一月 三日) 月曜日 雨後曇天

朝 起カトン 偕行社 タクシー部 宿舍하여 朝飯을 食하고 オーチャーロード 偕行社 タクシー部에 出勤하엿다. 十八時餘 歸 カトン하여 夕食하고 夜 十一時頃 宿하다. 昭南 演習防空訓練은 今日 十時로써 解除되엿다.

十一月 三十日(旧 十一月 四日) 火曜日 晴夜曇雨

朝 起カトン 偕行社 タクシー部 宿舍하여 朝飯을 食하고 オーチャーロード 偕行社 タクシー部에 出勤하엿다. 十一時頃 特別市에 去하여 洋服, フトン 等 衣類에 對한 生活必需物資 特別販賣許可를 得하엿다. 十八時餘에 廢務하고 歸路 興南奉公會 靑年訓鍊場에 訓鍊을 밧고 잇는 大山君의 訓鍊 맛침을 기다려 갓치 歸カトン 宿舍하여 夕食하다.

十二月 一日(旧 十一月 五日) 水曜日 曇後細雨天

朝 起カトン 偕行社 タクシー部 宿舍하여 朝飯을 食하다. オーチャーロード 偕行社 タクシー部에 出勤하엿다. 十八時餘에 廢務하고 歸カトン 宿舍하여 夕食하고 宿하다.

十二月 二日(旧 十一月 六日) 木曜日 晴天

朝 起カトン 偕行社 タクシー部 宿舍하여 朝飯을 食하고 偕行社 タクシー部 本社에 出勤하엿다. 午後 電信局에 가서 故鄕 室人의게 打電하엿다. 歸路 特別市廳前 廣場에 印度 獨立仮政府 首席 ジャンドラボース氏 時局演說함을 듯고 歸カトン하여 夕食하다. 印度軍人 及 地方住民 等 數萬의 印度人이 集合하엿더라. 나도 ジャンドラ氏를 봄은 처음이다.

十二月 三日(旧 十一月 七日) 金曜日 晴天

朝 起カトン 偕行社 タクシー部 宿舍하여 朝飯을 食하고 オチャーロド 偕行社 タクシー部에 出勤하엿다. 十八時餘에 歸カトン 宿舍하여 夕食하고 宿하다. 去 七月初에 蘭貢서 慰安所 經營하는 金田氏는 慰安婦 募集次로 朝鮮 나갓다가 今般 慰安婦 二十五名을 다리고 ビルマ 가는 길에 昭南에 到着하엿다더라.

朝 起カトン 宿舍하여 朝飯을 食하고 オチャーロード 偕行社 タクシー部에 出勤하엿다. 昨夜에 故鄕 室人이 꿈에 보이더니 果然 今日 室人으로부터 電報가 來하다. 電報 內容은 집 걱정은 업서니 送金하라는 것이다. 興亞理髮館에서 理髮하엿다. 夕食하고 遊하다가 宿하다.

今日부터 十一日까지 一週日 大東亞戰爭 二周年 紀念週間으로 定하여 諸紀念祝賀行事가 잇다. 今日은 大山君과 朝 起하여 特別市廳 前에 集合한 邦人 八百餘名과 갓치 昭南神社에 一里半이나 健脚의 勝利 大行進으로 參拜하엿다. 行進에 二時半의 時間을 要하다. 西原君 處에 去하여 遊하다가 金田, 德山 等 ビルマ에 慰安業하다 慰安婦 募集하여 再去 ビルマ하는 張氏를 맛나 故鄕의 消息을 들엇다. 夜 十一時頃 歸 カトン 宿舍하여 宿하다.

朝 起カトン 宿舍하여 朝飯을 食하고 偕行社 オーチャーロード タクシー部에 出勤하엿다. 終日 일을 보고 十八時餘에 歸 カトン 宿舍하여 夕食하고 宿하다. 月給 二百円을 受하엿다. 大邱 室人의게 昨年 送金한 二千을 受取하고 裕子와 康豐 無事한가 打電하엿다.

朝 起カトン 宿舍하여 朝飯을 食하고 オーチャロード 偕行社 タクシー部에 出勤하엿다. 十八時餘에 廢務하고 歸 カトン 宿舍하여 夕食하고 宿하다.

大東亞戰爭 二週年 紀念日이다. 早朝에 起하여 東方 멀니 宮城을 向하여 遙拜하고 默禱를 하엿다. 朝飯을 食하고 オーチャロード 偕行社 タクシー部

에 出勤하엿다. 夕時 歸 カトン 宿舍하여 夕食하고 宿하다.

十二月 九日(旧 十一月 十三日) 木曜日 晴曇少雨

朝起 カトン 宿舍하여 朝飯을 食하고 オーチャロード 偕行社 タクシー部
에 出勤하엿다. 十八時餘에 大山君과 갓치 菊水俱樂部 西原君 處에 가서 夕
食하고 遊하다 夜 十二時頃 歸 カトン 宿舍하여 宿하다. 西原君 婦人은 今般
故鄕 갓다오게 往復旅行証明을 提出하엿다더라.

十二月 十日(旧 十一月 十四日) 金曜日 晴曇雨夜快晴

朝起 カトン 宿舍하여 朝飯을 食하고 オーチャロード 偕行社 タクシー部
에 出勤하엿다. 十八時餘에 中原氏와 갓치 歸 カトン 宿舍하엿다. 夕食하고
遊하다가 宿하다. 今夜는 一点雲도 업는 快晴의 맑은 하늘노 달도 밝기도 하
다. 昭南의 하늘노는 稀有事다.

十二月 十一日(旧 十一月 十五日) 土曜日 曇後雨曇

朝起 カトン 宿舍하여 朝飯을 食하고 偕行社 タクシー部에 出勤하엿다.
大東亞戰爭 紀念週間도 今日노서 終了되다. 十九頃 歸 カトン 宿舍하여 夕食
하고 遊하다가 夜 十一時頃 宿하다.

十二月 十二日(旧 十一月 十六日) 日曜日 晴曇天

朝起 カトン 宿舍하여 朝飯을 食하고 オーチャロード 偕行社 タクシー部
에 出勤하엿다. 惶悚하옵게도 天皇陛下께서 昨年 今日 伊勢神官 御親拜하옵
신 一年째의 紀念日임으로 十三時 二十二分에 總神拜케 되여 各各 其 所在
地에서 一齊히 皇大神宮에 遙拜하기하다. タクシー部에서도 定刻을 期하여
遙拜하다. 夕時 歸 カトン 宿舍하여 夕食하고 宿하다.

十二月 十三日(旧 十一月 十七日) 月曜日 晴曇天

今日은 偕行社 タクシー部에 出勤치 안코 놀기를 하엿다. 朝 起カトン 宿舍하여 朝飯을 食하고 大山君과 オーチャロード 支那洋店 主人 某를 다리고 印度人 羅絲店에 가서 日前 特別市에서 受한 綿類販賣許可書에 依하여 衣服地를 三百五十餘円의치 買하여 歸 カトン하다. 大山君 處에 雇入하엿든 婀媽 支那女人은 今日 解雇되엿다.

十二月 十四日(旧 十一月 十八日) 火曜日 曇後雨天

朝 起カトン 宿舍하여 朝飯을 食하고 オーチャロード 偕行社 タクシー部에 出勤하엿다. 支那人 洋服店에 前日 注入한 洋服을 곳치게 맛기엿다. 大山君이 特別市廣場에 興南奉公會 靑年訓練이 잇다고 歸路 갓치 가게 와달라기에 自動車로 갓스나 업기에 그양 歸 宿舍하엿다. 大山君은 雨來로 訓練이 업섯다더라.

十二月 十五日(旧 十一月 十九日) 水曜日 曇後雨

朝 起カトン 宿舍하여 朝飯을 食하고 オーチャーロード 偕行社 タクシー部에 出勤하엿다. 高橋榮氏는 貨物廠 橫井 少尉와 公務로 通譯 ピリラヤム 印度人을 다리고 約 一週間 豫定으로 タイピンペナン 方面으로 出張갓다. 十九時頃 歸 カトン 宿舍하여 夕食하고 宿하다.

十二月 十六日(旧 十一月 二十日) 木曜日 晴後曇雨

朝 起カトン 宿舍하여 朝飯을 食하다. オーチャロード 偕行社 タクシー部에 出勤하엿다. 十八時餘 歸 カトン 宿舍하여 夕食하고 遊하다가 宿하다. 今年도 압흐로 旬餘 昭和十八年은 將次 가랴고 한다.

十二月 十七日(旧 十一月 二十一日) 金曜日 晴曇天

朝 起カトン 宿舍하여 朝飯을 食하고 オーチャロード 偕行社 タクシー部

에 出勤하엿다. 特別市에서 必需品販賣許可物品中 一商店에서 못 산 殘餘品에 對한 再交付 許可를 得하다. 故鄕 室人의게 送金受取 如何와 裕子 病關係를 速々 通知하라고 打電하엿다. 大山君이 大東亞劇場 前에서 기다려 달나기에 十八時餘 同所에 가 잇스니 조곰 잇다 왓는듸 同劇場 皇軍慰問演藝 求景하자기에 求景하엿다. 超滿員으로 들어갈 쩍 짜이여 危險千萬 立錐의 餘地도 업섯다.

十二月 十八日(旧 十一月 二十二日) 土曜日 晴曇夜雨

朝起カトン 宿舍하여 朝飯을 食하고 オーチャロード 偕行社 タクシー部에 出勤하엿다. 前日 衣服販賣許可中 洋服 一着 아니 사고 남은 것을 今日 前日 산 印度人 商店에 가서 마자 사왓다. 十八時餘에 歸 カトン 宿舍하여 夕食하고 遊하다가 宿하다.

十二月 十九日(旧 十一月 二十三日) 日曜日 雨曇天

朝起カトン 宿舍하여 朝飯을 食하고 オーチャロード 偕行社 タクシー部에 出勤하엿다. 菊水俱樂部 西原君게서 電話가 왓는듸 自己 俱樂部 營稼婦의 幼兒가 今朝 死亡하엿다더라. 十八時餘 大山君과 갓치 西原君 處 去遊하다가 夕食하고 夜 十一時頃 歸 カトン하여 宿하다. タイビン, ペナン 等地로 出張 갓든 高橋氏는 今日 歸來하엿다.

十二月 二十日(旧 十一月 二十四日) 月曜日 朝晴後曇雨

朝起カトン 宿舍하여 朝飯을 食하고 オーチャロード 偕行社 タクシー部에 出勤하엿다. 年末 賞與金 二百円을 受하다. 不過 二ヶ月 밧게 勤務 아니하엿는듸 賞與밧기는 惶悚하다. 十九時頃 歸 カトン 宿舍하여 夕食하고 宿하다.

十二月 二十一日(旧 十一月 二十五日) 火曜日 曇晴雨

朝 起カトン 宿舍하여 朝飯을 食하고 オーチャロード 偕行社에 出勤하

엿다. 興南奉公會 昭南特別市支部에 가서 會員 再登錄에 對한 用紙를 二人分 受來하여 高橋, 小坂 兩人의게 傳하엿다. 我 届出分 用紙는 昨日 大山君이 어더왓다. 十九時頃 歸 カトン하여 夕食하고 遊하다가 宿하다.

十二月 二十二日(旧 十一月 二十六日) 水曜日 曇少雨天

朝 起 カトン 宿舍하여 朝飯을 食하고 オーチャロード 偕行社 タクシー部에 出勤하엿다. 大山君이 電報를 一枚 傳하기 受見하니 大邱 室人게서 온 것인딕 送金受取 裕子의 病 조곰 낫다 片紙하라는 電文이엿다. 支那人 洋服店에 日前 맛긴 洋服 곳친 것을 차잣다. 十八時餘에 歸 カトン 宿舍하여 夕食하고 宿하다.

十二月 二十三日(旧 十一月 二十七日) 木曜日 晴天

朝 起 カトン 宿舍하여 朝飯을 食하고 オーチャロード 偕行社 タクシー部에 出勤하엿다. 興南奉公會 特別市支部에 去하여 會員 再登錄 申請을 提出하엿다. 黑色 短靴 一足과 白色 短靴 一足을 代金 百二十円에 注文하엿다. 十九時頃 歸 カトン 宿舍하여 夕食하고 宿하다.

十二月 二十四日(旧 十一月 二十八日) 金曜日 晴曇雨天

朝 起 カトン 宿舍하여 朝飯을 食하고 オーチャロード 偕行社 タクシー部에 出勤하엿다. 갓치 勤務하는 高橋重義氏의 奉公會 再登錄書를 提出하여 주엇다. 大山君과 中原氏, 西村氏間 잘못된 生覺으로 多少 磨擦이 잇섯다. 十八時餘 歸 カトン 宿舍하여 夕食하고 大山君과 이른 이약 저른 이약하다가 宿하다.

十二月 二十五日(旧 十一月 二十九日) 土曜日 晴曇雨天

朝 起 カトン 宿舍하여 朝飯을 食하고 オーチャロード 偕行社 タクシー部에 出勤하엿다. 奉公會에 去하여 高橋重義氏의 邦人 登錄申請을 提出하엿다. 十八時頃 ケンヒールロード 菊水 西原君 處 去하여 夕食하고 西原君과 慰安

隊(ビルマ行) 宿所에 가서 大山氏를 만나 놀다가 夜 十二時頃 歸 西原君 處하여 西原君과 同宿하다.

十二月 二十六日(旧 十一月 三十日) 日曜日 晴天

朝 起ケンヒールロード 九十号 菊水倶樂部 主人 西原君 處하여 朝飯을 食하다. 終日 西原君 處에서 遊하다가 夕食하다. 大山昇君이 來하엿기 갓치 遊하다가 夜 十一時頃 歸 カトン하여 宿하다. 지난 밤도 一点雲도 업는 快晴 이엿다.

十二月 二十七日(旧 十二月 一日) 月曜日 晴曇雨

朝 起カトン 宿舍하여 朝飯을 食하고 オーチャロード 偕行社 タクシー部 에 出勤하엿다. ケンヒールロード 菊水倶樂部에 가서 昨日 잇고 온 척보를 가지고 タクシー部로 와서 小坂氏 登錄申請 其配給 關係로 奉公會와 特別市 에 가서 用務를 맛치고 十六時餘에 歸タクシー部하엿다. 十八時餘 歸 カトン 宿舍하여 夕食하고 宿하다.

十二月 二十八日(旧 十二月 二日) 火曜日 雨天

朝 起カトン 宿舍하여 朝飯을 食하고 オーチャロード 偕行社 タクシー部 에 出勤하엿다. 十八時餘에 歸 カトン 宿舍하여 夕食하고 宿하다. 大山君은 夕食하고 ケンヒールロード 松山氏 處에 去遊하다가 歸來하다. 松山氏는 泰 國 地方에 慰安所 出張으로 五十餘日 잇다가 今朝 歸來하엿다더라.

十二月 二十九日(旧 十二月 三日) 水曜日 曇雨天

朝 起カトン 宿舍하여 朝飯을 食하고 オーチャロード 偕行社 タクシー部 에 出勤하엿다. 十九時頃 歸 カトン 宿舍하여 夕食하고 宿하다. 昭南도 內地 와 갓치 門松을 세워 新年을 祝賀한다. 然이나 內地의 夏節 갓흔 正月이라 內 地의 설 氣分이 아니 나는 것 갓다.

十二月 三十日(旧 十二月 四日) 木曜日 晴曇天

朝起カトン 宿舍하여 朝飯을 食하고 オーチャロード 偕行社 タクシー部에 出勤하엿다. 中古品 萬年筆 一本을 金 十五円에 買하다. 十八時餘 歸 カトン 宿舍하여 夕食하고 大山君과 ケンヒールロード 菊水俱樂部 西原君 處 去 遊하다가 夜 一時餘 歸하여 宿하다.

十二月 三十一日(旧 十二月 五日) 金曜日 晴曇

朝起カトン 宿舍하여 朝飯을 食하고 オーチャロード 偕行社 タクシー部에 出勤하엿다. 十八時頃 歸 カトン 宿舍하엿다. 同宿하고 잇는 偕行社 タクシー部 勤務 西村, 中原 兩氏와 大山君 及 貨物廠 軍屬 佐野氏와 宿舍에서 夕飯을 兼한 忘年會를 簡單히 열엇다. 主催는 西村氏가 한 模樣이엇다. 一年回顧記 以下.

一. 皇軍戰況及戰果

戰火에서 마진 히가 血戰에서 저무럿다. 昭和十八年은 오날노써 다 가고야 만다. 本年 最終의 日記를 씀에 當하여 지난 一年을 回顧하자. 첫제 大東亞 戰局은 西南太平洋 方面에서 前年來 持越한 敵軍 反攻 쪽에 新春을 迎하야 「今年만은 戰局의 大勢를 支配하는 히다. 緖戰의 戰果를 擴充하야 征戰 完遂에 나아가지 아니하면 아니된다」는 決意는 前線銃後에 漲溢하여 執拗한 敵의 反擊을 粉碎하야 世界를 震駭하고 大戰果를 收하야 必勝不敗의 態勢를 堅固히 하엿다. 卽 一月 二十九日의 レンネル島 沖海戰에서 戰艦 三, 巡洋艦 四를 擊沈破한 것을 첫제로 二月 初 イサベル島沖海戰, 四月 初 フロリダ島 沖海戰, 그리고 쪽 나려와서 十一月 의 數次에 亘한 ブーゲンビル島 沖航空戰 ギルバート諸島 沖航空戰, 其他 大小의 邀擊戰, 攻擊戰에서 敵의 戰艦, 空母, 巡洋艦 以下 艦艇 船舶을 잡은 것이 數百隻 正히 驚異의 大戰果를 收하다. 一方

ビルマ方面으로부터는 印度國境으로부터 英印軍 反攻을 粉碎하고 アキャブ 奪回企圖를 完封하엿스며 一方 怒江作戰에서는 雲南國境에 蠢動하는 重慶軍을 擊滅, 其後 執拗히 盲擊해오는 在印 英空軍을 邀擊하야 其써마다 大損害를 주엇고 다시 其 在印 基地를 攻擊하는 等 ビルマ奪回를 엿본 敵으로써 顔色업게 하엿다. 一方 支那大陸에 잇서서는 不斷의 肅淸 討伐과 함께 在支 米空軍에 痛棒을 먹이어서 手足이 나오지 안케하고 又 中支作戰에서 敵 第六, 第九 戰區의 戰力을 潰滅식히여 重慶에 對히 大脅威를 與한 것이다. 이러케 한 戰果에 幾多의 尊貴한 犧牲이 잇다. 特히 山本元帥의 戰死, アツツ, タラウ, マキン 各島 守備隊의 玉碎는 國民 全體가 痛悼할 바이어니와, 戰局의 大勢는 何等의 影響 업고 글로써 國民의 志氣를 昂揚함은 測量할 수 업는 것이다. 戰局의 苛烈함에 對應한 必勝의 國內體制도 劃期的으로 更改되여 軍需, 農商, 運輸通信의 三省은 十一月 一日부터 開廳, 其他 戰力增强의 重點的 施策과 相俟하여 我 戰力은 飛躍的인 强化를 行하고 잇다. 一方 第八十三 臨時議會에의 大東亞總蹶起決議에 이어 六ヶ國서 代表에 因한 大東亞會議에서 亞細亞의 聖典인 大東亞宣言을 行하다. 中國 國民政府는 年初劈頭 米英에 宣戰을 布告한 것이엇는딕 積年의 宿望이엇든 租界回收, 治外法權撤廢도 日本의 好意에 因하여 完遂되다. 一方 八月에는 ビルマ, 十月에는 フィリッピン 獨立이 嚴하게 宣言되엿고 又 自由印度仮政府의 樹立됨이 잇서 亞細亞 解放의 聖業이 皇軍의 戰果와 倂行하야 着々 具現을 봄에 잇는 것은 實로 歷史的의 偉觀임을 失치 안엇다. 그리고 昭和十八年은 가고 오는 히만은 決戰의 히로써 希望과 勇氣를 갓득 가지고 마지려 한다.

二. 私事記

ビルマ國 アキャブ 印度國境이 갓가온 곳에서 新年을 마지하엿다. 萬里 他國 他鄕 一線陣中의 新年이나마 妻男(故 山本○宅氏), 故新井○桓君 其外 慰

安婦 十九名이 모다 한 집에 잇서 길거히 新年을 祝賀하엿다. 一月 十六日 余
는 アキャブ를 써나 蘭貢을 向하엿다. アラッカン山 百八十粁나 되는 高山
峻嶺 山岳地帶를 部隊 自動車로 넘어 昨年 ビルマ에서 첫 慰安業을 經營하
고 잇든 プローム를 지나 蘭貢에 到着한 것은 一月 二十三日夜이엇다. 蘭貢
會館 大山虎一氏 處에 留宿하다. 三月 末頃 ぺぐー 故郷 親旧 金川氏가 잇다
는 消息을 듯고 金川氏 處에 가서 또 一ヶ月 可量 잇섯다. 지금으로부터는 남
의게 身勢만 지치는 몸이 되엿다. 三月 末부터 蘭貢會館 大山氏 處에 잇섯는
듸 四月 二十四日 故 妻男 外 四名의 不幸을 傳便에 들엇다. 其翌日 プローム
에 가서 事實 틀님 업슴을 알고 蘭貢司令部 副官部에 告한 後 五月 一日 蘭貢
을 出發하여 タンカップ까지 가서 負傷하여 治療 中인 澄子를 다리고 プロ
一무로 나와 蓬萊亭 主人 野澤氏의 好意로 其곳에 入院 治療케 하다. 妻男과
○桓, 春美, 奉順 四名은 不幸히도 遭難과 同時 死亡하엿다더라. 五月 十八日
은 プローム에서 治療하고 잇는 澄子(張○岳)를 다리고 蘭貢으로 왓다. 蘭貢
市外 インセン 村山氏 宅에서 六月부터 八月까지 잇섯다. 張○岳은 負傷處가
다 나어 다시 慰安婦 營業을 한다. 九月 八日 昭和 大山昇君의 紹介로 偕行社
自動車部 呼寄를 바다 昭南 移住証明을 어더 モールメン, タボイ, メルギー
等地 둘너 泰國 チユンボン을 經由하여 昭南에 到着하엿다. 八月 末頃 アキャ
ブ에서 나온 慰安婦 金○花로부터 妻男 外 三位의 遺骨을 바다 蘭貢兵站司令
部 遺骨奉安所에 安置하다. 故郷에도 이 不幸의 消息을 電報로 알니엇다. 昭
南와서는 大山君 處에 늘 갓치 잇스며 十一月부터 偕行社 タクシー部에 勤務
하다. 今年 一年은 나의게 平生에 恨이 될 悲慘을 준 히다. 故郷에서도 消息은
왓는듸 余가 늘 걱정하고 잇는 長女 裕子의 病이 조곰 낫다더라. 今年은 不運
의 한 히엿스나 마지하는 新年은 만흔 幸福 잇기를 祝願하고 今年 日記를 맛
친다. 昭南서는 故郷 親旧 菊水俱樂部 主人 西原君이 잇서 兄弟와 다름업는
親誼를 두고 지난다.

| 紀元 二千六百四年 |

晨暉曉雲을 破하고 海上에 日出하여 玆에 昭和 十九年의 春을 哨煙下 迎함. 神武天皇 惟神의 大道에 遵하야 萬世不易의 丕基를 定하옵신 後 正히 二千六百有四年, 一億 民草는 俯伏하야 삼가 聖壽의 無窮하옵심과 皇室의 彌榮하옵심을 奉祝하옵는 바이다. 征戰 玆에 第三年 皇軍 必勝의 態勢 旣成, 大東亞 十億民 또 我國에 協力하여 共同目標 達成에 忠實하려 한다. 速히 姦凶을 討滅하야 其 非望을 粉碎하야 亞細亞의 解放, 世界新秩序의 建設을 完成하야 大訓의 聖旨에 副奉할지어다. 그리하여 皇威를 四海에 빗나게 하지 아니 하면 아니 된다. 昭和 十九年만은 敵의 死命을 制할 決戰의 히다. 余는 첫 새벽 일즉 七時에 일어나 洗面하고 精神을 가다듬어 東天 멀니 宮城을 向하여 遙拜하고 皇軍 武運長久를 빌엇다. 故鄕의 父母 兄弟 妻子도 安在하라 祝願하엿다. 南方過岁도 이에 벌서 二回이다. 今年만은 幸運으로 지나게 하여 주소서. 그리 모든 일이 計劃딕로 잘 나아가 주소서. 나는 今年이 四十才의 半平生에 들엇다. 岁月은 쌀나 人生의 白髮만 재촉한다. 千金 갓흔 貴重한 岁月을 有意하게 잘 보닉자. 大山君과 菊水俱樂部 主人 西原君의 招待에 가서 新年의 酒肴에 滿腹되어 滋味잇게 놀다가 歸路 共榮劇場에 映畵求景하고 歸 カトン 宿舍하여 宿하다. 故鄕 父母 兄弟 妻子와 갓치 新年을 못 마지함이 서러운 恨이로다. 언제나 一家族과 갓치 길겁게 新年을 마지할까.

昭和 十九年도 이제 元日은 가고 二日이다. 元日부터 맑게 개인 하늘에는 瑞氣가 돌아 我國의 隆盛함을 表現함이 完然하다. 반다시 今年만은 꼭 必勝을 期할 것이로다. 朝 起 カトン 宿舍하엿다. 朝飯을 食하고 終日 遊하다가 夕食하고 夜 十二時餘까지 놀다 宿하다. 故鄕 長女 裕子의게 片紙를 붓치게 썻다. 大山君은 偕行社를 그만 두겟다고 今日 高橋榮씨의게 이약하엿다더라.

一月 三日(旧 十二月 八日) 月曜日 晴天

朝 起カトン 宿舍하여 朝飯을 食하고 オーチャロード 偕行社 タクシー部에 出勤하엿다. 偕行社 タクシー部에 使用할 木炭 配給券을 가지고 配給所에 가서 證明을 어더 목탄 置積한 現場에 가서 五千斤을 出荷 바다 トラック로 실어 왓다. 每斤 八円 八十錢이더라. 十九時頃부터 偕行社 タクシー部 職員 軍屬 一同과 新年의 簡單한 宴會를 열엇다. 夜 二十一時頃 歸カトン하여 宿하다.

一月 四日(旧 十二月 九日) 火曜日 晴少曇天

朝 起カトン 宿舍하여 朝飯을 食하고 オーチャロード 偕行社 タクシー部에 出勤하엿다. 横浜正金銀行 昭南支店에 가서 貯金 千圓을 차자 第九回 發行 彩券 五十枚를 五十円에 買入하엿다. 特別市에 가서 日前 許可를 受한 販賣許可書를 物品別로 二枚를 따로 더 밧고 前 許可書 中에는 削除하다. 十九時頃 歸カトン 宿舍하여 夕飯을 食하고 遊하다가 宿하엿다.

一月 五日(旧 十二月 十日) 水曜日 晴天

朝 起カトン 宿舍하여 朝飯을 食하고 オーチャロード 偕行社 タクシー部에 出勤하엿다. 十八時頃 廢務 後 ケンヒールロード 菊水俱樂部에 去하여 遊하다가 나 잇슴을 알고 놀너온 大山君과 夜 十一時頃 歸カトン 宿舍하여 宿하엿다.

一月 六日(旧 十二月 十一日) 木曜日 雨後曇晴天

朝 起カトン 宿舍하여 朝飯을 食하고 オーチャロード 偕行社 タクシー部에 出勤하엿다. 十八時餘 廢務하고 ケンヒールロード 菊水俱樂部 西原君 處 去하여 夕食하고 遊하다가 宿하엿다. 西原君은 余의게 작고 自己 집으로 와서 宿食하라고 한다.

一月 七日(旧 十二月 十二日) 金曜日 雨後曇天

朝 起ケンヒールロード 菊水倶樂部 西原君 處하여 오-챠로-드 偕行社 タクシ-部에 出勤하엿다. 昨夜 十時半頃 カトン駐車場 タクシ- 三一○号를 運轉手 五二号 マレ-人이 運轉 中 日本輕金屬工業株式會 社員 武田政雄를 負傷식혀 中央病院에 入院 中이라더라. 그리 큰 負傷은 아니라 한다. 十八時餘에 歸 カトン 宿舍하여 夕食하고 遊하다가 宿하엿다.

一月 八日(旧 十二月 十三日) 土曜日 晴曇天

朝 起カトン 宿舍하여 朝飯을 食하고 오-챠로-드 偕行社 タクシ-部에 出勤하엿다. 十八時頃 廢務하고 歸 カトン 宿舍하여 夕食하고 遊하다가 二十二時頃 宿하다. 故鄕에는 只今 嚴多雪寒으로 第一 치운 時節인듸 父母兄弟 妻子들 모다 安在하는지 그저 安過泰平하옵기를 祈願할 뿐이외다. 此 昭南島는 夏節과 다름 업다.

一月 九日(旧 十二月 十四日) 日曜日 曇少雨天

朝 起カトン 宿舍하여 朝飯을 食하고 오-챠로-드 偕行社 タクシ-部에 出勤하엿다. 偕行社 タクシ- 衝突事故가 二件 發生되엿다. 一件은 淺野物産株式會社々員이 탄 乘用車와 正面衝突로 人命死傷은 업고 自動車는 前面이 조곰 損傷되엿스며 一件은 オ-トバイ와 바닷는듸 이도 オ-トバイ가 過失이 만핫스며 그리 큰 損傷도 업섯다. 오-챠로-드 偕行社 タクシ-部에서 夕食하고 菊水倶樂部 西原君 處에 去하여 遊하다가 宿하엿다.

一月 十日(旧 十二月 十五日) 月曜日 雨天

朝 起ケンヒールロード 八八号 菊水倶樂部 西原君 家하엿다. 西原君 處에서 朝飯을 食하고 終日 遊하엿다. 夕陽에 大洋倶樂部 主人 西原氏 處에 去하여 遊하다가 夕食하고 富士理髮館에서 面剃하고 歸 カトン 宿舍하여 遊하다가 宿하엿다.

一月 十一日(旧 十二月 十六日) 火曜日 曇後雨天

朝 起カトン 宿舍하여 朝飯을 食하고 オーチャロード 偕行社 タクシー部에 出勤하엿다. 偕行社 タクシー部 勤務 西村, 中原, 喜多川 三名과 高橋, 入柿, 橫井 少尉 間 엇든 問題가 일어나 서로 滋味업는 点이 잇는 것 갓다. 西村, 中原, 喜多川 三名 軍屬이 野心으로 タクシー部를 害치 하는 模樣이다. 其 內容은 詳細히 알 수 업는듸 何 不正事實을 들리는 것 갓다. タクシー部에서 夕食하고 十九時餘에 歸 カトン 宿舍하여 宿하다.

一月 十二日(旧 十二月 十七日) 水曜日 曇後雨曇天

朝 起カトン 宿舍하여 朝飯을 食하고 オーチャロード 偕行社 タクシー部에 出勤하엿다. 至今까지 晝飯을 オーチャロード 偕行社 タクシー部에서 軍屬들과 갓치 먹어왓는듸 明日부터는 못 먹게 되엇다. 十九時頃 廢務하고 歸 カトン 宿舍하여 夕食하고 宿하다.

一月 十三日(旧 十二月 十八日) 木曜日 晴後曇少雨晴天

朝 起カトン 宿舍하여 朝飯을 食하고 オーチャロード 偕行社 タクシー部에 出勤하엿다. 十八時餘 廢務하고 歸 カトン 宿舍하여 夕食하고 宿하다.

一月 十四日(旧 十二月 十九日) 金曜日 晴曇天

朝 起カトン 宿舍하여 朝飯을 食하고 オーチャロード 偕行社 タクシー部에 出勤하엿다. 十八時頃 廢務하고 ケンヒールロード 菊水俱樂部 西原君 處에 來하여 夕飯을 食하다. 西原君 內外와 共榮劇場에 去하여 映畵求景하고 歸路 オーチャロード 偕行社에서 タクシー를 타고 大山君과 갓치 市內 某處 支那人 露店飮食店에서 氷水와 ヤキ米粉을 食하고 歸 西原君 處하다. 大山君은 カトン으로 가고 我는 西原君 家에서 宿하엿다.

一月 十五日(旧 十二月 二十日) 土曜日 晴少曇天

朝 起ケンヒールロード 九〇号 西原君 家하여 オーチャロード 偕行社 タクシー部에 出勤하엿다. 午後 修理工場에서 取扱하고 잇는 トラック를 가지고 人夫 五,六名과 カトン地區 훨신 지나가서 防火用砂를 一車 실어 왓다. 偕行社 タクシー部는 貨物廠 所屬이엿는디 今月 十五日 前後를 期하여 總軍參謀部로 移管된다더라. 十九時頃 歸 カトン 宿舍하여 夕食하고 遊하다가 宿하엿다.

一月 十六日(旧 十二月 二十一日) 日曜日 晴曇少雨天

朝 起カトン 宿舍하여 朝飯을 食하고 オーチャロード 偕行社 タクシー部에 出勤하엿다. 終日 視務하다가 十九時頃 歸 カトン 宿舍하여 夕飯을 食하고 ケンヒールロード 九〇号 西原君 處 來하여 夜 二時頃까지 遊하다가 宿하엿다.

一月 十七日(旧 十二月 二十二日) 月曜日 晴曇天

朝 起ケンヒールロード 九〇号 西原君 處하여 オーチャロード 偕行社 タクシー部에 出勤하엿다. 今日은 貨物廠에서 タクシー部 會計, 經理事務 監査가 잇섯다. 夜間은 二十二時限 自動車를 全部 車庫에 停車하여 두고 車輛檢査하다.

一月 十八日(旧 十二月 二十三日) 火曜日 晴天

朝 起カトン 宿舍하여 朝飯을 食하고 オーチャロード 偕行社 タクシー部에 出勤하엿다. 廢務 後 ケンヒールロード 九〇号 西原君 家에 去하여 夕食하고 夜 二十二時餘까지 遊하다. 夜 一時餘부터 二時半까지 オーチャロード 偕行社 タクシー部에서 從業員 全部를 集合하여 貨物廠 關係員이 來하여 點呼하엿다. 夜 三時頃에 歸 カトン 宿舍하여 宿하엿다. タクシー部 從業員은 邦人 四名을 合하여 百九名이다. 舍弟 ○○의게 葉書를 郵送하엿다.

一月 十九日(旧 十二月 二十四日) 水曜日 晴天

朝起カトン 宿舍하여 朝飯을 食하고 オーチャロード 偕行社 タクシー部에 出勤하엿다. 大山君을 식혀 昨年 末 注文한 短靴 二足을 차저 왓다. 十八時餘에 廢務하고 歸 カトン 宿舍하여 夕食하고 遊하다가 宿하엿다. 偕行社 タクシー部 修理工場에 勤務 中인 小坂傳作氏는 今般 辭職하엿다.

一月 二十日(旧 十二月 二十五日) 木曜日 曇天

朝起カトン 宿舍하여 朝飯을 食하고 オーチャロード 偕行社 タクシー部에 出勤하엿다. 偕行社 タクシー部 責任者 陸軍 囑託 高橋 言이 貨物廠에 タクシー部 勤務 中인 自己 弟氏와 我 大山君 等 邦人은 全部 解雇케 말하엿다더라. 高橋氏와 木炭 配給組合에 가서 木炭 八千斤 出庫證을 受하여 歸路 支那人 料理店에서 入柿 囑託을 불너 와서 갓치 晝食하엿다. 廢務 後 ケンヒールロード 西原 處 來하여 夕食하고 遊하다가 宿하다. 西原君은 朝鮮 歸鄕하는 慰安婦 四名을 抱入하엿다.

一月 二十一日(旧 十二月 二十六日) 金曜日 晴後曇少雨

朝起ケンヒールロード 西原君 家하여 朝飯을 食하고 オーチャロード 偕行社 タクシー部에 出勤하엿다. 十八時頃 廢務하고 歸 カトン 宿舍하여 夕食하엿다. 大山君과 갓치 ケンヒールロード 西原君 處에 遊去하엿스나 出他 不在로 歸路 ミヅホ食堂에서 若干 酒肴를 먹고 歸 カトン 宿舍하여 宿하엿다.

一月 二十二日(旧 十二月 二十七日) 土曜日 晴曇少雨天

朝起宿舍하여 朝飯을 食하고 オーチャロード 偕行社 タクシー部에 出勤하엿다. 十八時餘 廢務하고 宿舍에 歸하여 夕食하엿다. 大山君과 カトン 富士劇場에서 姿三四郎라는 映畵를 求景하엿다. 明日은 偕行社 タクシー部 及 販賣部 休業이라 한다.

一月 二十三日(旧 十二月 二十八日) 日曜日 晴夜曇晴天

朝 起カトン 宿舍하여 朝飯을 食하엿다. 今日은 偕行社 タクシー部 全員이 休業으로 노는 날이다. 大山君과 自動車를 타고 ケンヒールロード 西原君 處에 來하여 西原君과 大洋俱樂部 西原氏와 昭南 郊外 墾開地區 農村을 求景하엿다. 歸路 大東亞食堂에서 晝食하엿다. 大洋俱樂部 西原氏 處에서 遊하다가 菊水俱樂部 西原君 處에서 夕食하고 遊하다가 宿하엿다.

一月 二十四日(旧 十二月 二十九日) 月曜日 晴後少曇天

朝 起ケンヒールロード 西原君 家하여 オーチャロード 偕行社 タクシー部에 出勤하엿다. 午後 某 印度人 商店에서 前日 特別市에서 受한 證明에 依하여 寢卷 二枚와 タオル 二枚를 買하엿다. 十八時餘 廢務하고 歸 カトン 宿舍하여 夕食하고 宿하엿다.

一月 二十五日(旧 正月 一日) 火曜日 晴後少曇天

朝 起カトン 宿舍하여 朝飯을 食하고 オーチャロード 偕行社 タクシー部에 出勤하엿다. 今日은 旧正月 一日이라 支那人은 全部 商店, 食堂, 事務所를 休業하고 논다. 夕時 大山君과 갓치 某 支那人 食堂에서 ヤキ米粉을 夕飯対로 먹엇다. 印度人 食堂에서 偕行社 高橋榮氏를 맛나 갓치 이리 저리 단이며 遊하엿다. 大山君과 高橋氏는 歸去하고 我는 西原君 處에서 遊하다가 宿하엿다.

一月 二十六日(旧 正月 二日) 水曜日 晴天

朝 起ケンヒールロード 西原君 處하엿다. オーチャロード 偕行社 タクシー部에 出勤하다. ひかり食堂에 가서 晝飯을 食하고 東亞理髪館에서 面剃하엿다. 十六時頃 廢務 後 歸 カトン 宿舍하엿다. 歸路 大山君과 山水園食堂에서 夕飯을 食하엿다.

朝 起カトン 宿舍하여 朝飯을 食하고 オーチャロード 偕行社 タクシー部
에 出勤하다. 十八時餘 廢務하고 歸 カトン 宿舍하여 夕食하고 宿하엿다.

朝 起カトン 宿舍하여 朝飯을 食하고 オーチャロード 偕行社 タクシー部
에 出勤하엿다. 十八時餘 廢務하고 歸 カトン 宿舍하여 夕食하고 大山君과
ケンヒールロード 西原君 處에 來하여 遊하다가 大山君은 去カトン 宿舍하
고 我는 西原君 家에서 宿하엿다.

朝 起ケンヒールロード 八八号 西原君 家하여 オーチャロード 偕行社에
出勤하엿다. 十八時頃 廢務하고 歸 カトン 宿舍하여 夕食하고 宿하엿다.

朝 起カトン 宿舍하여 朝飯을 食하고 オーチャロード 偕行社 タクシー部
에 出勤하엿다. 午後 一時頃 廢務하고 昭南博物館에 去하여 這々리 求景하엿
다. 又 博物館 所屬 圖書館도 求景하엿다. 圖書館은 아직 設備가 完全하지 못
하여 書籍類도 얼마 업더라. トランク를 살나고 도라 다니다가 사지 못하고
購買許可를 어든 毛布 一枚를 三十五圓에 삿다. 宿舍에 올나고 興南旅館 압
해 잇스니 カトンタクシー 駐車場車가 지나가기 停車 식히 乘客의게 諒解를
어더 便乘하여 カトン 宿舍에 歸來하엿다. 博物館 陳列品은 風俗 南方 各種
現地人의 生活器俱, 鳥, 蟲, 獸, 魚類 等이더라. 此 スタンプ 二ヶ는 博物館의
紀念 スタンプ다. 夕食하고 夜 十一時頃 宿하엿다.

朝 起カトン 宿舍하여 朝飯을 食하엿다. 大山君은 今般 オーチャロード 偕

社タクシー部에 勤務로 變更되여 宿舍를 アンダソンロード 高橋榮氏 所有 家屋 二層 一室을 어더 잇게 짐을 全部 옮기엿다. 나는 今日附로 偕行社 タクシー部 勤務를 解雇케 關係者들의게 말하엿다. 西原君이 갓치 잇자기에 今後로 菊水俱樂部 西原君 家에서 同君과 갓치 잇기 決定하엿다. 西原君 內外와 大山君과 갓치 興南俱樂部에서 夕食하엿다. 大洋俱樂部 西原氏의 招待로 兩國料理店에 가서 夜 十二時頃까지 飮酒遊하다가 歸 ケンヒールロード 西原君 處에 歸來하여 宿하엿다. 今夜 大洋俱樂部 西原氏 招待로 갓치 兩國料理店에 飮酒遊한 사람은 菊水俱樂部 西原君, バレンバン서 와서 居住하는 金岡氏, 外 金村氏, 延安氏 等 六名이엿다.

二月 一日(旧 正月 八日) 火曜日 晴天

朝 起ケンヒールロード 西原君 處하엿다. 今日 出發하는 歸國 慰安婦 五名을 餞送하엿다. 西原君 婦人도 今日 가기 되엿다더니 또 十日 可量 延期되여 後便에 갈 模樣이더라. 西原君 家에서 朝食하고 終日 遊하다가 宿하엿다. 今後로는 西原君 婦人 歸國하고 나면 余가 帳場事務를 助力하여 주게 約束하엿다.

二月 二日(旧 正月 九日) 水曜日 晴天

朝 起ケンヒールロード 九〇号 西原君 家하여 朝飯을 食하엿다. 終日 菊水俱樂部 帳場 일을 보앗다. 大山君이 二次나 來遊하다가 去하엿다. 西原君 家 菊水俱樂部에서 夕食하고 夜 十二時餘까지 西原君 婦人과 갓치 帳場 일을 보다가 宿하엿다.

二月 三日(旧 正月 十日) 木曜日 晴天

朝 起ケンヒールロード 九〇号 西原君 家하여 朝飯을 食하엿다. 西原君 婦人과 商店街에 가서 物件 사서 歸路 余는 興亞理髮館에서 理髮하엿다. 西原君 家에서 夕食하고 西原君 婦人과 갓치 芙蓉劇場에 가서 映畵求景하고 歸

來하여 遊하다가 夜 一時頃 宿하엿다.

二月 四日(旧 正月 十一日) 金曜日 晴曇天

朝 起西原君 家하여 朝飯을 食하엿다. 今日은 菊水俱樂部 公休日이다. 仲居 絹代가 行李사는딕 갓치 가자기에 行李 집에 가서 나도 行李 一介를 注文하엿다. 其前 갓흐면 行李 一介 十五円 내지 二十円인 것이 六十五圓이다. 西原君이 今般 タイピン으로 轉勤되여 가는 竹內 憲兵 少尉를 請하여 送別宴을 五十鈴亭에 하기 된다고 갓치 가자기에 西原君 婦人과 모다 갓치 가서 二時間 可量 놀다가 夜 二十三時頃 歸來하여 宿하엿다.

二月 五日(旧 正月 十二日) 土曜日 晴後少雷雨天

朝 起ケンヒールロード 八八号 西原君 家하여 朝飯을 食하엿다. 今日은 西原君과 我 居處할 旁을 準備하엿다. 夕食하고 西原君 內外와 大世界에 가서 拳鬪求景하고 夜 二十三時半頃 歸來하여 宿하엿다.

二月 六日(旧 正月 十三日) 日曜日 晴曇天

朝 起ケンヒールロード 八八号 西原君 家하여 朝飯을 食하엿다. 夜 二十三時頃까지 놀다가 宿하엿다. 西原君의게 其 母親이 危篤하니 速來하라는 電報가 來하엿는딕 事實上 速히 갈닉야 갈 수도 업는 形便이라 걱정만 하고 잇다. 其 婦人은 이모 歸鄕하게 萬般 準備가 다 되어 乘船 날을 기다리는 中이라 速히 갈 수가 잇다.

二月 七日(旧 正月 十四日) 月曜日 晴曇雨天

朝 起ケンヒールロード 八八号 西原君 家하여 朝飯을 食하엿다. 大洋俱樂部 西原氏와 米穀 配給所에 가서 西原君 家族 二月分 糧米 及 砂糖 配給을 受하엿다. 又 洗濯石釼과 洗顔石釼 及 マッチ의 配給도 바다 歸來하엿다. 午後 大山君과 西原君 內外와 大洋俱樂部 西原氏와 興南俱樂部에 가서 西原君

의 夕飯 待接을 受하다. 其後 植物園까지 모다 가서 조곰 놀다가 西原君 內外
와 余는 共榮劇場에서 望樓の決死隊라는 映畵를 求景하고 歸來하여 宿하다.

二月 八日(旧 正月 十五日) 火曜日 曇少雨天

朝 起ケンヒールロード 八八号 西原君 處하여 朝飯을 食하엿다. 大山君
이 來하엿기 갓치 昭南博物館에 去하여 求景하고 歸來하엿다. 夕食하고 昭南
最初의 ラジオ總常會 第四班 隣組合 常會를 大和屋에 開催하는딕 西原君이
事故가 싱기여 못 가겟다고 나를 가라기에 大和屋常會에 出席하엿다. 十時半
頃 閉會하고 歸來하여 宿하엿다.

二月 九日(旧 正月 十六日) 水曜日 曇少雨天

朝 起ケンヒールロード 八八号 西原君 處하여 朝飯을 食하엿다. 夕食하
고 夜 二十四時까지 遊하다가 宿하엿다.

二月 十日(旧 正月 十七日) 木曜日 曇雨夜雨天

朝 起ケンヒールロード 八八号 西原君 處하여 朝飯을 食하엿다. 西原君
婦人은 十二日 十二時 乘船 出發하기 되엿다더라. 大洋俱樂部 西原武市氏도
갓치 出發한다. 夕食하고 西原君 婦人과 芙蓉劇場에 去하여 無法松ノ一生이
라는 映畵를 求景하고 歸來하여 夜 一時頃 宿하엿다. 小川이라는 西原君 友
人이 西原君과 갓치 놀다 와서 余와 갓치 宿하다.

二月 十一日(旧 正月 十八日) 金曜日 雨曇天

朝 七時에 起床하엿다. 今日은 紀元節이며 垤 今日부터 一週間 昭南陷落
二週年 紀念週間으로 定하여 여러 가지 行事가 잇다. 첫 세벽 일적 宮城遙拜
하고 皇軍 武運長久와 戰歿將兵의 밍福 及 必勝을 祈願하엿다. 西原君 婦人
은 終日 出發 準備에 奔忙하다.

今日 十二時에 歸國 便乘者 集合이라 西原君 夫人은 一切 準備가 完了되여 집을 써나 碇泊場 集合所에 去하엿다. 荷物檢査를 맛치고 晝食次로 나왓다 晝食을 맛치고 西原君 夫人은 가고 西原君과 其他 二人은 自動車 故障으로 人力車로 좀 늦게 碇泊場에 갓더니 모다 埠頭에 들어가고 업더라. 水上憲兵의게 特別請願하여 西原君과 세레타 金村氏와 埠頭까지 들어가서 西原君 夫人 外 數人의 餞送을 하엿다. 집에 들어오니 집이 팅 비인 것 갓치 참으로 섭々하더라. 夕食하고 バレンバン서 온 高島氏의 招待로 西原君과 兩國食堂에 가서 놀다가 夜 一時頃 歸來 宿하다. 歸鄕하는 사람을 보니 가고 십흔 성각이 간절히 난다.

朝 起西原君 處하여 朝飯을 食하엿다. 終日 帳場 일을 보앗다. 夕食하고 スマトラ서 온 高島氏 招待로 西原君과 延安氏와 四人이 兩國食堂에 가서 飮酒遊하다가 歸來하엿다. 淸川氏 處 同居하는 金川氏가 興南奉公會 理事 生田氏를 다리고 菊水 西原君 處 來하여 人事 紹介하기 人事를 하고 夜 二時半餘까지 이약하고 놀앗다.

朝 起ケンヒールロード 八八号 西原君 處하여 朝飯을 食하엿다. 米穀配給所에 가서 前日 品切되여 配給을 受하지 못한 塩을 配給 바다 왓다. 日前 注文한 行李를 차저 왓다. 夕食하고 西原君과 高島氏와 兩國料理店에 가서 飮酒遊하다가 夜 二十四時頃 歸來하여 宿하엿다.

朝 起ケンヒールロード 八八号 菊水倶樂部하여 朝飯을 食하엿다. 今日은 新生 マライ 二週年 紀念日이다. 西原君과 高島氏 及 大山君과 忠靈塔 及 昭

南神社 參拜를 하엿다. 九時에 特別市 廣場에서 邦人 及 現地人 多數가 集合하여 新生 마라이 二週年 紀念式을 擧行하엿다.

二月 十六日(旧 正月 二十三日) 水曜日 晴曇天

朝 起ケンヒールロード 八八号 菊水俱樂部하여 朝飯을 食하엿다. 西原君이 金岡氏 宅에 오라고 通寄하엿기 去하여 夕飯의 待接을 받고 歸來하엿다.

二月 十七日(旧 正月 二十四日) 木曜日 晴曇天

朝 起ケンヒールロード 八八号 菊水俱樂部하여 朝飯을 食하엿다. 終日 帳場 일을 보앗다. 夕食하고 西原君과 大山君, 高島氏와 共榮劇場에 去하여 마라이 舞踊 及 音樂 其他 映畵를 求景하고 歸來하여 宿하엿다.

二月 十八日(旧 正月 二十五日) 金曜日 曇雨天

朝 起昭南 ケンヒールロード 八八号 菊水俱樂部하여 朝飯을 食하엿다. 夕陽에 ジャワ 俘虜收容所 軍屬 半島出身 毛利氏가 來하여 京城에 잇는 大山虎一(緬甸서 昨年 六月에 歸鄕)氏의 消息을 傳하더라. 大山昇君의게도 잘 말하라며 今年 四月頃에는 昭南으로 도로 오겟다 한다더라. 來客이 늦게까지 노다 간 故로 夜 二時餘에 宿하엿다.

二月 十九日(旧 正月 二十六日) 土曜日 晴天

朝 起昭南 ケンヒールロード 八八号 菊水俱樂部하여 朝飯을 食하엿다. 今日 十四時 昭南特別市廳前 廣場에서 女子靑年部 救急法訓練이 잇다고 各 俱樂部 慰安婦가 總出動하엿다.

二月 二十日(旧 正月 二十七日) 日曜日 朝晴後曇雷暴雨

朝 起昭南 ケンヒールロード 八八号 菊水俱樂部하여 朝飯을 食하엿다. 終日 菊水俱樂部 帳場 일을 보앗다. 夜 一時頃 宿하엿다.

二月 二十一日(旧 正月 二十八日) 月曜日 曇少雨夜晴

朝 起昭南 ケンヒールロード 八八号 菊水俱樂部하여 朝飯을 食하엿다.
終日 帳場 일을 보고 夜 一時頃 宿하엿다. 我 紹介로 西原君이 大山昇君의게
金 壹千圓을 貸與하다.

二月 二十二日(旧 正月 二十九日) 火曜日 曇少雨晴

朝 起昭南 ケンヒールロード 八八号 菊水俱樂部하여 朝飯을 食하엿다.
夕食하고 西原君 과 行李 짐을 싸고 잇는 中 慰安婦들이 突然 醉客 拔劍하여
暴行한다기에 西原君이 곳 달여가서 醉客을 붓들어 鎭定식히노라고 짐을 完
全히 싸지 못하엿다. 夜 一時頃 宿하엿다.

二月 二十三日(旧 正月 三十日) 水曜日 曇雨夜雨

朝 起昭南 ケンヒールロード 八八号 菊水俱樂部하여 朝飯을 食하엿다.
今日 十二時半頃부터 俱樂部 從業員 全部에 對한 身體檢查가 잇섯다. 西原君
은 有事하여 雨中임도 不顧하고 二十三時頃 自動車로 짐을 실고 세리다 金村
氏 處 去하엿는듸 今夜 歸來 못한다더라. 夜 二時頃 就寢하엿다.

二月 二十四日(旧 二月 一日) 木曜日 曇雨天

朝 起昭南 ケンヒールロード 八八号 菊水俱樂部하여 朝飯을 食하다. 今日
은 本 菊水俱樂部 公休日이다. 西原君은 午後 세리다서 歸來하엿다. 今般 トラ
ック島에서 大海戰이 이섯는듸 我方 損害도 相當히 잇섯스나 敵은 全部 擊退
식혓다. 近日은 曇雨天으로 氣候가 大端히 시원하여 맛치 朝鮮의 秋凉時節과
갓다. 더욱 夜間은 門을 닷고 이불을 덥지 안으면 치운 氣가 들 地境이다.

二月 二十五日(旧 二月 二日) 金曜日 曇雨天

朝 起昭南 ケンヒールロード 八八号 菊水俱樂部하여 朝飯을 食하엿다.
カスツルバ ガンジー 夫人은 プーナ의 英國 牢獄 中에서 七十四年의 生涯를

맛치엇섯다더라. 音響器의 吹鳴訓練이 十二時부터 十二時 三十分까지 잇섯다. 帳場 일을 맛치고 夜 零時半餘에 宿하다.

二月 二十六日(旧 二月 三日) 土曜日 曇雨天

朝 起昭南 ケンヒールロード 八八号 菊水俱樂部하여 朝飯을 食하엿다. 終日 菊水俱樂部 帳場 일을 보고 夜 二時餘에 宿하엿다.

二月 二十七日(旧 二月 四日) 日曜日 曇後少雨天

朝 起昭南 ケンヒールロード 八八号 菊水俱樂部하여 朝飯을 食하엿다. 金岡秀雄氏가 ケンヒールロード 延安氏居 住宅을 道俱 列위 代金 一万四千圓에 사기 約速되여 物目記才하로 金岡氏가 가자기에 갓치 延安氏 宅으로 가서 物目을 記載하여 왓다. 帳場 일을 보다가 夜 一時半頃 就寢하엿다.

二月 二十八日(旧 二月 五日) 月曜日 曇天

朝 起昭南 ケンヒールロード 八八号 菊水俱樂部하여 朝飯을 食하엿다. 延安氏 居住 家屋 道俱를 賃借權 列위 金岡氏의게 賣渡하엿는듸 今日 代金 一万四千圓을 支拂하엿다. 夕時 延安氏 招待로 西原君과 高島, 金岡氏와 兩國料理店에서 飮酒 遊하다가 夜 二十四時頃 歸來하여 宿하엿다. 大山昇君도 偕行社 タクシー部를 解雇하고 西原君 處 入雇키로 하다. 偕行社 タクシー部 高橋氏가 暫間 와달나고 電話하엿기 去하엿더니 出他로 入柿氏만 맛나고 왓다. 偕行 タクシー는 今般 總軍으로 移管되는듸 事務가 밧부다고 좀 臨時로 보아달나는 것이더라.

二月 二十九日(旧 二月 六日) 火曜日 曇天

朝 起昭南 ケンヒールロード 八八号 菊水俱樂部하여 朝飯을 食하엿다. 橫濱正金에 貯金 一千圓을 차저 二百圓은 電報爲替로 故鄕 舍弟의게 附送하엿다. 手カバン 一介를 買하고 ワニ 財布 一介를 注文하엿다. 物價가 高騰되

여 지갑 한 개 七十五圓이다. 이러케 物價가 暴騰하면 將次 엇지나 될가. 今年
이 潤年이라 二月이 一日 더 잇서 二十九일이 되다.

三月 一日(旧 二月 七日) 水曜日 曇雨天

朝 起昭南 ケンヒールロード 八八号 菊水俱樂部하여 朝飯을 食하엿다.
金岡氏는 今般 買受한 住宅으로 아침부터 移舍하더라. 暫間 金岡氏 宅으로
가서 人事하엿다. 此 菊水俱樂部 二月分 稼高 及 貸金 決算을 終日 整理하다
가 夜 一時餘에 宿하엿다.

三月 二日(旧 二月 八日) 木曜日 曇雨天

朝 起昭南 ケンヒールロード 八八号 菊水俱樂部하여 朝飯을 食하엿다. 西
原君 婦人은 無事히 神戸에 到着하엿다고 來電하엿다. 金岡氏 宅에 招待를 바다
西原君과 大山君과 高島氏와 去하여 夕飯의 待接을 밧고 歸來하여 宿하엿다.

三月 三日(旧 二月 九日) 金曜日 曇晴天

朝 起昭南 ケンヒールロード 八八号 菊水俱樂部하여 朝飯을 食하엿다.
終日 慰安婦에 關한 帳簿整理하고 夜 一時餘에 宿하다. 鰐皮財布를 차저왓다.
慰安婦 順子와 お染 二名이 廢業하엿다.

三月 四日(旧 二月 十日) 土曜日 晴曇天

朝 起昭南 ケンヒールロード 八八号 菊水俱樂部하여 朝飯을 食하엿다.
今日은 俱樂部 公休日이다. 終日 帳場 일을 보다가 夜 一時半頃 宿하엿다.

三月 五日(旧 二月 十一日) 日曜日 晴天

朝 起昭南 ケンヒールロード 八八号 菊水俱樂部하여 朝飯을 食하엿다.
西原君은 夕食後 놀너나가 밤 늦게까지 歸來치 아니하엿다. 夜 一時半頃 就
寢하엿다.

三月 六日(旧 二月 十二日) 月曜日 晴天

朝 起昭南 ケンヒールロード 八八号 菊水倶樂部하여 朝飯을 食하엿다. 本 菊水倶樂部 二月分 月表를 作成하여 倶樂部 事務所에 提出하엿다. 夕食하고 高島氏 招待로 兩國料理店에서 酒肴의 待接을 受하고 夜半에 歸來하여 宿하엿다. 金岡秀雄氏가 余의게 敷蒲團(요)을 하나 주게 感謝히 밧앗다.

三月 七日(旧 二月 十三日) 火曜日 晴天

朝 起ケンヒールロード 八八号 菊水倶樂部하여 朝飯을 食하엿다. 終日 帳場 일을 보고 夜 零時半餘에 宿하엿다.

三月 八日(旧 二月 十四日) 水曜日 晴天

早朝에 起菊水倶樂部하엿다. 慰安婦를 다리고 市廳前 廣場 大詔奉戴記念式에 參加하엿다. 午後 碇泊場에 가서 歸國하는 大山君 婦人外 知己人 數名의 餞送을 하엿다. 夜 二十二時頃 碇泊場에서 來電話하엿는듸 大山婦人은 乘船後 다시 나리여 못가게 된다고 明日 九時頃 마지로 오라는 것이더라. 大山君이 卽去碇泊場하여 事情을 問則 姙娠 四ヶ月의 女子는 乘船 아니 식히기로 決定되여 不得已 下船을 當한 模樣이더라.

三月 九日(旧 二月 十五日) 木曜日 晴天

朝 起昭南 ケンヒールロード 八八号 菊水倶樂部하여 朝飯을 食하엿다. 今日은 倶樂部 公休日이다. 西原君과 特別市 保安課에 去하여 菊水倶樂部 帳場로 잇다는 從業員 届出을 하엿다. 따라서 身分證明書係와 奉公會에 住所, 職業異動變更届를 提出하엿다. 大山君 婦人은 今日 下船을 當하여 歸來하엿다. 金岡氏 宅에서 夕飯을 食하엿다.

三月 十日(旧 二月 十六日) 金曜日 晴天

朝 起昭南 ケンヒールロード 八八号 菊水倶樂部하여 朝飯을 食하엿다.

洋服 注文한 것 假縫하여 입어보앗다. 本 菊水俱樂部 二月分 收支計算書를 作成하엿다. 終日 帳場 일을 보다가 夜 二十四時餘 宿하엿다.

三月 十一日(旧 二月 十七日) 土曜日 晴天

朝 起昭南 ケンヒールロード 八八号 菊水俱樂部하여 朝飯을 食하고 終日 帳場 일을 보다가 夜 一時頃 宿하엿다. 俱樂部組合事務所에서 隣組第四班 防空訓練에 對한 組長의 講話가 有하엿다. 西原君 婦人게서 朝鮮 故鄕에 到着되엿스며 母親의 病患도 完快되엿다고 電報가 來하엿다. 昭南서 乘船後 一介月만에 故鄕에 到着한 模樣이다.

三月 十二日(旧 二月 十八日) 日曜日 晴曇天

朝 起昭南 ケンヒールロード 八八号 菊水俱樂部하여 朝飯을 食하엿다. 午後 十五時頃 西原君과 市場에 去하여 牛肉 十二介을 三十六円에 買來하엿다. 今夜 西原君이 婦人 安着 及 慈堂 病患完快의 報에 길거워 親友 十人 可量을 招待하여 みなみ食堂에서 飮酒 遊하엿다. 夜 二十三時頃 歸來하여 宿하엿다.

三月 十三日(旧 二月 十九日) 月曜日 晴天

朝 起昭南 ケンヒールロード 八八号 菊水俱樂部하여 朝飯을 食하엿다. 終日 帳場 일을 보고 夜 一時頃 宿하엿다. 俱樂部 隣組 全員 十時부터 十一時半頃까지 防空豫備訓練이 잇섯다.

三月 十四日(旧 二月 二十日) 火曜日 晴天

朝 起ケンヒールロード 八八号 菊水俱樂部하여 朝飯을 食하엿다. 西原君이 慰安婦 松本鏡玉, 郭○順 二名을 다리고 特別市 廳旅行證明係에 去하여 歸國旅行証明 手續을 提出하엿다. 三共製作所 主人 金岡氏의 招待로 みなみ食堂에 去하여 飮酒 遊하다가 夜 十二時頃 歸來하여 宿하엿다.

三月 十五日(旧 二月 二十一日) 水曜日 晴天

朝 起ケンヒールロード 八八号 菊水俱樂部하여 朝飯을 食하엿다. 西原君과 金岡氏와 華南銀行에 去하여 有獎貯金을 하엿다. 黑色 手カベン 一介를 買하엿다. 夜 十二時餘까지 帳場 일을 보다가 宿하다.

三月 十六日(旧 二月 二十二日) 木曜日 晴曇天

朝 起昭南 ケンヒールロード 八八号 菊水俱樂部하여 朝飯을 食하다. 西原君과 市場에 去하여 장을 買來하엿다. 終日 帳場에서 놀다가 夜 二十四時餘에 宿하엿다. 大洋俱樂部 主人 西原武市氏도 去 十一日 京城에 到着하엿다고 電報가 왓다더라.

三月 十七日(旧 二月 二十三日) 金曜日 晴天

朝 八時餘에 昭南 ケンヒールロード 八八号 菊水俱樂部에서 起하여 市場에 去하여 반찬쓰리를 買來하엿다. 終日 帳場 일을 보다가 夜 二十四時餘에 宿하엿다.

三月 十八日(旧 二月 二十四日) 土曜日 晴天

朝 起昭南 ケンヒールロード 八八号 菊水俱樂部하여 ボーイ를 다리고 市場에 去하여 장을 보아왓다. 朝飯을 食하고 終日 帳場에 잇섯다. 夕食하고 金岡秀雄氏가 拳鬪 求景 가자기에 大山昇君과 新世界 拳鬪場에서 去하여 求景하고 歸來하여 宿하엿다.

三月 十九日(旧 二月 二十五日) 日曜日 晴天

朝 起昭南 ケンヒールロード 八八号 菊水俱樂部하여 ボーイ를 다리고 自動車로 市場에 가서 장을 보아왓다. 軍專用 俱樂部는 每月 公休日이 三回이 엿는듸 今月부터 二回로 決定되여 八日과 十九日이 公休日이다. 今日은 公休日로 休業이다. 夕食하고 西原君과 絹代와 共榮劇場에 가서 映畵求景하고 歸

來하여 宿하엿다.

三月 二十日(旧 二月 二十六日) 月曜日 晴天

朝 起昭南 ケンヒールロード 八八号 菊水倶樂部하여 ボーイ를 다리고 市場에 去하여 장을 보아왓다. 終日 帳場에 안자 잇섯다. 夕食後 金岡氏 宅에서 請來하엿기 去하여 西原君과 飲酒 遊하다가 歸來하여 宿하엿다.

三月 二十一日(旧 二月 二十七日) 火曜日 晴天

朝 起昭南 ケンヒールロード 八八号 菊水倶樂部하여 市場에 갓다왓다. 物價가 暴騰하고 物資가 不足하여 容易히 사기 어렵다. 鮮魚를 살랴고 기다리다 없서 못삿다. 興南彩券 八等(伍十円) 一枚가 當籤되엿다. 金岡氏 宅에 招待바다 가서 飲酒 遊하다가 歸來하여 帳場 일을 마치고 宿하엿다.

三月 二十二日(旧 二月 二十八日) 水曜日 晴曇天

朝 起昭南 ケンヒールロード 八八号 菊水倶樂部하여 市場에 가서 장을 보아왓다. 夜 一時頃까지 帳場 일을 보고 宿하다. 近日은 降雨도 업고 晝間은 大端 더워 가만히 안자 잇서도 汗出한다. 그러나 夜間은 그리 덥지 안니하다.

三月 二十三日(旧 二月 二十九日) 木曜日 晴天

朝 起昭南 ケンヒールロード 八八号 菊水倶樂部하여 ピチロ__ド市場에 가서 장을 보아왓다. 終日 帳場 일을 보고잇다가 夜 二十四時餘에 就寢하엿다. 大山昇君은 西原君 處 入雇케 하엿더니 事情에 依하여 ジョホール 吉田란 사람 造船所에 入雇하엿다더라.

三月 二十四日(旧 三月 一日) 金曜日 晴天

朝 起昭南 ケンヒールロード 八八号 菊水倶樂部하여 自動車로 ボーイ를 다리고 市場에 가서 장을 보아왓다. 夕飯兼 飲酒를 始作하여 三, 四 知人을 請

하여 夜 一時頃까지 놀다가 宿하엿다.

三月 二十五日(旧 三月 二日) 土曜日 晴後曇雨

朝 起昭南 ケンヒールロード 八八号 菊水俱樂部하여 ボーイ를 다리고 市場에 가서 장을 보아왓다. 朝飯을 食하고 橫濱正金銀行에 去하여 慰安婦 貯金을 하고 歸途 理髮하엿다. 慰安所俱樂部 組合事務所에 同 組合長 及 副組合長選擧가 잇섯는딕 組合長 名古屋俱樂部 瀧氏, 副組合長에 中川씨 當選되엿다더라. 夜 二十四時頃 帳場 일을 맛치고 就寢하엿다.

三月 二十六日(旧 三月 三日) 日曜日 晴曇少雨天

朝 起昭南 ケンヒールロード 八八号 菊水俱樂部하여 ビチロード市場에 가서 장을 보아왓다. 金岡秀雄氏 宅에 招待바다 夕飯兼飮酒 遊하엿다. 金岡氏 宅을 나와 西原君과 金川氏와 オーチャロード 淸川氏 宅 金川氏 處 去하엿다. 西原君은 金川氏와 바둑 두 판을 두고 歸來하엿다. 今日은 日曜日이라 그린지 俱樂部 收入이 千六百餘円이나 되엇다. 俱樂部 始作以後 第一 最高 收入이라한다.

三月 二十七日(旧 三月 四日) 月曜日 晴天

朝 起昭南市 ケンヒールロード 八八号 菊水俱樂部하여 市場에 가서 장을 보아왓다. 朝飯을 食하고 橫濱正金銀行에 가서 慰安婦 貯金을 하고 自家用車 ガソリン券을 石油班에서 受하엿다. 米穀配給所에 가서 四月分 糧米 配給을 受하여 自家用車를 오라고 하여 歸來하엿다. 昨夜부터 今夜 二十三時半까지 防空訓練이 잇섯다. 歸鄕한 高島氏 下關 到着하엿다고 來電하다. 帳場 일을 맛치고 夜 一時頃 宿하엿다. 大山昇君은 ジョホ__ル 木造船 組合에 就職되엿다더라.

三月 二十八日(旧 三月 五日) 火曜日 晴天

朝 起昭南 ケンヒールロード 八八号 菊水倶樂部하여 ボーイ를 다리고 市場에 去하여 장을 보아왓다. 倶樂部 從業員 全體에 對한 身體檢查가 有하다. 終日 帳場事務를 보다가 夜 一時頃 就寢하엿다.

三月 二十九日(旧 三月 六日) 水曜日 晴天

朝 起昭南市 ケンヒールロード 八八号 菊水倶樂部하여 ボーイ를 다리고 市場에 去하여 장을 보아왓다. 夜 一時半까지 帳場事務를 보다가 二時頃 宿하엿다. 昨夜부터 仲居絹代가 病으로 大痛中이다.

三月 三十日(旧 三月 七日) 木曜日 晴天

朝 起昭南市 ケンヒールロード 八八号 菊水倶樂部하여 ボーイ를 다리고 市場에 가서 장을 보아왓다. 夜 一時頃 帳場事務를 맛치고 宿하엿다.

三月 三十一日(旧 三月 八日) 金曜日 晴天

朝 起昭南市 ケンヒールロード 八八号 菊水倶樂部하여 ボーイ를 다리고 市場에 가서 장을 보아왓다. 終日 帳場 일을 보앗다. 慰安婦 眞弓를 다리고 特別市 保安課 旅行証明係 去하여 內地歸還 旅行證明願을 提出식힛다. 船員 朴東石 氏와 南昭莊食堂에 去하여 同氏의 待接을 밧앗다. 夜 一時半頃 就寢하엿다.

四月 一日(旧 三月 九日) 土曜日 晴曇天

朝 起昭南市 ケンヒールロード 八八号 菊水倶樂部하여 장을 보아 와서 朝飯을 食하엿다. 三月 三十日 モスクワ市에서 大日本特命全權大使 佐藤尚武와 ソヴェト社會主義共和國聯邦 外務人民委員 代理 エート·アー·ロゾフスキー間 日ソ漁業條約, 北樺太利權 延長 調印을 하엿다더라. 漁業條約 五ヶ年 延長, 興南彩券 十五枚를 買入하엿다. 夜 一時頃 就寢하엿다.

四月 二日(旧 三月 十日) 日曜日 晴天

朝 起昭南市 ケンヒールロード 八八号 菊水俱樂部하여 ボーイ를 다리고 自動車로 市場를 가서 장을 보아 왓다. 朝飯을 食하고 終日 帳場事務를 보다 가 夜 一時頃 就寢하엿다. 皇軍은 印度國民軍과 갓치 印緬 國境을 突破하여 印度 領內에 들어갓다.

| 神武天皇祭日 |

四月 三日(旧 三月 十一日) 月曜日 晴夜雨天

朝 起昭南 ケンヒールロード 八八号 菊水俱樂部하여 ボーイ를 다리고 市 場에 갓다 왓다. 俱樂部組合事務所를 今日 南方亭 압흐로 移轉하엿다. 前 組 合事務所는 通過慰安所部隊 宿舍로 使用케 된다더라. 夜 一時半까지 月末報 告書를 作成하고 就寢하엿다.

四月 四日(旧 三月 十二日) 火曜日 晴天

朝 起昭南市 ケンヒールロード 八八号 菊水俱樂部하여 自動車로 ボーイ 를 다리고 市場에 去하여 장을 보아 왓다. 「仲居」 絹代는 治療키 爲하여 自動 車로 갓치 中央病院까지 가서 下車하엿다. 昭南總物資配給所에 가서 砂糖, 塩, 石鹸(鹹), 燐寸, 煙草 等 配給을 受來하엿다. 絹代의 勸함에 依하여 共榮俱樂部 慰安婦 富子(尹○重)의게 帳場 일을 맛치고 一時頃 가서 宿하엿다.

四月 五日(旧 三月 十三日) 水曜日 晴天

朝 起昭南市 ケンヒールロード 八八号 菊水俱樂部하여 市場에 갓다 왓 다. 歸鄕하는 慰安婦 お染, 順子는 明日 乘船케 乘船券을 買하엿다. 夜 一時餘 帳場 일을 맛치고 宿하엿다. 共榮俱樂部 慰安婦 尹○重(富子)도 明日 出發이 라고 짐을 全部 整理하엿다.

四月 六日(旧 三月 十四日) 木曜日 晴天

朝 起昭南市 ケンヒールロード 八八号 菊水倶樂部하여 自動車로 ボーイ를 다리고 市場에 가서 장을 보아 왓다. 生鮮組合에 가니 再昨年 慰安隊 釜山서 出發時 第四次 慰安團 團長으로 온 津村氏가 鮮魚組合에 要員으로 잇더라. 其間 事情을 간단히 이약하고 人事하엿다. 碇泊場에 暫間 나가 慰安婦 お染, 順子, 共榮倶樂部 富子를 餞送하고 歸來하엿다. 夜 二時頃까지 帳場 일을 보다가 宿하다.

四月 七日(旧 三月 十五日) 金曜日 晴後曇雨天

朝 起昭南市 ケンヒールロード 八八号 菊水倶樂部하여 ボーイ를 다리고 自動車로 市場에 去하여 장을 보아 왓다. 今日 檢黴 結果 玉江이 入院되고 入院하여 잇든 菊枝는 退院되엇다. 終日 帳場 일을 보다가 夜 一時頃 宿하엿다.

四月 八日(旧 三月 十六日) 土曜日 雨曇天

朝 起昭南市 ケンヒールロード 八八号 菊水倶樂部하여 ボーイ를 다리고 自動車로 市場에 가서 장을 보아 왓다. 今日은 公休日이다. 夕食하고 芙蓉劇場에 去하여 映畵 求景하고 歸來하여 宿하엿다.

四月 九日(旧 三月 十七日) 日曜日 晴曇天

朝 起昭南市 ケンヒールロード 八八号 菊水倶樂部하여 ボーイ를 다리고 市場에 去하여 장을 보아 왓다. 金岡秀雄氏 亡妻兄 生辰이라고 朝飯을 갓치 먹게 招來하엿기 西原君과 去하여 朝飯을 食하고 歸來하엿다. 終日 帳場 일을 보다가 夜 一時頃 宿하엿다.

四月 十日(旧 三月 十八日) 月曜日 小雨後曇晴天

朝 起昭南市 ケンヒールロード 八八号 菊水倶樂部하여 市場에 去하여 장을 보아 왓다. 今般 歸還한 慰安婦 二名 送金許可願을 横浜正金銀行에 提出

하고 特別市 保安科에 去하여 今般 新入할 慰安婦 市丸과 靜子 二名 就業許可願을 提出하니 軍医診斷書를 添附하여 다시 提出하라더라. 金岡氏와 車輛登錄局에 去하여 菊水俱樂部 乘用車 車体 檢査를 受하엿다. 夕時 西原, 金岡, 石熊氏와 兩國食堂에 去하여 飮酒遊하다가 歸來하여 帳場 일을 맛치고 宿하엿다.

四月 十一日(旧 三月 十九日) 火曜日 晴夜曇天

朝 起昭南市 ケンヒールロード 八八号 菊水俱樂部하여 ボーイ를 다리고 自動車로 市場에 갓다 왓다. 昨日부터 隣組班長이 證明한 購買券을 가지고 生鮮, 肉, 野菜, ウドン, パン, 塩魚 등은 邦人指定販賣所에서 買入케 되엿다. 夜 一時頃까지 帳場에서 일을 보다가 宿하엿다.

四月 十二日(旧 三月 二十日) 水曜日 朝暴雨後曇晴天

朝 起昭南市 ケンヒールロード 八八号 菊水俱樂部하여 市場에 갓다 왓다. 朝飯을 食하고 特別市 支部에 去하여 金川光玉과 島田漢玉 二名에 対한 內地歸還旅行證明書를 차자 왓다. 朝鮮皮革 南方支社(前 パータ)靴店에서 クツ 一足을 買하엿다. 夜 二十四時餘 帳場 일을 맛치고 宿하엿다.

四月 十三日(旧 三月 二十一日) 木曜日 晴曇天

朝 起昭南市 ケンヒールロード 八八号 菊水俱樂部하여 ボーイ를 다리고 市場에 갓다 왓다. 朝飯을 食하고 特別市 警務科에 去하여 眞弓 內地歸還에 対한 移動届를 提出하엿다. 興南奉公會退會届도 提出하다. 南方運航會社에 去하여 眞弓, 島田漢玉 二名 便乘 申込을 하엿다. 朝鮮皮革會社 支社에서 短靴 一足을 買하엿다. 半身像 寫眞을 撮影하엿다. 昨年 四月 十四日 ビルマ アキャプ에서 歸路 遭難 別世한 亡妻男의 小祥日이다. 故鄕에서는 此日을 當하여 無限히 悲痛할 것이다. 我도 此日을 잇지 안코 亡妻男의 寫眞을 내여 놋코 再拜 黙禱하엿다. 今年 當用日記帳이 書店에 잇기 곳 一册 買來하다. 淸川商

事 金川氏는 今般 新興洋行을 引受하여 繼續 經營한다더라. 夜 二時頃 宿하
엿다.

四月 十四日(旧 三月 二十二日) 金曜日 晴曇天

朝 起昭南市 ケンヒールロード 八八号 菊水俱樂部하여 市場에 갓다 왓
다. 朝飯을 食하고 西原君과 橫浜正金銀行 支店에 가서 今般 歸鄕한 李○玉,
郭○順 二名에 対한 送金을 하엿다. 大邱 室人의게 打電하엿다. 其外 各處 일
을 보고 歸來하엿다. 昨年 今日 午前 十一時頃 妻男 外 四名이 遭難 當하여 張
○岳이 負傷하고 其外는 全部 生命을 일엇다.

四月 十五日(旧 三月 二十三日) 土曜日 晴曇天

朝 起昭南市 ケンヒールロード 八八号 菊水俱樂部하여 ボーイ를 다리고
自動車로 市場에 갓다 왓다. 終日 帳場에서 일을 보고 夜 一時頃 宿하다. 慰安
婦 募集次로 歸鮮한 大洋俱樂部 主人 西原武市는 來 七月 京城서 出發하게
豫定이라고 西原菊次君의게 電報가 來하엿다.

四月 十六日(旧 三月 二十四日) 日曜日 曇雨天

朝 起昭南市 ケンヒールロード 八八号 菊水俱樂部하여 市場에 갓다 왓
다. 終日 帳場에서 일을 보다가 夜 二十四時餘 宿하엿다. 伊太利王 エマヌエ
ーレ三世가 退位하여 王家 沒落되엇다. 印緬 國境을 넘은 皇軍은 インパール
要地가 不過 一里밖게 안니 남은 곳까지 近擊하엿다더라.

四月 十七日(旧 三月 二十五日) 月曜日 晴曇雨天

朝 起昭南市 ケンヒールロード 八八号 菊水俱樂部하여 市場에 갓다 왓
다. 室人의 答電이 왓는듸 何時歸鄕 待回答이라 하엿더라. 特別市 警務部 保
安科에 가서 在留證明書 交換 手續을 하엿다. 夜 二十四時餘 帳場事務를 맛
치고 宿하엿다.

四月 十八日(旧 三月 二十六日) 火曜日 晴曇天

朝 起昭南市 ケンヒールロード 八八号 菊水倶樂部하여 ボーイ를 다리고 市場에 갓다 왓다. 今般 スマトラ パレンバン서 來昭하여 菊水倶樂部에 慰安婦를 抱入할 金○順 就業許可件에 対하여 特別市 警務部 保安科에 갓다 歸來하엿다. 夜 二十四時餘까지 帳場 일을 보다가 夜 一時頃 宿하엿다. 緬甸서 歸鄕 途中인 大川氏를 맛낫다. 大邱 室人의게 打電하엿다.

四月 十九日(旧 三月 二十七日) 水曜日 晴天

朝 起昭南市 ケンヒールロード 八八号 菊水倶樂部하여 ボーイ를 다리고 市場에 갓다 왓다. 今日은 公休日로 慰安婦들도 모다 外出하다. 終日 帳場帳簿를 整理하고 夜 二十三時半頃 宿하엿다.

四月 二十日(旧 三月 二十八日) 木曜日 朝雨後曇天

朝 起昭南市 ケンヒールロード 八八号 菊水倶樂部하여 ボーイ를 다리고 市場에 갓다 왓다. 西原君 婦人게서 自己 兄이 戰死하엿다는 電報가 西原君의게 來하엿다. 緬甸서 來昭滯在 中인 大川龍基, 金山 兩氏가 菊水倶樂部 余의게 訪來하여 遊하다 去하엿다. 夜 零時半餘까지 帳場에서 事務 보다가 宿하엿다.

四月 二十一日(旧 三月 二十九日) 金曜日 晴曇天

朝 起昭南市 ケンヒールロード 八八号 菊水倶樂部하여 ボーイ를 다리고 市場에 갓다 왓다. 新入 慰安婦 二名 診斷書 關係로 博愛病院까지 가서 吉岡 先生의게 맛나 이약하고 歸來하엿다. 夜 一時餘까지 帳場에 잇다가 宿하엿다.

四月 二十二日(旧 三月 三十日) 土曜日 朝晴後小雨曇天

朝 起昭南市 ケンヒールロード 八八号 菊水倶樂部하여 ボーイ를 다리고 市場에 갓다 왓다. 室人게서 送金을 受取하엿고 家屋 아직 放賣안케다는 答電이 왓다. 特別市 警務部 保安科에 去하여 金○順, 崔○玉 二名에 対한 就業

許可願을 提出하엿다. 夜 二十四時餘에 宿하엿다.

四月 二十三日(旧 三月 三十一日) 日曜日 朝小雨後曇晴天

朝 起昭南市 ケンヒールロード 八八号 菊水俱樂部하여 ボーイ와 市場에 갓다 왓다. 夜 零時半餘까지 帳場에서 일을 보다가 宿하엿다.

四月 二十四日(旧 四月 一日) 月曜日 晴天

朝 起昭南市 ケンヒールロード 八八号 菊水俱樂部하여 ボーイ를 다리고 市場에 갓다 왓다. 特別市 保安科 支部에 去하여 新入한 金○順, 崔○玉 二名에 对한 在留證明書를 提出하엿더니 金○順 分은 證明이 되고 崔○玉 分은 順産 關係로 遲延되엇다하니 病院의 順産 證明을 受來하라더라. ジョホール에 가 잇는 大山昇君이 來하엿다 去하엿다. 金岡秀雄씨로부터 來電하엿다. 夜 一時餘에 宿하다.

四月 二十五日(旧 四月 二日) 火曜日 晴天

朝 起昭南市 ケンヒールロード 八八号 菊水俱樂部하여 ボーイ를 다리고 市場에 갓다 왓다. 朝飯을 食하고 俱樂部 全員 十三時 十五分 靖國神社 臨時 大祭에 關하여 嚴肅히 遙拜式을 擧行하엿다. 金川光玉과 島田漢玉 二名을 다리고 檢役하로 갓더니 午後는 休日로 못하고 도라왓다. 夜 一時頃 宿하엿다. ヒマ를 植하엿다.

四月 二十六日(旧 四月 三日) 水曜日 晴天

朝 起昭南市 ケンヒールロード 八八号 菊水俱樂部하여 市場에 갓다 왓다. 朝飯을 食하고 特別市 石油班에 去하여 五月分 ガソリン配給券을 受來하엿다. 華南銀行에 去하여 金 五千圓을 借用하엿다. 昭南總物資 配給所에 去하여 糧米配給을 受來하엿다. 夜 一時頃 帳場 일을 맛치고 宿하엿다.

四月 二十七日(旧 四月 四日) 木曜日 晴曇雨天

朝 起昭南市 ケンヒールロード 八八号 菊水倶樂部하여 市場에 갓다 왓다. 夜 一時까지 帳場에서 事務를 보다가 宿하다. 日前 特別市 保安科 支部에서 金○順, 崔○玉 在留證明 手續時 二名의 印章을 忘置한 듯 하여 問見則 잇다며 내여 주기 바다 왓다.

四月 二十八日(旧 四月 五日) 金曜日 晴天

朝 起昭南市 ケンヒールロード 八八号 菊水倶樂部하여 ボーイ를 다리고 自動車로 市場에 가서 장을 보아 왓다. 終日 帳場 일을 보다가 夜 二十四時頃 宿하엿다.

四月 二十九日(旧 四月 六日) 土曜日 晴天

征戰下 第三回의 天長節이시다. 天皇陛下께서는 第四十四回의 御誕辰을 迎하시엇섯다. 我等 民草는 오직 聖壽의 無窮하옵심을 奉祝하옵나이다. 特別 市廳前 廣場에서 拜賀式을 擧行하엿다. 今日은 天長節의 慶祝日이라 軍人의 外出이 만하 倶樂部 收入이 二千四百五十餘円의 開業 以來 最高 記錄이엿다. 夜 一時餘 帳場 일을 맛치고 宿하엿다.

四月 三十日(旧 四月 七日) 日曜日 晴小曇晴天

朝 起昭南市 ケンヒールロード 八八号 菊水倶樂部하여 ボーイ를 다리고 自動車로 ピーチロード市場에 가서 장을 보아 왓다. 今日도 軍人의 外出이 만하 昨日의 最高 收入을 훨신 超過하여 二千五百九十餘円의 最新 記錄이다. 夜 二時頃까지 帳場 일을 보다가 宿하엿다.

五月 一日(旧 四月 八日) 月曜日 晴天

朝 起昭南市 ケンヒールロード 八八号 菊水倶樂部하여 ボーイ를 다리고 自動車로 ピーチロード市場에 去하여 장을 보아 왓다. 華南銀行에 去하여 定

期預金 中에서 金 一萬九千圓을 借用하였다. 圖南俱樂部에 去하여 西原樣과 仲居 絹代를 맛나 갓치 夕食하고 歸來하엿다. 夜 二十四時餘 帳場 일을 맛치고 宿하엿다.

五月 二日(旧 四月 九日) 火曜日 晴天

朝 起昭南市 ケンヒールロード 八八号 菊水俱樂部하여 ボーイ를 다리고 自動車로 ピーチロード市場에 去하여 장을 보아 왔다. 朝飯을 食하고 特別市 警務部 保安科 分室 社會係에 去하엿다가 電報局에 가서 西原君 付託 電報를 提出하엿다. 夜 二十四時餘까지 帳場事務를 보다가 宿하엿다.

五月 三日(旧 四月 十日) 水曜日 小雨後曇天

朝 起昭南市 ケンヒールロード 八八号 菊水俱樂部하여 ボーイ를 다리고 自動車로 ピーチロード市場에 去하여 장을 보아 왔다. 終日 四月 收入決算을 作成하엿다. 夜 二十四餘 帳場 일을 맛치고 宿하엿다. 偕行社 タクシー部 軍屬 中原氏가 夜來하여 カトン住所로 余의 片紙가 來하여 잇더라. 故鄕 家族의 片紙일가 南方 來後 最初의 片紙다.

五月 四日(旧 四月 十一日) 木曜日 晴天

朝 起昭南市 ケンヒールロード 八八号 菊水俱樂部하여 ボーイ를 다리고 ピーチロード市場에 去하여 장을 보아 왔다. パレンバン 간 金岡秀雄氏가 歸來하엿다. 飛行機로 왓는듸 パレンバン서 昭南까지 一時間 四十分 걸닛다더라. 橫浜正金銀行에 가서 室人의게 金 五百圓을 付送하엿다. 夜 二十四時까지 帳場事務를 보다가 宿하다.

五月 五日(旧 四月 十二日) 金曜日 晴夜雨天

朝 起昭南市 ケンヒールロード 八八号 菊水俱樂部하여 ボーイ를 다리고 人力車로 オーチャロード市場에 去하여 장을 보아 왔다. 朝飯을 食하고 配給

所에 去하여 五月分 配給을 受來하엿다. 夜 二十四時頃까지 帳場事務를 보다
가 宿하엿다.

五月 六日(旧 四月 十三日) 土曜日 曇晴天

朝 起昭南市 ケンヒールロード 八八号 菊水倶樂部하여 ボーイ를 다리고
ピーチロード市場에 去하여 장을 보아 왓다. 四月分 本倶樂部月報를 提出하
엿다. 夜 一時半頃까지 帳場事務를 보다가 宿하엿다. 古賀 海軍最高指揮官
이 去 三月 前線에서 指揮 中 殉職하것는듸 後任은 豊田 大將이 就任하엿다
더라.

五月 七日(旧 四月 十四日) 日曜日 晴曇天

朝 起昭南市 ケンヒールロード 八八号 菊水倶樂部하여 ボーイ를 다리고
ピーチロード市場에 갓다 왓다. 十四時頃 倶樂部組合 事務所에 營業主側에서
集合하여 組合長의 帳簿記才方 說明이 잇섯다. 金岡秀雄氏 妻兄이 昨年 五月
八日 廣東서 死亡하엿는듸 今日 其一週年 祭日이라 夕時 同氏 宅에 가서 靈前
에 再拜하엿다. 그리고 夜 二十四時餘까지 遊하다가 歸來하여 宿하엿다.

五月 八日(旧 四月 十五日) 月曜日 晴天

朝 起昭南市 ケンヒールロード 八八号 菊水倶樂部하여 ボーイ를 다리고
ピーチロード市場에 갓다 왓다. 特別市 警務部 保安科 營業係에 稼業婦 就業
許可 手續次 去하엿더니 係員이 업서 그양 도라왓다. 夕食 後 常會에 出席하
엿다. 二十時半頃 歸來하여 宿하엿다.

五月 九日(旧 四月 十六日) 火曜日 晴天

朝 起昭南市 ケンヒールロード 八八号 菊水倶樂部하여 ボーイ를 다리고
ピーチロード市場에 去하여 장을 보아 왓다. 偕行社 タクシー部에서 片紙를
차저왓는듸 昨年 十一月 歸鄕한 安東 新井久治氏가 大邱 室人家에 訪問하고

家事 諸般 事情을 片紙한 것이더라. 丈人이 昨年 妻男의 悲報를 듯고 얼마 아니되여 病으로 오리 呻吟타가 別世하엿다더라. 金○順, 崔○玉 二名 稼業婦 就業許可되엿다.

五月 十日(旧 四月 十七日) 水曜日 晴曇天

朝 起昭南市 ケンヒールロード 八八号 菊水俱樂部하여 ボーイ를 다리고 オーチャロード市場에 가서 장을 보아 왓다. 特別市政廳 保安科에 暫間 갓다 왓다. 四月分 收支計算書를 提出하엿다. 夜 一時頃 帳場 일을 맛치고 宿하엿다.

五月 十一日(旧 四月 十八日) 木曜日 晴天(未明夜四時暴雨)

朝 起昭南市 ケンヒールロード 八八号 菊水俱樂部하여 ボーイ를 다리고 オーチャロード市場에 갓다 왓다. 南方運航會社를 단여 中央電話電信局에 가서 奉化郡 新井久治氏와 大邱 室人의게 打電하엿다. 夜 二十四時餘까지 帳場事務를 보다가 宿하엿다.

五月 十二日(旧 四月 十九日) 金曜日 曇小雨天

朝 起昭南市 ケンヒールロード 八八号 菊水俱樂部하여 ボーイ를 다리고 ピーチロード市場에 갓다 왓다. 今日 檢黴 結果 不合格者 六名이나 入院되엿다. 二十時頃부터 停電되여 夜 二時까지 復旧되지 안엇다. 金岡秀雄氏 宅에 招待를 바다 夕食하엿다. 夜 二十時餘 帳場事務를 맛치고 宿하엿다.

五月 十三日(旧 四月 二十日) 土曜日 晴天

朝 起昭南市 ケンヒールロード 八八号 菊水俱樂部하여 ボーイ를 다리고 オーチャロード市場에 갓다 왓다. 電信局에 去하여 付託 바든 電報 三枚를 提出하엿다. 今夜도 二時間 可量 停電되엿다 復旧되엿다. 南方事業家 卽 南方貿易營業所 主人 新井氏가 菊水俱樂部 西原樣 處 遊來하엿기 人事하엿다. 氏는 去 昭和 十七年 慰安所 帳場로 싸러와서 無一分錢 單身으로 數百萬圓을

活用하는 事業家가 되여 잇는 人物이다. 事業은 馬來 漁業, 貿易 等이다.

五月 十四日(旧 四月 二十一日) 日曜日 晴後曇雨天

朝 起昭南市 ケンヒールロード 八八号 菊水倶樂部하여 ボーイ를 다리고 オーチャロード市場에 去하여 장을 보아 왓다. 夕食 後 金岡氏 招待로 西原樣과 其外 三, 四人이 兩國食堂에 去하여 飲酒遊하다가 夜 二十四時餘 歸來하여 宿하엿다.

五月 十五日(旧 四月 二十二日) 月曜日 晴夜曇晴天

朝 起昭南市 ケンヒールロード 八八号 菊水倶樂部하여 ボーイ를 다리고 オーチャロード市場에 去하여 장을 보아 왓다. 中央郵便局에 去하여 西原樣의 本宅에 送金手續을 하여 주엇다. 物資配給組合을 둘너 歸來하엿다. 五月부터 內地 送金도 郵便局에서 取扱하기 되엿다. 夜 二十四時餘 宿하엿다. 大山昇君이 來하여 遊去하엿다.

五月 十六日(旧 四月 二十三日) 火曜日 晴後曇天

朝 起昭南市 ケンヒルロード 八八号 菊水倶樂部하여 ボーイ를 다리고 オーチャロード市場에 가서 장을 보아왓다. 朝飯을 食하고 華南銀行, 正金銀行을 단여 物資配給所에서 西原樣을 맛나 木炭, 煙草, コーヒ 配給을 바다왓다. 夜 二十四時餘 帳場 일을 맛치고 宿하엿다. 室人으로부터 金五百圓 受取하엿다고 電報가 來하엿다.

五月 十七日(旧 四月 二十四日) 水曜日 朝曇後雨曇晴天

朝 起昭南市 ケンヒルロード 八八号 菊水倶樂部하여 ボーイ를 다리고 オーチャロード市場에 去하여 장을 보아왓다. 夜 二十二時頃 富士倶樂部 主人 佳山氏의 案內로 兩國食堂에 西原, 金岡 兩氏와 去하여 飲酒遊하다가 歸來하여 宿하다.

五月 十八日(旧 四月 二十五日) 木曜日 朝曇後雨曇天

朝 起昭南市 ケンヒルロード 八八号 菊水倶樂部하여 ボーイ를 다리고 オ
ーチャロード市場에 가서 장을 보아왓다. 朝飯을 食하고 正金銀行에 갓다왓
다. 夜 二十四時餘까지 帳場事務를 보다가 宿하엿다.

五月 十九日(旧 四月 二十六日) 金曜日 朝曇後雨曇天

朝 起昭南市 ケンヒルロード 八八号 菊水倶樂部하여 ボーイ를 다리고 オ
ーチャロード市場에 갓다왓다. 今日은 本倶樂部 公休日이다. 夕食하고 仲居
絹代와 共榮劇場에 가서 映畫求景하고 歸路 金岡秀雄氏 宅에 들어 先來한 西
原樣과 遊하다가 夜 一時頃 歸家하여 宿하엿다.

五月 二十日(旧 四月 二十七日) 土曜日 晴天

朝 起昭南市 ケンヒルロード 八八号 菊水倶樂部하여 ボーイ를 다리고 オ
ーチャロード市場에 去하여 장을 보아왓다. 昨年 十一月에 歸鄕한 第一星乃
屋 主人 金原氏가 再昨日 歸來하엿다더라. 夜 二十四時餘 帳場事務를 畢하고
宿하엿다.

五月 二十一日(旧 四月 二十八日) 日曜日 朝曇後雨曇天

朝 起昭南市 ケンヒルロード 八八号 菊水倶樂部하여 ボーイ를 다리고 オ
ーチャロード市場에 去하여 장을 보아왓다. ビルマ에 잇든 金澤氏가 今般 歸
鄕하는 途中이라면서 訪來하엿다가 去하다. 夜 一時頃 帳場事務를 맛치고 宿
하엿다.

五月 二十二日(旧 四月 二十九日) 月曜日 朝曇後雨天

朝 起昭南市 ケンヒルロード 八八号 菊水倶樂部하여 ボーイ를 다리고 オ
ーチャロード市場에 去하여 장을 보아왓다. 朝飯을 食하고 西原樣과 電報치
로 갓다가 歸來하엿다. 夜 二十四時餘 帳場事務를 맛치고 宿하엿다. 西原君의

勸함에 不得已하여 ステッキ(藤製) 一介를 代金 三十圓에 買하다.

五月 二十三日(旧 五月 一日) 火曜日 朝曇後雨曇天

朝 起昭南市 ケンヒルロード 八八号 菊水俱樂部하여 ボーイ를 다리고 オーチャロード市場에 가서 장을 보아왓다. 終日 帳場事務를 보고 또 夜 二十四時餘까지 보다가 宿하엿다.

五月 二十四日(旧 五月 二日) 水曜日 曇晴天

朝 起昭南市 ケンヒルロード 八八号 菊水俱樂部하여 ボーイ를 다리고 オーチャロード市場에 去하여 장을 보아왓다. 大山昇君이 來하엿는딕 去 二十二日 其 婦人께서 女兒를 順産하엿다더라.

五月 二十五日(旧 五月 三日) 木曜日 朝晴後晴曇夜雷雨

朝 起昭南市 ケンヒルロード 八八号 菊水俱樂部하여 ボーイ를 다리고 自動車로 ピーチロード市場에 갓다왓다. 朝飯을 食하고 特別市廳 保安科 分室 旅行係에 去하여 內地歸還者 金川光玉, 島田漢玉 二名에 對한 旅行期間延期願을 提出하엿다. 煙草配給을 受來하엿다. 夜 一時餘 帳場 일을 맛치고 宿하엿다.

五月 二十六日(旧 五月 四日) 金曜日 曇天

朝 起昭南市 ケンヒルロード 八八号 菊水俱樂部하여 ボーイ를 다리고 自動車로 ピーチロード市場에 갓다왓다. 朝飯後 日發電氣會社에 가서 電球 八個를 買來하엿다. 昨年 九月頃 菊水俱樂部에서 チモール島 方面으로 간 李○梅란 女子가 今日 昭南으로 歸來하엿다면서 來하엿다. 夜 一時頃 帳場事務를 맛치고 宿하엿다.

五月 二十七日(旧 五月 五日) 土曜日 晴天

朝 起昭南市 ケンヒルロード 八八号 菊水俱樂部하여 ボーイ를 다리고 オ

一チャロード市場에 去하여 장을 보아왓다. 夜 二十四時餘 帳場事務를 맛치고 宿하엿다.

五月 二十八日(舊 五月 六日) 日曜日 晴天

朝 起昭南市 ケンヒルロード 八八号 菊水倶樂部하여 ボーイ를 다리고 市場에 去하여 장을 보아왓다. 昭南憲兵隊 勤務 古賀 准尉가 今般 內地로 轉勤되여 近間 出發하겟다고 人事次 來하엿다. 夜 一時餘 帳場事務를 맛치고 宿하엿다.

五月 二十九日(舊 五月 七日) 月曜日 晴天

朝 起昭南市 ケンヒルロード 八八号 菊水倶樂部하여 ボーイ를 다리고 オーチャロード市場에 去하여 장을 보아왓다. 朝飯을 食하고 西原樣과 市街에 나가 이리저리 物件을 사로 단이엿다. 眼鏡 一介를 百五圓에 注文하엿다. 仲居 絹代가 왓기 갓치 圖南倶樂部에 去하여 夕飯을 食하엿다. 絹代는 가고 我와 西原君은 共榮劇場에서 海軍이라는 映畵를 求景하엿다. 求景을 맛치고 歸來하여 夜 一時餘 宿하엿다.

五月 三十日(舊 五月 八日) 火曜日 曇天

朝 起昭南市 ケンヒルロード 八八号 菊水倶樂部하여 ボーイ를 다리고 オーチャロード市場에 去하여 장을 보아왓다. 夜 一時頃까지 帳場事務를 보다가 宿하다.

五月 三十一日(舊 五月 九日) 水曜日 晴天

朝 起昭南市 ケンヒルロード 八八号 菊水倶樂部하여 ボーイ를 다리고 市場에 去하여 장을 보아왓다. 正金銀行에 去하여 金川光玉 送金許可申請을 提出하고 眼鏡店에 去하여 日前 注文한 眼鏡을 차잣다. ボストンバック 一介와 手カバン 一介를 買하엿다. 夜 一時頃 帳場事務를 맛치고 宿하엿다. 蘭貢 잇

든 三田幸稔氏가 歸鄉途中 昭南에 到着되여 訪來하엿다.

六月 一日(旧 五月 十日) 木曜日 晴天

朝 起昭南市 ケンヒルロード 八八号 菊水俱樂部하여 ボーイ를 다리고 オ
ーチャロード市場에 去하여 장을 보아왓다. 朝食後 興南奉公會를 단여 中央
電信局에 去하여 金本○愛, 李○梅 兩人의 付託 電報를 提出하엿다. 夜 一時
頃帳場事務를 맛치고 宿하엿다.

六月 二日(旧 五月 十一日) 金曜日 曇少雨凉風天

朝 起昭南市 ケンヒルロード 八八号 菊水俱樂部하여 ボーイ를 다리고 市
場에 去하여 장을 보아왓다. 終日 帳場事務를 보다가 夜 二十四時餘 宿하엿
다. 今日 檢黴 結果 二名이 不合格되여 入院하엿는딕 前入院者까지 合 五名
이 入院中이다.

六月 三日(旧 五月 十二日) 土曜日 晴天

朝 起昭南市 ケンヒルロード 八八号 菊水俱樂部하여 ボーイ를 다리고 市
場에 去하여 장을 보아왓다. 內地歸還할 金川光玉을 다리고 南方運航會社에
去하여 指示言을 들엇다. 前日 刻印付託한 것을 차잣다. 五月分 月報를 今日
作成完了하엿다. 夜 二十四時餘까지 帳場事務를 보다가 宿하엿다.

六月 四日(旧 五月 十三日) 日曜日 晴天

朝 起昭南市 ケンヒルロード 八八号 菊水俱樂部하여 ボーイ를 다리고 市
場에 去하여 장을 보아왓다. 金川光玉을 다리고 碇泊場에 去하여 便乘券을
購入하엿다. 金岡秀雄氏 宅에서 조곰 休息하고 잇는 中 印度人 手相보는 占
쟁이가 지나기 불녀들이어 손금을 보앗다. 末年이 大端 조흐며 壽는 九十二,
三才러라. 夜 一時餘까지 帳場事務를 보다가 宿하엿다.

六月 五日(旧 五月 十四日) 月曜日 晴天

　朝 起昭南市 ケンヒルロード 八八号 菊水俱樂部하여 ボーイ를 다리고 市場에 去하여 장을 보아왓다. 金川光玉 及 島田漢玉 兩名은 今朝八時 出發하엿다. 五月分 月報를 提出하엿다. 今日 俱樂部 從業員 全員에 對한 檢便 及 身體檢査를 春乃家에서 施行하엿다. 六月分 米穀 其他 配給傳票를 受하엿다. 夜 一時頃 帳場事務를 맛치고 宿하엿다.

六月 六日(旧 五月 十五日) 火曜日 雨曇天

　朝 起昭南市 ケンヒルロード 八八号 菊水俱樂部하여 ボーイ를 다리고 オーチャロード市場에 去하여 장을 보아왓다. 朝飯을 食하고 永福産業會社에 去하여 社長 永福氏 印章을 世帶人員異動届 町內會長處受할나하엿더니 總務部長 出他로 밧지 못하엿다. 午後十六時餘 富士俱樂部 自動車로 ボーイ가 物資配給所에 來하엿기 配給品을 受하여 自動車에 실어왓다. 夜 二十四時餘 帳場事務를 맛치고 宿하엿다.

六月 七日(旧 五月 十六日) 水曜日 晴天

　朝 起昭南市 ケンヒルロード 八八号 菊水俱樂部하여 ボーイ를 다리고 自動車로 ピーチロード市場에 去하여 장을 보아왓다. 朝食하고 永福産業會社에 去하여 昨日 맛기두엇든 世帶人員異動届에 町內會長 永福氏 印을 受하여 特別市 經濟部 食量科에 提出하여 訂正하엿다. 夜 二十四時餘 一時頃까지 帳場事務를 보다가 宿하엿다.

六月 八日(旧 五月 十七日) 木曜日 晴天

　朝 起昭南市 ケンヒルロード 八八号 菊水俱樂部하여 ボーイ를 다리고 オーチャロード市場에 去하여 장을 보아왓다. 今日은 本俱樂部 公休日이다. 朝飯을 食하고 大東亞劇場에 去하여 保安科長의 講演을 듯고 이어 上映하는 おばあさん이라는 映畵를 求景하고 歸來하엿다. 夕食하고 俱樂部組合事務所

에서 開催하는 常會에 參席하엿다.

六月 九日(旧 五月 十八日) 金曜日 晴天

朝 起昭南市 ケンヒルロード 八八号 菊水俱樂部하여 ボーイ를 다리고 オーチャロード市場에 去하여 장을 보아왓다. 今日 檢黴 結果는 入院中인 二名이 退院하고 二名은 그양 入院일 뿐 집에 잇든 女子는 全部 合格되엿다. 今月부터 女子는 煙草配給이 업는디 俱樂部 稼業婦에 對하여는 接待用으로써 特別 每日 十本의 配給이 잇다.

六月 十日(旧 五月 十九日) 土曜日 雨後曇天

朝 起昭南市 ケンヒルロード 八八号 菊水俱樂部하여 ボーイ를 다리고 オーチャロード市場에 去하여 장을 보아왓다. 金川光玉 送金許可되엿다고 正金銀行에서 通知가 來하엿다. 夜 二十四時餘 帳場事務를 맛치고 宿하엿다.

六月 十一日(旧 五月 二十日) 日曜日 曇天

朝 起昭南市 ケンヒルロード 八八号 菊水俱樂部하여 ボーイ를 다리고 市場에 去하여 장을 보아왓다. 金岡秀雄氏는 昭南居住手續이 如意치 못하여 當局에서 歸還하란다고 不得已 歸鄉케 作定이라더라. 夜 一時餘 帳場事務를 맛치고 宿하엿다.

六月 十二日(旧 五月 二十一日) 月曜日 晴天

朝 起昭南市 ケンヒルロード 八八号 菊水俱樂部하여 ボーイ를 다리고 自動車로 ピーチロード와 オーチャロード市場에 去하여 장을 보아왓다. 朝飯을 食하고 橫濱正金銀行 支店에 去하여 金川光玉 送金許可書를 차잣다. 夜 一時半頃까지 帳場事務를 보다가 宿하다.

六月 十三日(旧 五月 二十二日) 火曜日 雨曇天

朝 起昭南市 ケンヒルロード 八八号 菊水倶樂部하여 ボーイ를 다리고 市場에 去하여 장을 보아왓다. 夜 二十四時餘까지 帳場事務를 보다가 宿하엿다. 四月에 歸還한 郭○順의 送金을 其後 곳 하엿는듸 아직 受取 못하엿다고 二回나 來電하엿다.

六月 十四日(旧 五月 二十三日) 水曜日 晴少雨天

朝 起昭南市 ケンヒルロード 八八号 菊水倶樂部하여 ボーイ를 다리고 市場에 去하여 장을 보아왓다. 朝食후 橫濱正金銀行에 去하여 歸鄕한 金川光玉의 送金을 하엿다. 中央郵便局에서 大邱 室人의게 金 六百圓을 電報爲替로 送金하엿다. 夜 一時半頃 帳場事務를 맛치고 宿하엿다.

六月 十五日(旧 五月 二十四日) 木曜日 晴後曇雷雨

朝 起昭南市 ケンヒルロード 八八号 菊水倶樂部하여 ボーイ를 다리고 オーチャロード市場에 去하여 장을 보아왓다. 朝飯을 食하고 倶樂部 用務로 電報局과 橫濱正金銀行 支店에 갓다왓다. 夜 二十四時餘까지 帳場事務를 보다가 宿하엿다.

六月 十六日(旧 五月 二十五日) 金曜日 晴天

昭南市 ケンヒルロード 八八号 菊水倶樂部에서 朝 起하여 ボーイ를 다리고 市場에 去하여 장을 보아왓다. 朝飯을 食하고 銀行에 去하여 稼業婦貯金을 하엿다. 夜 二十四時餘까지 帳場事務를 보다가 宿하엿다.

六月 十七日(旧 五月 二十六日) 土曜日 晴天

朝 起昭南市 ケンヒルロード 八八号 菊水倶樂部하여 ボーイ를 다리고 市場에 去하여 장을 보아왓다. 朝前부터 身熱이 나며 全身이 압하 못견듸겟다. 新抱入 宋○玉 事로 特別市 保安科 營業係 坂口氏의게 갓다왓다. 稼業婦 特

配米를 受하엿다. 夜 二十四時頃 帳場 일을 맛치고 宿하다.

六月 十八日(旧 五月 二十七日) 日曜日 晴天

朝 起昭南市 ケンヒルロード 八八号 菊水俱樂部하엿다. 몸이 아직 快치 못하여 市場에 못가고 ボーイ만 보닛엿다. 西原樣은 今般 曉白木部隊의 일을 約束되여 事務所 家屋을 借得하여 掃除하엿다. 今日은 昨日보다 조곰 몸이 나은 것 갓다. 夜 一時半頃 宿하엿다.

六月 十九日(旧 五月 二十八日) 月曜日 晴少曇雨天

朝 起昭南市 ケンヒルロード 八八号 菊水俱樂部하엿다. 今日도 몸이 아직 快치 못하여 ボーイ만 市場에 장보려 보닛엿다. 朝飯을 食하고 特別市 保安科와 同分室 社會科에 去하여 李○梅에 對한 在留証明手續을 完了하엿다. 今日은 本 俱樂部 公休日이다. 今日부터 明日까지 防空訓練이 있는딩 特히 燈火管制에 對한 것이다. 夜 二十三時餘까지 俱樂部 事務所에 集會하엿다가 歸來하여 宿하엿다.

六月 二十日(旧 五月 二十九日) 火曜日 晴曇天

朝 起昭南市 ケンヒルロード 八八号 菊水俱樂部하여 朝飯을 食하다. 某 支那人의게 代金 七百五十圓이라는 腕時計를 買受케 約束하엿다. 夜 二十四時까지 防空訓練 燈火管制가 有하다.

六月 二十一日(旧 六月 一日) 水曜日 曇夕時小雨天

朝 起昭南市 ケンヒルロード 八八号 菊水俱樂部하여 朝飯을 食하엿다. 今般 西原君은 某 部隊 指定 商人이 되게 承諾을 受하여 馬來新聞社 東側에 前 東亞商會事務所를 借入하엿다. 此 事務所가 軍御用達하는 西原澤龍氏가 關係잇서 打合次로 三, 四人의 知友와 西原樣과 相逢하여 兩國食堂에 가서 飮酒遊하다가 西原澤龍氏가 明朝 來臨하겟다고 하매 急事가 有하여 先去하

고 其外는 조곰 잇다 盡歸하다.

六月 二十二日(旧 六月 二日) 木曜日 朝曇後雨曇天

朝 起昭南市 ケンヒルロード 八八号 菊水俱樂部하여 朝飯을 食하다. 夜 二十四時餘까지 帳場 일을 보다가 宿하엿다.

六月 二十三日(旧 六月 三日) 金曜日 晴曇天

朝 起昭南市 ケンヒルロード 八八号 菊水俱樂部하여 朝飯을 食하고 シシルストリト 事務所에 去하엿다가 歸來하엿다. 夜 二十四時頃 帳場事務를 맛치고 宿하엿다. 歸鄕한 金川光玉으로부터 到着하엿스니 送金하라는 電報가 來하엿다.

六月 二十四日(旧 六月 四日) 土曜日 曇天

朝 七時餘 起하여 シシルストリト 東亞商會에 去하여 チャンギ俱樂部 經營者 金澤氏를 人夫 十名과 某部隊 伐木所 昭南附近 島嶼로 보닛엿다. 十一時頃 事務所에서 歸 ケンヒルロード하여 朝飯을 食하고 又去事務所하엿다. 事務所 問題는 今日 西原樣과 臺灣銀行間 圓滿 解決하엿다. 俱樂部事務所에 二十時餘 集合하여 組合長의 말을 듯고 歸來하엿다.

六月 二十五日(旧 六月 五日) 日曜日 晴天

朝 起昭南市 ケンヒルロード 八八号 菊水俱樂部하여 朝飯을 食하다. 齒痛으로 齒科醫에 去하여 治療하엿스나 그양 작고만 압흐다. 風齒로 年々이 한번식은 죽을 慾을 當한다. 夕食하고 俱樂部組合 事務所에 集合하여 組合長의 演說을 들엇다. 夜 二十四時頃 帳場事務를 맛치고 宿하엿다.

六月 二十六日(旧 六月 六日) 月曜日 晴夜雨天

朝 起昭南市 ケンヒルロード 八八号 菊水俱樂部하여 朝飯을 食하다. 齒

痛으로 二回나 治療하엿다. ガソリン切符와 煙草配給을 受來하엿다. 電氣料 豫納金 二百五十圓도 支拂하엿다. 午後는 齒痛으로 누어잇섯다. 夜 二十四時 餘싸지 帳場事務를 보다가 宿하다. 金岡秀雄氏는 今般 クアラルンプール에 갓다 今日 歸來하엿다더라.

六月 二十七日(旧 六月 七日) 火曜日 晴天

朝 起昭南市 ケンヒルロード 八八号 菊水俱樂部하여 朝飯을 食하다. 齒痛治療를 하고 外出 안코 집에만 잇섯다. カリモン島 人夫 다리고 간 金澤樣이 今日 歸來하엿다. 夜 二十四時餘싸지 帳場事務를 보다가 宿하엿다.

六月 二十八日(旧 六月 八日) 水曜日 晴夜少雨

朝 起昭南市 ケンヒルロード 八八号 菊水俱樂部하여 齒科醫에 去하여 齒治療를 하고 와서 朝飯을 食하엿다. 新入 酌婦 宋○玉 診斷書를 受來하여 稼業婦 就業許可手續을 作成하엿다. 仲居 絹代의 勸함으로 大東亞劇場에 去하여 愛染가つら의 映畫를 求景하엿다. 夜 一時頃싸지 帳場事務를 보다가 宿하다. 仲居 絹代와 稼業婦 淸子와 言爭 끚헤 싸홈싸지 하엿다.

六月 二十九日(旧 六月 九日) 木曜日 晴曇天

朝 起昭南市 ケンヒルロード 八八号 菊水俱樂部하여 朝飯을 食하다. 新入 慰安婦 宋○玉을 다리고 特別市 保安科에 去하여 就業認可를 下附하여왓다. 夜 一時頃싸지 帳場事務를 보다가 宿하엿다. 大邱 室人의게 送金한지 半 ケ月이나 되엿는듸 아직 受取하엿다는 電報도 업다.

六月 三十日(旧 六月 十日) 金曜日 晴天

朝 起昭南市 ケンヒルロード 八八号 菊水俱樂部하여 朝飯을 食하다. 永福産業會社에 去하여 世帶人員異動屆에 同會社長 卽 オーチャロード 第一町內會長 永福虎氏 捺印을 受하여 特別市 食品科에 提出하여 訂正하엿다. 今日부

터 每月 末日이 事務常會로되여 第四班常會가 俱樂部事務所에 잇섯다. 夜 十時餘 常會를 맛치고 歸來하여 夜 一時半頃까지 帳場事務를 보다가 宿하엿다.

七月 一日(旧 六月 十一日) 土曜日 晴曇天

朝 起昭南市 ケンヒールロード 八八号 菊水俱樂部하여 朝飯을 食하다. 西原樣은 早朝 部隊事로 去하엿다. 十六時 植物園에 去하여 食糧增産指導講習會 受講하고 又 植物園內 一隅에 興南奉公會 耕作實習地를 擇하여 實地作業을 하여 タビオカ를 심읏다. 夕食하고 夜 一時餘까지 帳場事務를 보다가 宿하다.

七月 二日(旧 六月 十二日) 日曜日 雨曇涼天

朝 起昭南市 ケンヒールロード 八八号 菊水俱樂部하여 朝飯을 食하고 終日 稼業婦 月末帳簿計算 整理를 하엿다. 夕食하고 夜 二十四時餘까지 帳場事務를 보다가 宿하엿다. 齒痛이 完治되엇다.

七月 三日(旧 六月 十三日) 月曜日 曇晴天

朝 起昭南市 ケンヒールロード 八八号 菊水俱樂部하여 朝飯을 食하다. 終日 六月分 月報를 作成하여 提出하엿다. 特別市 保安科 營業係 主任 坂口氏와 撫子病院 吉岡 先生이 夜 十時頃 來하여 營業狀況 及 洗滌場 調査를 하고 갓다. 夜 一時半頃까지 帳場事務를 보다가 宿하엿다.

七月 四日(旧 六月 十四日) 火曜日 曇晴天

朝 起昭南市 ケンヒールロード 八八号 菊水俱樂部하여 朝飯을 食하다. 慰安稼業婦 許○祥(玉江)은 目下 姙娠 七ヶ月임으로 休業届를 提出하엿다. 東亞商會에 去하여 西原樣과 잇다가 十七時頃 我 先歸來하엿다. 夕食하고 夜 一時頃까지 帳場事務를 보다가 宿하엿다.

七月 五日(旧 六月 十五日) 水曜日 晴天

朝 起昭南市 ケンヒールロード 八八号 菊水倶樂部하여 朝飯을 食하다. 物資配給所에 去하여 米穀, 食鹽, 砂糖, 煙草 等 配給을 受來하엿다. 夕食하고 夜 二十四時餘까지 帳場事務를 보다가 宿하엿다.

七月 六日(旧 六月 十六日) 木曜日 雨後晴天

朝 起昭南市 ケンヒールロード 八八号 菊水倶樂部하여 朝飯을 食하다. 夜 二十四時餘까지 帳場事務를 보다가 宿하다.

七月 七日(旧 六月 十七日) 金曜日 晴天

早朝에 起昭南市 ケンヒールロード 八八号 菊水倶樂部하여 西原樣과 大和棧橋에서 北岬行 曉部隊 連絡船을 타고 北岬岡二九四九部隊 工場에 去하엿다. 第三 工場을 西原樣이 委託 經營케 部隊長과 約束되여 職工을 募集하여 就業식힛다. 來 十日부터 一部分 委託하겟다더라. 午后 十五時半頃 民船을 타고 渡來하여 東亞商會 事務所에서 二十時頃까지 잇다가 歸 ケンヒールロード하여 夕食하고 夜 一時頃까지 帳場事務를 보다가 宿하다.

七月 八日(旧 六月 十八日) 土曜日 晴天

朝 起昭南市 ケンヒールロード 八八号 菊水倶樂部하여 朝飯을 食하다. 今日은 倶樂部 公休日이다. 終日 遊하다가 夕食하고 倶樂部 組合事務所에 去하여 隣組常會에 參席하엿다 歸來하엿다. 夜 一時餘 宿하엿다.

七月 九日(旧 六月 十九日) 日曜日 晴天

朝 起昭南市 ケンヒールロード 八八号 菊水倶樂部하여 朝飯을 食하엿다. 西原樣은 北岬工場에 去하엿다가 夜 一時半頃 歸來하엿다. 金本○愛와 其妹 ○愛는 今般 歸鄕케 廢業하겟다기 主人 西原氏가 承諾하여 今日 廢業届를 썻다. 夜 二時餘까지 帳場事務를 보다가 宿하엿다.

七月 十日(旧 六月 二十日) 月曜日 晴曇天

朝 起昭南市 ケンヒールロード 八八号 菊水俱樂部하여 朝飯을 食하다. 西原樣은 北岬工場에 早朝 去하엿다가 夜 二十四時餘 歸來하엿다. 二十四時餘帳場事務를 맛치고 宿하엿다.

七月 十一日(旧 六月 二十一日) 火曜日 晴天

朝 起昭南市 ケンヒールロード 八八号 菊水俱樂部하여 朝飯을 食하엿다. 金本○愛와 其妹 ○愛 二名에 対한 廢業 關係로 保安科 營業係에 去하여 手續을 提出하엿다. 工場 職工들 賃金 支拂케 華南銀行에 西原樣 小切手를 가지고 가서 金 五千圓을 차젓다. 東亞商會 事務所에서 西原樣 옴을 기다려 職工 等의게 賃金을 支拂하고 歸來하여 夕食하다.

七月 十二日(旧 六月 二十二日) 水曜日 晴天

朝 起昭南市 ケンヒールロード 八八号 菊水俱樂部하여 朝飯을 食하다. 宋○玉에 対한 在留證明 手續을 完了하여 證明書 下付를 受하다. 保安科 營業係에서 金本○愛에 対한 旅行證明 手續에 要할 證明書를 受하다. 今般 十時頃 急히 警戒警報가 나더니 二十四時頃 空襲警報가 낫다. 一時半餘 解除되다. 夜 二時半頃 宿하엿다.

七月 十三日(旧 六月 二十三日) 木曜日 朝雨後曇晴天

朝 起昭南市 ケンヒールロード 八八号 菊水俱樂部하여 朝飯을 食하다. 華南銀行에 去하여 西原樣 付託 小切金 三千圓 차자 왓다. 午后 北岬工場에 去하엿다가 東亞商會 事務所로 와서 工場 職工들 日給 帳簿를 整理하엿다. 西原樣과 夜 十時頃까지 職工 百五十名에 対한 今日까지의 賃金을 支拂하고 歸來하여 夕食하다. 夜 二時頃 帳場 事ム를 맛치고 宿하다.

七月 十四日(旧 六月 二十四日) 金曜日 晴天

朝 起昭南市 ケンヒールロード 八八号 菊水倶樂部하여 朝飯을 食하다. 保安科 分室 旅行係에서 旅行證明 手續 用紙를 어더 엇다. 夜 一時餘까지 帳場事務를 보다가 宿하다.

七月 十五日(旧 六月 二十五日) 土曜日 晴天

早朝 起昭南市 ケンヒールロード 八八号 菊水倶樂部하여 朝飯을 食하고 西原樣과 北岬工場에 去하여 終日 잇다가 十七時頃 職工 苦力의게 配給할 白米를 部隊 酒保에서 購入하여 荷車에 실어 カトン을 둘너 歸東亞商會 事厶所하엿다. 二十時餘 歸來한 西原樣과 歸菊水하여 夕食하고 夜 一時餘까지 帳場 일을 보고 宿하다.

七月 十六日(旧 六月 二十六日) 日曜日 晴天

朝 起昭南市 ケンヒールロード 八八号 菊水倶樂部하여 朝飯을 食하고 北岬工場에 去하여 終日 잇다가 午后 歸來하엿다. 夕食하고 夜 二時頃 帳場 일을 맛치고 宿하엿다.

七月 十七日(旧 六月 二十七日) 月曜日 晴天

朝 起昭南市 ケンヒールロード 八八号 菊水倶樂部하여 朝飯을 食하고 北岬工場에 去하여 終日 事務 보다가 歸來하엿다. 殘業 二時間을 더하기 되여 二十時에 終業하다. 夕食하고 夜 一時頃까지 帳場事務를 보다 宿하엿다.

七月 十八日(旧 六月 二十八日) 火曜日 晴天

朝 起昭南市 ケンヒールロード 八八号 菊水倶樂部하여 朝飯을 食하고 北岬工場에 去하엿다. 終日 工場에서 事務 보다가 二十時餘 歸東亞商會 事務所하엿다가 菊水倶樂로 歸來하니 二十一時半餘나 되엿더라. 夕食하고 夜 一時까지 또 帳場事務를 보다 宿하엿다.

七月 十九日(旧 六月 二十九日) 水曜日 晴天

朝 起昭南市 ケンヒールロード 八八号 菊水倶樂部하여 朝飯을 食하엿다. 北岬工場에 去하여 終日 事務 보다가 歸來하엿다. 夕食하고 夜 二十四時까지 遊하다가 宿하엿다.

七月 二十日(旧 六月 三十日) 木曜日 晴天

朝 起昭南市 ケンヒールロード 八八号 菊水倶樂部하여 朝飯을 食하다. 金本○愛 及 其妹 ○愛 兩人을 다리고 特別市 保安科 分室 旅行係에 去하여 歸還旅行證明 手續을 提出하엿는듸 不備点이 有하여 그양 가지고 왓다. 西原 樣 付託 華南銀行 入金과 送金, 打電 等을 하엿다. 東條內閣 總辭職을 하엿다고 新聞에 記載되다.

七月 二十一日(旧 七月 一日) 金曜日 曇晴後雨天

朝 起昭南市 ケンヒールロード 八八号 菊水倶樂部하여 朝飯을 早食하고 西原樣과 北岬工場에 去하여 終日 事務 보다가 夜 十時頃 歸來하엿다. 夜 一時頃까지 倶樂部 帳場事務를 보고 宿하엿다.

七月 二十二日(旧 七月 二日) 土曜日 晴天

朝 起昭南市 ケンヒールロード 八八号 菊水倶樂部하여 朝飯을 早食하고 西原樣과 北岬工場에 去하여 終日 事務 보다가 歸來하엿다. 渡船 甲板 一部 가 破損되여 工場 職工 二十餘人이 負傷되엿다. 夜 一時頃까지 帳場 일을 보고 宿하엿다.

七月 二十三日(旧 七月 三日) 日曜日 晴天

朝 起昭南市 ケンヒールロード 八八号 菊水倶樂部하여 朝飯을 食하고 西 原樣과 北岬工場에 去하여 終日 事務 보고 잇다가 歸來하엿다. 小磯國昭 大 將(現 朝鮮總督)의게 今般 組閣 大命이 降下하엿다.

七月 二十四日(旧 七月 四日) 月曜日 曇雨天

朝 起昭南市 ケンヒールロード 八八号 菊水倶樂部하여 朝飯을 早食하고 西原樣과 北岬工場에 去하여 終日 잇다가 二十時餘 東亞商會 事務所에 와서 職工의게 日給을 支給하고 歸來하니 二十四時餘더라. 朝鮮總督은 元首相 阿部大將이 就任하엿다.

七月 二十五日(旧 七月 五日) 火曜日 曇雨天

朝 起昭南市 ケンヒールロード 八八号 菊水倶樂部하여 朝飯을 食하고 西原樣과 갓치 北岬工場에 去하여 終日 事務 보앗다. 二十時餘 東亞商會 事務所에 와서 職工들의게 米를 配給하엿다. 二十三時頃 歸菊水倶樂部하여 夕食하고 帳場 일을 맛치고 宿하다.

七月 二十六日(旧 七月 六日) 水曜日 曇雨曇

朝 起菊水倶樂하여 朝飯을 食하고 北岬工場에 去하여 終日 事務 보고 歸來하여 夕食하다. 夜 二十四頃 帳場事務를 맛치고 宿하다. 西原樣 委託 經營 北岬工場에 事務員이 업서 每日 紛忙한 作業에 나를 갓치 가자고 請함에 아니 갈 수는 업고 早朝에 일어나 밤 늣게 도라오니 몸이 扶支할 수 업다.

七月 二十七日(旧 七月 七日) 木曜日 晴天

朝 起昭南市 ケンヒールロード 八八号 菊水倶樂部하여 朝飯을 食하고 正金銀行에 去하여 稼安婦 貯金을 하고 配給所에서 煙草 配給을 受하여 歸來하엿다. 故鄕 舍弟 ○○의게 金 三百圓을 送付하엿다. 夕食하고 倶樂部 組合事務所에 去하여 組合長의 演說을 듯고 歸來하엿다.

七月 二十八日(旧 七月 八日) 金曜日 晴天

朝 起昭南市 ケンヒールロード 八八号 菊水倶樂部하여 朝飯을 食하고 北岬工場에 去하엿다. 二十時餘 歸東亞商會 事務所하니 金岡秀雄氏 自動車로

西原樣이 カトン迺ノ屋에서 오란다기 同去하여 飮酒遊하다가 歸來하여 宿하엿다.

七月 二十九日(旧 七月 九日) 土曜日 晴天

朝 起昭南市 ケンヒールロード 八八号 菊水俱樂部하여 朝飯을 食하고 西原樣과 北岬工場에 去하여 終日 잇다가 歸來하엿다. 夜 一時餘 帳場事務를 맛치고 宿하엿다.

七月 三十日(旧 七月 十日) 日曜日 晴天

朝 起昭南市 ケンヒールロード 八八号 菊水俱樂部하여 朝飯을 早食하고 北岬工場에 去하여 終日 事務 보다가 歸來하여 夕食하고 帳場事務를 맛치고 宿하엿다. 時夜 一時餘.

七月 三十一日(旧 七月 十一日) 月曜日 晴天

早朝 起昭南市 ケンヒールロード 八八号 菊水俱樂部하여 朝飯을 食하고 北岬工場에 去하여 終日 事務 보다가 歸來하엿다. 夕食하고 夜 一時餘까지 菊水俱樂部 帳場事務를 보다가 宿하엿다.

八月 一日(旧 七月 十二日) 火曜日 晴天

早朝에 起昭南市 ケンヒールロード 菊水俱樂部하여 朝飯을 食하고 北岬工場에 出勤하엿다. 今般 車輛登錄局에서 自家用 自動車 徵收하는 통에 菊水俱樂部 乘用車도 今日 車輛登錄局에서 引上하엿다더라. 北岬工場에서 二十時 出發하여 歸來하여 夕食하니 夜 二十二時半餘다.

八月 二日(旧 七月 十三日) 水曜日 晴天

朝 起昭南市 ケンヒールロード 八八号 菊水俱樂部하여 朝飯을 食하고 北岬工場에 去하여 終日 事務 보다가 歸來하여 夕食하다. 夜 一時餘까지 俱樂

部 帳場事務를 보고 宿하엿다.

早朝 起昭南市 ケンヒールロード 八八号 菊水俱樂部하여 朝飯을 食하고 西原樣과 北岬工場에 去하여 終日 事務 보다가 二十時頃 北岬 出發 歸 ケンヒールロード 菊水하여 夕食하엿다. 夜 一時餘 帳場事務를 맛치고 宿하엿다.

早朝에 起昭南市 ケンヒールロード 八八号 菊水俱樂部하여 西原樣과 北岬工場에 갈나다가 余는 職工 給料를 計算하여 今日 夕時 支給케 못가고 밧부게 計算하엿스나 完全히 못하고 仕上發動機工은 殘業 計算은 後日로 하기 하다. 十九時餘부터 東亞商會 事務所에서 支給을 始作하여 夜 二時頃 終了하엿다. 歸家하여 就寢하니 夜 三時더라. 今日 支給額은 全部 三萬數千圓이다.

朝 起昭南市 ケンヒールロード 八八号 菊水俱樂部하여 朝飯을 食하고 北岬工場에 去하여 終日 事務 보다가 歸來하엿다. 二十二時餘 夕飯을 食하고 帳場帳簿를 整理 後 宿하엿다.

早朝 起昭南市 ケンヒールロード 八八号 菊水俱樂部하여 朝飯을 食하고 北岬工場에 去하여 終日 事務 보며 職工 指導 監督하엿다. 十九時餘 東亞商會 事務所로 來하여 職工들의게 糧米 配給을 하고 歸來하니 二十二時半餘더라. 夕食하고 帳場事務를 조곰 보고 夜 一時餘 就寢하엿다.

朝 起昭南市 ケンヒールロード 八八号 菊水俱樂部하여 朝飯을 食하다.

終日 밧부게 七月分 倶樂部月報 作成과 稼業婦 七月 收入 計算하엿다. 夜 一時餘까지 帳場事務를 보고 宿하엿다. 金本○愛와 其妹 ○愛 二名 旅行證明이 되어 南方運航會社에 乘船 申込을 하엿다.

八月 八日(旧 七月 十九日) 火曜日 晴曇天

朝 起昭南市 ケンヒールロード 八八号 菊水倶樂部하여 朝飯을 食하고 終日 帳場事務를 보앗다. 夕食하고 倶樂部 組合事務所 常會에 參席하엿다. 今般 本倶樂部 組合 關係에서 獻金한 總額이 二萬 四千 七百餘円이더라. 今日이 菊水倶樂部 開業 滿 二ヶ年 紀念日이다.

八月 九日(旧 七月 二十日) 水曜日 朝暴雨後曇晴天

朝 起昭南市 ケンヒールロード 八八号 菊水倶樂部하여 朝飯을 食하고 正金銀行에 去하여 金本○愛 姊妹 二名에 対한 送金 許可 申請을 提出하고 配給所에 去하여 八月分 米穀類 其他 配給을 受하엿다. 夕食하고 夜 二時餘까지 帳場事務를 보다가 宿하엿다.

八月 十日(旧 七月 二十一日) 木曜日 雨曇凉天

朝 起昭南市 ケンヒールロード 八八号 菊水倶樂部하여 朝飯을 食하고 終日 收支計算書를 作成하여 提出하엿다. 夜 二時頃까지 帳場일을 보다가 宿하엿다.

八月 十一日(旧 七月 二十二日) 金曜日 朝雨後曇凉天

朝 起昭南市 ケンヒールロード 八八号 菊水倶樂部하여 朝飯을 食하고 北岬工場에 去하여 終日 事務 보다가 二十時頃 歸東亞商會 事務所하여 職工의게 殘業計算 殘額을 支給하고 歸菊水倶樂部하여 夜 二時頃까지 帳場 일을 보고 宿하엿다.

八月 十二日(旧 七月 二十三日) 土曜日 曇雨曇天

朝 起昭南市 ケンヒールロード 八八号 菊水倶樂部하여 朝飯을 食하고 北岬工場에 出勤하엿다. 十九時半頃 東亞商會 事務所로 歸來하여 殘業計算 殘額을 職工들의 支給하고 歸菊水倶樂部하여 夕食하고 夜 一時餘 宿하엿다.

八月 十三日(旧 七月 二十四日) 日曜日 晴天

朝 起昭南市 ケンヒールロード 八八号 菊水倶樂部하여 特別市 前廣場에서 擧行하는 全昭南警防隊 結成式에 參加하엿다. 十一時 式을 閉하고 各々 解散하엿다. 余는 탈 것이 업서 천々히 거러 오다가 理髮하고 十一時半頃 歸菊水하여 朝飯을 食하엿다. 終日 北岬工場 職工 日給 計算하엿다. 夜 二時頃까지 帳場事務 보다가 宿하엿다.

八月 十四日(旧 七月 二十五日) 月曜日 雨曇晴天

朝 起昭南市 ケンヒールロード 八八号 菊水倶樂部하여 朝飯을 食하다. 金本○愛와 其妹 ○愛는 今日 十六時 內地行 乘船하게 淀泊場에 集合하엿다. 十九時餘부터 夜 二十四時頃까지 東亞商會 事務所에서 職工들 賃金을 支給하엿다. 夜 一時餘 歸菊水하여 夕飯을 食하고 宿하엿다.

八月 十五日(旧 七月 二十六日) 火曜日 晴曇天

朝 起昭南市 ケンヒールロード 八八号 菊水倶樂部하여 朝飯을 食하다. 倶樂部 組合事務所에서 施行하는 豫防接種을 全員의게 맛첫다. 郵便局에서 金○先의 送金을 하고 電報局에서 李○鳳, 金○先, 崔○任 三名의 打電을 하고 歸來하엿다. 夕食하고 夜 二十四時餘까지 帳場事務를 보다가 宿하엿다.

八月 十六日(旧 七月 二十七日) 水曜日 曇雨天

朝 起昭南市 ケンヒルロード 八八号 菊水倶樂部하여 朝飯을 食하다. 帳場事務를 보다가 午後 東亞商會 事務所에서 去하여 夜 二十三時頃까지 職工

들의게 米配給을 하고 歸來하여 夕食하고 宿하엿다.

八月 十七日(旧 七月 二十八日) 木曜日 曇雨天

朝 起昭南市 ケンヒルロード 八八号 菊水俱樂部하여 朝飯을 食하엿다. 大邱 室人의게 故妻男 遺骨이 왓는가라고 打電하엿다. 金岡秀雄氏 宅에서 夕食하고 遊하다가 西原樣이 來하여 東亞商會 事務所에 去하여 職工들의게 米配給하고 오라기에 即去하여 配給을 하고 歸來하여 夜 一時餘 宿하엿다.

八月 十八日(旧 七月 二十九日) 金曜日 晴曇雨曇天

朝 起昭南市 ケンヒルロード 八八号 菊水俱樂部하여 朝飯을 食하고 北岬 工場에 去하여 終日 잇다가 夕時 歸來하여 夕食하다. 夜 一時頃까지 帳場事務 보다가 宿하엿다.

八月 十九日(旧 八月 一日) 土曜日 晴曇後雨天

朝 起昭南市 ケンヒルロード 八八号 菊水俱樂部하여 朝飯을 食하다. 工場에는 西原樣이 가기하고 余는 今日 特別市 敵産科에서 敵産家俱 借用한 것을 調査 온다기에 企待하고 잇섯스나 十四時餘나 되여도 아니오기 仲居 絹代에게 付託하고 外出하여 帳簿를 買來하엿다. 今日 工場에서 作業中 事故 發生되여 現地職工 一名이 即死하고 三名 重輕傷者가 낫다더라.

八月 二十日(旧 八月 二日) 日曜日 曇雨天

朝 起昭南市 ケンヒルロード 八八号 菊水俱樂部하여 朝飯을 食하고 北岬 工場에 去하여 終日 事務 보앗다. 夕時 歸來하여 夕食하고 夜 二十四時頃 帳場事務를 맛치고 宿하엿다.

八月 二十一日(旧 八月 三日) 月曜日 晴曇雨天

朝 起昭南市 ケンヒルロード 八八号 菊水俱樂部하여 朝飯을 食하엿다.

北岬工場에 去하여 終日 잇다가 夕時 歸來하엿다. 夕食하고 夜 二十四時餘 宿하엿다.

八月 二十二日(旧 八月 四日) 火曜日 晴曇夜雨天

朝 起昭南市 ケンヒルロード 八八号 菊水倶樂部하여 朝飯을 食하엿다. 倶樂部組合 事務所에 倶樂部從業員 全部 豫防注射를 마젓다. 夕食後 西原樣과 金岡樣 軍屬 二名과 春乃家 料理店에 去하여 飮酒 遊하다가 歸來하엿다.

八月 二十三日(旧 八月 五日) 水曜日 晴天

朝 起昭南市 ケンヒルロード 八八号 菊水倶樂部하여 朝飯을 食하엿다. 終日 北岬工場 職工 四百餘名에 對한 賃金計算을 하엿다. 夕食後 文明商會 金澤樣이 來하여 夜 二十四時頃까지 賃金計算에 助力하고 去하엿다.

八月 二十四日(旧 八月 六日) 木曜日 晴天

朝 起昭南市 ケンヒルロード 八八号 菊水倶樂部하여 朝飯을 食하고 北岬工場에 去하엿다. 午后十八時半 歸昭南東亞商會 事務所하엿다. 二十時頃부터 職工들의게 賃金支拂을 始作하여 夜 二十四時頃 맛찻다. 歸菊水倶樂部하여 夕食하고 就寢하니 夜 二時頃이더라.

八月 二十五日(旧 八月 七日) 金曜日 晴後小雨天

朝 起昭南市 ケンヒルロード 八八号 菊水倶樂部하여 朝飯을 食하고 北岬工場에 出勤하엿다. 十九時 閉務하고 菊水倶樂部에 歸來하여 夕食하엿다. 엇지 조으름이 오든지 二十二時頃 就寢하엿다. 처음으로 二十四時 前에 갓다.

八月 二十六日(旧 八月 八日) 土曜日 晴天

朝 起昭南市 ケンヒルロード 八八号 菊水倶樂部하여 朝飯을 食하엿다. 西原樣 付託한 送金을 하고 華南銀行에 借用한 元金 二萬四千圓에 對한 利息

金을 支拂하엿다. 至今까지 昭南野菜組合에서 勤務하든 木下樣이 西原樣 東亞商會에 勤務하게 來하엿다.

八月 二十七日(旧 八月 九日) 日曜日 晴天

朝 起昭南市 ケンヒルロード 八八号 菊水俱樂部하여 朝飯을 食하고 北岬工場에 去하여 終日 事務 보앗다. 午后 十九時頃부터 東亞商會 事務所에서 職工들의게 米配給을 하엿다. 夜 二十三時頃 歸來하여 夕食하고 遊하다가 宿하엿다.

八月 二十八日(旧 八月 十日) 月曜日 曉雨後晴天

朝 起昭南市 ケンヒルロード 八八号 菊水俱樂部하여 朝飯을 食하다. 終日 北岬工場 職工名簿를 作成하엿다. 夜 二十四時頃까지 帳場事務를 보다가 宿하엿다.

八月. 二十九日(旧 八月 十一日) 火曜日 晴曇天

朝 起昭南市 ケンヒルロード 八八号 菊水俱樂部하여 朝飯을 食하고 終日 木下樣과 北岬工場 書類를 整理하엿다.

| 長女 ○○의 悲報를 接 |

八月 三十日(旧 八月 十二日) 水曜日 晴天

朝 起昭南市 ケンヒルロード 八八号 菊水俱樂部하여 朝飯을 食하다. 今日도 木下樣과 工場書類 作成整理하다. 午后 五時餘 我의게 葉書가 一枚 到達하엿는듸 差出人은 朝鮮 잇는 妻男 山本○治다. 葉書內容을 보니 出發後로는 나의 머리속을 쎠나지 아니하고 성각고 걱정하든 長女 ○○이 病이 낫지 안코 昨年 二月頃 死亡하엿다 하엿스며 長男 ○○도 病으로 病院에 治療를 밧고잇다더라. 南方을 올듸 病體로 釜山埠頭에서 餞送하여주든 나의 둘도 업는 외동쌀 그간 나엇는가 하나님전 축수함을 하로도 잇지 안엇는듸 죽다 말

이 웬말가. 長男마자 病이라니 이도 못밋겟고 집안은 왼통 亡하고 말엇다. 쏘다지는 눈물이 禁할 道理가 업다. 아- 하로밧비 나어서 健康한 몸으로 學校에 잘 단이라고 빌엇더니 하나님도 無心하다. 나의 압날은 아모 幸福도 榮華도 이제는 다 살아지고 말엇다. ○○은 昨年이 十六才, 女學校 三年生이엇다.

八月 三十一日(旧 八月 十三日) 木曜日 晴天

朝 起昭南市 ケンヒルロード 八八号 菊水俱樂部하여 朝飯을 食하고 終日 死亡한 長女 ○○을 싱각하며 마음을 잡을 수 없서 하로라도 쌜니 歸鄕할가 한다. 그러나 하로 잇흘에 갈 수도 업고 기막힐 쑨이다. 今年 四月初 歸鄕한 共榮俱樂部 稼業婦 尹○重의게 無事 歸還하엿다는 葉書가 來하엿다. 大邱 室人으로부터는 二回 送金 受取하고 家內無事라는 電報가 來하다. 長女死亡에 對하여 家內消息을 詳細히 알니라고 舍弟와 室人의게 打電하다.

九月 一日(旧 八月 十四日) 金曜日 晴天

朝 起昭南市 ケンヒルロード 八八号 菊水俱樂部하여 朝飯을 食하고 終日 工場書類를 作成하엿다. 夜 一時餘까지 事務 보다가 宿하엿다. 富士俱樂 主人 佳山亨洛氏는 俱樂部를 賣却하여 今日 引渡하엿다더라. 그리고 歸鄕케 旅行証明願을 提出中이라한다.

九月 二日(旧 八月 十五日) 土曜日 晴 小曇天

朝 起昭南市 ケンヒルロード 八八号 菊水俱樂部하여 朝飯을 食하엿다. 前昭南野菜組合에서 木下樣과 갓치 勤務하다가 平山商會로 出勤한 金澤樣이 西原樣處 勤務키로 約束되여 今日부터 來하엿다. 夜 二十四時餘까지 事務 보앗다. 旧 八月十五日이라 一點雲도 업시 맑게 게인 南天蒼空에 둥글고 둥근 달이 낫과 갓치도 밝게 비치어 주고잇다. 故鄕 父母兄弟妻子도 저 달을 처다 보고 잇슬리라. 언제나 한가지서서 달 求景할가 感懷無量.

九月 三日(旧 八月 十六日) 日曜日 晴天

朝 起昭南市 ケンヒルロード 八八号 菊水倶樂部하엿다. 終日 木下, 金澤 兩君과 工場書類를 作成하엿다. 大邱 留守宅으로부터 裕子 死亡, ○○ 無事라 는 電報가 來하엿다. 夜 二時頃 宿하엿다. 裕子(○○)는 오리 病으로 辛苦타가 父의 얼골을 못본 恨을 품은체 이 世上에서 사라저버린 것이 確實하도다.

九月 四日(旧 八月 十七日) 月曜日 晴天

朝 起昭南市 ケンヒルロード 八八号 菊水倶樂部하여 朝飯을 食하고 終日 工場書類를 作成하엿다. 夕食하고 金澤樣과 東亞商會 事務所에 去하여 工場 職工賃金을 支拂하고 夜 一時頃 歸來하여 宿하엿다. 今般 十日間 職工賃金 總額은 五萬圓 可量이다.

九月 五日(旧 八月 十八日) 火曜日 朝雨後晴天

朝 起昭南市 ケンヒルロード 八八号 菊水倶樂部하여 朝飯을 食하고 木 下, 金澤 兩人의 옴을 기다려 終日 工場書類를 作成하다. 夜 四時까지 事務 보 다가 宿하엿다. 本倶樂部 稼業婦 許○祥(玉江)은 姙娠中이엿는되 今夜 中央 病院에 入院하여 二十三時半頃 男兒를 順産하엿다.

九月 六日(旧 八月 十九日) 水曜日 雨天

朝 起昭南市 ケンヒルロード 八八号 菊水倶樂部하여 朝飯을 食하엿다. 倶樂部 八月分 月報를 組合事務所에 提出하엿다. 保安科 營業係에 金○愛 廢 業同意書를 提出하여 証明을 受하엿다. 今日도 夜 二時頃까지 事務 보다가 宿하엿다.

九月 七日(旧 八月 二十日) 木曜日 小雨後晴天

朝 起昭南市 ケンヒルロード 八八号 菊水倶樂部하여 朝飯을 食하엿다. 北岬工場에 對한 部隊經理科에 提出할 書類는 今日 完了되여 西原樣이 提出

하엿다. 七月一日以後 八月末까지 工場에 消費된 金이 二十餘萬이다. 夕食하고 東亞商會 事務所에 去하여 職工의게 米穀配給을 하여주엇다.

九月 八日(旧 八月 二十一日) 金曜日 小雨後晴天

朝 起昭南市 ケンヒルロード 八八号 菊水俱樂部하여 朝飯을 食하엿다. 終日 北岬工場 書類를 作成하엿다. 夕食하고 常會에 參席하엿다. 夜 一時頃 宿하엿다.

九月 九日(旧 八月 二十二日) 土曜日 晴後雨曇天

朝 起昭南市 ケンヒルロード 八八号 菊水俱樂部하여 朝飯을 食하엿다. 今日도 終日 工場書類를 作成하엿다. 夜 二時餘까지 事務 보다가 宿하엿다. 夕食後 東亞商會 事務所에 去하여 職工 米穀配給 殘分을 配給하고 歸來하엿다. チャンギー俘虜收容所 軍屬이 無斷外出하여 當俱樂部 酌婦 菊枝의게 자고 가다가 憲兵의게 發覺되여 方今 調査中이라고 同 部隊 中尉가 來하여 菊枝의게 事實을 調査하고 갓다.

九月 十日(旧 八月 二十三日) 日曜日 朝晴後雨曇

朝 起昭南市 ケンヒルロード 八八号 菊水俱樂部하여 朝飯을 食하엿다. 俱樂部 八月分 收支計算書를 作成提出하엿다. 夕時 東亞商會 事務所에 去하여 職工 幾名 九月上旬 賃金未拂分을 支給하고 歸來하여 夕食하고 夜 一時餘까지 事務 보다가 宿하엿다.

九月 十一日(旧 八月 二十四日) 月曜日 晴曇天

朝 起昭南市 ケンヒルロード 八八号 菊水俱樂部하여 朝飯을 食하엿다. 保安科 營業係에 去하여 本俱樂部 慰安婦 金○先 旅行証明手續에 要할 証明書를 交附하여 왓다. 夜 一時頃까지 帳場事務 보다가 宿하엿다.

九月 十二日(旧 八月 二十五日) 火曜日 未明時雨後晴天

朝 起昭南市 ケンヒルロード 八八号 菊水倶樂部하여 朝飯을 食하엿다. 慰安婦 金○先, 金○愛 二名 歸鄕旅行証明 下附願을 提出하엿다. パレパン 金澤氏가 今般 西原樣의 呼寄에 因하여 來昭하엿다. 夕食하고 夜 一時頃까지 帳場事務 보다가 宿하엿다.

九月 十三日(旧 八月 二十六日) 水曜日 曉雨後晴天

朝 起昭南市 ケンヒルロード 八八号 菊水倶樂部하여 朝飯을 食하다. 昨年 八月末 蘭貢兵站司令部에 맛긴 妻男外 三靈의 遺骨을 受取하여 두엇다가 余 歸鄕時 가지고가게 今日 蘭貢往復旅行証明願을 提出하엿다. 大邱 室人의게 妻男 遺骨 受取하엿나 電報하엿다. 遺骨을 昨年 部隊에 依賴하여 本籍地로 送付하도록 措處하엿는디 아직 아니 붓친 것 갓해서 室人의게 打電하엿는디 回答을 기다려 送來치 안엇다면 蘭貢까지 갓다와야 하엿다. 夕時 西原樣外 四, 五人과 カトン, ハマノヤ料理店에 去하여 飮酒遊하다가 歸來하여 宿하엿다.

九月 十四日(旧 八月 二十七日) 木曜日 晴後少雨曇晴天

朝 起昭南市 ケンヒルロード 八八号 菊水倶樂部하여 朝飯을 食하엿다. 西原樣이 パレンパン서 來到한 金澤樣 內外와, 金岡樣 內外를 招待하여 夕飯을 갓치 먹엇다. 夕食後 金澤定男, 木下 兩君과 東亞商會 事務所에 去하여 工場職工들의게 十日間 賃金 四萬餘圓을 支拂하고 歸來하여 事務 整理하고 夜 一時頃 宿하엿다.

九月 十五日(旧 八月 二十八日) 金曜日 晴天

朝 起昭南市 ケンヒルロード 八八号 菊水倶樂部하여 朝飯을 食하엿다. 夕食하고 東亞商會 事務所에 去하여 工場職工 賃金殘額을 支拂하엿다. 夜 一時頃까지 帳場事務를 보다가 宿하엿다.

九月 十六日(旧 八月 二十九日) 土曜日 晴天

　朝 起昭南市 ケンヒルロード 八八号 菊水倶樂部하여 朝飯을 食하엿다. 齒痛으로 支那 齒科醫의게 治療하엿다. 夕食하고 東亞商會 事務所에 去하여 職工들의게 米配給을 하여주고 夜 十一時頃 歸來하엿다. 夜 一時頃 宿하엿다.

九月 十七日(旧 八月 三十日) 日曜日 晴小曇天

　朝 起昭南市 ケンヒルロード 八八号 菊水倶樂部하여 齒科醫에 去하여 齒痛治療를 하고 와서 朝飯을 食하엿다. 東亞商會 西原樣이 派遣한 カリモン島 木材伐採 監督員 金澤慶成이 歸來하엿다. 同島 伐採는 命令에 依하여 今般 치워버리고 全部 昭南으로 軍人도 나오게 되엿다더라. 今日은 오리만에 北岬 工場 全員 定休日이다. 夜 二時頃까지 帳場 일을 보고 宿하엿다.

九月 十八日(旧 九月 一日) 月曜日 晴夜雨天

　朝 起昭南市 ケンヒルロード 八八号 菊水倶樂部하여 朝飯을 食하엿다. 夕食하고 東亞商會 事務所에 去하여 職工들 米配給 殘存分을 配給하고 歸來하엿다. 夜 一時頃까지 帳場事務 보고 宿하엿다.

九月 十九日(旧 九月 二日) 火曜日 朝曇後雨天

　朝 起昭南市 ケンヒルロード 八八号 菊水倶樂部하여 朝飯을 食하엿다. 本倶樂部 公休日이다. 十時頃 倶樂部 事務所에 稼業婦 全員과 業主가 集合하여 保安科 坂口 營業主任의 營業上 訓示를 들엇다. 其後 業者側만 모이여 防衛司令部 倶樂部關係 中尉의 訓示가 有하기 들엇다.

九月 二十日(旧 九月 三日) 水曜日 曇雨晴天

　朝 起昭南市 ケンヒルロード 八八号 菊水倶樂部하여 朝飯을 食하엿다. 終日 帳場에서 事務 보다가 夕食하고 夜 一時頃 帳場事를 맛치고 宿하엿다.

九月 二十一日(旧 九月 四日) 木曜日 雨後曇天

朝 起昭南市 ケンヒルロード 八八号 菊水俱樂部하여 朝飯을 食하엿다. 夕食하고 西原樣 招待로 金岡樣 宅에서 花園俱樂部 主人 德山氏 內外와, 前 富士俱樂部 主人 佳山 內外와, 共榮俱樂部 主人 高島樣과 모이여 夜 二十三 時頃까지 飲酒 遊하다가 歸來하여 宿하엿다.

九月 二十二日(旧 九月 五日) 金曜日 曇夕小雨天

朝 起昭南市 ケンヒルロード 八八号 菊水俱樂部하여 朝飯을 食하엿다. 終日 遊하다가 夕食하고 夜 二十四時까지 帳場事務를 보다가 宿하엿다. 昨日 부터 感氣로 몸이 좀 不平하다.

九月 二十三日(旧 九月 六日) 土曜日 曇間 雨天

早朝 六時半餘 起昭南市 ケンヒルロード 八八号 菊水俱樂部하여 俱樂部 邦人 全員을 다리고 特別市前 廣場 總蹶起大會에 參席하엿다. 十時頃 大會를 閉하고 歸來하여 朝飯을 食하엿다. 몸이 不平하여 終日 누엇다 안젓다 하엿 다. 夕食하고 夜 一時餘까지 帳場事務를 보고 宿하엿다.

九月 二十四日(旧 九月 七日) 日曜日 曇小雨晴天

朝 起昭南市 ケンヒルロード 八八号 菊水俱樂部하여 中央病院에 診察하 로 갓더니 日曜日로 休診이기 그양 도라왓다. 朝飯을 조곰 食하고 몸이 압하 서 終日 아모 일도 아니하고 休養하엿다. 夕食하고 夜 一時餘까지 帳場事務 를 보다가 宿하엿다.

九月 二十五日(旧 九月 八日) 月曜日 晴天

朝 起昭南市 ケンヒルロード 八八号 菊水俱樂部하여 中央病院에 去하여 診察하고 藥을 가지고 왓다. 血液檢查하게 血液을 쎄엇다. 夕食하고 東亞商 會 事務所에 木下樣과 去하여 職工들의게 月給을 支給하고 夜 十一時頃 歸來

하엿다.

九月 二十六日(旧 九月 九日) 火曜日 晴天

朝 起昭南市 ケンヒルロード 八八号 菊水俱樂部하여 朝飯을 食하엿다. 西原樣 付託한 自己 故鄕 家族의게 送金하엿다. 夕食하고 夜 二時頃까지 帳場事務 보다가 宿하엿다.

九月 二十七日(旧 九月 十日) 水曜日 晴天

朝 起昭南市 ケンヒルロード 八八号 菊水俱樂部하엿다. 中央病院에 去하여 診察을 受하여 注射맛고 歸來하여 朝飯을 食하엿다. 保安科 分室 旅行証明係에서 先般 提出하엿든 ビルマ 往復旅行証明과 金○先 金○愛, 兩人의 內地旅行証明이 되엿다기 卽去하여 受來하다. 夕食하고 東亞商會 事務所에 去하여 職工들의게 米穀配給을 하고 歸來하여 遊하다가 夜 二時頃 宿하엿다.

九月 二十八日(旧 九月 十一日) 木曜日 晴天

朝 起昭南市 ケンヒルロード 八八号 菊水俱樂部하여 朝飯을 食하엿다. 正金銀行에 去하여 稼業婦 貯金을 하고 南方運航會社에 去하여 金○先과 金○愛 兩名에 對한 內地便船 申込을 하엿다. 夕食하고 夜 二時頃까지 帳場事務 보다가 宿하엿다.

九月 二十九日(旧 八月 十三日) 金曜日 晴天

朝 起昭南市 ケンヒルロード 八八号 菊水俱樂部하여 中央病院에 去하여 注射를 맞고 왓다. 朝飯을 食하고 正金銀行에 去하여 稼業婦 貯金을 하엿다. 歸路 金岡秀雄氏 宅에서 오라기 들엇더니 夕飯의 待接을 하기 잘 먹고 놀다가 歸來하여 夜 一時頃까지 帳場事務 보고 宿하엿다.

九月 三十日(旧 八月 十四日) 土曜日 五時頃暴雨後晴夜雨天

朝 起昭南市 ケンヒルロード 八八号 菊水倶樂部하여 朝飯을 食하엿다.
正金銀行에 去하여 稼業婦 貯金을 하엿다. 夕食하고 倶樂部組合 事務所 常會
에 參席하엿다. 夜 一時頃까지 帳場事務 보다가 宿하엿다.

十月 一日(旧 八月 十五日) 日曜日 曇天

朝 起昭南市 ケンヒールロード 八八号 菊水倶樂部하여 朝飯을 食하엿다.
金岡秀雄樣이 西原樣과 四, 五人 놀너 간다고 갓치 가자기에 兩國食堂에 去
하여 飮酒遊하다가 夜 二十四時頃 歸來하여 宿하엿다.

十月 二日(旧 八月 十六日) 月曜日 曇後小晴天

朝 起昭南市 ケンヒールロード 八八号 菊水倶樂部하엿다. 昨夜 飮酒의 餘
毒이 남아 氣分이 죳치 못하며 朝飯을 먹얼 수 업다. 昨夜 갓치 놀든 延安氏가
オートバイ를 타고 오다가 トラック와 조곰 衝突되여 右手指 一介가 傷하여 中
央病院에 入院하엿는듸 指切斷하엿다더라. 終日 稼業婦 九月分 稼高 計算을 하
여 月報를 作成하엿다. 夕食하고 夜 一時餘까지 帳場事務를 보고 宿하다.

十月 三日(旧 八月 十七日) 火曜日 朝晴後曇晴天

朝 起昭南市 ケンヒールロード 八八号 菊水倶樂部하여 朝飯을 食하엿다.
倶樂部組合事務所에 九月分 月報를 提出하엿다. 夕食하고 夜 一時頃까지 帳
場事務 보다가 宿하엿다.

十月 四日(旧 八月 十八日) 水曜日 晴天

朝 起昭南市 ケンヒールロード 八八号 菊水倶樂部하여 朝飯을 食하엿다.
前 富士倶樂部 主人 佳山樣과 陸軍病院에 去하여 內地 歸還에 要할 診斷書를
軍医의게 診察한 結果 受來할나 하엿더니 來 七日 한번 더 와서 受診하여 受
去하라기에 그양 도라 왓다. 南明莊에서 警防隊 第四中隊 點呼가 有하다. 金

澤定雄, 木下 兩人은 東亞商會 事務所에 去하여 職工들의게 賃金을 支給하다.

十月 五日(旧 八月 十九日) 木曜日 曇天

朝 起昭南市 ケンヒールロード 八八号 菊水倶樂部하여 朝飯을 食하엿다. 倶樂部 一同과 旅館, 飲食店 組合이 合하여 今日 十時半 本願寺에서 大宮島, テニアン島에 玉碎된 將兵, 邦人 英靈에 対하여 慰靈祭를 지낫다. 夕食하고 金岡秀雄氏 宅에 去하여 飲酒遊하다가 歸來하여 宿하엿다.

十月 六日(旧 八月 二十日) 金曜日 晴天

朝 起昭南市 ケンヒールロード 八八号 菊水倶樂部하여 朝飯을 食하엿다. 몸이 不平하여 終日 遊하다가 夕食하고 夜 二十四時까지 帳場事務 보다가 宿하엿다.

十月 七日(旧 八月 二十一日) 土曜日 晴天

朝 起昭南市 ケンヒールロード 八八号 菊水倶樂部하여 朝飯을 食하엿다. 佳山樣과 陸軍病院에 去하여 診斷書를 受來하엿다. 九月分 配給을 受하엿다. 夜 一時頃까지 帳場事務 보다가 宿하엿다.

十月 八日(旧 八月 二十二日) 日曜日 晴後曇天

朝 起昭南市 ケンヒールロード 八八号 菊水倶樂部하엿다. 今日은 公休日이나 日曜日인 關係로 來 十日로 變更하엿다. 夕食하고 倶樂部組合 事務所에서 開催하는 常會에 出席하엿다. 常會를 閉하고 歸來하여 夜 一時까지 帳場事務 보다가 宿하엿다.

十月 九日(旧 八月 二十三日) 月曜日 晴後曇天

朝 起昭南 ケンヒールロード 八八号 菊水倶樂部하여 朝飯을 食하엿다. 終日 遊하다가 夕食하고 夜 二時頃까지 帳場事務 보고 宿하엿다. 南方運航會

社에서 明日 十時까지 內地 歸還者 集合하라는 通知가 來하엿다.

十月 十日(旧 八月 二十四日) 火曜日 晴後曇夕雨天

朝 起昭南市 ケンヒールロード 八八号 菊水倶樂部하여 朝飯을 食하엿다.
今日 本倶樂部 公休日이다. 特別市 保安科 分室 旅行係에 去하여 ビルマ蘭貢
行 旅行證明을 取消하엿다. 保安科 營業係에 我 菊水 帳場 解雇届를 提出하
엿다.

十月 十一日(旧 八月 二十五日) 水曜日 晴後曇小雨天

朝 起昭南市 ケンヒールロード 八八号 菊水倶樂部하여 朝飯을 食하엿다.
前 富士倶樂部 主人 佳山亭洛氏 內外와 共榮倶樂部 前 主人 高島樣 內外는
今日 內地行 乘船할 것인듸 急한 病이 有하여 出發 못하엿다더라. 夕食하고
夜 一時頃까지 帳場事務 보고 宿하엿다.

十月 十二日(旧 八月 二十六日) 木曜日 晴天

朝 起昭南市 ケンヒールロード 八八号 菊水倶樂部하여 朝飯을 食하엿다.
富士倶樂部 前 主人 佳山亭洛氏와 南方運航會社에 去하여 佳山氏 內地行便
乘船 申込을 하엿다. 佳山氏는 昨日 乘船을 病으로 못하고 今日 다시 申込한
것이다. 夕食하고 夜 一時頃까지 帳場事務를 보다가 宿하엿다.

十月 十三日(旧 八月 二十七日) 金曜日 晴小曇天

朝 起昭南市 ケンヒールロード 八八号 菊水倶樂部하여 朝飯을 食하엿다.
横浜正金銀行과 中央郵便局에 去하여 西原樣 及 仲居 李○鳳의 送金을 하엿
다. 夕食하고 夜 二時頃까지 帳場事務 보다가 宿하엿다.

十月 十四日(旧 八月 二十八日) 土曜日 晴夜小雨天

朝 起昭南市 ケンヒールロード 八八号 菊水倶樂部하여 朝飯을 食하엿다.

今般 病弱으로 因하여 歸鄉케 決心하고 今日 旅行證明申請願을 提出하엿다. 途中 富士俱樂部 前 主人 佳山氏를 맛나 高島, 西河 兩氏와 佳山氏 案內로 午(?)料의 接待를 밧앗다. 夕食하고 夜 一時頃까지 帳場事務 보고 宿하엿다.

十月 十五日(旧 八月 二十九日) 日曜日 晴後雷雨天

朝 起昭南市 ケンヒールロード 八八号 菊水俱樂部하여 朝飯을 食하엿다. 西原樣 勸함에 不得已하여 佳山亨洛氏와 共榮劇場에 去하여 映畵 求景하고 歸來하엿다. 警防隊打合會가 잇서 俱樂部組合 事務所에 集合하엿다. 今般 警防隊는 隣組 單位로 組織 改編되여 第五中隊 第二小隊 第一分隊가 此 俱樂部 區域과 其他 조곰 들어 잇다. 夜 一時頃까지 帳場事務 보다가 宿하엿다.

十月 十六日(旧 八月 三十日) 月曜日 晴天

朝 起昭南市 ケンヒールロード 八八号 菊水俱樂部하여 朝飯을 食하엿다. 今日부터 明日까지 防空訓練이엇다. 台湾 東方海面에 낙하난 敵 機動部隊를 捕捉하여 空母 十餘隻 其他 軍艦 等 數十隻을 擊沈한 皇軍의 大戰果가 發表되엿다. 夜 一時頃 帳場事務를 맛치고 宿하엿다.

十月 十七日(旧 九月 一日) 火曜日 晴天

朝 起昭南市 ケンヒールロード 八八号 菊水俱樂部하여 朝飯을 食하엿다. 故鄉 進永 親族 ○○의게서 來電하엿는듸 妻 死亡, 兒孩 困難 速來, 答하라는 電文이다. 가슴이 터질 듯 압흐며 精神이 업다. 妻마지 死亡하엿다면 나는 정말노 압흐로는 히망도 힝복도 아무것도 업다. 今春 三, 四月頃 歸鄉 안니 한 것이 後悔다. 엇지며 나의 一生이 이다지도 不幸 不運쓴일가. 하나님도 無心하다.

十月 十八日(旧 九月 二日) 水曜日 晴天

朝 起昭南市 ケンヒールロード 八八号 菊水俱樂部하여 朝飯을 食하엿다.

進永 族弟 ○○과 妻男 山本○治, 大邱 室人의게 打電하엿다. 夕食하고 夜 一時頃까지 帳場事務 보다가 宿하엿다.

十月 十九日(旧 九月 三日) 木曜日 晴天

朝 起昭南市 ケンヒールロード 八八号 菊水俱樂部하여 朝飯을 食하엿다. 今日은 俱樂部 公休日이다. 仲居 絹代의 勸함에 못이겨 共榮劇場에 去하여 映畵 求景하엿다. 歸路 金岡樣 宅에 들엇더니 맛침 불고기하여 먹는 판이라 갓치 먹기를 勸하기 갓치 먹고 놀다가 歸來하여 宿하엿다.

十月 二十日(旧 九月 四日) 金曜日 晴天

朝 起昭南市 ケンヒールロード 八八号 菊水俱樂部하엿다. 夕食하고 夜 一時頃까지 帳場事務 보다가 宿하엿다. 夜 二十一時頃 警戒警報가 發令되어 大和屋 分隊長 處 警防隊員이 集合하엿다가 解除됨을 기다려 解散하엿다.

十月 二十一日(旧 九月 五日) 土曜日 晴天

朝 起昭南市 ケンヒールロード 八八号 菊水俱樂部하여 華南銀行에 去하여 西原樣 小切手 金 七千三百九十圓을 受取하여 歸來하엿다. 十一時餘 警戒警報가 發令되더니 연다러 空襲警報가 發令되어 十二時餘 解除되엿다. 敵機의 爆擊은 無하엿다. 夕食하고 夜 一時餘까지 帳場事務 보다가 宿하엿다.

十月 二十二日(旧 九月 六日) 日曜日 晴後雨天

朝 起昭南市 ケンヒールロード 八八号 菊水俱樂部하여 朝飯을 食하엿다. 夕食하고 俱樂部組合事務所 隣組會議에 參席하엿다가 歸來하여 夜 一時까지 帳場事務 보고 宿하엿다.

十月 二十三日(旧 九月 七日) 月曜日 晴雨天

朝 起昭南市 ケンヒールロード 八八号 菊水俱樂部하여 朝飯을 食하엿다.

昭南綜合物資配給所에 去하여 十月 下旬(二回分) 煙草 配給을 受來하엿다. 夕
食하고 夜 一時頃까지 帳場事務 보다가 宿하엿다. 故鄕 大邱서 送金 受取, 無
事, 只今 歸來치 마라는 電報와 京城 尹○重게서 急事有 何時歸來 卽答이라
는 二張의 電報가 來到하엿다. 今日부터 東急電鐵會社에서 邦人 專用 タクシ
ー를 運行하다.

十月 二十四日(旧 九月 八日) 火曜日 晴雨天

朝 起昭南市 ケンヒールロード 八八号 菊水俱樂部하여 朝飯을 食하엿다.
大邱 室人의게 金 六百圓을 送金하엿다. 京城府 ○○町 ○○○-○○ 尹○重
의게 打回電하다. 金岡秀雄 宅에서 避雨中 金澤(パレンバン서 來昭)氏의 案內로
稻荷すしや에서 待接을 受하엿다. 夕食하고 夜 一時頃까지 帳場事務 보고 宿
하엿다.

十月 二十五日(旧 九月 九日) 水曜日 曇小雨天

朝 起昭南市 ケンヒールロード 八八号 菊水俱樂部하여 朝飯을 食하엿다.
夕食後前 スマトラ パレンバン서 來昭한 宮本敬太郎과 第一白牧丹 前慰安婦
現 仲居와 今般 結婚하엿는듸 今夜 兩國食堂에서 知己 人을 불너 祝賀酒를 먹
는다고 가자기에 갓다가 歸路 白牧丹까지 들어 祝賀하고 歸來하여 宿하엿다.

十月 二十六日(旧 九月 十日) 木曜日 晴小曇天

朝 起昭南市 ケンヒールロード 八八号 菊水俱樂部하여 朝飯을 食하엿다.
今般 歸鄕하는 金○愛 送金許可申請書를 提出하엿다. 夕食하고 遊하다가 夜
一時頃까지 帳場事務 보고 宿하엿다.

十月 二十七日(旧 九月 十一日) 金曜日 曇雨天

朝 起昭南市 ケンヒールロード 八八号 菊水俱樂部하여 朝飯을 食하엿다.
慰安婦 金○先의 付送한 送金 六百圓을 本人 貯金을 차자 中央郵便局에 附送

하엿다. 夕食하고 夜 二十四時까지 帳場事務 보다가 宿하엿다.

十月 二十八日(旧 九月 十二日) 土曜日 晴天

朝 起昭南市 ケンヒールロード 八八号 菊水俱樂部하여 朝飯을 食하고 昭南綜合物資配給組合에 去하여 ハンカチ, クツシタ의 特配를 受來하엿다. 夕食하고 夜 一時頃까지 帳場事務 보다가 宿하엿다. 比島 東方海面과 レイテ灣에서 敵艦船 七十餘隻 擊沈 破한 大戰果가 有하다. 俱樂部 從業員 身體檢査를 하엿다.

十月 二十九日(旧 九月 十三日) 日曜日 晴天

朝 起昭南市 ケンヒールロード 八八号 菊水俱樂部하여 朝飯을 食하엿다. 夕食하고 夜 一時까지 帳場事務 보고 宿하엿다. 旅行證明 申請한지 벌서 十五日나 되여도 아직 아모 通知가 업다.

十月 三十日(旧 九月 十四日) 月曜日 晴天

朝 起昭南市 ケンヒールロード 八八号 菊水俱樂部하여 朝飯을 食하엿다. 金岡秀雄氏 宅에서 遊하다가 夕時 歸來하여 夕食하고 帳場事務 보다가 夜 一時頃 宿하엿다. 南部 太平洋 アンポン서 慰安業 經營하다 歸還 中인 金澤, 藤田 兩氏를 西原樣 紹介를 人事하엿다.

十月 三十一日(旧 九月 十五日) 火曜日 朝晴後曇小雨

朝 起昭南市 ケンヒールロード 八八号 菊水俱樂部하여 檢疫所에 去하여 警防隊 全員 血型檢査를 하는듸 血型檢査를 하엿다. 我 血型은 A라더라. 南方運航會社에서 金○愛 乘船 申込한 것은 前回 便乘 안니 한 故로 取消하엿닷고 更히 申込하라고 電話 왓기에 卽去南方運航會社하여 乘船 申込을 하엿다. ビルマ, ラングウン서 洋服事業하든 平沼氏를 逢見하엿는듸 今般 歸鄕 途中이라더라. 夕食하고 常會에 出席하엿다가 歸來하여 帳場事務를 夜 一時頃까

지 보다가 宿하엿다.

十一月 一日(旧 九月 十六日) 水曜日 晴天

　朝 起昭南市 ケンヒールロード 八八号 菊水倶樂部하여 朝飯을 食하엿다. 終日 帳場事務 보앗다. 夕食하고 金岡秀雄氏 宅에 去하여 遊하다가 歸來하여 夜 二時頃까지 帳場事務 보고 宿하엿다.

十一月 二日(旧 九月 十七日) 木曜日 朝晴後雨曇天

　朝 起昭南市 ケンヒールロード 八八号 菊水倶樂部하여 朝飯을 食하엿다. 特別市 保安科 分室에서 旅行證明이 되엿다고 차자 가라는 通知가 왓기 卽去하여 受來하엿다. 夕食하고 夜 二十四時까지 帳場事務 보다가 宿하엿다.

| 明治節 |

十一月 三日(旧 九月 十八日) 金曜日 晴後曇小雨天

　早朝에 起菊水倶樂部하여 南明莊 前廣場에 去하여 隣組員 邦人 全部와 明治節 拜賀式을 擧行하엿다. 十月分 本倶樂部 月報를 提出하엿다. 夕食하고 夜 二時頃까지 帳場事務를 보다가 宿하엿다.

十一月 四日(旧 九月 十九日) 土曜日 朝晴後雨曇天

　朝 起昭南市 ケンヒールロード 八八号 菊水倶樂部하여 朝飯을 食하엿다. 南方開發銀行에 去하여 金 三萬九千圓의 送金 許可 申請을 提出하엿다. 南方運航會社에 乘船 申込을 하엿다. 夕食하고 夜 一時頃까지 帳場事務 보고 宿하엿다.

十一月 五日(旧 九月 二十日) 日曜日 朝晴後曇雨天

　朝 起昭南市 ケンヒールロード 八八号 菊水倶樂部 物資綜合配給所에 去하여 本月分 配給券을 受하엿다. 特別市 保安科 營業係 坂口 警部의게 去하

여 本俱樂部 仲居 絹代 解雇同意書와 稼業婦 秀美 廢業同意書를 交付하여 왓
다. 夕食하고 夜 一時頃까지 帳場事務 보다가 宿하엿다.

十一月 六日(旧 九月 二十一日) 月曜日 朝晴後曇雨
朝 起昭南市 ケンヒールロード 八八号 菊水俱樂部하여 朝飯을 食하엿다.
西原樣 付託의 送金을 하고 秀美 歸國旅行證明 申請書를 提出하엿다. 夕食하
고 夜 二時頃까지 帳場事務 보다가 宿하엿다.

十一月 七日(旧 九月 二十二日) 火曜日 朝晴後雨曇天
朝 起昭南市 ケンヒールロード 八八号 菊水俱樂部하여 朝飯을 食하엿다.
金岡秀雄氏 宅에 去하여 終日 遊하다가 夕食하고 歸來하엿다. 夜 一時頃까지
帳場事務 보다가 宿하엿다.

十一月 八日(旧 九月 二十三日) 水曜日 晴天
朝 起昭南市 ケンヒールロード 八八号 菊水俱樂部하여 朝飯을 食하엿다.
仲居 李○鳳 旅行證明申請書를 旅行證明係에 提出하엿다. 夕食하고 俱樂部
組合事務所에 去하여 常會에 參席하엿다. 夜 二十四時頃 宿하엿다.

十一月 九日(旧 九月 二十四日) 木曜日 晴天
朝 起昭南市 ケンヒールロード 八八号 菊水俱樂部하여 朝飯을 食하엿다.
橫浜正金銀行 昭南支店에 去하여 慰安婦 貯金을 하엿다. 夕食하고 夜 一時餘
까지 帳場事務 보고 宿하엿다.

十一月 十日(旧 九月 二十五日) 金曜日 晴天
朝 起昭南市 ケンヒールロード 八八号 菊水俱樂部하여 朝飯을 食하엿다. 夕
食하고 夜 一時頃까지 帳場事務 보다가 宿하엿다. アメリカ大統領選擧에 ルウ
ズベルト가 四選되엿다. 京城府 ○○町 尹○重의게서 片紙가 三通이 來하엿다.

十一月 十一日(旧 九月 二十六日) 土曜日 朝晴後曇天

　朝 起昭南市 ケンヒールロード 八八号 菊水俱樂部하여 朝飯을 食하엿다. 俱樂部組合總會가 有하엿는듸 組合長選擧에 前 組合長 勝鬪俱樂部 瀧光次郎氏가 再選되엿다. 南方運航會社에서 內地 歸還者 檢疫하라는 通知가 來하엿다. 余는 아직 送金許可도 아니 나오고 또 未整理事 有하여 엇지 할가 자지 中인듸 萬事를 西原樣의게 付託하고 出發하면 십흐다.

十一月 十二日(旧 九月 二十七日) 日曜日 晴天

　朝 起昭南市 ケンヒールロード 八八号 菊水俱樂部하엿다. 昭南檢疫所에 去하여 檢疫하고 特別市 財務科 爲替係에 去하여 送金許可件에 対하여 問議한 後, 同市 旅行係의게 金○愛 旅行期間延期願을 提出하엿다. 夕食하고 夜 一時餘까지 帳場事務 보고 宿하엿다.

十一月 十三日(旧 九月 二十八日) 月曜日 晴曇雨天

　朝 起昭南市 ケンヒールロード 八八号 菊水俱樂部하여 朝飯도 먹지 아니하고 中央電信局 及 銀行 等을 둘너 十三時餘 歸來하엿다. 今般 內地行 便乘하게 檢疫까지 하엿스나 送金手續 等이 未了로 不得已 가지 못하겟다. 夕食하고 夜 二時頃까지 帳場事務 보고 宿하엿다.

十一月 十四日(旧 九月 二十九日) 火曜日 晴曇天

　朝 起昭南市 ケンヒールロード 八八号 菊水俱樂部하여 今般 歸鄕하는 金○愛를 다리고 南方運航會社에 去하엿다가 余는 特別市 財務科, 同 保安科 分室 旅行證明係를 단여 歸來하여 十四時頃 朝飯을 食하엿다. 內地 歸還 佳山 內外 及 高島 內外는 今般 出發 안키로 하엿다가 다시 出發키로 決定하엿다더라. 金○愛 送金도 完了하다.

十一月 十五日(旧 九月 三十日) 水曜日 晴雨曇天

朝 起昭南市 ケンヒールロード 八八号 菊水倶樂部하여 特別市 為替管理係에 去하여 送金許可書를 受하고 保安科 營業係 及 華南, 正金 各 銀行, 中央郵便局 等에 用件을 맛치고 歸來하여 十三時頃 朝飯을 食하엿다. 稼業婦 金○愛는 今日 內地 歸還 乘船하엿다. 夕食하고 夜 一時頃까지 帳場事務 보다가 宿하엿다.

十一月 十六日(旧 十月 一日) 木曜日 晴後曇雨天

朝 起昭南市 ケンヒルロード 八八号 菊水倶樂部 朝飯을 食하엿다. 特別市 保安科 營業係에 去하여 歸國한 金○愛의 酌婦認可書를 納付하엿다. 夕食하고 夜 一時餘까지 帳場事務 보고 宿하엿다.

十一月 十七日(旧 十月 二日) 金曜日 曇後雨曇天

朝 起昭南市 ケンヒルロード 八八号 菊水倶樂部하여 朝飯을 食하엿다. 夕食하고 夜 一時頃까지 帳場事務 보고 宿하엿다. 大世界遊藝場에 西原樣과 去하여 現地製 ブランデー와 ウィスキ酒를 買來하엿다.

十一月 十八日(旧 十月 三日) 土曜日 晴曇天

朝 起昭南市 ケンヒルロード 八八号 菊水倶樂部하여 朝飯을 食하엿다. 夕食하고 夜 一時頃까지 帳場事務 보다가 宿하엿다.

十一月 十九日(旧 十月 四日) 日曜日 晴天

朝 起昭南市 ケンヒルロード 八八号 菊水倶樂部하여 朝飯을 食하엿다. 夕食하고 夜 一時頃까지 帳場事務 보다가 宿하엿다.

十一月 二十日(旧 十月 五日) 月曜日 晴曇天

朝 起昭南市 ケンヒルロード 八八号 菊水倶樂部하여 佳山樣과 南方運航

會社에 去하여 內地行乘船申込을 하고 歸來하여 朝飯을 食하엿다. 夕食하고
夜 一時頃까지 帳場事務 보다가 宿하엿다.

十一月 二十一日(旧 十月 六日) 火曜日 晴天

朝 起昭南市 ケンヒルロード 八八号 菊水俱樂部하여 朝飯을 食하엿다.
夕食하고 仲居 絹代와 芙蓉劇場에서 映畵求景하고 歸來하여 宿하엿다. 仲居
絹代와 稼業婦 秀美 旅行証明이 되엿다더라. 大邱 室人의게 打電하엿다.

十一月 二十二日(旧 十月 七日) 水曜日 晴後雨天

朝 起昭南市 ケンヒルロード 菊水俱樂部하여 朝飯을 食하엿다. 仲居 李
○奉과 稼業婦 金○守 兩名의 旅行証明을 차자왓다. 南方運航會社 合 兩人의
乘船申込을 하엿다. 夕食하고 夜 二十四時까지 帳場事務 보다가 宿하엿다.

| 新嘗祭 |

十一月 二十三日(旧 十月 八日) 木曜日 曇後雨夜晴

朝 起昭南市 ケンヒルロード 八八号 菊水俱樂部하여 朝飯을 食하엿다.
佳山亨洛氏와 市街에 オーバ사로 단이다가 歸來하엿다. 夕食하고 夜 一時頃
까지 帳場事務 보다가 宿하엿다. 佳山氏 內外分과 藤田房吉氏와 菊水俱樂部
西原樣宅에서 夕飯을 同食하고 快遊하다.

十一月 二十四日(旧 十月 九日) 金曜日 晴後曇雨天

朝 起昭南市 ケンヒルロード 八八号 菊水俱樂部하여 朝飯을 食하엿다.
正金銀行에 金○守 送金 許可申請을 提出하고 中央郵便局에 李○鳳 送金을
하엿다. 歸路 オーチャロード 偕行社 タクシー部에 갓더니 片紙가 왓다며 니
여주기 바다보니 故鄕 舍弟 ○○의게서 왓더라. 片紙 內容은 送金 二次나 受
取하엿고 모다 無事히 잇스니 安心하고 速히 歸鄕하라는 簡單한 片紙더라.
夕食하고 夜 一時頃까지 帳場事務 보다가 宿하엿다.

十一月 二十五日(旧 十月 十日) 土曜日 晴曇少雨天

　朝 起昭南市 ケンヒルロード 八八号 菊水倶樂部하여 倶樂部組合 事務所에 集合하여 大東亞戰爭 三週年 紀念祝賀行事를 압둔 勤勞奉仕作業이 잇엇다. 卽昨年 二月 十八日 戰死한 梅澤, 小關 兩准尉의 墓가 ケンヒルロード 後面에 잇는듸 伐草 淸掃하엿다. 今月 第二回分 煙草 配給을 受하엿다. 夕食하고 夜 一時頃까지 帳場事務 보다가 宿하엿다.

十一月 二十六日(旧 十月 十一日) 日曜日 晴後雨天

　朝 起昭南市 ケンヒルロード 八八号 菊水倶樂部하여 朝飯을 食하엿다. 終日 遊하다가 夕食하고 夜 一時頃까지 帳場事務 보고 宿하엿다.

十一月 二十七日(旧 十月 十二日) 月曜日 晴天

　朝 起昭南市 ケンヒルロード 八八号 菊水倶樂部하여 朝飯을 食하엿다. 花園倶樂部 內主人 主催로 本 菊水倶樂部에서 飮食을 작만하여 夕飯 兼하여 먹엇다. 招待客은 佳山內外, 藤田氏, 高島氏와 花園倶樂部 主人內外, 西原樣 等이다. 夜 一時頃 술이 大醉되여 宿하엿다.

十一月 二十八日(旧 十月 十三日) 火曜日 曇暴雨天

　朝 起昭南市 ケンヒルロード 八八号 菊水倶樂部하여 朝飯을 食하엿다. 十三時半頃부터 約一時間半 大暴雨가 나리엇다. 昭南의 비는 五分, 十分間에 지나지 못한 소낙비이엿는듸 今日의 暴雨는 一時間半동안 조곰도 쉬지안코 왓다. 참 드물게 보는 大雨다. 夕食하고 夜 一時頃까지 帳場事務 보다가 宿하엿다.

十一月 二十九日(旧 十月 十四日) 水曜日 晴天

　朝 起昭南市 ケンヒルロード 八八号 菊水倶樂部하여 朝飯을 食하다. 夕食하고 仲居 絹代가 映畵求景가자기 갓치가는 途中 佳山樣 內外와, 高島樣을

맛나 모다 함께 芙蓉劇場에 가서 日本ニュース와 おもかげの街란 寫眞을 求景하고 歸來하여 帳場事務를 맛치고 夜 一時頃 宿하엿다.

十一月 三十日(旧 十月 十五日) 木曜日 曇天

朝 起昭南市 ケンヒルロード 八八号 菊水俱樂部하여 朝飯을 食하엿다. 夕食하고 俱樂部組合 事務所에 去하여 常會에 參席하엿다. 常會에서 決議한 新事項이 잇는디 此는 明日부터 七班 邦人 二名式 夜 一時부터 明朝八時까지 防空에 對한 不寢番을 하게 되엿다. 二十二時半頃 常會를 맛치고 歸來하여 帳場帳簿를 整理하고 宿하엿다.

十二月 一日(旧 十月 十六日) 金曜日 曇晴天

朝 起昭南市 ケンヒルロード 八八号 菊水俱樂部하여 朝飯을 食하엿다. 橫浜正金銀行에 去하여 金○守의 送金許可書를 受하고 特別市 食品科에 去하여 金○愛 轉出에 因한 異動届를 提出하엿다. 配給組合에서 十二月分 配給 傳票를 受來하엿다. 夕食하고 夜 二十四時餘까지 帳場事務를 보다가 西原樣 代理로 防空不寢番을 하기 爲하여 組合 事務所에 去하엿다.

十二月 二日(旧 十月 十七日) 土曜日 曇晴天

朝 八時에 防空不寢番을 맛치고 歸來하엿다가 戰死者墓所 淸掃勤勞奉仕에 參加하여 九時부터 十時半餘까지 隣組勤勞奉仕하고 歸來하여 朝飯을 食하엿다. 終日 十一月分 俱樂部 稼業婦 稼高帳簿를 計算하엿다. 夕食하고 夜 一時頃까지 帳場事務 보다가 宿하엿다.

十二月 三日(旧 十月 十八日) 日曜日 晴天

朝 起昭南市 ケンヒルロード 八八号 菊水俱樂部하여 朝飯을 食하엿다. 終日 十一月分 俱樂部 月報를 作成하엿다. 夕食하고 夜 一時頃까지 帳場事務 보다가 宿하엿다.

十二月 四日(旧 十月 十九日) 月曜日 晴天

朝 起昭南市 ケンヒルロード 八八号 菊水倶樂部하여 朝飯을 食하엿다.
正金銀行에 去하여 金○守 送金 許可된 一万一千圓을 送金하여 주엇다. 日前
修繕 依託한 腕時計를 服部時計店에서 推尋하엿다. 夕食하고 夜 二十四時頃
까지 帳場事務 보고 宿하엿다. 今年 六月에 歸鄉한 中田이란 ジャワ, スラバ
ヤ 居住한 女子는 今日 內地서 昭南에 到着하여 ジャワ로 가는 途中이라면서
차저왓더라.

十二月 五日(旧 十月 二十日) 火曜日 晴天

朝 起昭南市 ケンヒルロード 八八号 菊水倶樂部하여 朝飯을 食하엿다.
中央郵便局에 去하여 金○先의 鄉里 送金을 하여 주엇다. 夕食하고 夜 一時
頃까지 帳場事務 보고 宿하엿다.

十二月 六日(旧 十月 二十一日) 水曜日 晴天

朝 起昭南市 ケンヒルロード 八八号 菊水倶樂部하여 朝飯을 食하엿다. 今
日 防空訓練이 잇섯다. 夕食하고 夜 一時頃까지 帳場事務 보다가 宿하엿다.

十二月 七日(旧 十月 二十二日) 木曜日 晴天

朝 起昭南市 ケンヒルロード 八八号 菊水倶樂部하여 朝飯을 食하엿다.
佳山樣과 淸川樣 問病갓다 왓다. 夕食하고 夜 一時頃까지 帳場事務 보다가
宿하엿다.

十二月 八日(旧 十月 二十三日) 金曜日 曇晴天

今日은 大東亞戰爭 三週年 紀念日이다. 朝 起昭南市 ケンヒルロード
八八号 菊水倶樂部하여 朝飯을 食하엿다. 夕食하고 組合 事務所에서 開催하
는 隣組常會에 出席하엿다. 夜 一時부터 防空當番을 하여 날을 세웟다.

十二月 九日(旧 十月 二十四日) 土曜日 曇雨天

　朝 八時까지 俱樂部組合 事務所에서 防空當番 하다가 歸來하여 十一時 頃까지 宿하엿다. 十一月分 收支計算書를 作成하엿다. 夕食하고 夜 二十四時 餘까지 帳場事務 보다가 宿하엿다.

十二月 十日(旧 十月 二十五日) 日曜日 曇雨天

　朝 起昭南市 ケンヒルロード 八八号 菊水俱樂部하여 朝飯을 食하엿다. 十一月分 收支計算書를 組合 事務所에 提出하엿다. 夕食하고 夜 一時頃까지 帳場事務 보다가 宿하엿다.

十二月 十一日(旧 十月 二十六日) 月曜日 晴曇天

　朝 起昭南市 ケンヒルロード 八八号 菊水俱樂部하여 朝飯을 食하엿다. 稼 高日記帳 及 貸借計算簿를 檢閱케 特別市 保安科 營業係에 提出하엿다. 仲居 李○梅 解雇届를 提出하엿더니 明日 本人을 보닛달나더라. 中央郵便局에 李 ○鳳 付託送金을 하고 歸路 金岡秀雄氏 宅에서 遊하엿다. 夕食하고 西原樣과 芙蓉劇場에 求景가다가 富士俱樂部에 들여 主人 西河氏가 飲酒 遊하자기에 夜 十一時頃까지 遊하다가 歸家하여 帳場事務를 맛치고 夜 一時頃 宿하엿다.

十二月 十二日(旧 十月 二十七日) 火曜日 晴小曇天

　朝 起昭南市 ケンヒルロード 八八号 菊水俱樂部하여 朝飯을 食하엿다. 芙蓉劇場에 去하여 次郎物語라는 映畫를 求景하엿다. 夕食하고 夜 一時頃까 지 帳場事務 보다가 宿하엿다.

十二月 十三日(旧 十月 二十八日) 水曜日 晴夜雨天

　朝 起昭南市 ケンヒルロード 八八号 菊水俱樂部하여 朝飯을 食하엿다. 終日 遊하다가 夕食하고 夜 一時頃까지 帳場事務 보고 宿하엿다.

十二月 十四日(旧 十月 二十九日) 木曜日 晴曇小雨天

朝 起昭南市 ケンヒルロード 八八号 菊水俱樂部하여 朝飯을 食하엿다. 特別市 保安科 營業係에 去하여 日前 檢閱케 밧친 酌婦日記帳을 受來하엿다. 十五時半餘 南方運航會社에서 內地旅行者 今日 中檢役을 하여 明日 十時 集合하라는 通知가 來하엿다. 今日은 檢役時間이 지나 못하엿다. 夕食하고 夜 二時까지 帳場를 맛치고 西原樣과 이약하다가 宿하엿다.

十二月 十五日(旧 十一月 一日) 金曜日 晴曇天

朝 起昭南市 ケンヒルロード 八八号 菊水俱樂部하여 朝飯을 食하엿다. 南方運航會社에 去하여 便乘件 手續을 맛치고 檢役所에서 檢役하엿다. 十六時 碇泊場에 去하여 乘船票를 買入하엿다. 金岡秀雄氏 招待로 みなみ食堂에 去하여 飮酒 遊하엿다. 夜 二時頃 짐 準備하고 宿하엿다.

十二月 十六日(旧 十一月 二日) 土曜日 晴曇雨天

朝 起昭南市 ケンヒルロード 八八号 菊水俱樂部하여 橫浜正金銀行에 去하여 許可된 三万九千圓 送金하고 檢役所에 去하여 檢役証明書를 受來하엿다. 今日 便乘者 集合時間이 十二時인딕 여러 가지 일에 奔忙하여 十三時餘 稼業婦 여러분과 作別하고 碇泊場 集合所로 나와 手荷物 檢査를 맛치고 十七時頃 乘船하다. 船內 第一 夜를 지닉게 되엿다. 西原樣의 後日 飛行機便으로 가게 몹시 말니는 것도 不顧하고 作別하엿는딕 碇泊場까지 나와 惜別하더라. 本船은 阿波丸이다.

十二月 十七日(旧 十一月 三日) 日曜日 晴雨天

船內에서 첫 하로밤을 지낫다. 碇泊한양 出帆치 안코잇다.

十二月 十八日(旧 十一月 四日) 月曜日 晴曇雨天

本船은 碇泊한양 쏘 하로를 지낫다.

十二月 十九日(旧 十一月 五日) 火曜日 晴曇天

港外에 碇泊中

十二月 二十日(旧 十一月 六日) 水曜日 曇天

港外에 碇泊中

十二月 二十一日(旧 十一月 七日) 木曜日 曇小雨天

港外에 碇泊中

十二月 二十二日(旧 十一月 八日) 金曜日 曇細雨天

港外에 碇泊中

十二月 二十三日(旧 十一月 九日) 土曜日 曇天

港外에 碇泊中

十二月 二十四日(旧 十一月 十日) 日曜日 晴薄曇小雨天

碇泊中

十二月 二十五日(旧 十一月 十一日) 月曜日 晴天

碇泊中

十二月 二十六日(旧 十一月 十二日) 火曜日 晴天

十二月 二十七日(旧 十一月 十三日) 水曜日 曇後暴風雨天

十二時頃부터 始作한 暴風雨가 終日 繼續하여 航海에 妨害가 만타. 써로는 집체갓흔 큰 波濤에 船上甲板까지 뛰어올으며 船體가 動搖하여 船醉者가 續出한다. 多幸히 余는 조곰도 취하지 안는다. 낫보다 밤이 더 甚하여 終夜 風

浪소리에 잠을 잘 수 업다.

十二月 二十八日(旧 十一月 十四日) 木曜日 曇風小雨天

今日도 風勢는 如前히 猛威를 發하여 波濤를 일어켜 비만 흔든다.

十二月 二十九日(旧 十一月 十五日) 金曜日 晴天

今日은 暴風도 물너가고 海面은 잔잔하여 젓다. 十一時餘 サンジァク港에 碇泊하엿다. 出帆後 滿 三日만에 此港에 다이엿다. 十八時頃 다시 出港하엿다.

十二月 三十日(旧 十一月 十六日) 土曜日 晴天

終日 航海하다가 十八時頃 カムラン灣에 入港하여 碇泊하다.

十二月 三十一日(旧 十一月 十七日) 日曜日 晴天

今日로써 昭和十九年도 이제 다 가고 만다. 우리들이 탄비는 日出時 八時頃 다시 出港 航海하고 잇다. 終日 航海하다가 十八時頃 佛海 某灣에 碇泊하엿다.

[일기에 등장하는 지명과 영문 명칭]

고우렌빌: 고텐바리의 다른 표기

고텐바리: Golden Valley(현재명 Shwetaunggya)

곳드윈 로: Godwin Road(현재명 Lanmadaw Street)

다루비에스티: Darby Street

라시오: Lashio

랑군: Rangoon(현재명 Yangon, 버마의 수도)

레바탄: Letpadan 또는 Letpatan

로야: 미상

마구이: 메르구이의 다른 표기

마루타반: Martaban(현재명 Mottama)

마야곤: Mayangon

만달레이: Mandalay

메니곤: May Ni Gone(랑군의 버스터미널)

메르구이: Mergui(현재명 Myeik)

메르기: 메르구의의 다른 표기

메쿠데라: Meiktila

모바린: Mokpalin(연합군포로수용소가 있었음)

모울멘: Moulmein(현재명 Mawlamyine)

몰멘: 모울멘의 다른 표기

바라오: Palaw

바톤: Padaung

발레반: 팔렘방의 다른 표기

부겐빌 섬: Bougainville Island(파푸아뉴기니의 섬)

비치로드: Beach Road

빅토리아 호: Lake Victoria(현재명 Inya Lake)

빅토리아 포인트: Victoria Point (현재명 Kawthaung)

산자쿠: Saint Jacques (현재명 Vung Tau)

세레다: Selectar

수레바코다가: Sule Pagoda Road

싯탄: Sittang

아라칸: Arakan

아캬브: Akyab (현재명 Sittwe)

안다손로드: Anderson Road

안바로드: Amber Road

안판: Aungban

오챠로드: Orchard Road

요마거리: 미상

이라와지 강: Irawaddy River

이에: Ye

이에우: Ye-U

인센: Insein

죠홀바루: Johor Bahru

지순폰: Chumphon

췬본: 지순폰의 다른 표기

카라우: Kalaw

카로, 카로우: 카라우의 다른 표기

카마에: 카마요의 다른 표기

카마요: Kamayut

카오푸아지: Khao Fachi (현재명 Bang Kaew)

카톤: Katong

캄란: Cam Ranh

켄힐로드: Cairnhill Road

코덴빌: 고텐바리의 다른 표기

타보이: Tavoy(현재명 Dawei)

타운기: Taunggyi

타이핀: Majlis Perbandaran Taiping

탄갓푸: Taungup

파탄벳사: Padang Besar

파렌방: 팔렘방의 다른 표기

팔렘방: Kota Palembang(인도네시아 수마트라의 도시)

페구: Pegu(현재명 Bago)

페낭: Penang

푸나: Poona(현재명 Pune, 인도의 도시)

푸라이: Seberang Perai 또는 Prai

프롬: Prome 또는 Pyay

프롬로드: Prome Road

부록1. 미국전시정보국심리작전반,
『일본인포로심문보고』 제49호

머리말

이 보고는 1944년 8월 10일경 버마의 미트키나(Myitkyina) 함락 후의 소탕작전에서 체포된 20명의 조선인 '위안부'와 2명의 일본인 민간인에 대한 심문에서 얻은 정보에 기초하고 있다.

이 보고는 일본인에 의한 이들 조선인 '위안부'의 동원방법, 그녀들의 생활 및 노동의 조건, 그녀들의 일본군 병사에 대한 관계 및 반응과 군사상황에 대한 그녀들의 이해 정도를 보여주고 있다.

'위안부'란, 매춘부, 혹은 장병들이 이용하도록 일본군에 부속된 '직업적 병영기녀(兵營妓女)'에 불과하다. '위안부'라는 용어는 일본인 특유의 것이다. 다른 보고들도 일본군이 전투를 필요로 하는 어느 곳에서나 '위안부'가 발견됨을 보여주고 있다. 그러나 이 보고는 일본인에 의해서 동원되어 버마의 일본군에 부속된 조선인 '위안부'에 관해서만 다룰 것이다. 일본인이 1942년에 버마로 이들 703명의 여자들을 해상수송했다고 보고되었다.

동원

1942년 5월 초순 일본군의 의뢰인(依賴人)들이 일본군에 의해서 새로

이 정복된 동남아시아 제지역에서의 '위안서비스'를 할 조선인 여성을 동원하기 위해 조선에 도착했다. '서비스'의 성격은 명시되지 않았지만, 그것은 병원에 있는 부상병을 위문하고 붕대를 감는 일이나 일반적으로 말하자면 장병을 즐겁게 해 주는 것에 관련된 일이라고 생각되었다.

이들 의뢰인들이 사용한 미끼는 다액의 수입, 가족의 부채를 변제할 수 있는 좋은 기회, 고되지 않은 노동과 신천지 싱가포르에서의 신생활에 대한 전망이었다. 이와 같은 허위 설명을 믿고 많은 여성이 해외근무에 응모하고 2, 3백엔의 전차금(前借金)을 받았다.

이들 여성 중의 몇몇은 이전부터 '지상에서 가장 오래된 직업'에 관계하고 있었지만, 대부분은 무지하고 교육도 받지 못했다. 그녀들이 체결한 계약은 가족의 부채변제에 충당하기 위한 전차금에 따라서 6개월에서 1년에 걸쳐 그녀들을 군의 규칙과 '포주(抱主)들'에게 묶어 놓았다.

거의 800명에 이르는 이들 여성이 이러한 방법으로 모집되어 '위안소업주들'과 더불어 1942년 8월 20일경 랑군에 상륙했다. 그녀들은 8명에서 22명으로 구성된 그룹으로 나누어졌다. 그녀들은 여기에서 버마의 여러 지방으로 배속되었는데, 그 지방은 통상 일본군의 주둔지 근처에 있는 상당한 규모의 도시였다. 결국 이들 중 4개의 그룹이 미트키나에 도착했다. 그 그룹은 쿄우에이(共榮), 킨수이(錦水), 바쿠신로, 모모야(桃家)였다. 쿄우에이 위안소는 "마루야마(丸山) 클럽"으로도 불렸는데, 미트키나 주둔부대장인 마루야마 대좌가 그의 이름과 같은 명칭에 이의를 제기했기 때문에, 그 명칭은 그녀들이 미트키나에 도착했을 때 바뀌었다.

성격

심문에 의해서 판명된 바로는 조선인 '위안부'는 평균 25세가량이며 교양이 없고, 어른스럽지 못하며, 이기적이다. 그녀들은 일본인의 기준으로 보거나 백인의 기준으로 보더라도 미인은 아니다. 그녀들은 자기중심적이며 자기 자랑을 좋아한다.

그녀들의 태도는 모르는 사람 앞에서는 조용하고 얌전하지만, 그녀들은 '남자를 가지고 노는 방법을 알고 있다'. 그녀들은, 자기의 '직업'이 싫다고 말하고 있으며, 자기의 직업이나 가족에 관해서도 얘기하고 싶어 하지 않는다.

그녀들은, 포로로서 미트키나와 레도(Ledo)에서 미국병사로부터 친절한 대우를 받았기 때문에, 미국 병사가 일본 병사보다도 인정이 많다고 생각하고 있다. 그녀들은 중국 군대와 인도 군대를 무서워하고 있다.

생활과 노동의 상황

미트키나에서 그 여자들은 개인별로 독방이 갖추어져 있는 2층의 대규모 가옥(보통은 학교의 교사)에 배치되었다. 각 여자들은 거기에서 생활하고 잠자고 영업했다. 미트키나에서 그녀들은 일본군으로부터 규칙적인 배급을 받지 않았기 때문에 '위안소의 포주'로부터 식사를 제공받았다.

버마에서의 그녀들의 생활은 다른 곳과 비교하면 사치스러울 정도였다. 이 점은 버마생활의 2년째에 특히 그러했다. 식료와 물자는 배급에 크게 의존하지 않고 원하는 물품을 구입할 수 있는 충분한 돈을 가지고 있었기 때문에, 그녀들의 생활은 좋았다. 그녀들은, 의류, 신발, 권연, 화장품을 살 수 있었고, 군인들의 고향에서 보내온 '각종 위문품'을 추가적인 선물로 받을 수가 있었다.

그녀들은 버마에 체류하는 동안 장병들과 같이 스포츠 행사에 참가하고 또 피크닉, 연회, 만찬회에 출석하면서 즐거이 지냈다. 그녀들은, 축음기를 가지고 있었으며, 도시에서는 쇼핑도 허락되었다.

우선시스템

영업상황은 군에 의해서 규제되었으며, 번잡한 지역에서는 규칙이 엄격히 준수되었다. 군은 번잡한 지역에서 요금, 이용의 우선순위 및 특정지역에서 작전을 실시하고 있는 여러 부대들을 위한 이용일정에 관한 시스템을 마련할 필요가 있다고 생각했다. 심문에 따르면 평균적 시스템은 다음과 같았다.

1. 병사 오전 10시~오후 5시 1.50엔 20분~30분
2. 하사관 오후 5시~오후 9시 3.00엔 30분~40분
3. 장교 오후 9시~오전 10시 5.00엔 30분~40분

이상은 중부 버마에서의 평균적 요금이었다. 장교는 20엔으로 하룻밤 숙박하는 것도 인정되고 있었다. 미트키나에서는 마루야마 대좌가 요금을 평균요금의 거의 절반으로 깎았다.

이용일정

병사들은 가끔 위안소가 혼잡하다는 불만을 호소해왔다. 군이 규정시간의 초과에 대해서는 매우 엄격한 태도를 취하고 있었기 때문에, 많은 경

우 그들은 성적 서비스를 받지도 못하고 돌아서지 않으면 안 되었다.

이 문제를 극복하기 위해 군은 특정부대에 특정 날짜를 배정했다. 보통 지정된 날짜에 병사들을 확인하기 위하여 부대로부터 2명의 병사가 위안소에 배치되었다. 질서를 유지하기 위해 이동헌병도 가까이 있었다. 다음은 나이묘(Naymyo)에 주둔하는 제18사단의 각 부대를 위하여 "쿄우에이" 위안소가 사용한 이용일정이다.

일요일　제18사단 사령부스태프
월요일　기병부대
화요일　공병부대
수요일　휴업일, 매주의 성병검진
목요일　위생부대
금요일　산포부대
토요일　수송부대

장교는 1주일에 매일 밤 이용할 수 있게 되어 있다. 그녀들은 일정대로 하더라도 혼잡이 너무 심하기 때문에 모든 손님을 보살필 수 없다고 불평했는데, 그 결과 많은 병사 사이에서 나쁜 감정을 사고 있었다.

병사들은 위안소에 와서 요금을 지불하고 판지로 만든 약 2인치 4방의 티켓을 받는데, 티켓의 좌측 면에는 순번(順番)이, 그 다른 면에는 위안소의 명칭이 적혀 있다. 각 병사들의 소속과 계급이 확인된 이후, 병사들은 '줄을 서서 순번을 기다린다'. 그녀들은 고객을 거절할 특권을 인정받고 있다. 접객거부는 고객이 만취돼 있을 때 흔히 일어났다.

보수와 생활상태

'위안소의 포주들'은 그녀들이 번 총수입의 50 내지 60%를 받는데, 그 비율은 각 위안부가 계약을 맺을 때에 어느 정도의 채무를 졌는가에 달렸다. 이것은, 그녀들이 보통 한 달에 총액 1,500엔 정도를 벌었다면, 그녀들이 "포주"에게 750엔을 넘겨주었다는 것을 의미한다. 대부분의 "포주"는 그녀들에게 식료 및 그 밖의 물품에 대하여 높은 가격을 부담케 함으로써 그녀들의 생활을 곤란하게 했다.

1943년 후기에 군은 부채를 다 변제한 어떤 위안부에게는 귀국할 수 있다는 명령을 내렸다. 그 결과 일부의 위안부는 조선에 돌아가는 것이 허용됐다.

더 나아가 심문은 그녀들의 건강상태는 양호하다는 것을 보여준다. 그녀들은 여러 가지 타입의 피임구를 충분히 지급받고 있었으며, 또 군인들도 군에서 지급되는 그들 자신의 피임구를 가져오기도 했다. 그녀들은 위생문제에 있어서 자신이나 손님을 돌볼 수 있도록 잘 훈련되어 있었다. 일본군의 정규군의가 1주(週)에 한 번씩 위안소를 찾아왔는데, 병이 걸린 위안부는 치료를 받고, 격리되고, 마지막으로는 병원으로 보내졌다. 같은 절차가 군(軍) 자체 내에서도 밟아졌는데, 흥미로운 것은 병사는 입원해도 그 기간의 급여를 받지 못하는 일은 없었다는 점이다.

일본 군인에 대한 반응

그녀들과 일본인 장병과의 관계에 관한 심문에서 결국 다만 두 사람의 이름이 떠올랐을 뿐이다. 그들은 미트키나 주둔군 사령관인 마루야마 대좌와 증원부대를 인솔하고 온 미즈카미(水上) 소장이었다. 두 사람은 정확히 대조적이었다. 전자는 부하들을 돌보지 않는 가혹하고 이기적이고 혐오할 만한 인물인데 대하여, 후자는 자기 밑에서 일하는 사람들에 대하여 최상의 배려를 하는 마음씨 좋고 친절한 사람이며 좋은 군인이었다. 대좌는 위안소의 단골이었던 데에 대해 장군이 위안소에 들렀다는 얘기는 듣지 못했다. 마트키나의 함락과 더불어 마루야마 대좌는 도망쳐버렸다고 생각되는데 대하여 미즈카미 장군은 부하들을 철수시키지 못했기 때문에 자결했다.

병사들의 반응

'일본인 군인은, 위안소가 만원일 때, 줄을 서서 순번을 기다리지 않으면 안 될 경우, 대체로 부끄러워한다'는 어느 여자의 말에 따르면, 평균적인 일본인 군인은 '위안소'에서 자기가 남에게 보여지는 것을 난처해했다. 그러나 수많은 청혼의 사례가 있었으며, 실제로 결혼이 성립된 사례도 몇 건이 있었다.

모든 위안부의 일치된 의견으로는 그녀들한테 찾아오는 가장 나쁜 장교와 병사는 술에 취해 있거나 더구나 다음날 전선으로 향하게 되어 있는 자들이었다. 그러나 그녀들이 한결같이 입을 모아 말하기로는, 일본 군인은 설사 아무리 술에 취해 있어도 그녀들을 상대로 군사와 관련된 사항이나 비밀에 관해서 얘기하는 일은 결코 없었다는 것이다. 위안부들이 무슨 군사상에 관한 얘기를 꺼내더라도 장교도 하사관도 얘기하려 들지 않을 뿐만이 아니라, '그와 같은 여자에게 적합하지 않은 일을 화제로 삼지 말라고 언제나 꾸짖었으며, 그러한 사항에 관해서는 마루야마 대좌조차 술에 취해 있을 때에도 결코 얘기하지 않았다.'

병사들은 가끔 고향으로부터 잡지, 편지 및 신문을 받아보는 것이 얼마나 즐거운가를 얘기했다. 그들은 통조림, 잡지, 비누, 손수건, 칫솔, 조그마한 인형, 루주 및 나무로 만든 옷 등이 가득 들어 있는 '위문품 꾸러미'를 받았다는 이야기도 했다. 루주나 나무로 만든 옷은 아무리 생각해도 여성용 물건이며, 위안부들은 고향 사람들이 왜 그러한 물건을 보내오는지 이해하지 못하였다. 그녀들은 보내는 사람들이 그녀들 자신이 받든지 또는 '현지 여성'이 받을 것으로 생각했을 것이라 억측했다.

군사정세

그녀들은 그녀들이 퇴각하거나 포로가 되는 시점에 이르기까지, 더 나아가서 그 시점에서조차도 미트키나 주변의 군사 정세에 관해서는 거의 아무것도 몰랐던 것 같다. 그러나 주목할 만한 약간의 정보가 있다.

'미트키나 및 동 지역의 활주로에 대한 첫 공격에서, 약 200명의 일본군이 전투에서 전사하고, 동시(同市)의 방위요원은 200명 정도밖에 남아 있지 않다. 탄약은 극히 적었다.'

'마루야마 대좌는 그의 부하들을 분산시켰다. 그 후 수 일간 적(敵)은 도처에서 제멋대로 사격하고 있었다. 그들은 무엇인가 특정의 대상을 표적으로 하고 있는 것 같지 않았기 때문에, 그것은 탄약의 낭비였다. 이에 반해서 일본군은, 한 번에 1발, 그것도 틀림없이 명중할 것이라고 판단 됐을 때만 쏘도록 명령 받고 있었다.'

적이 서(西) 활주로에 공격을 해오기 전에, 미트키나 주변에 배치돼 있던 군인들은 북부 및 서부의 연합국군의 공격을 저지하기 위하여 다른 곳으로 급파되었다. 주로 제114연대 소속의 약 400명이 남아 있었다. 분명히

마루야마 대좌는 미트키나가 공격을 당하리라고는 예측하지 못하고 있었다.' 그 후 제56사단의 미즈카미 소장이 2개연대 이상의 증원부대를 인솔해왔으나 그것으로도 미트키나를 방위할 수는 없었다.

그녀들의 일치된 말에 따르면, 연합국군의 폭격은 집중적이고 간을 서늘하게 하는 것이었으며, 그 때문에 그녀들은 최후의 날들을 참호 속에서 지냈다는 것이다. 그러한 상황 속에서 한두 명은 일을 계속했다. 위안소가 폭격되고, 그녀들 중의 몇 명은 부상하거나 사망했다.

퇴각 및 포획

'위안부들'의 퇴각과 최종적 포획에 관한 이야기는 그녀들의 기억에서도 다소 애매하고 혼란되어 있었다. 각종 보고에 따르면 다음과 같은 일이 일어난 것 같다:

즉 7월 31일 밤 3개의 위안소(바쿠신로는 킨수이에 합병되어 있었다)의 '위안부들', 가족과 종업원을 포함하는 63명의 일행이 소형선으로 이라와디(Irrawaddy)강을 건너기 시작했다. 그들은 결국 와잉마우(Wayngmaw)에 가까운 어떤 곳에 상륙했다. 그들은 8월 4일까지 거기에 머물렀으나, 와잉마우에는 들어가지 않았다. 그들은 거기로부터 8월 7일까지 일단의 군인들의 뒤를 따라갔는데, 그때에 적과의 소규모 전투가 일어나서, 일행은 뿔뿔이 흩어지게 되었다.

그녀들은 3시간이 경과하고 나서 군인의 뒤를 따라오도록 다시 명령을 받았다. 그녀들은 명령대로 뒤쫓아가서 결국은 어느 강둑에 닿기는 했으나, 거기에는 병사의 그림자도 도강의 수단도 없었다. 그녀들은 부근 민가에 계속 머물렀는데, 8월 10일 영국군 장교가 인솔하는 카친(Kachin) 족의

병사들에 의해서 체포됐다. 그녀들은 미트키나로, 그 후에는 레도의 포로
수용소로 연행되어, 거기에서 이 보고의 기초가 되는 심문이 이루어졌다.

선전

그녀들은 살포된 반일 선전전단에 대한 것은 거의 아무것도 몰랐다. 그
녀들은 병사들이 들고 있던 전단을 2, 3개 본 적은 있지만, 그것은 일본말
로 적혀 있었고, 병사는 그녀들을 상대로 거기에 대해서 절대 얘기하려 하
지 않았기 때문에 그 내용을 이해할 수 있는 사람은 거의 없었다. 어느 여
자는 마루야마 대좌에 대한 전단(그것은 명백히 미트키나에 주둔한 부대에 대한
어필이었다)에 대한 것을 기억하고 있었지만, 그녀들은 그것을 믿지 않았다.
다른 여자들은 때때로 병사들이 전단에 대해서 이야기하는 것을 들었지
만, 그녀들의 진술에는 손에 잡힐 만한 것이 없었다. 그러나 흥미 깊게 지적
해둘 만한 것은 한 장교가 '일본은 이 전쟁에서 이길 수 없다'는 견해를 표
명했다는 것이다.

요망

그녀들은 아무도 미트키나에서 사용한 확성기 방송을 듣지는 못했던
것 같으나 병사가 '라디오 방송'에 관해서 이야기하는 것은 엿들었다. 그
녀들은 '위안부'가 포로로 되었다는 것을 알리는 전단은 사용하지 말아 달
라고 요망했다. 왜냐하면, 그녀들이 포로가 됐다는 것을 일본군이 알게 되
면, 아마 다른 여자들의 생명이 위험해질지 모른다는 것이다. 그러나 그녀
들은 조선에서 투척하려고 계획하고 있는 전단에 그녀들이 포로가 됐다는
사실을 알리는 것은 명안이 될 것이라 생각했다.

부록2. 연합국최고사령부연합번역통역국조사보고, 『일본군위안시설』제2절위안시설 9위안소 b버마(1)

1944년 8월 10일 와잉마우(Waingmaw) 근처에서 그의 아내 및 20명의 군 매춘부와 더불어 체포된 위안소 소유자인 민간인 포로는 다음과 같이 진 술했다:

"포로는 그의 아내 및 처제와 더불어 조선의 경성에서 식당을 경영하 여 약간의 돈을 벌었으나, 그의 영업은 불황에 빠졌다. 그들은 보다 많은 돈 을 벌 수 있는 기회를 찾아서 '위안부'를 조선으로부터 버마로 데리고 갈 수 있는 허가를 받기 위하여 조선군사령부에 응모했다. 포로의 진술에 따 르면, 그 제의는 조선군사령부가 먼저 하고, 그것이 포로와 비슷한 처지에 있는 일본인 '업자들'에게 전달되었다."

"포로는 여자들의 성격, 인물 및 연령에 따라 그 가족들에게 전차금 300~1,000엔을 지불하고 22명의 조선인 여자들을 구입하였다. 이 22명의 여자들은 연령이 19세로부터 31세까지였다. 그 여자들은 포로의 배타적 재산이고, 군은 그녀들을 가지고 돈벌이를 하지 않았다. 조선군사령부는 일본군의 모든 사령부가 교통, 음식 및 의료 등 그가 필요로 할 만한 어떠 한 지원도 해주도록 요구하는 편지를 그에게 주었다."

"그의 처제는 식당을 경영하도록 남겨두고, 포로와 그의 아내는 22명 의 여자들을 데리고 1942년 7월 10일에 부산항을 출항하였는데, 일행은 조선인 여자 703명과 약 90명의 그와 같이 천한 인품의 일본인 남녀들이었다. 그들은 7척의 호위를 받으면서 4,000톤급의 여객선을 타고 항해했다. 무료도항권(無料渡航券)은 군사령부에서 제공되었으나, 항해하는 동안 식대(食代)는 포로가 지불했다. 그들은, 대만에 들러서 싱가포르로 향하는 다른 22명의 여자들을 태우고, 싱가포르에서는 다른 배로 갈아탔는데, 랑군에는 1942년 8월 20일에 도착했다."

"랑군에서 그들은 각각 20~30명의 그룹으로 나누어져서 버마의 여러 지역으로 흩어졌는데, 각 그룹은 여러 가지의 연대, 부대 혹은 대형(隊形)에 부속되었기 때문에, 각 부대는 자신의 위안소(들)를 가지고 있었다."

"포로의 그룹은 제114보병연대에 부속되었다. 그들은 영업을 따라서 고웅구(Goungoo), 메쿠데라(Meiktila), 메이묘(Maymyo)에서 수개월을 보낸 이후에 미트키나에 도착했다(1943년 1월경). 미트키나에는 이미 두 위안소가 있었는데, 그래서 모두 합하여 63명의 여자들을 가지고 있는 세 위안소가 있게 되었다. 쿄우에이로 알려진 22명의 여자를 둔 포로의 위안소, 20명의 여자를 둔 킨수이 위안소와 조선인과 같은 조건으로 (중국의) 광동(廣東)에서 구입된 21명의 여자를 둔 모모야 위안소였다. 후방지역에서는 위안소에 일본인 여자들도 있었는데, 예컨대 메이묘에는 8개 위안소 중에서 일본인 위안소가 둘이 있었으나, 거기로부터 전방에는 일본인 위안소는 없었다."

"모든 '위안부들'은 다음과 같은 계약조건으로 고용되었다. 그녀들은, 자기 총수입의 50%를 받고 무료교통권, 무료식사 및 무료의료를 받았다. 교통권과 의료는 군당국으로부터 제공받고, 식료는 병참의 지원을 받아 위안소 소유자가 구입하였다. 위안소 소유자는 비싼 가격으로 그녀들에게 의복, 필수품 및 사치품을 판매함으로써 다른 이익을 챙겼다. 어느 여자든 이자를 합하여 그녀의 가족에게 지불한 돈을 갚을 수 있을 때, 그녀는 조선까지의 무료귀환교통권을 받고 자유로운 것으로 간주되었다. 그러나 전쟁상황 때문에 포로가 데리고 있는 그룹의 어느 누구도 지금껏 위안소를 떠나는 것이 허용되지 않았다. 1943년 6월에 제15군사령부가 빚으로부터 자유로운 그녀들을 고향으로 돌아가도록 주선했지만, 이런 조건을 충족하고 귀환하기를 원하는 여자도 머물러 있도록 쉽게 설득되었다."

"포로의 위안소에서는 여자들의 1개월당 최고총수입은 1,500엔, 최저총수입은 300엔 정도였고, 위안소의 규정에 따라 그녀들은 위안소 소유자에게 1개월당 최소 300엔을 지불하지 않으면 안 되었다."

"요금표와 이용시간표는 연대의 지시에 따라 고정되어 있었는데, 이용시간표는 장교, 하사관 및 병사들이 같은 시간에 서로 만나지 못하도록 고안되어 있었다. 이용시간표는 엄격하게 지켜졌으며, 하사관과 병사는 1주일에 한 번 위안소를 방문하게 되어 있고, 장교는 원하는 대로 자주 이용할 수 있다. 지불은 티켓제도로 이루어지는데, 그녀들은 위안소명, 연대의 도장 및 요금이 표시된 4방 2인치의 판지로 만들어진 티켓을 보유한다. 포로의 위안소에서는 이용시간표와 요금이 다음과 같이 설정되어 있었다:

병사	10:00 ‒ 15:00시	요금 1.50엔
하사관	15:00 ‒ 17:00시	요금 3엔
장교	21:00 ‒ 23:59시	요금 5엔
장교	23:59 ‒ 아침	요금 20엔"

"그러나 마루야마 대좌의 명령으로, 그 후에 요금은 다음과 같이 반으로 깎이었는데, 이용시간표는 전과 같았다.

병사	1.50엔
하사관	2엔
장교	5엔
장교　　밤중 – 아침	10엔"

"위안소는 제114보병연대에 의하여 관리되었다. 연대본부의 나가수에(永末) 대위가 연락장교의 책임을 맡았다. 보통 연대본부의 두 병사가 드나드는 사람들의 신원을 파악할 목적으로 위안소에 파견되어 있었는데, 다른 연대의 병사들도 만약 그들이 제114보병연대 병사들의 연회에 참석한 경우라면 그 위안소를 이용하는 것이 허용되었다. 헌병들 또한 위안소를 순찰할 의무를 지고 있었다. 하루에 포로의 위안소를 이용하는 사람은 80~90명의 하사관 및 병사와 10~15명의 장교였다."

"위안소에서는 술(여러 가지의 지방주)을 병사들에게 자유롭게 판매하였으나, 헌병요원이 과음하거나 싸움을 못하도록 감시하고 있었다. 이러한 감시에도 불구하고, 병사들이 과음하는 경우, 보통 헌병은 그들을 위안소 밖으로 끌어내었다. 그렇게 해도 때때로 싸움이 일어났으나, 동일한 방법으로 진압되었다."

"메이묘에서도 비슷한 규칙이 시행되었으나, 수많은 부대들이 거기에 주둔하고 있었기 때문에, 약간의 위안소는 특정 부대를 위한 특정 일정표를 가지고 있었다. 예컨대, 일본인 여인들이 있는 위안소인 다이이치후루

사는 다음과 같은 일정표를 가지고 있었다.

일요일: 제18사단 본부직원
월요일: 제18사단 기병연대
화요일: 제18사단 공병연대
수요일: 낮에는 성병검사를 받은 후 자유. 밤에는 장교전용
목요일: 제18사단 의무부대
금요일: 제18사단 산포연대
토요일: 제18사단 수송연대"

"다른 위안소인 수이코엔(翠香園)이 장교전용으로 유보되어 있었다."

"피임구의 사용에 대해서는 엄격한 지시가 있었다. 그러므로 포로에 따르면, 성병감염의 경우는 전적으로 군인들 자신의 부주의에 기인하는 것이다. 포로가 미트키나에서 위안소를 경영하는 1년 반 동안 단지 여섯 건의 성병감염이 있었을 뿐인데, 그들은 치료를 위하여 제18사단 제2야전병원의 군의관에게 보내졌다. 제114보병연대의 군인들 사이에서도 야간의 성병감염의 경우가 있었으나, 포로는 이 문제 때문에 연대본부와 어떠한 마찰도 없었다."

"위안소를 방문하는 동안 군인들은, 군대 문제에 대해서는 거의 말하지 않았는데, 일상적인 군사적 환경으로부터 도피하고 싶어 했다. 포로가 말하기를, 그는 어떤 흥미 있는 군사적 '비밀'을 엿들을 수 있는 기회가 없었는데, 이것은 헌병이 파견되어 있기 때문에 군인들이 무엇인가 말하고 싶은 것이 있다고 하더라도 그들이 자유롭게 말하기를 꺼렸기 때문이라고

생각했다. 병사들 사이에서의 일상적 불평의 주제는 자기의 장교들에 대한 비판, 배급의 부족 및 향수(鄕愁)였다."

"그녀들은 약간의 연합군의 선전삐라를 본 적은 있으나 읽어보지는 않았다. 예외는 한 여자가, 그때에는 믿지 않았지만, 미트키나에서의 절망적 상황에 관한 정보에 관한 삐라를 기억한다는 것이다. 그녀들은 전방 방송을 듣지는 못했지만, 어느 병사가 공공연하게 '라디오 방송'에 관해서 이야기하는 것을 기억했다."

"7월 31일 자정에 미트키나에 있는 세 위안소의 여자 63명과 위안소 소유자의 일단이 미트키나로부터 철수하기 시작했다. 그녀들은 그녀들의 민간복 위에 검은 초록색의 군복을 걸치고 있었다. 그들은 10척의 작은 보트로 이라와디 강을 건넜다. 나머지 군대들의 대부분은 이미 미트키나로부터 출발했으나, 환자와 부상자는 뒤에 남겨졌다. 그녀들은 이에 대하여 다음과 같이 말했다. '이들 병사들은 강을 건넌다고 하더라고 걸을 수 없기 때문에 그들로 하여금 강을 건너게 하는 것은 아무 소용이 없다. 구조될 것이라는 희망을 가지고, 차라리 그들을 강물 아래로 띄워 보내는 것이 더 낫다.' 그들은 와잉마우의 북부에 내려서 8월 4일까지 정글에 남아 있었다. 그리고 그 일단은 퇴각하는 군대의 발자취를 따르기 시작했다. 8월 7일에 그들은 전투에 휘말리게 되고, 그 혼란 속에서 그 일단은 흩어지게 되었다."

"20명의 중국인 여자들은 정글에 남았다가 중국 군대에 투항했다. 약 20명의 조선인 여자로 구성된 일단은 일본 군대의 뒤를 쫓았는데, 8월 19일 다른 포로에 의하여 발견되었을 때, 비탄에 빠진 작은 일단은 아직도 일본 군대의 뒤를 쫓고 있었다. 포로 일단은 버려진 원주민의 가옥에서 피난처를 찾았는데, 그들은 포로가 뗏목을 만들려고 노력하는 사이 거기에서 이들간 머물렀다. 그들과 같이 부상당한 일본인 군인들도 있었다. 8월 10일에 그 집은 영국군 장교의 지휘 하에 있는 수 명의 카친 족에 의하여 포위되었으며, 그들은 생포되었다. 63명 여자들의 본래 일단 중에서 네 명은 여행 중에 죽고 두 명은 일본인 군인으로 오인되어 총살되었다."

(SEATIC *Interrogation Bulletin No.2*, dated 30 November 1944, page 10–13)

일본군 위안소 관리인의 일기

1판 1쇄 발행일 2013년 8월 20일
번역 · 해제 | 안병직
펴낸이 | 임왕준
펴낸곳 | 이숲
등록 | 2008년 3월 28일 제301-2008-086호
주소 | 서울시 중구 장충단로 8가길 2-1
전화 | 2235-5580
팩스 | 6442-5581
홈페이지 | http://www.esoope.com
Email | esoopbook@naver.com
ISBN | 978-89-94228-76-1 03990
ⓒ 안병직, 2013, printed in Korea.

▶ 이 도서의 국립중앙도서관 출판시도서목록(CIP)은 서지정보유통지원시스템 홈페이지(http://seoji.nl.go.
  kr)와 국가자료공동목록시스템(http://www.nl.go.kr/kolisnet)에서 이용하실 수 있습니다.(CIP제어번호:
  CIP2013013544)
▶ 이 도서의 내용 일부의 저작권을 보유한 분은 출판사로 연락해주시기 바랍니다.